天才的責任〔下〕

The Duty of Genius

維根斯坦傳

LUDWIG WITTGENSTEIN

雷伊・孟克
Ray Monk
——著

賴盈滿
——譯

目次

導讀　維根斯坦的邏輯、手術刀，以及上帝的調色盤　◎葉浩——011
致謝——037
序——043

上冊

第一部　一八八九—一九一九

一、自我毀滅的試驗場——046
二、曼徹斯特——074
三、羅素的高徒——082
四、羅素的導師——114
五、挪威——147
六、火線之後——164

七、在前線——200

第二部　一九一九－一九二八

八、印不出的真理——238
九、「完全鄉下的地方」——263
十、走出荒野——310

下冊

第三部　一九二九－一九四一

十一、再臨——330
十二、「檢證主義階段」——360
十三、迷霧散去——379
十四、新的開始——392
十五、法蘭西斯——413
十六、語言遊戲：《藍皮書》和《棕皮書》——422
十七、投身行伍——434
十八、懺悔——450

十九、奧地利終結——476
二十、不情願的教授——493

第四部　一九四一－一九五一

二十一、戰時工作——526
二十二、斯旺西——557
二十三、這個時代的黑暗——571
二十四、面相轉變——591
二十五、愛爾蘭——626
二十六、無所歸屬的公民——662
二十七、燼頭——691

附錄：巴特利的《維根斯坦》與加密札記——697

引用文獻——743
參考書目選——749
索引——764

第三部

一九二九—一九四一

十一、再臨

「呃，神到了。五點十五分的火車。我接到他了。」

在一九二九年一月十八日寫給莉蒂亞的信裡，凱因斯如此宣告維根斯坦重返劍橋的消息。剛回到英國幾個小時，維根斯坦就已經告訴凱因斯，他打算「永遠待在劍橋了」：

我們剛喝了茶，我現在回到書房寫信給你。我知道一定會非常累人。我絕對不能讓他每天跟我說話超過兩到三小時。

對維根斯坦來說，這些年來他經歷了巨大的轉變，回到劍橋卻發現這所大學幾乎沒有改變，迎接他的也是一九一三年道別過的那些人，那感覺不只奇怪，還有點詭異。他在日記裡寫道，一切「就像時間倒流一般」。「我不曉得有什麼在未來等著我」，但無論未來如何，「都會有所結果的！只要時間還沒用完。」

此刻我只是不能自休地遊蕩，但不曉得繞著哪個平衡點。

維根斯坦一到劍橋，凱因斯便號召人馬，準備歡迎他重回使徒會。維根斯坦回到英國次日，凱因斯就辦了一次使徒晚宴慶祝他的歸來。出席的有理查德・布雷斯衛特、拉姆齊、喬治・瑞蘭斯[1]、喬治・湯姆森[2]、艾利斯特・華森[3]、朱利安・貝爾[4]和安東尼・布倫特[5]，全是劍橋知識圈的一時之秀。晚宴上，維根斯坦獲選為榮譽會員，也就是**天使**，象徵使徒會原諒了他一九一二年當時的態度，並在隨後一次聚會上正式「宣佈將適時擇日收回驅逐他的成命」。

使徒會從來沒有對誰這麼客氣過，而他們會這麼做，全是由於維根斯坦不在英國期間，成了劍橋菁英圈裡近乎傳奇的人物，《邏輯哲學論》更是知識份子討論的熱門話題。

然而，使徒們若是想將這尊「神」佔為己有，恐怕就要失望了。維根斯坦參加了幾次聚會，也去過幾場凱因斯在戈登廣場（Gordon Square）家裡辦的晚宴，認識了布盧姆茨伯里派的幾名成員。布盧姆茨伯里派可說是使徒會的倫敦分會，但這兩群菁英的「雅士派」英式唯美主義，跟維根斯坦那嚴苛的苦行

---

1 譯註：George Rylands，1902-1999。又名戴迪・瑞蘭斯（Dadie Rylands），英國文學家、戲劇導演。
2 譯註：George Thomson，1903-1987。全名為喬治・德溫特・湯姆森（George Derwent Thomson），英國古典學者、馬克思主義哲學家與愛爾蘭語哲學家。維根斯坦的好友之一，詳見後述。
3 譯註：Alister Watson，1908-1981。英國數學家。
4 譯註：Julian Bell，1908-1937。英國詩人。
5 譯註：Anthony Blunt，1907-1983。英國藝術史學家。晚年時承認自己曾為蘇聯間諜。

曾主張以及有時近乎無情的誠實，彼此幾乎毫無交集，常讓雙方大感驚駭。李奧納德・吳爾芙[6]回憶有一回在凱因斯家午宴，他被維根斯坦對待莉蒂亞的「粗魯無情」嚇壞了。另一回午宴，男士們當著女士的面談論性愛，讓維根斯坦嚇得奪門而出。維根斯坦顯然無法適應布盧姆茨伯里派的氣氛。法蘭西絲・派特里齊[7]說，比起貝爾、斯特雷奇們和史帝芬們這些人，維根斯坦似乎無法也不願和異性成員討論嚴肅的話題。「當在座有男有女，他的話題常常瑣碎至極，不時穿插無趣的笑話，嘴角掛著冷淡的微笑。」

維根斯坦和維吉尼亞・吳爾芙可能在凱因斯家的聚會上見過。但就算如此，兩人似乎都沒給對方留下多少印象。吳爾芙過世後，維根斯坦曾跟洛許・里斯[8]談論到出身對她的影響。他說她出生在那樣的家庭，人的價值完全來自在寫作、藝術、音樂、科學或政治領域的表現，以致於她從來不曾問過自己，世上是否還有別種「成就」。維根斯坦的說法可能來自他和吳爾芙的接觸，但也可能只是基於道聽塗說。吳爾芙不曾在日記裡提過維根斯坦，信裡也只偶爾順帶提到他。維根斯坦抵達劍橋幾個月後，吳爾芙在寫給克里夫・貝爾[9]的信裡談起貝爾的兒子朱利安，順帶提到了維根斯坦：

……梅納德[10]說，朱利安無疑是國王學院的頂尖大學生，甚至可能當上院士。看來朱利安讓他印象深刻，還有他的詩。對了，朱利安說他在梅納德面前批評了維根斯坦，但被駁倒了。

之所以提到這一點，純粹是因為朱利安・貝爾曾經寫過一首長篇的諷刺詩，正好可以當成布盧姆茨伯里派對維根斯坦的機敏反擊。這首詩收錄於布倫特主編的學生雜誌《冒險》裡，帶有詩人德萊頓[11]的風格，詩中提到某些人開始對維根斯坦產生的看法，關於他專斷好辯作風之下的粗俗野蠻。

布盧姆茨伯里派的信條是**價值可在心靈中獲知與發現**，但《邏輯哲學論》反對這個觀點，斥之為無意義的陳述。朱利安在詩裡捍衛布盧姆茨伯里派的信條，主張維根斯坦違背了自己的規則：

> 他滔滔不絕，說著無意義的話語，
> 打破自己誓言謹守的沉默：
> 日日夜夜談道德、論審美，
> 為事情定好壞、分對錯。

維根斯坦不只談論這些自己堅稱必須沉默以對的事物，還掌控一**切**：

> ……誰曾在任何事上，見過

6 譯註：Leonard Woolf，1880-1969。英國政治理論家、作家、出版商等。維吉尼亞．吳爾夫的丈夫。

7 譯註：Frances Partridge，1900-2004。英國作家，與布盧姆茨伯里派關係密切。

8 譯註：Rush rhees，1905-1989。美國哲學家，維根斯坦的學生。與安斯康姆於維根斯坦過世後編輯出版了《哲學研究》（Philosophical Investigations）。詳見後述。

9 譯註：Clive Bell，1881-1964。英國藝術評論家，與布盧姆茨伯里派關係密切，前述朱利安．貝爾的父親。

10 譯註：梅納德（Maynard）是凱因斯的中間名。

11 譯註：原文為Drydenesque，德萊頓指一六六八年英國桂冠詩人約翰．德萊頓（John Dryden，1631-1700），他亦是英國王政復辟時期的主要詩人，以至於這一段文學史被稱為德萊頓時代。

路德維希不須布聖旨？
無論誰在場，他都不服也不讓，
打斷我們，結巴說著自己的句子，
無止盡爭辯，嚴厲、惱怒而吵鬧。
他當然對，他為自己的正確而驕傲，
這毛病很常見，是人多少都會得，
但維根斯坦說一，沒人能說二。

這首詩是使徒書信（epistle），寫給同為使徒的布雷斯衛特，詩裡表達了許多年輕使徒信奉的唯美主義觀。維根斯坦曾經輕蔑地稱呼這群使徒為「朱利安們」。這首詩發表之後，法尼婭．帕斯卡[12]說：「最善良的人讀了也會噗哧一笑。這首詩釋放了累積已久的緊張、怨恨，甚至恐懼，因為從來沒人能在維根斯坦面前扭轉局勢，還以顏色。」

維根斯坦沒有徹底棄絕使徒會，拉姆齊是最主要的理由，因為他是使徒。

維根斯坦回到劍橋的第一年，拉姆齊不僅是他最好的哲學討論夥伴，也是最親密的朋友。剛回劍橋的頭兩週，維根斯坦寄住在莫帝默路（Mortimer Road）上的拉姆齊家，拉姆齊的太太萊迪絲（Lettice）很快便成了他的好友和知己。借用凱因斯的話說，「終於有人軟化了這位兇猛野蠻的獵人」。萊迪絲風趣幽默，又帶著質樸的誠實，總能讓維根斯坦覺得放鬆與信任，只有和她在一起時才能聊起他對瑪格麗特的愛。不過，從法蘭西絲・派特里齊寫給丈夫拉爾夫（Ralph）的信裡看來，他的信心並不牢固：

> 我們常見到維根斯坦。他向萊迪絲透露自己愛著一位女士，在維也納，但他覺得婚姻很神聖，不能隨口提起。

讓人意外的不是維根斯坦無法隨口提起婚姻，而是他竟然會談起。他這時期固定寫信給瑪格麗特，寫得很勤，有時每天都寫，但瑪格麗特直到兩年後才察覺他想娶她為妻，而她立刻就打了退堂鼓。雖然他的關心讓她受寵若驚，他的人格力量也令她折服，但瑪格麗特在他身上並未看到自己想要的丈夫特質。他太過儉樸，也太過挑剔（可能有一點太猶太人了），而且當他表明心意時，也不忘表明自己想要的是柏拉圖式的婚姻，不生孩子；但這不是她想要的。

回到劍橋後的頭兩個學期，維根斯坦的正式身份是攻讀博士的高等生，比他年輕十七歲的拉姆齊是他的導師，不過兩人實際上平等相待，鑽研的問題類似或彼此相關，也會從對方身上找意見、指導與靈感。他們每週會見面數次，花好幾小時討論數學的基礎與邏輯的本質。維根斯坦在日記裡形容兩人碰面時總是「討論得很愉快」，而且「像在玩遊戲，我認為很興奮」，甚至帶有幾分情慾的味道：

> 能有人把我的想法從我嘴裡掏出來，散播出去，沒有比這更讓我愉悅的事了。

12 譯註：Fania Pascal，生卒年不詳，劍橋大學道德科學社成員，之後教維根斯坦學俄文。詳見後述。

「我不喜歡在科學路上踽踽獨行」，他還這樣說。

拉姆齊在討論裡的角色就像一般的導師，負責反駁維根斯坦的說法。維根斯坦在《哲學研究》（Philosophical Investigations）的序言裡說，拉姆齊的批評讓他察覺《邏輯哲學論》的錯誤，幫助之大「我難以估量」。不過，他在當時的一則日記裡卻沒這麼大方：

> 好的反駁能幫人前進，膚淺的反駁就算成立，也只是累人。拉姆齊的反駁就屬於後一種。他的反駁沒能抓到問題的根柢——那才是精髓所在——而是太過邊緣，就算我錯了，他的反駁也指正不了。好的反駁直指解答，膚淺的反駁不得不先解決，以便扔到一旁不管它，就像樹得打個彎繞過樹瘤才能繼續長一樣。

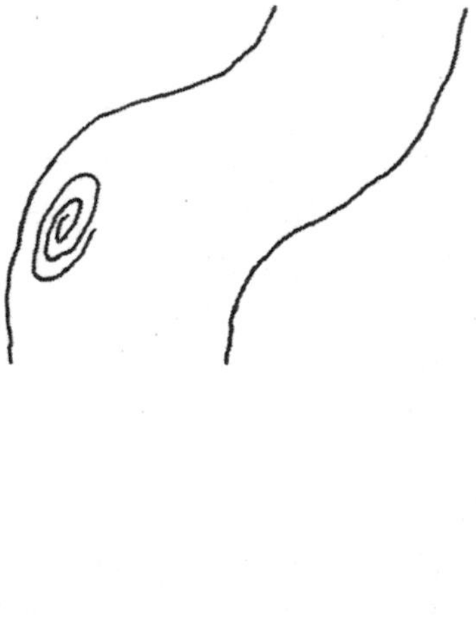

儘管維根斯坦和拉姆齊十分敬重對方，兩人在智性和性情上卻差異極大。拉姆齊是數學家，不滿意數學的邏輯基礎，想用健全的原則重建數學。維根斯坦對數學毫無興趣，只想斬除數學令人困惑之處的哲學根源。因此，當拉姆齊在維根斯坦身上尋求靈感，而維根斯坦在拉姆齊身上尋求批評，挫折自然在所難免。拉姆齊曾經直截了當告訴維根斯坦：「我不喜歡你的論證方式。」而維根斯坦則在之前引述過的話裡形容拉姆齊為「布爾喬亞思想家」，還說**真正的**哲學思考只會困擾拉姆齊，直到「他將其結果（如果有的話）扔到一旁，斥之為無關緊要為止」。

從維根斯坦重返劍橋頭一年起，就有一位「非布爾喬亞思想家」深深影響了他的思想發展，那人便是皮耶羅．斯拉法（Piero Sraffa）。斯拉法是傑出的義大利經濟學家，頗具有馬克思主義傾向，也是當時人在獄中的義大利共產黨魁葛蘭西的摯友。由於公開抨擊墨索里尼的政策，斯拉法在祖國的教職岌岌可危，凱因斯便邀他到國王學院繼續做研究，還讓劍橋特地為他設了經濟學講師職位。在凱因斯的引介下，他和維根斯坦成了好友，維根斯坦每週至少會和他見面討論一次，重視程度後來甚至超過他和拉姆齊的會面。他在《哲學研究》序言裡提到斯拉法的批評說：「這本書裡的重要想法多半得利於他的**這種**刺激。」

這是很大的恭維，也很令人費解，因為兩人的研究領域差別很大。然而正是由於斯拉法的批評不重細節（也可以說因為他不是數學家或哲學家）因此才夠份量。和拉姆齊不同，斯拉法有能力迫使維根斯坦修正整個主張，而不僅是這裡或那裡的觀點。維根斯坦曾經跟馬爾康姆和馮．賴特提過一件事，後來廣為流傳，正好能用來說明這一點。有一回在討論時，維根斯坦堅持命題和它所描述的東西必須具有相同的「邏輯形式」（logical form）——也有版本說是「語法」（grammar）。斯拉法做出那不勒斯人的招牌動作，用指尖掃過下巴並問道：「**那你這個**的邏輯形式是什麼？」[13]據說維根斯坦從此不再堅持《邏輯哲學論》的立場：命題必須是其所描述的現實的「圖像」。

這個小故事很重要，不是因為它解釋了維根斯坦為何揚棄意義的圖像論（它也並未解釋），而在於它清楚展現了斯拉法如何讓維根斯坦用全新的角度重新檢視事物。維根斯坦跟許多朋友說過，他跟斯拉法討論時，經常感覺自己就像一棵枝幹全被砍掉的樹。這個比喻是他精心選擇的：砍掉枯死的枝幹，新的、更有活力的枝幹才能長出來。相反地，拉姆齊的反駁留著死木頭不管，只會要樹繞過它。

維根斯坦有一回告訴里斯，跟斯拉法討論對他最重要的收穫就是用「人類學」的角度審視哲學問題。這句話多少解釋了維根斯坦為何認為斯拉法對他影響深遠。維根斯坦後期的作品跟《邏輯哲學論》最大的差別之一，就是「人類學」進路，也就是《邏輯哲學論》處理語言時，完全抽離語言使用的環境，《哲學研究》則反覆強調「生活之流」能賦予語言以意義的重要。要描述「語言遊戲」，就必須提到其中的行為，以及用「部落」的生活方式玩這遊戲。如果這個視角轉換真的出自斯拉法，那他對維根斯坦後期作品的重要性自然毋庸置疑。不過，就算真是如此，他的影響也還得再等幾年才會開花結果，因為維根斯坦的「人類學」視角要到一九三二年才逐漸顯露。

除了拉姆齊和斯拉法，維根斯坦跟其他劍橋講師就沒什麼互動了。頭幾週的殷勤接待之後，他和凱因斯有事時才會往來。雖然他跟高層有什麼問題，都是凱因斯出面解決，對他的幫助難以估量，但兩人卻不是知交摯友。不過，倒是不難看出凱因斯很樂於扮演這種角色。當維根斯坦的**朋友**所需的時間和精力，不是他能或願意付出的。

維根斯坦回劍橋那天，摩爾正好和他同一班火車，兩人一九一四年因為維根斯坦那封野蠻回信而斷了的友誼，立刻就和好了。摩爾當時已是劍橋的哲學教授，因此替維根斯坦尋找經費進行研究的責任就落在了他頭上。但除此之外，兩人的情誼純屬私交，與哲學無關。維根斯坦雖然欣賞摩爾用詞精確，偶爾會從他那裡沿用詞彙來準確表達自己的觀點，但不認為他算是原創的哲學家。「摩爾？」他曾經這麼說：「一個才智全無的人能達到多高，看他就知道了。」

同樣的例子還有年事已高的邏輯學家詹森。他也是維根斯坦的劍橋舊識，兩人在智性上雖然有差距，卻維持著真摯的友誼。維根斯坦對他琴藝的讚賞更勝於他的邏輯研究，週日午後經常到他家聽他的那名為「居家」的鋼琴演奏會。至於詹森，雖然他很喜歡維根斯坦，也欣賞他，卻認為維根斯坦回來是「劍橋的災難」。他說，維根斯坦「這個人相當沒有能力跟人討論」。

儘管年屆四十，維根斯坦的朋友圈卻多半是劍橋的年輕人，為道德科學社裡不屬於使徒一派的大學生。據法尼婭・帕斯卡的說法，這些「英國中產階級之子」擁有成為維根斯坦弟子的兩大特質：孩子般的純真和第一流的腦袋。或許如此，但我認為另一種說法也成立，亦即維根斯坦只是覺得自己和年輕人有更多的共同點。他其實還很年輕，甚至外表也是，年近四十依然常被認成大學生。但不僅如此，他的心智也和年輕人一樣新鮮敏捷。他曾告訴德魯利：「心智僵化得比身體還要早得多。」而在這點上他還是青少年，心靈失去彈性的部份很少。他回到劍橋是為了推翻自己之前得到所有結論，不僅要換

13 譯註：斯拉法回話的原文「What is the logical form of *that*?」對此處的「that」有兩種詮釋，其一認為指的是維根斯坦的想法，可參考本書導讀。其二認為指的是斯拉法摸下巴的動作本身。

上新的思考方式，更要過上新生活。因此，他和大學生一樣未定形，尚未固著於既定的生活模式裡。

不少聽說過維根斯坦是《邏輯哲學論》作者的人，將他想像成年邁威嚴的日耳曼學者，因此在道德科學社見到他是如此年輕氣盛、活躍激動時，全都大感意外。例如，日後成為維根斯坦的朋友與仰慕者的伯斯（S. K. Bose）便回憶道：

我第一次遇到維根斯坦是在道德科學社的聚會上。我發表了一篇論〈道德判斷的性質〉的文章。那次聚會來了相當多人，有些蹲坐在地毯上，其中一個我們都不認識（當然，摩爾教授和另一名應該也在的資深社員可能認識）。我唸完論文，那名陌生人劈頭就（但不刻薄）提了幾個問題與反駁（後來大家明白這就是維根斯坦的風格）。不久後，我得知當時提問的人是誰，想到自己對他的問題與反駁的回答是那麼傲慢自大，簡直恨不得鑽進洞裡去。

維根斯坦後來完全主宰了道德科學社的討論，結果使得道德哲學教授布洛德不再出席了。布洛德後來說，他沒打算「每週花好幾小時吸著濃濃的菸草味，聽維根斯坦千篇一律在自己的想法裡兜圈子，信徒們千篇一律『露出欽佩的蠢樣，嘖嘖讚嘆』」。

維根斯坦的另一位大學生朋友戴斯蒙．李（Desmond Lee）將他比作蘇格拉底，因為他喜歡跟年輕人討論，常讓年輕人啞口無言。他說，這兩人對於拜倒在自己魔力之下的人都有近乎催眠的力量。李離開劍橋之後就擺脫了這個魔力，雖然深受維根斯坦影響，但不能真算是他的門徒。不過，和他年紀相仿的莫理斯．德魯利非但成了首位法尼婭描述的那種年輕弟子，而且可能是最完美的例子。

一九二九年初識維根斯坦之後，德魯利生命中的每個重大決定幾乎都有維根斯坦的影響。他原本打算劍橋畢業之後去當英國聖公會牧師。「千萬別誤會我瞧不起這個決定，」維根斯坦得知他的計畫後說：「但我無法贊同，真的沒辦法。我怕牧師的衣領有一天會勒壞你。」這才是他們第二或第三次見面的時候。後來再見面時，維根斯坦又重提舊事：「你想想，德魯利，每週都必須講道是什麼感覺？你做不到的。」德魯利念了一年神學院，發現維根斯坦是對的，並且在他的鼓動之下選了一個與「普通人」同在的工作，從事失業救濟，先在紐卡斯爾，後來在南威爾斯[14]，接著又在維根斯坦的鼓動下轉讀醫學。二戰後他專攻精神醫學（同樣出自維根斯坦的建議），自一九四七年到一九七六年過世都在都柏林的聖派屈克醫院精神科服務，從住院醫師做到資深顧問。一九七三年，他出版文集《詞語的危險》（The Danger of Words），探討精神醫學中的哲學問題，雖然很不受重視，但無論就其調性或核心關懷而言，都是維根斯坦弟子當中最具維根斯坦精神的作品。「為什麼我把這些文章放在一起？」他在序言裡自問自答：

> 理由只有一個，就是筆者曾經師事維根斯坦。現在許多人都曉得，維根斯坦時常鼓勵學生（至少那些他覺得哲學創造力不突出的學生）放下哲學研究，轉而主動學習和從事某個具體的職業。就我而言，他鼓勵我轉讀醫學，不是因為我用不到他教的東西，而是我無論做什麼都不該「放棄思考」。因此我儘管猶豫，卻還是奉上這些文章，以展示維根斯坦對我這種既需要對付直接實際的難題，又得面對深刻哲學困惑的人的影響。

14 譯註：南威爾斯（South Wales）位於英國西南部，為該地人口最為稠密的地區。後面會提到的城市斯旺西（Swansea）也位於此處。

德魯利於過世前不久出版了他和維根斯坦的對話錄，也是基於類似的理由，目的在減低某些「善意評論者」的影響。這些人「讓讀者以為他的著作如今不難納入知識界的語境裡，殊不知他的寫作主要就是為了警告世人當心這種語境」。比起其他二手資料，這本對話錄或許更清楚展現了貫穿維根斯坦生活和思考的靈性與道德態度。受維根斯坦作品啟發的學術文章汗牛充棟，德魯利是第一個（但絕非最後一個）讓人看到維根斯坦學術之外的影響力的弟子。可以說，傳承維根斯坦道統的人遠遠不侷限於學院哲學圈。

事實上，維根斯坦最親近的大學生朋友，就是個對哲學毫無興趣的年輕人。一九二九年復活節過後，吉爾伯特．帕特森（Gilbert Pattisson）在從維也納出發的回程火車上遇到了維根斯坦，其後十多年，兩人一直維持著無關哲學的緊密友誼，直到二戰動盪期間，維根斯坦懷疑帕特森是好戰強硬份子，兩人的友誼才劃下句點。年輕時的帕特森和氣、機智又善於處世，現在依然如此，完全不是法尼婭形容的那種純真而過度害羞的青年門徒。以最小的努力和熱誠完成劍橋學業後，他在倫敦金融城找到了會計師的工作，過起合乎他階級、出身與教育程度的舒適生活。和他在一起時，維根斯坦可以恣意滿足自己的某種喜好，法尼婭稱之為插科打諢，維根斯坦自己則說是「瞎扯」。他說跟人「瞎聊亂扯」是一種根深蒂固的需求。

在劍橋時，帕特森和維根斯坦會一起讀《閒談者》雜誌（Tatler），盡情享受這份上流社會雜誌裡源源不絕的「瞎扯」題材，尤其是經常登在這類雜誌裡的可笑廣告。他倆也很愛讀〈滿意消費者來信〉。這類文宣經常陳列在「精緻裁縫」伯頓服飾店的櫥窗裡，兩人去買維根斯坦的衣服時都會刻意留意那些櫥窗。大多數人或許覺得維根斯坦老穿同一套衣服，開領衫、灰色法蘭絨長褲和厚底鞋，但其實這些服飾都是精心選過的。

帕特森離開劍橋後，維根斯坦只要路過倫敦（他往返維也納通常都會路過）就會去找他，一起進行維根斯坦所謂的「儀式」：先到里昂咖啡館（Lyons）喝下午茶，再去萊斯特廣場（Leicester Square）的大戲院看電影。維根斯坦會先寫卡片給帕特森，通知他抵達倫敦的日期，讓帕特森預作安排，例如查《標準晚報》看哪家戲院在放「好」電影。根據維根斯坦的標準，好電影通常是美國片，尤其是西部片，後來還包括音樂劇和浪漫喜劇，但絕不包含藝術或知性電影。當然，儀式比帕特森的會計師工作還優先。帕特森曾有一回求情說他工作很忙，維根斯坦回覆道：「我希望你在辦公室別太多事，別忘了，連俾斯麥也不是不可取代。」

維根斯坦和帕特森信裡幾乎全是「瞎扯」，他幾乎每封信都會用上「bloody」這個形容詞，意思是該死或非常。不曉得為什麼，他就是覺得這個詞很滑稽。他會在信的開頭寫「親愛的死傢伙」，並用「你該死的朋友」或「你的死朋友」結尾。帕特森會從雜誌上剪相片寄給他，稱之為他的「畫作」，而維根斯坦會故作正經大加讚嘆：「不用看簽名就知道是帕特森的大作。畫裡有一種該死的感覺，從來沒人用畫筆呈現過。」回信時，他會從報紙自我提昇廣告欄剪下高雅中年男士的相片，當成「肖像」寄給帕特森。「這是我最新的相片，」他在一封附了肖像的的信裡說：「上一張只表達了慈祥的父愛，這一張凸顯了勝利感。」

兩人的書信往返裡，始終不乏對廣告用詞的溫和嘲諷。單是將這種話語當成朋友通信的正常口吻，就能讓人感覺其中的荒謬。帕特森寄了一張自己的相片（不是假的）給維根斯坦，背後寫道「反面是我們那套47／6的西裝。」維根斯坦在某封信末寫道：「不知何故，雙塔牌八三號精品襪就是讓人感覺它是真男人的襪子，品味十足，考究、舒適又時尚。」他在另一封信的附註裡寫道：

最近你將收到由我慷慨致贈的格羅斯妥拉髮油試用品。願你長保體面紳士的正字標記，髮澤永遠光彩明亮。

維根斯坦信裡開的玩笑，有些確實無聊得驚人。他在一封信裡寫到以W.C.I結尾的地址時，特地畫了箭頭指著W.C.，並且註明「這不是廁所。」他在都柏林基督教會教堂的明信片背後寫道：「如果我沒記錯，這座教堂至少有一部份是諾曼人蓋的。當然那是很久以前，而我的記性可沒那麼老。」

因此，回到劍橋沒幾個月，維根斯坦已經建立了相當廣泛的朋友圈，多少證明了他當初害怕自己無法重返社交生活是多慮了。然而，他依然覺得自己在劍橋是個外人，覺得這裡少了恩格曼或亨澤爾那樣的人，讓他可以用自己的語言討論心底最深處的想法與感覺，而且知道對方一定會了解。或許因為如此，他一回到劍橋就重拾《邏輯哲學論》出版之後便中斷了的習慣，開始在筆記裡寫下類似日記的個人記事。和之前一樣，這些記事不同於他的哲學創作，是用他小時候用的密碼寫的。他在最初的記事裡形容那感覺有多古怪，「我已經有多少年壓根不覺得有寫記事的需要了」，並且回想當初怎麼會開始。他在柏林時開始紀錄對於自己的想法，因為他感覺有必要紀錄自己。這一步很重要，儘管帶著虛榮和模仿（凱勒及佩皮斯[15]）的味道，卻還是滿足了一項真正的需求，取代了一個他能與之傾訴的對象。

維根斯坦無法向劍橋的朋友傾訴衷腸，因為隔著語言和文化的差異（這一點他比這些朋友都意識得更清楚），他不確定他們能了解他。只要誤解發生，他就覺得可能是語言或文化問題。某次遇到類似的誤解後，他寫信給拉姆齊說：「一句話對我有這個意涵，對你卻沒有。你若是在外國生活過一段時間，並且依賴他們，就會明白我的困境。」

他依賴這些朋友，這些朋友卻無法理解他，這種感覺讓他非常痛苦，尤其在錢的事上。一九二九年五月，他寫信給凱因斯試著解釋這股焦慮。「在你批評之前，請先試著了解，」他懇求道：「用外語解釋就更難了。」他愈來愈確定凱因斯已經厭倦和他對話了（如我們先前所見，這確實有點道理）。「**請別認為我很介意這一點！**」他寫道：「你怎麼可能不厭煩？我從來不曾認為你會覺得我很有趣或好玩。」他擔心凱因斯覺得他經營這段友誼只是為了得到金援，這才是他的痛苦之處。這份焦慮加上害怕說英語會讓人誤解，讓他生出一種完全虛妄的確信：

> 這學期初我去找你，想還一些跟你借的錢。但我話說得很拙，竟然用「首先我想要錢」當成開頭，其實我想說的是「首先我想要處理錢的事」。你自然誤解了，因此臉色有異，讓我剎時就完全明白了。後來的事——我是說我們針對使徒會的討論——讓我察覺你心裡已經對我累積了多少的負面情感。

---

15 譯註：Samuel Pepys，1633-1703。英國政治家，其日記非常有名。瑞士德語作家戈特弗里德．凱勒之日記亦有名，前文已述。

不過，維根斯坦感覺凱因斯自認是他的資助者，而非朋友，這可能是對的。但他堅持「我不接受朋友以外的人給我恩惠。正因為如此，三年前在薩塞克斯我才會接受你的幫助。」他信末寫道：「除非你能簡短給我一個友善的回覆，否則就別回信了。我寫信不是要你解釋，而是跟你說我的想法。因此，你若是不能用短短三行給我一個友善的回覆，那麼不回信更能讓我高興。」凱因斯的回信老練細膩到了極點，簡直是傑作：

親愛的路德維希：

你真是瘋了！你說的錢的事，當然沒有半個字是對的。學期初時，除了請我幫你兌現支票之外，我壓根沒有想到你還會跟我要什麼。我從不認為你會向我要錢，只有我自己覺得該給的時候才給。前兩天我在短箋裡提到你的財務狀況，是因為我聽說你意外多了一筆費用要付，而我想如果確實那樣，或許可以照我在你剛回劍橋時建議過的，看看能不能從三一學院那裡得到一點資助。我有想過由我自己出錢，但通盤考慮之後決定最好不要。

你錯了，上回見面我口氣不悅，不是因為「心懷舊怨」，只是疲倦和不耐。因為只要講到和你切身之事，要讓你正確理解而不致誤會我的意思實在太難了，幾乎沒有可能。而你離開之後，就會想出一套完全出乎我意料之外的解釋，讓我根本想不到必須提防你那麼想！

老實說，我心裡一直有兩種感覺在反覆：一方面喜歡你，很享受跟你談話，另一方面又被折騰得神經耗弱。這不是什麼新聞了！這二十年來一直如此。但要說我「積怨」或「不友善」，若是能看見我的心，你會發現完全不是如此。

凱因斯就這麼將事情圓了過來，讓維根斯坦心安理得接受他的幫助，又不用和他更緊密往來。他只要當一位**友善的**資助者，讓給錢和拿錢的人都能自在。

少了財務奧援，維根斯坦就不可能繼續研究哲學。第二學期結束時，他身上就算還有存款（應該是當初的建築師收入），付完學費也不夠供他生活，因此他便照著凱因斯的提議，向三一學院申請研究經費，但這麼做註定會遇到麻煩。院方無法理解維根斯坦出身富裕，為何還需要經費補助？難道他沒有其他經濟來源？三一學院的生活導師巴特勒爵士（Sir James Butler）這麼問他，維根斯坦答說沒有。沒有親戚可以幫他？維根斯坦說有。「現在搞得像我刻意隱瞞似的，」約談後他寫信給摩爾：「請你接受我的書面聲明：我不僅有許多有錢親戚，而且只要開口，他們就會資助我。**但我永遠不會向他們要半毛錢**。」他在另一封信裡向摩爾解釋自己的立場：

> 我提了研究計畫，而在我印象中，學院有些情況會提供經費或獎學金之類的鼓勵這類研究。換句話說，只要我產出某種東西，**而且**那東西對學院有用處，那只要他們覺得**有用**，而且我能生產出來，就能要學院幫助我。

維根斯坦的經費申請得到了拉姆齊的全力支持。他以維根斯坦導師的身份寫信給摩爾，強調補助絕對有必要。「依我之見，」他寫道：「維根斯坦是哲學天才，和我認識的其他人不在一個等級上。」

這一方面由於他有看穿問題本質的巨大天賦，另一方面由於他的智性熱誠與思考強度驚人，對於問題追根究底，絕不以可能的假設為滿足。比起其他人的研究，我認為他的思考更有可能解決困擾我的難題，大到哲學，小到數學的基礎，都是如此。因此，他能重拾研究實屬萬幸。

然而，對於維根斯坦迄今產出的「東西」，拉姆齊的說明卻短得讓人乾瞪眼：

過去這兩個學期，我大量接觸他的研究，感覺他有了可觀的進展。他從命題分析開始思考，一路探索到無限的問題，而目前有關數學基礎的種種爭議，核心就是無限問題。我起先擔心他缺乏數學知識與技巧，會嚴重妨礙他在這方面的研究，但他已有的進展讓我確信並非如此，他在這領域也可能做出頭等重要的貢獻。

「他目前研究得很賣力，」拉姆齊補充道：「而且依我看來進展不錯，若是因為缺錢而中斷，對哲學是一大損失。」

或許為了增加說服力，維根斯坦被匆匆授予了博士學位，而「論文」正是《邏輯哲學論》，這本七年前出版的書在許多人眼中已經成了哲學經典。口試由摩爾和羅素主持，但羅素當時人在薩塞克斯教書，被抓回劍橋有點不情願。一九二二年羅素在因斯布魯克見了維根斯坦之後，就沒再和他聯絡過，因此自然有些擔心。他寫信給摩爾說：「我想，除非維根斯坦對我的看法改變了，否則他不會很喜歡我當口試官。我們上回見面，他因為我不是基督徒而非常痛苦，後來就躲著我。我不曉得他是不是沒那麼難過了，但他顯然還是不喜歡我，因為他後來一直沒有跟我聯絡。我不希望他在口試途中衝出房間，我覺得他做得出那種事。」

口試於一九二九年六月十八日舉行，過程宛如一場滑稽的儀式。羅素和摩爾走進房間，羅素笑著說道：「我這輩子沒遇過這麼荒唐的事。」口試開始，三人就像老友聊天，羅素感覺這場面荒謬得有趣，便對摩爾說：「來吧，你是教授，你得問他問題。」接著是一番簡短的討論，羅素提出自己的看法，認為維根斯坦宣稱自己用無意義的命題表達了不可動搖的真理，這點自相矛盾。但他當然說服不了維根斯坦。結尾就是維根斯坦拍拍兩位主考官的肩膀，安慰他們說：「沒關係，我知道你們永遠不會懂的。」

摩爾在口試報告裡寫道：「我個人認為維根斯坦先生的論文是天才之作，但儘管如此，這論文也一定達到劍橋哲學博士學位的標準。」

拿到博士學位的第二天，維根斯坦便得到三一學院撥發的一百英鎊補助，五十鎊供夏季學期使用，五十鎊供隨後的米迦勒學期支用。

暑假剛開始，維根斯坦留在了劍橋，寄宿在麥芽場巷霜湖屋（Frostlake Cottage, Malting House Lane）的莫理斯·多布[16]夫婦那裡。這段期間他認識了知名的文學批評家里維斯，兩人發展出一段短暫而不安的友誼。他們在詹森的「居家」演奏會上相遇，之後偶爾會一起長途散步。比起他的文學批評，維根斯坦更欣賞他的人格，甚至可以說他喜歡他到不計較作品的地步。他曾經這樣勸告里維斯：「放棄文學批

16 譯註：Maurice Dobb，1900-1976。英國馬克思主義經濟學家。

評吧！」但里維斯大大誤判了這項建議，他只看到了布盧姆茨伯里派的壞影響，以為維根斯坦認同「凱因斯、他的朋友和他們的門徒」是「他們自以為的那種文化菁英」。

據里維斯回憶，那段時間維根斯坦工作得非常勤奮，時常睡眠不足。有一回他們出去散步到半夜，維根斯坦累得需要里維斯攙扶才能回家。到了霜湖屋，里維斯央求他立刻上床，但維根斯坦說：「你不懂。我只要一工作，就會擔心自己還沒完成就死了，所以每天完成多少就會好好謄寫一份，交給拉姆齊保管。今天的份我還沒謄。」

他當時在寫的是〈論邏輯形式〉（Some Remarks on Logicl Form）。這篇論文很特別，是他在《邏輯哲學論》之後唯一發表過的哲學作品，刊登於一九二九年亞里斯多德學會（Aristotelian Society）和心靈協會（Mind Association）年度聯合研討會的論文集上。那是英國專業哲學家最重要的研討會，該年於七月十二日至十五日在諾丁漢（Nottingham）舉行。不過，他才將論文寄出送印，就覺得它沒有價值，不承認是自己的作品，這顯示他當時的思想演變有多快。論文宣讀那天，他在會上讀了完全不同的東西，論數學中的無限概念，之後也沒有留存下來。

不過〈論邏輯形式〉還是很有意思，紀錄了維根斯坦思想發展的過渡階段。這個階段《邏輯哲學論》的邏輯體系雖然正在崩壞，但尚未瓦解。這篇論文可以視為他對拉姆齊的回應。拉姆齊批評了《邏輯哲學論》對顏色互斥的討論，這些批評最早出現在他的書評裡，後來在一九二九年的頭兩個學期，他顯然也跟維根斯坦做了進一步討論。

維根斯坦在《邏輯哲學論》命題 6.375 裡堅稱：「正如唯一存在的必然性是**邏輯**必然性，唯一存在的不可能性是**邏輯**不可能性。」並且在下一個命題將這個主張應用到「某物不可能既是紅色又是藍色」這件事上：

> ……視域中同一位置不可能同時出現兩個顏色，而且是邏輯上不可能，因為顏色的邏輯結構不允許這種可能。

問題是，若是如此，那「這是紅的」就不可能是原子命題。《邏輯哲學論》主張原子命題邏輯上彼此獨立，但照上面的說法，「這是紅的」和「這是藍的」顯然**不**彼此獨立，因為前者為真蘊含後者為假，反之亦然。於是乎，顏色命題必須是複合命題，容許進一步分析。為了擺脫這個困難，維根斯坦在《邏輯哲學論》裡用粒子速度來分析顏色。因此，某物不可能既紅又藍來自以下矛盾：「一個粒子無法同時有兩個速度；換句話說，它不能同時出現在兩個地方。」但誠如拉姆齊強調的，就算分析到粒子層次，問題依然存在：

> ……即便物理學家對我們所謂的「紅」提供了這樣的分析，維根斯坦先生也只是把難題化約到空間、時間和物質或以太的**必然**性質上，明確地使其依賴於「一個粒子同時出現在兩處」的**不可能性**上。

拉姆齊表示，即使這樣分析，還是很難看出為何這是邏輯問題而非物理問題。

因此，拉姆齊的評論對維根斯坦構成了挑戰：他要嘛必須證明空間、時間和物質的性質為**邏輯上**

的必然，要嘛必須換個說法解釋顏色互斥。維根斯坦在〈論邏輯形式〉裡選擇了後者。

他這時已經放棄了「原子命題彼此獨立」的看法，認為甲命題為真確實可能蘊含乙命題為假，因此「這是紅的也是藍的」就被「排除了」。但若是如此，《邏輯哲學論》對邏輯形式的分析就出了一個嚴重的差錯。因為根據書裡的規則，這類句子唯有能被分析成「p且非p」，依真值表證明其為矛盾後，才可以被排除。因此，〈論邏輯形式〉留下了一個不確定的結尾：

> 我們的符號系統未能阻止這類無意義句子出現，這當然是它的不足。完美的系統必須能靠明確的句法規則排除這類句子才行……然而，這種句法規則唯有當我們對這類現象做出了最終分析才能找到。我們都曉得，這一點目前還沒達到。

接下來那一年，維根斯坦試了幾次，想找出「這類現象的最終分析」。照他自己的講法，這一小段時期的研究非常現象學。不過，受到他和斯拉法的討論影響，維根斯坦很快便放棄了這條路，不再嘗試修補《邏輯哲學論》的結構漏洞，甚至完全拋棄了世界和語言之間**必然**有其共同結構的看法。事實上，他放棄這個看法和決定不能在研討會上宣讀〈論邏輯形式〉，很可能是同一個時間點。因為他的論文非但沒有解決拉姆齊提出的問題，反而承認了在《邏輯哲學論》的架構下，他對這個問題莫可奈何。

決定改談數學的無限概念之後，他寫信邀羅素出席：「你在場能大大提昇討論的水準，甚至唯有你在才能讓討論有些許價值。」這是維根斯坦學術生涯中頭一回參加研討會，也是最後一次，而且就如他對羅素說的，他對會議不抱太大希望。「我很怕不論說什麼，他們不是毫無反應，就是心裡冒出無關的疑問。」他擔心自己對無限概念要說的事「對他們是鴨子聽雷」。

牛津大學哲學家約翰．馬伯特（John Mabbott）回憶道，他到諾丁漢參加會議時，在學生宿舍遇到一名樣貌年輕的人，背著帆布包，身穿短褲和開領衫，因為他沒見過維根斯坦，所以認為這人應該是放假的學生，不曉得宿舍暫時改成與會者的旅館，便好意跟對方說：「恐怕這裡有一群哲學家要聚會。」維根斯坦陰鬱地說：「我也怕。」

結果羅素沒有出席，而研討會只讓維根斯坦確認了一件事，他對這種會議的輕蔑是對的。不過，那次聚會有一件好事，就是他和吉爾伯特．賴爾[17]成了朋友。賴爾在自傳的附註裡寫道，那時他當維根斯坦「困惑的崇拜者已經一陣子了」。根據維根斯坦的說法，他會主動結識賴爾，是因為對方在他宣讀論文時臉上那份認真關注的神情吸引了他。後來，賴爾認定維根斯坦對學生的影響是有害的，而維根斯坦則認為賴爾終究不夠**認真**。不過，兩人一九三〇年代始終維持友好的關係，休假時偶爾還會結伴散步，除了討論哲學還會談論電影。維根斯坦認為英國過去不曾拍出好電影，未來也不可能，甚至（進一步分析之後可能會發現）是**邏輯上**不可能。賴爾堅決反對這一點。

維根斯坦深信，自己討論無限的論文對齊聚諾丁漢的哲學家來說「會是鴨子聽雷」。這句老話表達了他內心一再有的感受：不管他說什麼都容易被誤解。他覺得身旁盡是無法了解他的人，就連拉姆齊也無法跟上腳步，和他一樣從《邏輯哲學論》裡的理論遠走高飛。九月他在日記裡抱怨拉姆齊缺乏原創

17 Gilbert Ryle，1900-1976。英國哲學家，日常語言哲學牛津學派代表人物。後面將會提到一位約翰．賴爾（John Ryle），兩人是兄弟，見後文。

性，無法用新的角度（彷彿頭一回遇到那樣）看事情。十月六日，米迦勒學期剛開始，他提到自己做了個夢，夢中場景彷彿訴說著他的處境，至少是他對眼前處境的感覺：

今天早上我夢見：我很久以前委託某人幫我做一架水車，後來不想要了，但那人還繼續做。水車擺在那裡，做得很糟，到處都是凹槽，可能是為了裝葉片（類似蒸氣渦輪機的馬達）。他向我解釋水車做起來有多累，我心想，我只是想要一架腳踏水車，應該很簡單才對。想到他這麼笨，聽不懂我的解釋，也做不出更好的水車，我就百般苦惱，心想自己不得不跟無法理解我的人在一起。我其實經常有這個想法，卻又同時覺得是我自己的錯。

維根斯坦接著說：「那人製作水車，做得那麼沒有概念、那麼糟，就是我在曼徹斯特時的處境。我苦心做著燃氣渦輪機，事後看來根本白費力氣。」不僅如此，這個夢還是他當前智性處境的寫照，因為《邏輯哲學論》已經證明是不堪用的，構造不良，無法發揮功用，卻還繼續擺著，而且那人（他自己或拉姆齊？）還在東修西弄，徒勞幹著累人的活，想把它弄得更精巧，但其實根本應該重起爐灶，製作一架完全不同、更簡單的水車。

十一月，維根斯坦應《邏輯哲學論》譯者奧格登之邀，在「異教徒」（The Heretics）宣讀了一篇論文。異教徒跟使徒會類似，但沒有那麼菁英取向，也更關注科學。威爾斯[18]、羅素和維吉尼亞・吳爾芙都曾在該會演講。吳爾芙的隨筆《本內特先生和布朗夫人》（Mr Bennett and Mrs Brown）便取材於她會中的演講。這次維根斯坦決定不說讓人「鴨子聽雷」的話，而是藉機試著糾正對於《邏輯哲學論》最普遍的嚴重誤解，亦即誤認它是一本基於實證主義，反形上學的作品。

維根斯坦一生就做過這麼一次「通俗」演講。他決定談倫理學。他在演講中再次強調《邏輯哲學論》的看法：對於道德問題說什麼都是無意義的，但他試圖闡明自己對這一點的態度和實證主義者的反形上學立場大不相同：

在談論或書寫道德或宗教時，我個人傾向衝撞語言的界限，我相信其他人也都是如此。衝撞這禁錮我們的牢籠是完全無望的舉動。只要道德源自於闡述生命意義的渴望，它就不可能是科學，它所說的一切不會增加任何知識。但它呈現了人類心靈的傾向，對此我忍不住由衷敬佩，終其一生都不會輕蔑它。

他還以自己的經驗為例，說明這個「衝撞這禁錮我們的牢籠」的渴望：

我將描述自己的經驗，希望能讓各位記起同樣或類似的經歷，這樣我們或許就有共同的基礎探究下去。我認為最好的講法就是，當渴望來時，我會驚訝於這世界的存在，禁不住說出「有東西存

18 譯註：H. G. Wells，1866-1946。英國著名科幻小說家，對科幻小說影響極大，甚至有評論家將其第一本著作《時間機器》（The Time Machine，1895）之出版年份評為「科幻小說誕生元年」。

> 在，真是太奇妙了」或「這世界存在，真是太奇妙了」之類的話。我要立刻再提一個經驗，是我經歷過的，在座有些人或許也經歷過，就是感到徹底安全的經驗。我說的是那種心理狀態，覺得「我是安全的，不管發生什麼都不會傷害我」。

維根斯坦接著指出，當人經歷了那種感覺，描述時往往會誤用語言，說出無意義的話，但那感覺本身「對經歷過的人如我，卻有某種內在、絕對的價值」。這些經驗無法用事實性的語言捕捉，正是因為其價值存在於事實世界之外。維根斯坦當時的筆記本裡有一句話，他沒在演講裡提到，卻完美表達了他的態度：「凡是善的，就是神聖的。雖然聽來古怪，但這話總結了我的倫理學。」

不過，這場演講最特別之處或許在於，若照一般的理解，演講的內容根本和道德無關，因為裡面沒提到道德問題，也沒闡述道德問題該如何分析或理解。想知道維根斯坦對道德的看法，就必須從他的日記和日常對話裡找。

儘管維根斯坦認為道德不可言說，但他無疑對道德問題想了和說了很多。事實上我們或許可以這樣說，他的一生就是一場道德掙扎，想成為**得體**（anständig）的人的掙扎。對他來說，這主要意味著克服出於驕傲和虛榮而撒謊的衝動。

這不表示維根斯坦誠實到無法說謊，雖然他有些朋友堅持這一點。這也不表示他從來不曾有過那種他總是為之自責的虛榮。當然，這麼說不代表他就一般的標準而言是不誠實或虛榮的。他顯然不是。但他顯然也曾因為想要打動人而放下只說實話的自我要求。他曾在日記裡這麼談到自己：

> 別人對我的看法總是讓我在意到誇張的程度。我常在意讓別人留下好印象，時時想到自己會留給別人什麼感覺，如果是好的我就開心，不是就會難過。

雖然他這麼說只不過表達了人之常情，卻也點出他認為虛榮就是妨礙他成為得體之人的最大阻礙。

維根斯坦很常給人的感覺就是貴族氣，而這顯然是虛榮心作祟。例如里維斯曾經聽他提到「我父親家有五架鋼琴」，讓里維斯立刻心想他是不是跟音樂史上有名的維根斯坦公主有血緣關係。事實上，劍橋有許多人認為他出身日耳曼的賽恩—維根斯坦王族。雖然維根斯坦自己不曾渲染這種印象，但其他人對他說過的話的記憶卻無助於釐清誤會（順帶一提，里維斯引述的話不一定正確，林蔭街的房子只有三或四架平台鋼琴）。對於他隱瞞自己出身到什麼程度，坊間說法不一[19]，但重點或許在於維根斯坦覺得自己有所隱瞞，讓別人以為他出身貴族，其實卻是猶太人。十二月時，他記下一個複雜的夢，或許就代表了他的這種焦慮：

> 怪夢一個：
>
> 我在畫報上看到 Vertsagt 的相片。他是當時引起話題的英雄人物。相片裡他坐在車上，人們談著他的不光彩行為。亨澤爾和我一起，旁邊還有一個人，感覺像是我哥哥庫爾特，他說 Vertsag（註：

19 巴特利表示，維根斯坦曾經請求一名英國表親不要洩漏他的猶太出身，但維根斯坦的多數朋友都堅稱他從來不曾隱瞞自己的血統。（原註）

原文如此）雖是猶太人，卻由有錢的蘇格蘭領主撫養長大，現在是工人領袖〔Arbeiterführer〕。他並未改名，因為那裡沒有這個習慣。我唸他的名字，重音擺在第一個音節上。我之前不知道他是猶太人，但現在看出他的名字就是 verzagt，德文的「膽怯」。對於 z 印成了 ts，而且還加粗，我並不意外。我心想，難道所有不光彩的行為背後都有猶太人的影子嗎？接著我和亨澤爾出現在某間屋子的陽台上，可能是霍赫海特的大木屋，Vertsag 開車沿街而來。他一臉怒火，髮色金中帶紅，鬍鬚顏色類似，外表不像猶太人。他用機關槍無情掃射後方的機車騎士，騎士痛得身體扭曲，一命嗚呼摔倒在地。Vertsag 呼嘯而過，接著又出現一名衣著寒酸的年輕女騎士，但也被他射殺了。子彈打在她胸口發出啵啵聲，彷彿快燒乾的水壺。我為女孩感到難過，心想唯有在奧地利不會有人同情或幫助她，只會眼睜睜看著她痛苦而死。我怕被 Vertsag 殺了，所以也不敢幫她。我朝女孩走去，但試著躲在板子後頭。

後來我就醒了。但我必須補充：我和亨澤爾兩次交談，一次有另一人在場，一次沒有，我都不好意思也不想跟他說我是猶太後裔，而且情況和 Vertsag 一樣。

維根斯坦醒來後思考這個夢，焦點全擺在夢裡主角的名字上。不知何故，他一口咬定那人的名字寫成 pferzagt（這詞在德文沒有任何意義）並且是匈牙利名字，而他「覺得這個名字很邪惡，不懷好意，而且非常男性」。

不過，他醒來的第一個想法或許更有關聯：Vertsag 的情況就是他的情況。一個有著貴族樣貌和教養、被人視為英雄的人，實際上卻是猶太人和惡棍。而且更糟的是，他太羞愧、太膽怯，無法坦白這一點。這種怯懦感糾纏了他許多年，最終讓他在做了這個夢的七年後正式坦白自己的猶太出身。

然而，這個夢最令人不安的一點，就是維根斯坦用了納粹口號來表達自己的內在焦慮。所有不光彩行為背後都有猶太人？這個提問可能來自《我的奮鬥》[20]，令人想起納粹的宣傳：狡詐的猶太人隱瞞自己真正的意圖與本性，如寄生蟲一般活在日耳曼人之間散播毒素。幸好維根斯坦使用這個意象（和與此類似的比喻）描述和分析自己的不得體的時間不長，於一九三一年達到最高峰（他寫了一系列文字談論自己的猶太性質）之後就戛然而止了。

這個夢自然引出一個問題，但維根斯坦沒有提及，就是 Verrsag 射殺了無辜女孩是否象徵他對瑪格麗特的壞影響？這個問題當然無法回答，但我想有理由認為，跟瑪格麗特結婚的打算讓維根斯坦更深刻、更努力滌除自己的不潔，挖掘本性中他原本寧可隱藏的所有不好與不誠實的部份，從而為他向萊迪絲提及的「神聖」行動做好準備。

20 譯註：《我的奮鬥》（Mein Kampf）是希特勒出版於一九二五年的自傳。

十二、「檢證主義階段」

一九二九年底，維根斯坦可能察覺瑪格麗特對兩人的關係有些舉棋不定，不曉得該不該和他結婚。他剛回維也納跟家人和瑪格麗特過耶誕節不久，瑪格麗特就說她不想再吻他，還解釋她對他的感覺不對。維根斯坦沒聽出她話中的意思。他在日記裡沒有停下來思考**她的**感覺，而是耽於自己的感受。他承認這事很不好受，但又不會不高興。因為說到底，一切都取決於他的心靈狀態，而非肉慾的滿足。「只要心靈沒捨棄我，那不管發生什麼，都不污穢細瑣」。「不過，」他又說：「如果不想沉淪，我就非得戰戰兢兢踮著腳走。」對他來說，問題不在贏得她的芳心，而是克服自己的慾望。「我是野獸，而且還不以為苦。」他在耶誕節當天寫道：「我正面臨變得更加膚淺的危險，願神阻止它發生！」

為了不讓自己陷入其中，或為了坦然示人，維根斯坦興起了寫自傳的念頭，不過**這事**同樣取決於心靈狀態。十二月二十八日他寫道：

寫出自己的真相，這麼做心態各式各樣，從最得體到最不得體的都有，因此可能該寫，也可能大錯特錯。的確，人能寫出的真實自傳從最高到最低的都有，例如我不能在高於自己的層次上撰寫自傳，這麼做**不一定**能抬高自己，甚至**可能**讓我比原本更污穢。我心裡有聲音鼓勵我寫自傳，而我其實也想找時間將自己的生命清楚攤開，清楚呈現在我自己和其他人面前。無論如何，這麼做不是將生命放上審判台，更多是為了清楚與真相。

隨後兩三年，維根斯坦持續記下一些東西，準備揭露自己的「赤裸真相」，思索什麼才是值得寫的自傳，但最後沒有留下任何結果。

如果他真的寫了自傳，肯定更接近奧古斯丁的《懺悔錄》而非《羅素自傳》之類的作品。換言之，撰寫自傳基本是精神上的作為。維根斯坦認為《懺悔錄》可能是「人所寫出最嚴肅的作品」。他尤其喜歡引述第一卷的這一段：「願悲哀降臨對你不置一詞的人！因為我們之中最能言善道者也找不到言詞來描繪你。」不過他和德魯利討論這段話時，喜歡將它改成：「願悲哀降臨從不談論你的人，只因喋喋不休者大放厥詞。」

跟魏斯曼和石里克討論時，他譯得更隨興了：「什麼，你這頭豬，竟然不想胡言亂語！說吧，胡言亂語也不要緊！」這些隨興翻譯就算沒抓到奧古斯丁的真意，也肯定表達了維根斯坦的觀點。人應該阻止喋喋不休者大放厥詞，但不表示自己不該胡言亂語，一切永遠取決於行事的精神與心態。

他向魏斯曼和石里克反覆重申自己在「異教徒」演講的要點：道德是知其不可說而說之的嘗試，是對語言的衝撞。「我認為遏止一切關於道德的空談非常重要，從道德直覺是否存在、價值是否存在到善能否定義，均屬於此。」但另一方面，我們也必須看到人忍不住說胡話，背後有**某種東西**。他說，他能想像（比方說）海德格想用存在與焦慮表達什麼（如「畏之所畏者就是在世本身」[1]），也能體會齊克果說的「理性受與之矛盾的激情所驅使，而致衝撞的那未知之物。」2

奧古斯丁、海德格和齊克果——我們很難想像跟維也納學圈的人談話會聽到這些名字，除了被拿出來辱罵。例如，實證主義者就常拿海德格的作品當例子，說明什麼是他們所謂的形上學廢話，是他們打算棄之如敝屣的哲學垃圾。

維根斯坦在劍橋期間，維也納學圈的成員開始自發匯聚。反形上學是凝聚他們的共同立場，他們依此前提寫出了類似宣言的東西，並以《科學的世界觀：維也納學圈》（Die Wissenschaftliche Weltauffassung: Der Wiener Kreis）為題出版。這本書從籌劃到出版，都是為了向石里克致敬。他不僅是學圈公認的領袖，那一年還為了維也納的朋友和同事而拒絕了柏林的工作。維根斯坦得知這項計畫後，寫信給魏斯曼表示反對：

正因為石里克不是普通人，人們行事更應當謹慎，別讓自己的「好意」因為自負而害他和維也納學派貽笑大方。我說「自負」是指那種自滿的姿態，宣稱「拒斥形上學！」好像這是創舉一般！維也納學派的成就該用行動表現，而非嘴巴說說……大師應該靠作品而為人認識。

宣言不僅勾勒出維也納學圈的基本主張，還預告魏斯曼即將出版《邏輯、語言與哲學》（Logik, Sprache, Philosophie）一書，作為《邏輯哲學論》思想的導論。維根斯坦雖然對宣言頗有微詞，但還是同意合作出版該書，定期跟魏斯曼會面解釋自己的想法。

兩人總在石里克家討論。魏斯曼相當完整地紀錄了維根斯坦的發言，一方面為了自己的書，一方面則是讓學圈其他成員（維根斯坦拒絕見他們）瞭解維根斯坦的最新想法。這些成員之後參加哲學會議，會在論文裡引用維根斯坦的想法，結果替他樹立了一種形象，成為左右奧地利哲學圈話題的藏鏡人。某些奧地利哲學家只聞其名不見其人，甚至認為「維根斯坦博士」不過是石里克捏造的人物，充作學圈的神話英雄。

然而，一九二九年時，別說學圈其他成員，連石里克和魏斯曼也沒察覺維根斯坦正迅速決絕地離棄《邏輯哲學論》。隨後幾年，魏斯曼不得不數次大幅改變出版方向，原本打算闡述《邏輯哲學論》的主張，後來變成概述維根斯坦對這些主張的修正，最後再改成敘述他的全新見解。然而當書終於底定，維根斯坦卻取消了合作，這本書終究沒有出版。[3]

耶誕節期間，維根斯坦跟石里克和魏斯曼幾番討論，勾勒出他自《邏輯哲學論》完成以來的觀點轉變。他告訴石魏兩人，他認為《邏輯哲學論》對基本命題見解有誤，必須揚棄，還有他對邏輯推論的早期看法也要一併扔了：

1 譯註：海德格（Martin Heidegger, 1889-1976）為德國哲學家。後引原句為「That in the face of which one has anxiety is Being-in-the-world as such」，出自《存在與時間》（Sein und Zeit，1927）第五十節。

2 譯著：原句為「this unknown something with which the Reason collides when inspired by its paradoxical passion」，出自齊克果《哲學片段》（Philosophical Fragments，1844）第三章。

3 至少在維根斯坦和魏斯曼生前沒有出版。一九六五年，該書的英文版《語言學哲學的邏輯》（The Principles of Linguistic Philosophy）面世，但由於當時維根斯坦的遺稿已經出版，所以這本書多少成了多餘。（原註）

……我那時認為所有推論都基於重言形式，沒發現推論還有另一種形式：這個人身高兩米，因此不是身高三米。

他告訴石魏兩人：「我的看法錯在我認為不需要考慮命題的內在關聯，就能確定邏輯常項的語法。」但他現在明白邏輯常項的規則是「更全面語法」的一部分，只是「我當時還不曉得這套語法」。因此，他現在的哲學任務就是描述這套更為複雜的語法，闡明「內在關聯」在推論中的作用。

至於要**如何**達成這項任務，他那時想法還不固定，幾乎每週一變，甚至每天都有不同想法，討論時經常聽到他這樣開頭：「我之前認為……」、「我必須修正從前的說法……」和「我那時不該這樣表達……」這裡指的不是他在《邏輯哲學論》的立場，而是一年前，甚至不到一週前的看法。

為了說明所謂的「語法」(syntax)是什麼意思，內在關聯又如何建立，維根斯坦舉了一個例子。假設有人說：「這裡有一個圓，長三公分，寬兩公分。」維根斯坦認為，對此我們只能說：「是哦！那你說的圓是指什麼？」換句話說，我們使用「圓」這個字的規則，排除了長大於寬的圓的可能。這些規則出自語法，或用維根斯坦的話來說，出自我們所用語言的「文法」(grammar)。是這套「文法」建立了某物是圓形和該物只有一**個**半徑的「內在關聯」。

幾何詞彙的語法先天排除了這種圓的存在，就像顏色詞彙的語法排除了某物既紅又藍的可能。《邏輯哲學論》的重言式分析遺漏了某些推論。有了這些不同語法建立的內在關聯，就能捕捉到這些推論，因為每套語法都構成一個**系統**：

> 我曾經寫道〔《邏輯哲學論》2.1512〕「命題像尺一樣對正現實……」但我現在會說：**命題系統**像尺一樣對正現實。這句話的意思如下：當我拿尺對正某個物體，就是同時將**所有刻度**對正它。

一旦量出某個物體長十五公分，立刻就能推論它不是十六公分，不是十七公分，等等等等。

用拉姆齊的話來說，維根斯坦描述命題系統的語法，近似於在勾勒「時間、空間和物質的**必然**性質」。所以，維根斯坦在做物理學嗎？不是，他這麼回答，因為物理學在意的是判定事態的**真**或**假**，而他在乎的是區分**意義**與**無意義**。「這個圓長三公分，寬兩公分」不是假的，但沒意義。維根斯坦在意時間、空間與物質的性質不是要做物理研究，而是（照他當時喜歡的說法）**現象學**分析。「物理，」他說：「無法描述現象學事態的結構。現象學涉及的永遠是可能性和意義，而非真或假。」

對石里克而言，這種說法有康德的味道，讓他很不舒服，感覺幾乎就像維根斯坦正循著《純粹理性批判》的思路，試圖描述「表象結構」的一般與必然的性質，並且被引向了胡塞爾（Edmund Husserl）。他心裡掛著胡塞爾的現象學，問維根斯坦說：「面對相信現象學陳述是先驗綜合判斷的哲學家，我們該怎麼回應？」維根斯坦說：「我會這麼回答，要生出句子沒有問題，但我無法將它和想法連結起來。」他在另一則評論裡說得更清楚一點：他認為確實有些語法規則無法被重言取代（例如算術的等式），這一點「我想說明了康德為什麼堅持 7+5=12 不是分析命題，而是先天綜合命題。」換言之，他給了一個我們熟悉的回答：他的研究**顯示了**康德和康德主義者試圖**說出**的東西。

維根斯坦新想法的康德色彩雖然惱人，但石里克幾乎不當一回事，因此學圈其他成員也就不怎麼注意這一點。對經驗主義派的他們來說，維根斯坦提到的另一點比較合他們的胃口，那就是一個命題要有意義，要真有所說，我們就必須曉得它怎樣才會為真，因此要有方法判定它的真假。維也納學圈稱之為「維根斯坦檢證原則」(Wittgenstein's Principle of Verification)，並且信守不渝，使它從此成為世人公認的邏輯實證主義教條。這個原則在英語世界最知名也最響亮的版本來自艾耶爾的《語言、真理與邏輯》[4]——書名得自魏斯曼《邏輯、語言與哲學》的啟發（如果能這麼說的話），於一九三六年出版，是艾耶爾數度參加維也納學圈聚會之後寫成的。

這個原則用一句口號表達：命題的檢證方法即其意義。維根斯坦這麼向石里克和魏斯曼解釋：

> 例如我說：「櫃子那兒有一本書。」我要怎麼檢證這句話呢？看書一眼，從不同角度看，還是拿起來、摸它、打開它、翻一翻等等，這樣就夠了嗎？這裡有兩個想法，一是無論怎麼做，都沒辦法完全證實這個命題。命題永遠開著後門，我們怎麼做都無法確定自己沒有做錯。
>
> 二是我自己認同的看法：「不對，要是我永遠無法完全檢證一個命題的意義，就不能用它來意指任何東西，那它就無法表達任何東西。」
>
> 為了確定一個命題的意義，必須知道一個具體的方法，說明該命題什麼時候得到檢證了。

後來，維根斯坦否認自己曾經想將這個原則當成意義理論的基礎，也不贊同邏輯實證主義者拿它當成教條使用，和他們的做法保持距離。他在劍橋道德科學社的某次聚會上表示：

> 我有一段時間常說，為了弄清楚一句話如何使用，不妨問自己：「我要怎麼檢證這句話？」但要

搞清楚字和句子的使用，這只是方法之一，例如還有另一個問題也常常很管用：「這個字是怎麼學會的？」「我們怎麼教小孩學會用這個字？」然而，有些人卻將「想想如何檢證」這個方法當成教條，彷彿我在主張一套意義理論似的。 288

一九三〇年代初，英國哲學家斯托特（G. F. Stout）問他對檢證的看法，維根斯坦用了一個故事做比喻，似乎在說「發現一個句子無法檢證」是個重要的了解，而不是發現這個句子沒有東西可以讓人理解：

> 想像有一個小鎮，鎮上警察必須取得所有鎮民的資料，例如年紀、出生地和職業等等。這些資料會被保存，供日後使用。警察偶爾會問到一位鎮民，發現他沒有工作。他會將這事紀錄下來，因為這也是關於那位鎮民的有用資料！

不過，儘管他後來做了這些否認，但綜觀一九三〇年代，從他跟石里克和魏斯曼的談話、他對魏斯曼口述的「論題」到他本人的筆記都可以發現，維根斯坦自己陳述這個原則時，感覺就跟維也納學圈和艾耶爾一樣教條，如「一個命題的檢證方式即其意義」、「一個命題如何檢證，就是該命題所言……檢證不是真理的一個**標記**，它**就是**命題的意義」等等。因此，我們似乎能說維根斯坦曾經有過「檢證主義

4　譯著：A. J. Ayer，1910-1989。英國哲學家，邏輯實證論代表人物之一。代表著作有《語言、真理與邏輯》（Language, Truth and Logic）等。

階段」。然而，前提是我們將檢證原則跟石里克、卡納普和艾耶爾等人的邏輯經驗論區分開來，將它放到更康德的脈絡下，放到維根斯坦的**現象學**和**語法**研究的框架裡，才能這麼說。

一九三〇年元月初，維根斯坦返回劍橋，發現拉姆齊病得很重，因為重度黃疸而住進了蓋斯醫院（Guy's Hospital），準備動手術查明病因。手術後，拉姆齊狀況危急，顯然保不住性命了。他的密友法蘭西絲．派特里齊說，拉姆齊過世那天傍晚，她去了好友的病房，發現維根斯坦竟然坐在和病房相通的小房間裡，和拉姆齊相隔幾呎：

> 雖然維根斯坦用一種我聽了不舒服的詼諧語氣說話，但在那輕描淡寫底下，可以清楚感覺他的親切與內心的悲傷。法蘭克剛又動了手術，還沒醒過來，而萊迪絲還沒吃晚飯，因此我們三人便去找東西吃，最後在快餐部買了香腸卷和雪利酒。後來維根斯坦走了，萊迪絲和我又回到我們的火爐邊。

隔天（一月十九日）半夜三點，拉姆齊因病去世，只有二十六歲。

再隔天，維根斯坦去上了第一堂課。上學期末，布雷斯衛特以道德科學社的名義邀他開一門講座。他問維根斯坦課名要叫什麼，維根斯坦沉默良久後說：「課的主題是哲學，課名除了哲學之外還能叫什麼？」從此，維根斯坦只要講課都是用這個如此概括的名稱當課名。

一九三〇年的四旬齋學期，他每週在藝術學院的教室講課一小時，另外在克萊爾學院一個房間進行兩小時的討論課。那房間是向普雷斯特利（即雷蒙德・普雷斯特利爵士[5]）借的。後來他完全捨棄了教室，講課和討論都在普雷斯特利的家中進行，直到一九三一年他在三一學院有了自己的住處才轉移陣地。

上過課的人常說他的教學方式和其他大學講師很不一樣，似乎確實如此。他完全不用筆記，往往只是站在學生們面前邊想邊講，偶爾會停下來說：「慢點，讓我想一想！」接著便盯著手掌沉思好幾分鐘。有時，班上某位勇氣可嘉的同學提出問題，講課就會繼續下去。他時常罵自己笨蛋，說：「我真是白痴！」或激動地大喊：「這簡直跟登天一樣難！」修課者大約十五人，主要是大學生，不過也有教師，其中最有名的就是摩爾。他會坐在唯一的扶手椅上（其他人坐帆布摺椅）抽著煙斗猛抄筆記。維根斯坦激昂跌宕的講課方式，讓聽過的人都留下了深刻的印象。與奧格登合寫《意義的意義》的理查茲，在〈走失的詩人〉（The Strayed Poet）這首詩裡有生動的描述：

非課之課上，有你和他的聲音
帆布椅散置四處，歪歪斜斜
扶手椅上，摩爾振筆抄寫
所有人企盼你的字字珠璣

5 譯註：Sir Raymond Priestley，1886-1974。英國地質學家、南極探險家。

你憔悴的美，幾乎無人能抵擋
輕蔑的嘴角，不屑的大眼
皺眉、怪笑，懷著傷悲
棄絕世俗，為責任而奉獻自己

見你受苦，聽眾為你著魔
看著你，一口氣也不敢吐
等你開口，你卻啞口沉默
為了隱匿的囚徒而受苦、無助

再撥一次火！窗子打開！
關上！——耐心踱步沒有助益
天花板上不見靈感的蹤影——
又衝去把炭火攪開。

「哦，太明顯了，實在太明顯！」
緊繃的氣氛更緊繃，
鉛筆就位——「哦，我真是白痴！

白痴透頂！」

大師並非不擅教學，毫無想法的
腦袋冒出汗珠，眾人注視著
心為他淌血，但——誰想引火自焚
就開口吧！下一個出糗的是誰？

再開一次窗，再撥一次火，
（不必了，那早就熄了的，就別管了！）
巨大的平靜；句子浮現了；呻吟停止
筆聲沙沙，一切又重頭開始。

理查茲的詩名很貼切，維根斯坦的講課方式（其實還包括他的寫作風格）和主題之間的反差很有趣，彷彿一名詩人不小心走錯路，闖進了數學基礎和意義理論的分析裡。維根斯坦自己曾寫道：「我曾說，哲學其實應該**當詩來寫**，我想這句話總結了我對哲學的態度。」

他在課上描繪了自己對哲學的想法，哲學「嘗試擺脫某一種困惑」，亦即「**語言**的困惑」。方法是說清楚我們所用語言的語法特性。語法告訴我們什麼有意義，什麼沒有意義，讓「我們用語言做到一些唯有語言能做到的事，它界定了自由的限度」。照這個說法，顏色八面體[6]就是語法的一個例子，因為它告訴我們，雖然我們能說綠綠的藍，卻不能說綠綠的紅，因此它牽涉的不是真理，而是可能性。同樣的道理，幾何也是語法，是「現實的鏡子」。

在解釋語法建立「內在關聯」這一點時，維根斯坦直接拿自己的觀點跟《意義的意義》和《心的分析》裡的意義因果論相對照。對奧格登、理查茲和羅素而言，因果關係是**外在的**，例如羅素認為使用語詞是為了引發特定感覺或心像，「只要普通聽者真的產生那個感覺或心像」，該語詞的使用就是正確的。但對維根斯坦而言，因果完全不是重點。他在筆記裡用一個類比來說明羅素的謬誤：「我想吃蘋果，某人揍了我肚子一拳，讓我不再想吃了，所以我想要的其實是那一拳。」

學期結束，替維根斯坦找研究經費的問題又出現了。三一學院去年夏天給的經費已經用罄，學院委員會顯然對值不值得繼續撥錢很有疑慮。因此，三月九日摩爾寫信給人在彼得斯菲爾德（Petersfeild）教書的羅素，問他能不能看一下維根斯坦在做的研究，向三一學院報告其價值：

> ……因為眼下似乎沒有其他方法可以給他足夠的收入繼續研究，只有委員會提供經費一途了，但我覺得除非有專家認可他的研究，否則他們不大可能撥款，而你顯然是最能勝任這件事的人。

果然不出摩爾所料，羅素反應不是很熱烈。「我看不出自己有什麼理由拒絕，」他說：

> 不過，你說得沒錯，這事既然涉及和他辯論，肯定非常費力。沒有比討論時和他意見不同更累

人的事了。

隨後那個週末，維根斯坦去了畢架山學校（Beacon Hill School），向羅素解釋自己在做的研究。「兩天當然不可能討論太多，」他寫信給摩爾說：「但他似乎理解了一點點。」他計畫復活節過後再和羅素見面，給他一份概述，說明他回劍橋之後的進展，因此復活節時他在維也納，幾乎都在口述自己筆記裡挑出的重點給打字員聽。「這事有點累人，做得我精疲力竭」，他向摩爾抱怨。

這份口述的打字稿就是後來出版的《哲學評論》（Philosophical Remarks），一般認為這是一部「過渡」的作品，亦即介於《邏輯哲學論》和《哲學研究》之間，可能也是唯一這麼稱呼而不致引起誤解的作品，因為它確實落在維根斯坦哲學思想發展的過渡階段，試圖擺脫《邏輯哲學論》裡的意義理論，用他跟石里克和魏斯曼討論時勾勒的類康德現象學分析來取代。本書稍後會提到，維根斯坦很快就揚棄了這個做法，也不再堅持檢證原則是意義的判準。因此《哲學評論》是維根斯坦作品中最檢證主義、最現象學的著作，雖然使用維也納學圈採納的工具，希望達成的目標卻和維也納學圈完全相反。

維根斯坦四月底從維也納回來，隨即前往康沃爾（Cornwall）造訪羅素，把稿子給他看。但對羅素來說，這時間很不湊巧。他妻子朵拉懷有七個月身孕，但孩子是另一個男人（美國記者葛里芬・巴里〔Griffen Barry〕）的，而他女兒凱特得了水痘，兒子約翰則患了麻疹。他和朵拉各自出軌，兩人婚姻岌

6　譯註：顏色八面體（color octahedron）是奧地利哲學家阿洛依・霍夫勒（Alois Höfler，1853-1922）提出的一種顏色系統。將兩個四角椎疊合在一起，就成為一個八面體，而這八面體的六個頂點分別為（紅，綠）、（黃，藍）、（黑，白），且以（黑，白）為豎軸。由於紅與綠是相對的頂點，所以任何混合色不能既紅又綠。

岌可危，而且他那陣子沒命似的工作，撰寫通俗專欄、講稿和暢銷書，以支付他燒錢如流水的教改實驗，身上的壓力大到畢架山學校的同事都覺得他快發瘋了。

維根斯坦在這種紛擾的狀態下待了一天半。之後，身陷麻煩的羅素寫信給摩爾，精疲力竭地概述了維根斯坦的研究：

> 我很不巧生病了，因此沒辦法照我希望的速度理解他的想法。不過，在和他交談的過程中，我大致掌握了他想做什麼。他對「空間」和「語法」這兩個詞有自己的用法，而且多少是相互聯繫的。他認為，如果說「這是紅色的」是有意義的，那麼說「它很大聲」就沒有意義，因為顏色有顏色的「空間」，聲音也有聲音的「空間」。這些「空間」感覺是先天的，康德說的那種先天，就算不完全如此，也相去不遠。語法錯誤來自「空間」混淆。接著他對「無限」說了一大堆看法，每句都有變成布勞威爾派的危險，必須替他踩煞車才不致於出事。他提出的理論顯然很重要，也很原創。正確與否我不曉得，但我衷心希望是錯的，否則數學和邏輯就會被搞得不可思議地困難。

他向摩爾請求：「可不可以告訴我，這封信能不能滿足委員會的要求？我這麼問是因為我現在事情太多，生不出力氣來細讀維根斯坦的東西。但你若是覺得確有必要，我還是會繼續。」摩爾覺得沒有必要，但（對羅素很抱歉）他認為這封信無法當成報告說服委員會。於是羅素把信重寫了一遍，用他自己的話說，「寫得更像回事，讓委員會一讀就懂。」委員會果然接受了這封信作為維根斯坦的成果報告，正式給他一百英鎊的經費。「我發現我只有健康時才能理解維根斯坦，」羅素對摩爾解釋道：「可惜我現在不是。」

羅素當時麻煩纏身，卻還是如此仔細檢視維根斯坦的研究，實在令人驚訝。相較之下，維根斯坦卻對羅素的困境大肆批評。他痛恨羅素的通俗作品，認為《幸福之路》（The Conquest of Happiness）是「催吐劑」，而《我的信仰》（What I Believe）「絕非『無害之物』」。有一回在劍橋的討論會上，有人想迴護羅素（在《婚姻與道德》〔Marriage and Morals〕裡）對婚姻、性和「自由性愛」的看法，維根斯坦回答：

如果有人告訴我，他去了最糟糕的地方，那我無權評判他。但要是他說能去那裡是因為自己智慧高人一等，那我就知道他是假貨。

四月二十五日維根斯坦回到劍橋，他在當天的日記裡寫到了自己沒那麼「自由」的愛情生活的進展：

復活節假期後回到了劍橋。在維也納時常和瑪格麗特一起，復活節當天和她待在新瓦德格街。那三小時我們頻頻接吻，感覺很好。

復活節學期[7]後，維根斯坦回維也納跟家人和瑪格麗特過暑假。他待在霍赫海特的家族莊園裡，但不是住大房子，而是樵夫的小屋。那裡有他思考哲學所需的平靜和無負擔的環境。三一學院寄來了

7　譯註：復活節學期（Easter term）是每年四至六月的夏季學期。

五十鎊經費，供他夏天花用，但就如他在信裡對摩爾說的，「我現在的生活非常經濟。事實上，只要我待在這裡，就不會用到半毛錢」。這段時間他很少休息，除了跟帕特森「瞎扯」之外：

親愛的吉爾（老畜生）：

你有一個野心勃勃的目標，當然會有，否則你就只是隨波逐流，精神上更像老鼠而不是人。你不滿現狀，想要從生活裡獲得更多。為了你好，也為了現在和未來倚賴你的人好，你值得更好的職位和更高的收入。

你或許會問，我要怎麼擺脫低薪的行列呢？？為了思考諸如此類的問題，我隱居到了信上的地址，離維也納大約三小時的郊外。我買了新的大筆記本，做了很多研究。筆記本的標籤我附在信裡，還有一張我的近照。我的頭頂被裁掉了，因為做哲學用不到。我發現用佩爾曼記憶法〔pelmanism〕組織想法最有效，那些灰色的小冊子讓我有辦法替自己的心靈「做索引卡」。

初夏時，維根斯坦到維也納找石里克和魏斯曼，三人在石里克家中會面，主要是為了準備魏斯曼的演講。魏斯曼預計九月參加在柯尼斯堡[8]舉行的「精確科學中的知識論」研討會，講述〈數學的本質：維根斯坦的觀點〉。這個系列講座涵蓋了論數學基礎的各學派，包括卡納普講邏輯主義，海廷[9]講直覺主義，馮紐曼[10]講形式主義，而魏斯曼是第四講。該講要點是將檢證原則用在數學上，得出一個基本法則：「數學概念的意義為其使用模式，數學命題的意義為其檢證方法。」不過，由於哥德爾（Gödel）在會上發表了那篇知名的〈不完備定理〉[11]，魏斯曼和其他所有人的成果都被比下去了。

那年夏天，維根斯坦還向魏斯曼口述了一系列的「論題」，應該是為了共同寫書做準備。這些論題多半是《邏輯哲學論》的要點重述，不過也包括一些對檢證的「闡釋」。他用最概括、最直接的方式敘述檢證原則：「命題被檢證的方式即其意義。」並做了如下闡釋：

> 一個命題的檢證方法能確立多少，該命題就只能說出多少，不會再多。如果我說「我朋友生氣了」，並藉由他表現出某項可觀察的行為而確立了這點，那這句話意思就只是他表現出了那項行為。倘若這句話的意思不只如此，我也說不出多了什麼。一個命題只說出它所說出的，沒有再多。

這些論題才寫好，維根斯坦就對表達方式不滿意了，覺得跟《邏輯哲學論》一樣犯了教條主義的錯。

---

8 譯註：柯尼斯堡（Königsberg）即今俄羅斯加里寧格勒（Kaliningrad），鄰近波羅的海的海港城市。

9 譯註：Arend Heyting，1898-1980。荷蘭數學家、邏輯學家。布勞威爾的學生。

10 譯註：von Neumann，1903-1957。美國籍猶太裔數學家，現代電子計算機理論與經濟學博弈論的奠基者。

11 哥德爾第一和第二不完備定理指出：一、任何一致的形式系統中，都會有一個句子既無法證明為真，也無法證明為假。二、算術形式系統的一致性無法從系統內部證明。第一定理通常稱為哥德爾定理，一般認為它證明了羅素《數學原理》設定的目標（從單一邏輯系統推導出所有數學）原則上是無法達成的。維根斯坦是否接受哥德爾的成果這樣解釋，還有待商榷。對受過數理邏輯訓練的人來說，他對哥德爾定理的評論乍看粗糙得嚇人（見《數學基礎評論》〔Remarks on the Foundations of Mathematics〕第一部的附錄）。就我所知，對於這些評論最好、最寬容的討論來自山克爾（S. G. Shanker）的〈維根斯坦對哥德爾定理之意義的評論〉（Wittgenstein's Remarks on the Significance of Gödel's Theorem），收錄於山克爾編輯《聚焦哥德爾定理》（Gödel's Theorem in Focus），頁一五五—二五六，克魯姆黑爾姆出版社（Croom Helm），一九八八年出版。（原註）

事實上，維根斯坦正在醞釀一套新的哲學觀點，完全不包含這些論題。這一點其實已經隱含在《邏輯哲學論》對哲學的討論裡，尤其是命題6.53：

做哲學的正確方法其實是這樣的：只說能說的，即自然科學的命題（亦即和哲學無關的東西），其餘什麼也不說。一旦有人說起形上事物，就向他證明他命題裡有些符號是他無法給出意義的。雖然對方不會滿意，不會覺得我們在教他哲學，但這是唯一嚴格正確的方法。

然而，《邏輯哲學論》本身就沒有遵守這個方法，書裡編了號的命題也是。堅稱這些命題其實不是命題，而是「擬似命題」或「闡釋」，只是迴避這個主要難題的遁詞，顯然無法令人滿意，而魏斯曼彙整的「論題」顯然也面臨同樣的難題。哲學上的清晰無法來自教條式的陳述，必須另覓他途。一九三〇年，正當魏斯曼預備向世人介紹維根斯坦的「論題」時，維根斯坦寫道：「在哲學裡，提出論題就無法對之進行辯論，因為所有人都會贊同。」

維根斯坦開始認為，哲學家不該教授教條和發展理論，而是應該展示達致清晰的技巧與方法。照他對德魯利的說法，這項發現及其含意在他心裡逐漸明朗，最終將他帶到了「一個真正安穩之處」。「我知道我的方法是正確的，」他對德魯利說道：「我父親是生意人，我也是生意人：我希望我的哲學像一門生意，能搞定事情，解決事情。」維根斯坦哲學發展的「過渡階段」在此劃下了句點。

十三、迷霧散去

一九三〇年秋天回到劍橋時，維根斯坦已經抵達了他對德魯利提過的「真正安穩之處」，亦即對哲學的正確**方法**有了清楚的概念。他用一句末世宣言般的話開始他米迦勒學期的講課：「哲學的光環已然逝去。」他說：

> 因為我們現在有了一種做哲學的方法，可以談論哲學家是否掌握了方法。就如同鍊金術和化學的差別：化學也有方法，可以談論化學家是否掌握了方法。

從鍊金術到化學的類比不全然正確。維根斯坦並不認為自己用真正的科學取代了神秘的偽科學，而是覺得自己穿透了哲學的混濁與神秘，亦即哲學的「光環」，發現背後**什麼都沒有**。哲學無法轉變為科學，因為哲學沒有要發現的東西。哲學難題是誤用和誤解語法的結果，需要的不是解答，而是消解。而消解哲學問題的方法不是建構新的理論，而是收集提示，提醒我們已經知道的東西：

我們在哲學裡找到的東西是平凡而瑣碎的。哲學不教給我們新的事實，只有科學才那樣做。然而，恰如其分地概述〔synopsis〕這些瑣碎之物極為困難，又極為重要。哲學其實就是對瑣碎之物的概述。

哲學和科學不同，哲學不是蓋房子，甚至不是為房子鋪設地基。我們只是「收拾房間」。讓哲學這個「科學之后」走下高臺是勝利，也是絕望。它意味著不再天真，是更大範圍的文化衰頹的一個症狀：

……一旦找到方法，表現個性的機會就受到了限制。我們時代的傾向是限制這種機會，這是文化衰微或消失的時代的特徵。在這樣一個時代，偉大的人不必稍減其偉大，但哲學如今縮減成一種技能，哲學家的光環也在消逝。

這段話顯示維根斯坦受到了史賓格勒《西方的沒落》的影響（德文版一九一八年出版，英語版一九二六年），這時期他說的、寫的許多東西也是如此。史賓格勒認為文明是萎縮了的文化。文化一旦衰微，原本活躍的有機體就會僵化為死板的機械結構，藝術發達的時期轉而被物理、數學和力學所取代。這個概括的觀點和維根斯坦自己的文化悲觀主義非常契合，對應於十九、二十世紀之交西歐文化的衰微更是如此。維根斯坦有一回滿臉悲傷來到德魯利的住處，說自己見到了史賓格勒理論的現實寫照：

我在劍橋散步時，途中經過一間書店，櫥窗裡掛著羅素、佛洛伊德和愛因斯坦的肖像。再往前不遠是樂器行，我看見貝多芬、舒伯特和蕭邦的肖像。兩相對照，我強烈感覺不過短短一百年，人類精神竟然墮落得如此驚人。

在科學家接管一切的世界裡，偉大的人格（魏寧格口中的「天才」）無法在主流生活裡立足，被迫孤獨一人，只能四處收拾自己的房間，和周圍一切「蓋房子」行為保持距離。

＊

一九三〇年的米迦勒學期，維根斯坦為一本書寫了好幾稿序言。不是他跟魏斯曼合寫的書，而是不久前拿給羅素看過的打字稿。每一稿序言，他都試著說明自己的寫作精神，並將自己的作品和科學家及科學哲學家的作品劃清界線。他想表明自己的思考是以他的整齊小房間為限，在這範圍內進行的。然而，他在這裡遇到了一個熟悉的兩難：那麼他是在向誰解釋自己的態度？了解的人自然會從他作品裡見到那態度，不了解的人就算解釋了也聽不懂。維根斯坦在自己的筆記裡有談到這個兩難：「跟一個人說他不理解的事是白費工夫，就算你說他不會理解也沒幫助（這事經常發生你愛的人身上）。」

假設你有一個房間不想讓某些人進來，於是你裝了鎖，而他們沒有鑰匙。但如此一來，跟他們談這個房間就毫無意義。當然，除非你想讓他們站在外頭讚美這個房間！

體面的做法是在門上裝一把鎖，這把鎖只有能打開它的人才會注意到，其餘的人不會發現。

「不過，」維根斯坦補充道：「我要說，本書和歐美的進步文明毫無關聯。雖然它的精神唯有在這一文明的環境裡才能誕生，但兩者目標不同。」他在一份較早的序言草稿裡點明了自己作品和西方科學家作品的關聯：

典型西方科學家瞭不瞭解、欣不欣賞我的作品，對我都一樣，因為他們絕對無法了解我的寫作精神。「進步」是我們當前文明的標誌，是其形式，而非其中一項特質。建造是進步文明的基調，旨在打造愈來愈複雜的結構，就連追求清晰也是達成此一目的的手段，而非本身就是目的。對我來說正好相反，清晰和明白本身就有價值。

我對打造建築沒興趣，只想洞悉所有可能的建築的基礎。

因此，我和科學家目標不同，思考方式也不一樣。

維根斯坦在定稿裡沒有提到科學或科學家，而是談及「貫穿我們所有人所身處的歐美文明洪流的」精神，並強調自己作品的精神是不同的。不過，光是定稿裡的宗教氣息就足以說明這一點了：

我很想說「這書是為了榮耀神而寫」，但現在這話只會被當成欺瞞，不會被正確理解。這話真正的意思是，這書是帶著善意而寫，倘非如此，而是出於虛榮等等而寫，作者寧願它受人譴責。作者能讓自己免於多少不純，就也只能讓這書擺脫多少不純。

維根斯坦不斷在課上反覆強調，自己不是在提供哲學**理論**，而只是提供一種方法徹底擺脫對理論的**需要**。思想的句法和語法無法如他之前所想的，靠（現象學或其他）分析來描繪與揭示。「對於思想，」他說：「哲學分析不會告訴我們任何新東西。就算會，我們也不感興趣。」語法規則不可能被哲學證成，甚至無法被哲學描述。舉例而言，哲學不是由決定我們語言「深層語法」（杭士基[1]用語）的「基本」規則所組成：

> 我們再怎麼研究下去，都不會抵達基本命題，而是遇到語言的邊界，讓我們無法再往下問。我們不會觸及事物的根柢，只會到一個不能再往前的點上，不能再問任何問題。

語法建立的「內部關聯」無法進一步檢驗或證成，只能舉出規則正確使用和錯誤使用的例子，然後說：「仔細看——你沒看到規則嗎？」例如，我們無法因果地掌握樂譜和演奏之間的關係，彷彿能神奇地看出某一樂譜會**導致**我們以某一方式演奏。我們也無法窮盡連結兩者的規則，因為只要借助解釋，任何演奏方式都能說是符合樂譜。最後，我們只得「在演奏和樂譜的關係裡**看出**規則」。如果看不出來，再多解釋也無法理解。如果看得出來，那麼到了一個點上解釋就是多餘，根本不需要「基本」解釋。

---

1 譯註：指諾姆・杭士基（Noam Chomsky，1928-），美國語言學家、哲學家。提出「轉換—生成文法」（transformational grammar）理論，解釋人類如何說話與理解新的句子。理論中認為語言有深層結構（deep structure）和表面結構（surface structure）；原文此處「深層語法」（depth-grammar）應指前者。

維根斯坦對這點的堅持是一個轉捩點，讓他從「過渡」階段開始走向成熟的後期哲學。他的哲學方法的後期發展，例如「語言遊戲」的應用，反而沒那麼重要。這些發展是啟發用的，顯示維根斯坦嘗試用各種方法讓人看見某些連結與差異，看見走出哲學兩難的出路。真正的關鍵其實更早。當他開始將《邏輯哲學論》的主張當真，哲學家沒有什麼需要**說出**，只有東西需要**顯示**，並且嚴格執行，徹底放棄用「擬似命題」說些什麼，這才是決定性的一刻。

強調「看出」關聯這一點，讓維根斯坦的後期哲學和史賓格勒的《西方的沒落》連結在一起，同時提供了關鍵的線索，讓我們一窺他的文化悲觀主義和後期思想主題之間的關聯。史賓格勒在《西方的沒落》區分了形式原則（格式塔）和定律原則（the Principle of Form (*Gestalt*) and the Principle of Law），前者通往歷史、詩歌及生命，後者則通往物理、數學與死亡。史賓格勒根據這個區分提出了一個普遍的方法學原則：「辨認死形式的方法是**數學定律**，理解活形式的方法是**類比**（Analogy）。」因此，史賓格勒並不想憑藉定律去了解歷史，而是藉由看出不同文化時代之間的類比來認識歷史。他最反對的是「偽裝成自然科學」的歷史觀，是「在精神政治事件的表面價值愈來愈浮出水面之際，抓住這些事件，將之塞進『因與果』的模式裡」。他支持的歷史觀認為，史學家的工作不是匯集事實和提供解釋，而是看出事件之間的形態學（或用史賓格勒自己喜歡的說法，面相學）關係，進而認知事件的意義。

史賓格勒明白指出，他用面相學的方式研究歷史，是受到歌德用形態學研究自然的啟發，例如歌德的詩作《植物的變態》（Die Metamorphose der Pflanze）就描繪了植物從葉子開始的一連串形態變化。正如歌德研究「自然中的命定，而非因果」，史賓格勒表示：「我們也要發展出一套人類歷史的形式語言。」歌德研究形態學，其動機是討厭牛頓科學的機械主義，想要揚棄這套死的機械式研究，努力「**如**

其所是地辨識活體的形式，在脈絡中看出它們可見可觸的部份，將它們視為內在某物的**顯現**」。

維根斯坦的哲學方法，是用「概述瑣碎之物」取代理論，因此也屬於這一傳統。他在其中一堂課上表示：「我所展現的，是語句使用的形態學。」他在跟魏斯曼合寫的《邏輯、語言與哲學》裡明白點出了此一關聯：

> 我們此處的想法跟歌德《植物的變態》裡的某些觀點若合符節。我們見到相似的東西，總習慣認為背後有共同的來源。這種將現象回溯至源頭的衝動屬於特定的思考方式。可以說，這種方式認定相似的模式只有一種，就是時間序列（並且和因果模式的獨一性密不可分）。但歌德的觀點顯示這不是唯一的模式。他對原生植物的構想跟達爾文不同，不需要假設植物王國會隨時間發展。這種構想解決了**什麼**問題？概觀如何呈現的問題。歌德的格言「所有植物器官都是葉子的變形」給了我們一張藍圖，讓我們按相似性替器官分類，彷彿有一個自然的核心。我們看見葉子從原本的形態變成相似的同源形態，變成花萼之葉和花瓣之葉，再變成半是花瓣半是雄蕊的器官，諸如此類。我們透過中間形態將葉子和其他器官連結起來，藉此追溯這個美妙的類型轉變。
>
> 我們這本書裡做的正是如此，將某種語言形式與它的環境相對照，或用想像將它變形，以窺見我們的語言結構所在的空間之全貌。

維根斯坦很少清楚談論自己的哲學研究想要達成什麼，難怪德魯利口中的「善意評論者」會說，維根斯坦的作品「很容易被知識份子圈接納，但他的作品有一大部分在警告人們提防這個圈子」。但話說回來，當我們看見某人收拾房間，通常不會聽到他邊收拾邊解釋自己在做什麼、為什麼做，他只會專心幹活。基本上，維根斯坦就是以這種純粹「做生意」的態度在進行哲學思考的。

一九三〇年米迦勒學期末，維根斯坦拿到了三一學院五年的研究員資格。他之前給羅素看過的打字稿（在他死後以《哲學評論》為名出版）為資格論文，由羅素和哈代擔任主考官。獎學金暫時解決了他從事哲學研究的經費問題，讓他有機會摸索自己的新方法會有什麼結果，並且確知自己提供的「商品」確實有人需要。凱因斯寫信道賀，維根斯坦回信道：「的確，拿到研究員資格很令人開心，希望我的腦袋還能再多產一段時間，天曉得會不會！」

那年的耶誕假期，維根斯坦跟石里克和魏斯曼做了幾次討論，話題全圍繞在他對理論的攻擊。「**對我來說**，」他告訴他們：「理論沒有價值，什麼都沒給我。」理論對理解道德、美感、宗教、數學和哲學毫無用處。石里克那年才出版了一本論道德的書。談到神學倫理學時，他認為關於善的本質有兩種看法：第一種認為善之為善，因為那是神要的；第二種認為善是善的，所以神想要善。石里克認為第二種比較深刻，維根斯坦正好相反，堅持是第一種：「因為它阻斷了對善**為何**是善做解釋的路，第二種是膚淺的理性主義，**以為**能為『何謂善』找到理由」——

第一種看法明白指出善的本質和事實無關，因此無法由任何命題解釋。要說什麼命題準確表達了我的想法，那就是「神所命令的，即為善。」

同樣的，對審美價值做解釋的路也必須阻斷。貝多芬奏鳴曲裡有價值的是什麼？成串的音符？貝多芬作曲時的感受？我們聆聽時產生的心境？「我會說，」維根斯坦表示：「不管答案是什麼，我都會拒絕，不是因為那解釋是錯的，而是因為它是**解釋**。」

如果我得到的是**理論**，我會說不對！不要！我對理論不感興趣，那不是我正在找的東西。

同理，宗教的真理和價值也跟所用的**語詞**無關，事實上根本不需要語詞。「言說對宗教是必要的嗎？」他問道——

我可以想像有一種宗教沒有陳述教義的話語，因此沒有言說。「有言說」這件事顯然跟宗教的本質無關。或不如說：當人說話，那言說本身是宗教行為，而不是理論。因此，那言說是真是假或無意義，根本無所謂。

宗教裡的言說也不是**隱喻**，否則就同樣能用白話說出來。

「如果你我要過宗教生活，就絕不是大量談論宗教，」他曾對德魯利說：「而是用不同的方式過日子。」在他徹底放棄建構哲學理論的可能之後，這句話點出了他後期思考的主題。正如他所提到的，歌德《浮士德》裡那一句「太初有為（Am Anfang war die Tat）」是他所有後期哲學的座右銘。「為」（行為）是首要的，不管我們對「為」有什麼理論，都不足以證成它，給予它理據。語言和數學也是如此，就像道德、美學與宗教一樣。「只要能玩這遊戲，就是能玩，一切就沒事」，他告訴石里克和魏斯曼：

我常和摩爾討論一件事：用日常語言說出的命題，唯有靠邏輯分析才能解釋它的意思嗎？摩爾認為如此。所以，當人說「今天天空比昨天晴朗」，他其實不知道這話的意思嗎？必須先做邏輯分析嗎？這想法實在差勁透了！

當然不必：「因此，就算不知道其分析，我們也一定能理解一個命題。」

那年的耶誕假期，維根斯坦跟石里克和魏斯曼花了許多時間討論一個問題，就是這個原則如何應用在數學哲學上。只要能正確使用數學符號、只要能應用規則，數學「理論」就沒有需要，給予數學規則徹底而根本的證成既不可能，也不值得嘗試。這表示所有關於數學「基礎」的爭論都建立在誤解之上。也許有人好奇，既然維根斯坦和史賓格勒一樣深信音樂和藝術高於數學及科學，他又何必在哲學這個領域費這麼多工夫？但不要忘了，當初正是這團哲學迷霧將他引入了哲學，而他一生中的大部分時間，都把破除迷霧當成自己哲學思考的首要目標。

維根斯坦會對哲學產生熱情，是因為羅素發現了弗雷格邏輯裡的矛盾，而在一九一一年，解決那些矛盾感覺上是哲學的基本任務。現在他要主張那些矛盾是無足輕重的。他要主張迷霧一旦破除，這些問題一旦失去光環，就能發現真正的問題不在那些矛盾本身，而在看走了眼，以為它們是重要又有意思的兩難。你設立了一種遊戲，隨後察覺有兩條規則在某些狀況下互相矛盾，那又如何？「這種時候怎麼做？很簡單：我們引入一條新規則，矛盾就化解了。」

這些矛盾看來重要又有意思，因為之前人們認為弗雷格和羅素並非只是設立一種遊戲，還揭示了數學的基礎。如果他們的邏輯系統有矛盾，那麼數學全體就彷彿建立在不安全的基礎上，需要加以穩固。但維根斯坦堅持道，這是錯看了問題。我們不需要弗雷格和羅素的邏輯就能有信心地使用數學，就像我們不需要摩爾的分析就能使用日常語言。

因此，形式主義數學家大衛．希爾伯特發展的「後設數學」是不必要的。[2] 希爾伯特積極建構數學的「後設理論」，好為算術奠立一個可證明的、一致的基礎。但維根斯坦說，希爾伯特建構的理論不是後設數學，而是數學：「它只是另一套演算，跟其他演算沒有兩樣。」這套理論提供了一系列規則與證明，其實真正需要的是清楚地**看見**。「證明無法驅除迷霧」：

> 如果我不清楚數學的本質，任何證明都幫不了我。如果我清楚數學的本質，一致與否的問題根本不會發生。

一如既往，這裡的啟示是「**不能靠理論來獲得對數學的基本理解**」。想了解一個遊戲，不需要靠建構另

2　一九〇四年於海德堡舉行的第三屆國際數學大會上，希爾伯特（David Hilbert）發表了一篇題為〈論邏輯與算術之基礎〉的論文，宣告了他的形式主義立場。後來他在一九二〇年代將這篇文章發展成一系列論文，陸續發表，其中最重要的兩篇的英譯收錄在海吉努特（Jean von Heijenoort）編輯的《從弗雷格到哥德爾：數理邏輯參考書》（From Frege to Gödel: A Source Book in Mathematical Logic）（哈佛大學出版社，一九六七年）。（原註）

一個遊戲。維根斯坦在討論裡大量使用遊戲當類比，不僅預告了他後來發展的「語言遊戲」技巧，也取代了他之前常用的「命題系統」。拿遊戲作類比的要點在於，遊戲顯然沒有**證成**的問題：只要會玩，就是懂得這個遊戲。語法或句法也是同樣的道理：「一條句法規則對應於遊戲的一種配置……句法無法證成。」

然而，魏斯曼問道，難道不能有「遊戲理論」嗎？例如有西洋棋理論，告訴玩家哪些走法可以，哪些不行，某個棋局八步之後能不能將軍。「所以，如果可以有西洋棋理論，」他補充道：「那我看不出為何不能有算術遊戲的理論，為何不能靠這套理論的命題實實在在學到遊戲的各種可能。希爾伯特的後設數學就是這套理論。」

維根斯坦回答，不對，所謂的「西洋棋理論」本身就是一種演算和遊戲。雖然它用的是字詞與符號，而非棋子，我們也不該被誤導。「能在八步之後將軍的證明，來自確實在符號系統裡做到這一點，因而用符號做到我在棋盤上用棋子做到的事……而我們都同意在一塊板子上移動幾塊小木頭一點也不實在，不是嗎？」代數使用字母而非數字做計算，並不會讓它成為算術的理論。它只是另一種演算。

對維根斯坦而言，迷霧散去後，就不會有後設理論或遊戲理論的問題，只有遊戲和遊戲者，規則和規則的應用：「我們不能為規則的應用立一條規則。」想連結兩樣東西，不一定總是需要第三樣：「東西必須直接連結，不用繩子，亦即東西必須已經在連結中，有如鏈條的鍊環。」字詞和其意義的連結不該在理論裡找，而是在實踐裡，在字詞的**使用**裡尋找。規則和其應用的直接連結、字詞和行為的直接連結，不能靠另一條規則來闡明，而是必須被**看見**：「**看見**在此至關緊要：只要沒看見新系統，就還沒掌握它。」維根斯坦揚棄理論不是羅素認為的那樣，不是反對嚴肅的思考、反對嘗試去理解，而是對「要理解的是什麼」採取了不同的看法。他的看法跟史賓格勒和歌德一樣，都在強調「看出關聯的那種理解」的重要與必要。

十四、新的開始

對維根斯坦而言，一切都取決於精神。哲學如此，個人關係亦然。例如他和實證主義者都反對形上學，但兩者最大的差別就在於精神。一九三〇年，他在米迦勒學期撰寫的序言裡嘗試闡明自己的思想精神，一九三一年，他開始考慮另外一種可能，企圖**顯示**他之前嘗試說出的東西。「我現在認為，」他寫道：「正確做法是指出形上學好比魔法，用這一點作為書的開頭」——

> 但這麼做時，我必須既不為魔法辯護，也不斥之為無稽。魔法的深刻之處將得以保留。——
>
> 事實上，在此脈絡下，排除魔法這件事本身就有魔法的性質。
>
> 因為當我在前一本書以談論**世界**（而非這棵樹或這張桌子）為開頭，我所想做的不就是用言詞召喚某種更高階的東西嗎？

維根斯坦對這段話並不滿意，在邊上註明了S（代表schlecht：不好的），但這段文字還是顯露了他的意圖。既然他現在不能像《邏輯哲學論》那樣用言詞和一套理論「召喚」更高階的東西，那看樣子就要用**指**的了。正如宗教不一定非要有言詞，文字對於揭露形上學裡的真實和深刻之物也不必要。

其實形上學和魔法一樣，其深刻之處在於它基本上表達一種宗教情感，一種衝擊我們語言界限的欲望。維根斯坦將這個欲望和道德聯繫在一起，因為道德是超越理性界限的欲望，做出齊克果所謂的「信仰的跳躍」。這一欲望無論以何種面貌顯現，都讓維根斯坦無比崇敬。齊克果和海德格的哲學、約翰生博士[1]的祈禱文、奧古斯丁的《懺悔錄》和基督教修道會的奉獻，莫不如此。這份崇敬不僅限於基督教及其旁支。**所有**宗教都很美好，他告訴德魯利：「即便是最原始部落的宗教同樣神奇。人類表達宗教情感的方式天差地遠。」

對維根斯坦來說，魔法的「深刻」之處就正在於它是宗教情感的原始表達，因此他一直迫不及待想要拜讀弗雷澤爵士[2]的《金枝》。這是一本關於原始宗教與魔法的劃時代巨著，共十三卷。一九三一年，德魯利向劍橋大學圖書館借了第一卷，但他和維根斯坦讀了幾週，沒深入多少就止住了，因為維根斯坦頻頻停下來解釋自己對弗雷澤的處理方式的異議。弗雷澤將魔法儀式視為早期的科學型態，沒有什麼比這麼做更能激怒維根斯坦的了。弗雷澤認為，野蠻人拿針戳敵人的人偶，是因為他們抱著錯誤的

1　譯註：Samuel Johnson，1709-1784。英國歷史上最有名的文人之一，集文評家、詩人、散文家、傳記家於一身，並編纂字典。其祈禱文很有名。

2　譯註：Sir James Frazer，1854-1941。英國社會人類學家、神話學與比較宗教學之先驅。《金枝：巫術與宗教之研究》（The Golden Bough: A Study in Magic and Religion）於一八九〇年初版時為兩卷本，後持續增補，一九〇〇年二版為三卷本，一九一一年三版為十一卷本，最後又持續補遺，至一九三六年完成總共十三卷的決定版。

科學假設，認為這麼做能傷害敵人。但對維根斯坦而言，這種「解釋」是將深刻之物化約成無比淺薄的東西。「我們在弗雷澤那裡見到的生命是多麼狹隘啊！」他嘆道：「結果就是他完全無法理解當代英式生活以外的任何生活形式！」

在弗雷澤心裡，祭司就是現在英國教區牧師那種樣子，百般軟弱和愚蠢，不會有其他可能……弗雷澤比他筆下的野蠻人還野蠻得多，因為那些野蠻人不會像二十世紀的英國人對屬靈事物的理解偏謬得那麼遠。他對宗教儀式的解釋，比宗教儀式本身的意義還粗淺。

維根斯坦認為，弗雷澤蒐集了大量關於儀式的史實，這些資料如果能不經理論的虛飾，以一種能**顯示**其間關聯（以及那些儀式與我們自己的儀式的關聯）的方式對照排列，將會更有益處。屆時，歌德《植物的變態》裡評論植物形態的那句話或許也能用在這裡：「這一切都指向某個未知的法則」（Und so deutet das Chor auf ein geheimes Gesetz）：

我可以提出這個法則作為演化的假設，或像繪製植物圖式那般，繪製宗教儀式的圖式。但我也可以只是重新排列事實，從而能輕易地從某一部份移到另一部份，並清楚窺見全貌，以一種綜觀〔perspicuous〕的方式將儀式顯示出來。

對我們來說，綜觀地呈現是最根本的。它指出了我們書寫的形式，看事物的方法（一種似乎是我們當代典型的世界觀。史賓格勒。）

因為這種綜觀的呈現，才讓「看出關聯」的那種理解成為可能。

因此，魔法儀式的**形態學**保留了儀式的深刻之處，既不架高也不貶低儀式，從而具有「魔法的性質」。同樣的道理，維根斯坦希望自己的新哲學方法也可以保留舊形上學理論的可敬之處，從而具有形上學的性質，無須召喚《邏輯哲學論》裡的法術。

維根斯坦計畫撰寫的自傳也可以拿來當類比。他希望自傳能顯露他的本性，不加任何解釋、證成與辯解，並且理所當然地認為，到時揭露出來的本性可能「很不英雄」，甚至「醜陋」。但在暴露真實本性時，他最在乎的是自己不能否定它、鄙視它，甚至反常地以它為傲：

容我用比喻來說明：街頭遊民寫自傳會遇到幾個陷阱。他可能

（a）否認自己是這種本性，或者

（b）找到理由自豪有這種本性，或者

（c）表現得好像有這種本性無關緊要

第一種情形他說謊；第二種他仿效天生貴族，那種自豪是一種偽光彩，就像身體殘缺不可能天生優雅一樣；第三種他擺出群體民主的姿態，將文化置於個體特質之上，但這同樣是欺騙。他就是他，這很重要，也有意義，但沒理由自豪，另一方面也永遠值得他尊重。我可以接受別人貴族式的自豪，接受他輕蔑我的本性，因為在這件事上，我只關切自己本性為何，關切別人僅止於他們是我本性的外在環境（以我這個或許是醜陋之物的人為中心的世界）的一部分。

如同洛許．里斯指出的，維根斯坦對自傳的看法頗有魏寧格的色彩，將自傳視為近乎精神道義的東西。「撰寫一本完整的自傳，」魏寧格在《性與性格》寫道：「如果這需求出自那人本身，這麼做就永遠意味著他是更優越的人」——

> 因為真正忠實的回憶是虔誠的根源。真正的人格者不會為了物質好處或個人健康而拋棄自己的過去。就算他能得到世上最大的財富，甚至獲得幸福，也不會同意這樣的提議或要求。

一九三一年，維根斯坦對自傳的關注達到最高點，無論筆記或談話都大量提到了魏寧格及魏寧格的反思。他推薦《性與性格》給他的大學生朋友戴斯蒙．李和德魯利，也推薦給摩爾。但不難理解，他們的反應很冷淡。在戰前維也納引起熱烈想像的這本書，在戰後劍橋的冰冷氣氛下看來只顯得古怪。維根斯坦被迫解釋：「我能想像你不會太欣賞魏寧格，」他在八月二十八日寫信給摩爾：「翻譯得那麼糟糕，而且魏這個人對你一定很陌生」——

> 的確他奇想連篇，但他偉大而奇想連篇。我們不必贊同他，或不如說我們不可能贊同他，但偉大之處就在我們不贊同的地方，就在他的巨大錯誤。意思是，粗略地說，在這本書前面加一個「～」[3]等於說出了一個重要的真理。

313

維根斯坦這段語焉不詳的話是什麼意思，依然眾說紛紜。魏寧格的中心思想認為女人和女性特質是萬惡之源。對此，維根斯坦向德魯利坦承：「他錯得過頭了，老天他真錯了。」但要說這就是否定《性與性格》而得到的重要真理，實在很難想像。否定荒謬不會帶來重要的真理，而是廢話：女人**不是**萬惡之源。或許他的意思是，魏寧格把握到了男人和女人的根本特質，但做出了錯誤的指控。畢竟在維根斯坦的 Vertsagt 夢裡，受害者是女人，犯罪者是男人，而且他的名字裡帶有令人不快的「男性的」東西。

不用說，他的自傳筆記也從未暗示，他覺得自己「不英雄」「醜陋」的本性可以歸咎於所謂的女性特質。

不過，他有幾段文字給人感覺他傾向接受魏寧格對「猶太性」的見解，認為自己至少有某些不大英雄的特質跟他的猶太血統有關。和魏寧格一樣，維根斯坦認為猶太性這個概念並不侷限於血統，例如他就認為盧梭的性格「有點猶太」。而且他和魏寧格一樣，發現猶太人和英國人的性格有相近之處，因此才說「孟德爾頌不是頂峰，而是平原。他的英國性」和「悲劇很不猶太，我想孟德爾頌是作曲家裡頭最沒悲劇性的一個」。

不過（這一點也和魏寧格一樣）通常他談到「猶太人」時，指的顯然還是某一個種族的人。事實上，維根斯坦談論「猶太性」時，最令人震驚的就是使用了許多反猶太語言，甚至口號。真正令人不安的，不是他對《性與性格》的呼應，而是他對《我的奮鬥》的應和。希特勒許多最離譜的指控，例如將猶太人比作「有害細菌，只要環境有利就拚命散播的」寄生蟲，猶太人對文化的貢獻都是再發明，他們「缺

3 譯註：邏輯的否定符號。

乏成為具有創造力和文化生命力的種族的特質」，對世人的貢獻只限於在**智性上**精緻化別人的文化（「因為猶太人……從來沒有自己的文化，他們智性發展的基礎總是取自他人」）——所有這些可悲的主張都能在維根斯坦一九三一年寫下的文字裡找到對應。

維根斯坦對猶太人特格的許多評論，若不是因為出自他筆下，只會被當成反猶太法西斯的叫囂。其中一段評論是這樣開頭的：「有時會聽到人說，猶太人狡詐又隱秘的性格是長久遭到迫害的結果」——

這點顯然不對，但他們能躲過迫害，顯然只是因為他們有隱秘行事的傾向，就像我們會說某種動物能免於滅絕，只是因為牠們有能力隱藏自己。當然，我這麼說不能當成讚揚這種能力的理由，完全不是。

「他們」逃過了滅絕，只因沒被發現，所以他們必然狡詐又隱秘？這是最道地的反猶太偏執：恐懼和厭惡「在我們之中的猶太人」。維根斯坦拿疾病做比喻也是如此。「把這腫瘤看成身體正常的一部分！」他想像某人這麼說，然後反問道：「這可能做到嗎？用命令的？我有能力隨意決定要或不要某一個對我身體的理想觀念嗎？」他進而將這個希特勒式的比喻用在歐洲猶太人的地位上：

在歐洲人的歷史裡，猶太人歷史的處理方式，不是按照猶太人對歐洲事務的實際影響來決定的。因為在歐洲人的歷史裡，猶太人被當成某種疾病和反常，沒有人想把疾病和正常生活擺在同一個等級（沒有人會說疾病和健康的身體過程——即便是痛苦的過程——擁有相同的權利。）

> 我們可以說：人只有對身體的整體感覺（整個國家對身體的感覺）變了，才會將腫瘤視為身體的自然部份，否則充其量就是**忍受它**。
>
> 你可以期望一個人表現出這種寬容或忽略這種事，但不能期望一個國家做到同樣的事，因為國家之所以是國家，正是因為不忽略這種事。換言之，期待某人既能保留之前對身體的審美感覺，又能愉快接受腫瘤，這根本是矛盾。

這話幾乎等於在說，人努力去除自己之中的「有害細菌」是正確之舉，至少不能期待他們（作為一個國家）不這麼做。

很顯然，這個比喻只有將「猶太性」視為一個種族概念才有意義。猶太人再怎麼「同化」都不可能成為德國人或奧地利人，因為他不是那個「身體」的一部分，而是被身體視為腫瘤和疾病。這個比喻特別適合描述奧地利反猶太份子的恐懼，因為它意味著猶太人愈同化，作為疾病的他們對原本健康的亞利安民族國家就愈危險。因此，維根斯坦話裡的反猶太主義並非克勞斯的「猶太人的自我憎恨」，說兩者相同是錯誤的。對於他不喜歡的那些他歸於猶太人的特質，克勞斯並沒有歸咎於種族血統，而是歸因於猶太人在宗教和社會上的孤立。他主要抨擊猶太人的「族群心態」，遠非要求猶太人和非猶太人隔開。他沒有將猶太人視為日耳曼身體的「腫瘤」，反而孜孜不倦鼓吹猶太人徹底同化：「靠同化而得救！」

在這點上，克勞斯比維根斯坦更有能力看出納粹宣傳的可怕，辨識智識圈反猶太先例的眼光也更敏銳。維根斯坦當然看得出納粹是野蠻的「一群暴徒」，他曾經這麼對德魯利說過。但當他推薦史賓格勒的《西方的沒落》給德魯利，說這本書或許可以幫他更認識他們所處的時代時，克勞斯卻看到了史賓格勒和納粹的相近之處，指出史賓格勒了解西方的土匪（Untergangsters），土匪也了解他。

維根斯坦使用種族主義的反猶太口號儘管令人擔憂，但當然不代表他和納粹份子有什麼關聯。他對猶太性格的評論基本上是對自己的反省，是將文化衰敗和渴望新秩序（這條路從史賓格勒通向了希特勒）的感覺內化為自己的內在狀態，彷彿他在那一小段時間受到了吸引（一九三一年之後，他的筆記裡就不再談論猶太性格了，謝天謝地），使用當時的反猶太語言來比喻自己的狀況（就像在 Vertsagt 之夢裡，納粹宣傳的猶太人形象（不老實的狡詐惡徒，以可敬為掩護，背地幹著最可怕的罪行）正好呼應了他對自己「真實」本性的恐懼）。當時有許多歐洲人覺得需要有新秩序來取代「已經腐爛的文化」，德國人尤其如此，維根斯坦也不例外，因此努力追求生活的新開始。他的自傳筆記基本上是懺悔，「而懺悔，」他於一九三一年寫道：「必須成為新生活的一部分。」唯有算清舊帳，才能重新開始。

或許最為諷刺的是：維根斯坦一邊開始發展全新的方法解決哲學問題，首開西方哲學傳統之先例（除非將歌德和史賓格勒納入這個傳統裡），一邊卻用「猶太人無法原創思考」這個荒謬的定見來評價自己的哲學貢獻。「猶太人的心靈有一個典型特色，」他寫道：「就是比別人更了解對方的作品。」例如，他自己的作品基本上就是在釐清他人的想法：

猶太人的「天才」只存在於聖人之中，再偉大的猶太思想家也只是有天份，例如我自己。我想，我說我的思想只是再生產，這麼說有幾分道理。我從不認為自己**發明**過任何一條思想，總是從別人那裡挪用。我只是立刻用熱情抓住那條思想，開始釐清它。波茲曼、赫茲、叔本華、弗雷格、羅素、克勞斯、魯斯、魏寧格、史賓格勒和斯拉法就是這樣影響我的。可以拿布羅爾[4]和佛洛伊德作為猶太人善於再生產的例子嗎？我發明的是新的**比喻**。

維根斯坦貶低自己的成就，或許是為了防止自傲，不讓自己相信（如同他在寫給帕特森的信裡隨口提到的）他確實是「史上最偉大的哲學家」。他很清楚虛假的自豪有多危險。「裱好一幅畫或掛對地方時，」他寫道：「我常會發現自己覺得很自豪，彷彿那是我自己畫的一樣。」正是為了對抗這種自傲，他覺得必須提醒自己的侷限和「猶太性」：

> 猶太人必須記得「所有事物對他就像是無」，而且確實如此。但這對他來說非常困難，因為從某方面講，沒有什麼事物是特別屬於他的。跟還有可能有錢相比，**必須**貧窮的時候接受貧窮更加困難。
>
> 或許可以這麼說（可能對也可能錯）：猶太心靈連其他心靈的土壤上生出的最小的花或葉子都生不出來，違論將其變成可以理解的圖像。這麼說不是在指出缺點，只要清楚自己在做什麼就不會有問題。只有將猶太人的作品和非猶太人的作品的性質混淆了才有危險，尤其是猶太作品的作者自己搞混這一點時更是如此。（這一點很容易發生——他看起來不是很驕傲、彷彿牛奶是他自己產出來的嗎？）

終其一生，維根斯坦從未停止跟自傲作戰，從未停止質疑自己的哲學成就與道德表現。然而，一九三一

4 譯註：Josef Breuer，1842-1925。在一八八〇年代與佛洛伊德一起工作的奧地利心理醫師。

年之後，他不再使用反猶太語言來表達這份疑慮。

維根斯坦對猶太性格的評論，就像他想寫的自傳一樣，基本上是一種懺悔。兩者似乎跟他為自己和瑪格麗特計畫的「神聖」結合有關。兩件事出現的時間，正好就是他娶瑪格麗特意願最強的那一年。

初夏時，他邀瑪格麗特到挪威，認為這是為兩人未來的生活做準備，卻提議兩人分開行動，用這段獨處的時間認真思索，以便在精神上為即將到來的新生活做好準備。

因此，他住自己的房子，同時安排瑪格麗特住在安娜．瑞布尼家裡。務農的安娜年近七十，性格強悍，和一百歲的母親同住。瑪格麗特在她家待了兩星期，幾乎沒見到維根斯坦。抵達農舍時，她打開行李箱，發現維根斯坦偷塞了一本聖經，還意有所指地在《哥林多前書》第一章第十三節（使徒保羅談論愛的本質與德性的段落）夾了一封信。但她完全沒察覺這麼明顯的暗示，非但沒有像維根斯坦將時間花在沉思、禱告和讀經上，反而跟一九一三年的品生特一樣，在斯寇爾登這個小地方盡量找樂子，在安娜家農場周圍散步，去峽灣游泳，結識村民，還學了一點挪威話。兩週後，她前往羅馬參加姊姊婚禮，心裡篤定自己不管嫁誰，就是**不會**嫁給路德維希．維根斯坦。她不僅認為自己永遠做不到和維根斯坦一起生活的標準，而且同樣重要的是，她知道維根斯坦永遠無法滿足她想要的生活。例如，他明白表示絕對不要小孩，覺得那麼做只是多讓一個人到世間受苦。

維根斯坦停留挪威期間，帕特森來找過他，和瑪格麗特大概重疊了一週。他待了三星期左右，顯然讓維根斯坦情緒放鬆了不少。不過，和往常一樣，他發現自己必須不時放下維根斯坦到奧斯陸過上一晚，「尋歡作樂一番。」

挪威之行或許徹底斬斷了維根斯坦和瑪格麗特結婚的念頭，卻沒有（立即）造成友誼破裂。那年夏末，兩人在霍赫海特幾乎每天見面。維根斯坦和往常一樣待在莊園邊的小木屋，瑪格麗特則是以葛蕾塔客人的身份住在莊園別墅裡。她在寫給孫子女的回憶錄裡有一句話，讓人想起品生特的角色：「我的存在給了他必要的平靜，讓他得以孕育思想。」

維根斯坦在霍赫海特完成了自己的書，當時暫定的書名為《哲學語法》（Philosophical Grammar）。他承認這個名字聽起來很像教科書，但「沒關係，反正背後就是一本書」。

維根斯坦編輯這本書的方式特別費工。他先在小筆記本裡寫下評論，再選出自己覺得最好的，寫進大本的手稿冊裡，但順序不一定相同。接著他會再揀選一次，將選出的評論口述給打字員，接著再從打字稿裡進一步挑選，有時會裁剪再重新編排，之後整個過程重頭開始。雖然這過程持續了二十多年，但從來沒有調整到維根斯坦完全滿意過，因此他的遺稿保管人只好出版他們認為最令人滿意的手稿或打字稿，例如《哲學評論》、《哲學研究》和《心理學哲學評論》（Remarks on the Philosophy of Psychology），不然就是他們自行決定的選輯，像是《哲學語法》、《數學基礎評論》（Remarks on the Foundations of Mathematics）、《文化與價值》（Culture and Value）和《字條集》（Zettel）。這些現在稱為維根斯坦後期作品的著作，嚴格說來沒有一本可以稱為完成的作品。

這種出版上的挫折，可以歸咎於維根斯坦對出版的苛求。這點不只在一九一三年讓羅素光火，接下來更讓可憐的魏斯曼火冒三丈。一九三一年，當維根斯坦才剛摸索出滿意的方式來表達自己的新思想，魏斯曼覺得自己對維根斯坦思想的闡述（即一九二九年預告要合寫的那本《邏輯、語言與哲學》）已經差不多底定了。九月十日石里克從加州寫信給魏斯曼，說他覺得那本書應該很快就能完稿，來年復活節他回維也納時就能出版。

然而，一九三一年夏天，魏斯曼很少見到維根斯坦。暑假結束前，維根斯坦拿著摘錄了自己最近成果的最新打字稿，約他在維也納見面。兩人討論合寫的那本書有哪些地方必須根據新成果而改變，然後魏斯曼再根據討論結果重寫「論題」，將新的版本寄給石里克看。然而，維根斯坦愈來愈擔心魏斯曼可能曲解了自己的新想法。他十一月寫信給石里克提到「魏斯曼的這件事」，為石里克一直等不到定稿而道歉。他強調自己很想兌現對他的承諾，但「對這件事本身沒什麼熱情。我敢說，魏斯曼對**許多**部份的表達形式會和我認為正確的形式**完全**不同。」

問題的癥結在於這本原先構想的書現在已經變成多餘了。維根斯坦的想法改變得太徹底，不可能再由基本上只是《邏輯哲學論》升級版的書來表達。他這麼告訴石里克：「那本書裡有**許多**、**許多**主張，我現在完全不同意了！」他說，《邏輯哲學論》對「基本命題」和「對象」的說法已經證實有誤，沒必要出版一本重蹈覆轍的書。《邏輯哲學論》對命題的分析必須揚棄，由「綜觀呈現」的語法來取代，將「我就『對象』和『基本命題』等等說過的所有教條」徹底清除。

維根斯坦和魏斯曼再次碰面已經是耶誕假期了，他那時才告訴對方這本書的整個構想必須改變。他解釋自己的新想法對哲學論題的地位有什麼影響：

> 哲學如果要有論題，這些論題就必須不會引起爭論。因為這些論題必須讓所有人看了都說：對，顯然如此。只要還有不同的意見，還會就一個問題爭論，就表示事情還表達得不夠清楚。一旦表

> 達得完全清楚，達到徹底清晰，就不會再有異見或勉強，因為異見和勉強總是來自一種感覺：某人斷言了某件事，但我還不曉得該不該接受。然而，要是你搞清了語法，只用了很少的步驟，而且每一步都非常明顯和自然，就不會產生任何爭論。爭議永遠來自某些步驟遺漏了或沒說清楚，以致於讓人感覺提出的是一個有爭議的主張。

他告訴魏斯曼，他在《邏輯哲學論》裡「仍然一意孤行……我就算遠遠看見一樣東西，看得不大清楚，卻想說出盡可能多的東西」。不過，他斷然補充道：「對這種論題炒冷飯已經沒理由了。」他堅持要魏斯曼將這次討論的筆記寄到加州給石里克，並告知石里克計畫有變，同時解釋原因。

一九三二年元月，維根斯坦回到劍橋，寫信給石里克問他有沒有收到魏斯曼寄的筆記，能不能「搞懂來龍去脈」。石里克顯然認為可以，因為他堅決鼓勵魏斯曼繼續寫那本書。魏斯曼和維根斯坦一樣，是為了石里克做這件事，因此我們可以不無把握地說，他對「這件事」本身不會比維根斯坦熱衷多少。隔年復活節時，他原本已經不受羨慕的處境又更糟了，因為維根斯坦向他提出了新的工作方式：他不會再將書的材料直接寄給魏斯曼，而是將打字稿先寄給石里克，魏斯曼再找石里克拿。換句話說，維根斯坦對魏斯曼完全失去了信心，不認為他能正確傳達自己的思想，例如向維也納學圈介紹自己的新想法，就不再是魏斯曼的工作。

這個時期，維根斯坦幾乎將所有心力都放在親自呈現自己的新想法上。他嘗試了許多種方式，包括編號論述、編號段落和帶註解的內容表等等。課堂上，他則是像要在西方哲學傳統裡為自己定位似的，檢視了布洛德在大學部「哲學的要素」課上對哲學風格與理論的分類。他反對休謨和笛卡兒的方法，但認為康德的批判方法「是正確的進路」。至於思辨哲學的演繹方法和辯證方法的區別（前者代表為笛卡兒，後者為黑格爾[5]）他傾向於黑格爾，但有所保留：

……辯證法很健全，是一種用以思考的方法，但它不應該如布洛德所描述，試圖從兩個命題 a 和 b 得出一個更複雜的命題。辯證法的目的應該是找出我們語言裡的歧義處。

對於布洛德說的三種「真理理論」，即符應論、融貫論和實用論，維根斯坦完全不認同：「哲學不是在不同的『理論』之間做選擇」——

我們可以說這個詞（「真理」）至少有三種意義，但不該認為這些理論有哪一個可以針對這個詞如何使用給出完整的語法，或努力將似乎不符合某一理論的情況弄成符合那個理論。

取代理論的是**語法**（grammar）。在這門課上，摩爾堅持維根斯坦使用「語法」這個詞的方式很怪，並曾經認真嘗試證明這一點。他向維根斯坦的班上學生發表了一篇論文，區別他認為的這個詞的一般意義和維根斯坦的用法，進而論證道，「Three men **was** working.」無疑是語法誤用[6]，但「Different colors cannot be in the same place in a visual field at the same time.（不同顏色不能同時在視域裡的同一處）」是否為誤用則不清楚。如果後者也稱為誤用，那「語法」在這兩個例子裡肯定意思不同。維根斯坦回答：不對，「正確說法應該是『說……沒有意義』」。兩種規則在同一個意義下都是規則，「只是一種是哲學討論的主題，另一種不是」：

> 語法規則全是同一種，但違犯甲規則和違反乙規則不是同一個錯誤。用 was 代替 were 並不會造成混淆，但在另一個例子裡，拿物理空間做類比（與「兩個人在**同一張**椅子裡」比較）確實會引起混淆。當我們說無法想像兩個顏色在同一處，是誤以為它是命題，其實不然，而若不是被類比誤導，我們絕不會這麼說。使用「不能」這個詞會引人誤會，因為它引向了錯誤的類比。我們應該說：「說……是無意義的」。

因此，哲學家的語法錯誤跟摩爾提到的普通錯誤，兩者的差別只在哲學家的語法錯誤更有害，因此研究這些錯誤是沒意義的。事實上比沒意義更糟，只會有害。重點不在研究這些錯誤，而在免於犯錯。因此，維根斯坦信誓旦旦告訴他的學生卡爾・布里頓（Karl Britton），只要是為學位而讀，就不可能認真對待哲學。他力勸布里頓放棄學位，去做其他的事。布里頓拒絕了他的建議，維根斯坦只說他希望這不會毀掉他對哲學的興趣。

同樣的，維根斯坦還勸布里頓不要成為哲學老師，他對自己大多數學生也是如此建議。只有一件

5 譯註：G. W. F. Hegel，1770-1831。德國十九世紀唯心論哲學的代表人物之一。
6 譯註：依照英語文法，是 were 不是 was

事更糟，就是當記者。布里頓應該找一份真正的工作，跟普通人共事。學術生活令人厭惡。他告訴布里頓，每回從倫敦回來，只要聽見大學生對大學生說「哦，是嗎！」他就知道自己回到劍橋了。學院寢室管理員嚼舌根都比高桌上不真誠的聰明言談更可取。

德魯利已經聽從維根斯坦的建議，在紐卡斯爾和一群失業的造船工人共事。不過隨著工作接近尾聲，他忍不住申請了紐卡索大學阿姆斯特朗學院的哲學講師。學院後來聘請了桃樂西．艾米特[7]，於是德魯利便去了南威爾斯，協助一群失業礦工經營社區商品菜園。「你虧欠艾米特女士很多，」維根斯坦堅持道：「她救了你，沒讓你當上職業哲學家。」

雖然蔑視哲學專業，維根斯坦卻始終懷著猜疑和警惕，留意學院哲學家如何使用他的想法，並於一九三二年夏天和卡納普捲入了優先權（Prioritätstreit）之爭。事情的起因是卡納普一篇名為〈物理語言作為科學的普遍語言〉（Die Physikalische Sprache als Universalsprache der Wissenschaft）的論文，收錄在維也納學圈的《認識》期刊（Erkenntnis）當中，後來英文版以〈科學的統一〉（The Unity of Science）為題。這篇論文支持「物理主義」，主張**所有**陳述只要值得納入任何一門科學研究，最終都可以化約成物理語言，不論該門科學處理的是物理、生物、心理或社會現象都一樣。卡納普指出自己的主張受惠於紐拉特[8]的觀點，後者是維也納學圈最信守實證主義的哲學家。

然而，維根斯坦認為卡納普使用了他向維也納學圈提過的想法，卻沒有提及他的貢獻。一九三二年八月，他寫了兩封信給石里克，一封給卡納普本人，堅稱自己對卡納普論文的氣憤純粹是道德和個人問題，絕不是主張對卡納普所發表的想法擁有著作權，也不是焦慮自己在學術界的名譽。八月八日他寫信給石里克：

……我打心底覺得，現今的職業哲學家怎麼看我都無所謂，因為我不是為了他們而寫。

然而，他關切的是，卡納普名下發表的想法，例如實指定義（ostensive definition）和假設的本質，正確來說是**他的**想法。他聲稱卡納普是從他和魏斯曼的談話紀錄裡擷取到的。卡納普回說自己的中心議題是**物理主義**，維根斯坦對此沒有發表過任何東西。維根斯坦反駁道，物理主義的基本概念可以在《邏輯哲學論》找到。「說我沒有處理**物理主義**的問題並不正確（我只是沒用那個——可怕的——名字罷了），而我是以《邏輯哲學論》一貫的簡潔來處理它。」

卡納普的論文發表後，維根斯坦和魏斯曼的哲學討論終於終止了。事實上，他們最後一次紀錄下來的談話，幾乎全是維根斯坦在反駁卡納普的說法，說他對假設的想法來自於龐加萊[9]，而非維根斯坦自己。自此之後，魏斯曼不再得到信任，失去了接觸維根斯坦最新想法的特權。

維根斯坦對魏斯曼愈來愈不信任，以及他對卡納普無禮舉動的不滿，時間正好和他自己重新努力編排自己的想法以便出版一事兜在了一起。

一九三二年夏天，他在霍赫海特向打字員口述了一份大的評論輯，是從過去兩年他所寫下的八卷

7　譯註：Dorothy Emmett，1904-2000。英國哲學家。
8　譯註：Otto Neurath，1882-1945。奧地利科學家、社會學家及經濟學學者。
9　譯註：Jules Henri Poincaré，1854-1912。法國數學家、理論科學家與科學哲學家。他提出的龐加萊猜想是數學中最著名的問題之一。

手稿裡挑選出來的。他在八月八日寫給石里克的信裡提到，自己每天花七個小時口述。這份評論輯就是維根斯坦學者所稱的「大打字稿」（the Big Typescript）。比起其他打字稿，這份選輯的完成度更高，更像一本書，包含章節標題和目錄，成為後來出版的《哲學語法》的基礎，但它和《哲學語法》並不完全相同。

具體而言，後者刪除了題為「哲學」的一章。這一章很有趣，「哲學能做的，」他在裡頭寫道：「就是破除偶像。」同時重批了維也納學圈：「這還包括不創造新的偶像，例如從『偶像不存在』造偶像。」他強調，我們不是在日常生活當中遇到哲學問題，而是被語言的某些類比所誤導，才會問出「什麼是時間？」「什麼是數字？」之類的問題。這些問題無法解答，不是因為太深刻深奧，而是因為沒有意義，是語言的誤用。因此：

> 真正的發現是：在我想做哲學時，它讓我停止做哲學。這發現賜予哲學平靜，讓哲學不再受使**它自身**成為疑問的問題折磨——相反地，我們現在藉由例子展示一種方法，而一連串的例子可以中斷。諸問題解決了（困難清除了），而非**單一**問題解決了……「但如此一來，我們的工作就沒有盡頭了！」當然沒有，因為它沒有盡頭。

將哲學理解為只有任意起點、沒有盡頭的釐清工作，在這種想法之下，幾乎無法想像一個人如何**能**寫出令人滿意的哲學書。難怪維根斯坦經常認同地引用叔本華的格言：一本書不可能既有開頭和結尾，又是哲學書。而他一口述完大打字稿，就開始大幅修改，也就不足為奇了。不過，他修改最少的是論數學哲學的部份，因此《哲學語法》完全保留了這些章節，只可惜比起他對語言的評論，這部份的見解並沒有得到同等的重視。

維根斯坦不僅認為論數學的部份是自己對哲學最重要的貢獻，他和二十世紀職業哲學家的視角差別之大，也在這部份最為明顯。正是在此處可以清楚看到，他的觀察的確沒錯，他的思想確實和現代文明的主流對立。他的評論不是針對這位或那位哲學家的數學觀，而是幾乎所有數學工作者對數學的共同認知，而這個認知已經主宰了我們的文化超過一世紀，那就是將數學看成一門**科學**。

「這些事情之所以令人混淆，」他在大打字稿裡說：「完全源自將數學看成一門自然科學」——

> 而這一點跟另一件事有關，就是數學已經脫離了自然科學，因為只要數學工作跟物理學有直接關聯，它就明顯不是自然科學（同樣地，只要你用掃帚清潔家具，就不會將它錯當成家具的一部分）。

二十世紀前半葉，邏輯主義（由弗雷格和羅素領軍）、形式主義（希爾伯特）和直覺主義（布勞威爾和魏爾）爭論著數學的基礎。維根斯坦的數學哲學不是針對這項爭論，而是想釜底抽薪，顛覆「數學**需要**基礎」這個主張。對他而言，所有因為尋找「基礎」而誕生的數學分支，包括集合論、證明論、量詞邏輯和遞歸論等等，都源自於一個哲學上的混淆。因此：

> 哲學上的清晰影響數學的成長，就和陽光影響馬鈴薯苗的成長一樣（苗在黑暗的地窖裡會生成幾公尺長）。

維根斯坦當然知道自己是螳臂擋車，就算他的整套哲學建構不是如此，對數學的見解也是。「我覺得最不可能發生的，」他寫道：「就是有科學家或數學家讀了我的作品，對他的工作產生了巨大的影響。」如同他反覆強調的，他不是為職業哲學家而寫，因此自然更不是為職業數學家而寫。

十五、法蘭西斯

一九三二至三三學年度，維根斯坦火力全開，以唐吉訶德之姿猛烈抨擊純數學的地位。這一年他開了兩門講座課，一門叫「哲學」，另一門叫「數學哲學」。他在後一門講座上努力對抗數學系大學部教科書對學生的毒害。當時大學的標準數學教材是哈代的《純數學》。維根斯坦上課時會朗讀書裡的段落，從中指出他認為遮蔽了純數學本質的哲學迷霧。他認為唯有根除對數學的許多常有定見，方能驅散這層迷霧。這些定見由於太過根深蒂固，極少受到檢視。

328

第一個定見是數學屹立於康托[1]、弗雷格和羅素等人設下的邏輯基礎上。維根斯坦於講座一開始便開門見山表明了自己的立場，故意反問：「數學有基底嗎？」

> 數學的基礎是邏輯嗎？在我看來，數理邏輯只是數學的一部分，羅素的演算並非基礎，只是另一套演算。一門科學存在於其基礎奠立之前，這並沒有錯。

1 譯註：Georg Cantor，1845-1918。出生於俄國的德國數學家，創立了現代集合論。

第二個定見是數學旨在發現（關乎某物的）客觀為真的**事實**。因此，**什麼**是這個某物，客觀又在於什麼，自然成為數學哲學自柏拉圖以來的主題。對此，哲學家傳統上分為兩派，一派（經驗論者）主張數學陳述關乎**物理**世界的真假，另一派則認為這個觀點無法充分解釋數學的無可動搖，故主張數學陳述關乎**數學**世界的真假，亦即柏拉圖的永恆理型世界。這一派便是柏拉圖主義者。康德加上第三種觀點，主張數學陳述關乎我們「直覺的形式」的真假，大略接近布勞威爾和直覺主義者的觀點。但對維根斯坦而言，「數學旨在發現真理」這一看法根本有誤，是純數學興起、數學和物理科學分家所導致的錯誤，好比不用的掃帚被當成家具的一部分。維根斯坦表示，若我們將數學視為一系列（包括計算與測量等等的）**技術**，那麼「數學關乎什麼」的問題就壓根不會出現。

維根斯坦所攻擊的數學觀，哈代曾在一次演講中扼要提及。那次演講的內容後來發表於一九二九年《心靈》期刊，題為〈數學證明〉（Mathematical Proof）。哈代似乎將涉足哲學視為自己從事正經的數學研究之外的輕鬆調劑。他在演講中斬釘截鐵地說：

> ……任何哲學，不論它以哪一種方式否認數學真理無條件有效，而且無可動搖，這樣的哲學就不可能得到數學家認同。數學定理非真即假，其真假乃是絕對的，與我們對它的認識無關。在**某種**意義上，數學真理是客觀實有的一部分……不論那意義有多複雜、難以捉摸，數學命題都是關乎實有的定理……而非我們心靈的創造物。

這場演講從口氣到內容都讓維根斯坦火冒三丈。他在講座課上說：

> 數學家話題一離開數學，就變得荒謬無稽，哈代就是一個例子。他主張數學不是我們心靈的創造物，將哲學看成裝飾品，是環繞在數學和科學的堅實實有〔hard realities〕周圍的空氣。一邊是科學與數學，另一邊是哲學，兩者就像房間裡的必需品與裝飾物。哈代在表達哲學意見，但我認為哲學是釐清思想的活動。

330

對於數學，維根斯坦已經很清楚自己打算以何種方式進行思想釐清，只是要如何表達自己更一般的哲學立場，他還沒摸索出一個滿意的方式。對他來說，哲學和數學一樣是一套技術。然而，數學的技術已經存在，他的任務只是說服聽眾接受數學是技術，而非真假命題，但他想推展的哲學技術卻是他自己創建的，還處於嬰兒期。

他在「哲學」那堂講座引用了一門技術，後來對他的哲學方法愈來愈關鍵，亦即發明他稱之為「語言遊戲」（language-games）的技術，也就是發明一些想像的情況，讓語言在其中只用於達成嚴格定義的實踐目的。可能是幾個字或片語，出自我們的語言或完全虛構的語言都行，重點是在想像出來的那個情況下，若不提及語言怎麼被**使用**，就無法描述該語言。這門技術是一種治療，目的在使我們擺脫將語言抽離「生活之流」來思考語言所導致的哲學困惑。

為了說明他希望聽眾擺脫的是何種思考，維根斯坦舉了自己的早期著作和羅素的作品為例，表示由於兩者都只考慮一**種**類型的語言（也就是斷言句），結果不是誤認為語言只有這一種類型，把它當成語言的全部來分析，就是以為語言的其他用法都能分析成這種類型的變形，以致於得出一個不可行的概念，也就是「原子命題」：

> 我和羅素都想藉由邏輯分析找出第一元素或**個體**〔individuals〕，進而得到原子命題……卻也都敗在無法給出原子命題或個體的例子。我們各自找了理由為這事開脫。我們實在不該說「我們給不出例子是因為分析走得還不夠遠，但我們遲早會走到的。」

維根斯坦和羅素對命題的概念太過僵固，而語言遊戲法的目的（可以說）就是讓概念鬆綁。例如他要聽眾想像一個語言遊戲：指著某個東西，然後唸出那東西的名字，這樣教小孩學語言。他問，在這個語言遊戲中，命題何時登場？假設我們對小孩說「書」，而他把書拿來，這表示他學了一個命題嗎？還是只有問題涉及真假，他才學到命題？但如此一來，一個字也可能有真假可言，例如問「有幾張椅子？」而他答「六」時。所以「六」是一個命題嗎？維根斯坦在此暗示的是，我們如何回答這些問題根本無所謂，重點在於看出不論我們給出**任何**回答，都是武斷的（arbitrary）。因此，我們的概念其實非常地**滑溜**（fluid），滑溜到無法硬套進羅素和他曾經推崇的那種分析：

> 我想藉由語言遊戲展示我們使用「語言」、「命題」、「句子」有多模糊。許多東西我們可以稱之為命題，也可以不，如命令；能稱作語言的遊戲也不只一種。語言遊戲是了解邏輯的線索。既然我們稱什麼是命題多少是武斷的，那我們稱作邏輯的東西所扮演的角色也就跟羅素和弗雷格設想的

不同。

來聽講座的人裡頭，有一名二十歲的數學系大學生。他在三一學院三年了，很快他將成為維根斯坦生命中最重要的人，時常陪在左右，是維根斯坦信任的知己，甚至是他在哲學研究之路上最寶貴的合作者。

法蘭西斯．史金納（Frincis Skinner）一九三〇年從聖保羅中學進入劍橋就讀，是同輩中最被看好的數學新秀。但從大二那年起，他對維根斯坦的興趣就將數學擠到了第二位，徹徹底底、毫無懷疑、近乎癡迷地將自己獻給了維根斯坦。至於他有什麼吸引了維根斯坦，我們不得而知，所有認得史金納的人對他的印象都是害羞、俊俏、不愛出風頭，尤其溫和得不得了。但維根斯坦就是被他吸引了，只要有他在，維根斯坦似乎就能獲得思考所需要的平靜，跟品生特和瑪格麗特一樣。一九三二年，維根斯坦在一則註記裡提到自己當時努力收尾的研究，似乎認為史金納和那份研究的關係，就好比品生特和《邏輯哲學論》的關係：

> 要是我在這本書完成或出版之前過世了，我的筆記以片段出版時，應該以「哲學評論」為名，而題獻是「獻給法蘭西斯．史金納」。

維根斯坦保留了史金納的信，後人在他遺物裡找到了這些信，讓我們得以勾勒出兩人的交往軌跡（史金納過世後，維根斯坦將自己寫給他的信拿了回來，應該是燒掉了）。現存的第一封信落款日為一九三二年十二月二十六日，內容是感謝維根斯坦送了他一棵耶誕樹。兩天後，史金納寫道：「我很高興讀到你說你想著我，我常常想著你。」

不過，要到一九三三年的復活節假期，他們倆才開始互稱「法蘭西斯」和「路德維希」，而史金納也才開始換成像是對愛人的口氣，只是依然緊張和扭捏。三月二十五日，他在格恩西島渡假時寫信道：

親愛的路德維希：

上週六我們分開後，我一直想著你。我希望我想你的方式沒有會錯意。那天談到你姊姊給你的箱子，我笑了幾次，你說看得出那笑容不友善。我有時想你時也會這麼笑。我一直知道笑是不對的，因為一笑完我就立刻想忘掉它，只是我不曉得它為何不友善。

……我這幾天待在英吉利海峽的一座小島上，這裡有人說法語。我記得曾經問你會不會說法語，你說你小時候一個住在你家的女士教過你，她人很好。今天早上我忽然想起這件事。希望你知道我有多喜歡像這樣想起你跟我說過的事時，心裡也會很歡喜。

法蘭西斯

不難想見，維根斯坦對信裡展現的那種孩子般的單純（甚至有些頭腦簡單）很是喜歡。史金納的信顯然沒有維根斯坦在許多劍橋學生與老師身上見到、令他深惡痛絕的那種「聰明」氣。史金納不是會說「哦，是喔！」的那種人，信裡也沒有半點自我中心的痕跡。他一心向著維根斯坦，在他短得可悲的一生中未曾有片刻動搖，幾乎完全臣服於他，其餘一切皆屬次要。史金納的姊姊憶起自己和母親去三一學院造訪弟弟時，只見他衝下樓來，草草應付她們說：「我在忙，維根斯坦博士來了，我們在工作，妳們晚點再來。」

法尼婭・帕斯卡曾說，孩子般的天真和一流頭腦是成為維根斯坦入門弟子的先決條件，史金納正是最完美的例子。出身學術世家，父親是切爾西理工學院（Chelsea Polytechnic）的物理學家，兩位姊姊都是劍橋畢業，分別修習古典與數學，因此他也該在學術上有所成就不僅被視為理所當然，甚至不得不然。要不是維根斯坦介入，他幾乎肯定會走上這條路。

大學最後一年，史金納更是眼裡只有維根斯坦，以致當他以一等榮譽學位從系上畢業，並獲得研究生獎學金時，家人都覺得這孩子是為了繼續待在維根斯坦身邊才這麼努力。事實上，三一學院給他獎學金是希望他專心研究數學。

這時，史金納已經很難忍受每年暑假維根斯坦都會離開劍橋很長一段時間。那年夏末，他寫道：「我覺得自己離你好遠，好希望再次靠近你。」他寄了許多描繪赫德福德郡（hertfordshire）萊奇渥斯（Letchworth）一個小鎮的風景明信片給維根斯坦，並且在正面潦草寫上幾句話，表面上是介紹自己的家鄉，實際上是袒露心意，告訴維根斯坦，當你距離我如此遙遠，萊奇渥斯鎮便是我唯一能去的地方。

在印著霍華德角（Howard Corner）的明信片上，他寫道「花園城市」萊奇渥斯是艾本尼澤・霍華德爵士（Sir Ebenezer Howard）興建的，希望人人有機會在鄉間生活。「結果卻糟透了，令人鬱悶到極點，至少我這麼覺得。」史金納寫道。在印著大街景緻的明信片上，他寫道：「這是通往鎮上和火車站的路，一邊是一排房子，我見了就覺得難過。」在斯普瑞束腹工廠（Spirella Works）的相片上，他寫道：「這是萊奇渥斯最大的工廠……我總覺得那庭院又無趣又死寂。」最後兩張明信片分別是萊斯街（Leys Avenue）：「非常沉悶的一條街，所有人都一臉刻薄，穿著打扮令人反胃。」和東奇普斯（East Cheap）[2]：「這街名真荒謬……走在這些街上我覺得四周全是蜚短流長。」

和維根斯坦的關係有如出口，使他得以逃離那「死寂」又「沉悶」的存在，最後甚至甩開了家人的期望，令他們錯愕不已。這段關係也給了他嶄新的期望，讓他熱烈擁抱這些新夢想。研究所那三年，他孜孜矻矻和維根斯坦共事，為發表維根斯坦的作品而準備，後來更徹底放棄學術生涯，找了一個維根斯坦認為更適合他的工作。

維根斯坦建議朋友或學生離開學術圈，因為他深信學術圈空氣太稀薄，支持不了正當的生活。他告訴德魯利，劍橋缺乏氧氣。他是無所謂，因為他自己能製造，但對依賴周圍空氣而活的人，最好離開這裡到更健康的環境去。他心目中的理想職業是醫療工作，也已經勸瑪格麗特朝這方面發展。她正在伯恩接受護士訓練，維根斯坦對此非常關切。他倆的關係已經褪去了浪漫色彩，瑪格麗特正和塔勒·索格倫相戀，但維根斯坦仍不時去伯恩一趟，看瑪格麗特訓練得如何。

一九三三年夏天，德魯利結束南威爾斯的失業礦工救濟工作後，也決定受訓成為護士，但對方告訴他，以他的教育程度，成為醫師會更有用處。維根斯坦一得知此事，便立刻插手進來，不僅跟凱因斯和吉爾伯特·帕特森談妥，要他們借錢給德魯利，還發電報匆促德魯利，要他「立刻到劍橋來」。德魯利剛下火車，維根斯坦就逕自宣佈：「這件事不用再爭了，一切都安排好了，你馬上進醫學系。」他後來說，在自己的所有學生裡頭，就他對德魯利就職的影響最令他感到自豪與滿意。

維根斯坦不只一次認真考慮從醫，逃離「死氣沉沉的」學術哲學。他或許能自己製造氧氣，但給屍體一個肺又有什麼意義？他當然知道許多哲學家等不及想了解他的最新想法，因為一九三三年時，人們（尤其在劍橋和維也納）都曉得《邏輯哲學論》出版後，他的立場有了劇烈的翻轉。維根斯坦堅決否認自己的新研究是為了**他們**而做，但還是無法忍受自己製造的氧氣被這群「哲學記者」回收利用。一九三三年三月，他在名為《劍橋大學研究》（Cambridge University Studies）的集子裡讀到一篇理查德·布雷斯衛特的文章，令他痛苦萬分。布雷斯衛特於文中描述了包含維根斯坦在內的幾位哲學家給他的影響，維根斯坦一想到人們可能認為布雷斯衛特表達的是他目前的想法，就激動得投書《心靈》期刊，表示文中那些歸於他名下的觀點與他無關。「可以說，」他寫道：「布雷斯衛特對我觀點的陳述不是不夠正確，就是和我的觀點完全矛盾。」他這樣結尾：

> 由於找不到清晰融貫的方式表達我的思想，使得我遲遲無法發表，更別提在一封信裡完整說明了。因此，讀者必須保留到之後再做判斷。

那一期《心靈》還刊載了布雷斯衛特語帶懺悔的道歉函，不過最後一句倒是話中帶刺：「至於本人對維根斯坦博士的觀點說錯了多少，等他那本萬眾期待的作品出版之後便知分曉。」

2　譯註：East Cheap的cheap有廉價、劣質的意思。

十六、語言遊戲：《藍皮書》與《棕皮書》

一九三三至三四學年度開始前，維根斯坦回到劍橋，自此幾乎和史金納形影不離。兩人都在學院有了住處，總是一起散步、交談，連休閒活動也一起參加，主要去戲院看西部片和歌舞片。不過，最重要的或許是兩人一起工作。

維根斯坦這學年和去年一樣，開了兩門講座課，一門叫「哲學」，另一門叫「給數學家的哲學」。後一門課特別熱門，來了三、四十人，令他驚惶不已。對他想開的那種非正式課來說，這樣的人數太多了。開學三、四週後，他忽然宣佈不再繼續大班講課，讓上課的人大吃一驚。他提議改成只對一小組學生授課，由他們抄寫內容再複印轉發給其他人。照他後來對羅素說，他的想法是，這樣學生就能「帶點東西回去，就算腦子裡沒有，手裡總有」。這個特選小組裡有他最喜歡的五名學生，除了史金納，還有路易斯・古德斯坦（Louis Goodstein）、哈羅德・考克塞特（H. M. S. Coxeter）、瑪格莉特・麥斯特曼（Margaret Masterman）以及艾麗絲・安布羅斯（Alice Ambrose）。他們謄寫的筆記後來付印時用了藍皮紙封面，從此得名「藍皮書」（The Blue Book）。

再怎麼說，這都是維根斯坦的哲學新方法首度公開，自然引起了極大興趣。這群學生做了更多副本，轉給更多人，讀者之廣遠超過維根斯坦想像，事實上遠超過他所樂見，比方到了一九三〇年代後期，連牛津大學的哲學教師都有不少人讀過這份筆記。因此，可以說是《藍皮書》將「語言遊戲」的概念和利用它解決哲學困惑的技術引入了哲學論述中。

這份筆記從許多方面都可視為一個粗胚，預告了維根斯坦對自己後期哲學的表述方式。如同後來的作品（包括《棕皮書》（Brown Book）和《哲學研究》），他在《藍皮書》裡也嘗試理出一個融貫的脈絡。這本書同樣以「哲學迷惘的一大來源」開頭，亦即我們常被實詞（substantive）誤導，以為有東西與之對應，於是去尋找它，所以才會問「時間是什麼？」「意義是什麼？」「知識是什麼？」「思想是什麼？」和「數是什麼？」等等，並期待靠著命名**某物**來回答這些問題，而設計語言遊戲便是為了破除這一傾向：

> 之後我會一再請你們注意一樣我稱之為語言遊戲的東西。比起日常語言使用高度複雜的符號，語言遊戲所用的符號更簡單，是小孩開始使用語詞時所採用的語言形式。研究語言遊戲，就是研究原初語言或語言的原初形式。若要研究真假問題、命題符應實有與否的問題，以及斷言、假設和提問的本質，認識語言的原初形式會有很大幫助，因為這些思想形式出現時，沒有高度複雜的思考過程在背後作祟，困惑我們。當我們研究語言的簡單形式，籠罩著我們日常語言的那團心理迷霧就會消失，清晰明白的行為與反應就會顯露出來。

人習慣尋覓與實詞對應的實體，與此相關的還有一種直覺，就是每一個概念都有其「本質」，亦即歸於同一通名之下的事物的共同處。因此，比如在柏拉圖對話錄中，蘇格拉底面對「知識是什麼？」

這類哲學問題時，會嘗試在所有我們認為是知識的個例裡尋找共通點，以之為解答。對此，維根斯坦曾說他的方法一言以蔽之，就是蘇格拉底方法的相反。他在《藍皮書》裡用「家族相似性」(family resemblances）這個更有彈性的概念取代「本質」一詞：

> 比方說，我們習慣認為所有遊戲必然有一些共通點，就是這些共同點讓我們可以名正言順用「遊戲」這個通名稱呼所有遊戲。但所有遊戲其實是一個「家族」，彼此具有家族相似性，某些家人鼻子一樣，某些家人眉毛相同，還有些家人走路姿勢一樣，而這些相似是重疊的。

維根斯坦表示，尋找本質是人類「渴求通性」的例子之一，來自我們對科學方法的執著：

> 哲學家經常見到哲學方法出現在他們眼前，以致於難以抗拒不用科學的方式提出問題、回答問題。這個傾向是形上學的真正起源，將哲學家帶進了徹底的黑暗。

維根斯坦努力避免這個傾向，完全拒絕提出任何概括的結論，或許正是他的理論如此艱澀的主因，因為(可以這麼說)不點明意旨，往往很難理解他的論述想要表達什麼。正如他在某次講座課一開頭所指出的：「要說什麼不難，難的是知道為什麼說。」

一九三三年耶誕假期，史金納每兩三天就寫信給維根斯坦，說自己是多麼頻繁地想起他，對他魂牽夢縈，渴望再見到他。他滿懷深情回憶自己和維根斯坦告別前的所有瞬間：

> 朝你揮完手帕，我走過福克斯通市區，搭上八點二十八分的火車返回倫敦。我心裡惦念著你，想起我們道別時是多麼美妙……我很喜歡為你送行。我很想你，經常想起你。
>
> 愛你的
>
> 法蘭西斯

維根斯坦一家在林蔭街舉行耶誕聚會，瑪格麗特也來了。葛蕾塔仍然每年邀請她到維也納過耶誕。她在聚會上宣佈自己和塔勒．索格倫訂婚了，讓在座賓客為之騷動。在葛蕾塔的鼓勵之下，她決定不顧父親反對，和塔勒速戰速決，幾天後的新年夜就要結婚。瑪格麗特的父親遠在瑞士，至少遠離震央，維根斯坦就沒那麼幸運了。瑪格麗特回憶婚禮當天時寫道：

> 週日早上，路德維希在我婚禮一小時前來找我，讓我心情盪到了谷底。「妳即將搭船遠行，海上風浪翻騰，記得一直抓著我免得翻船，」他對我說。直到那刻，我才明白他對我依戀多深，（或許還有）對我隱瞞得有多好。許多年來，我就像他手裡的軟油灰，被他塑造成一個更好的人。他就像撒瑪利亞人，賜給墮落的人新的生命。

瑪格麗特直到婚禮當天才意識到維根斯坦對她有多依戀，這令人難以置信，不過歸根結底，她始終覺得維根斯坦對她生活的涉入帶有**道德的**目的，這是他許多段友誼的特點。照法尼婭・帕斯卡的說法，維根斯坦「會召喚出一個更好的你」，而瑪格麗特最終選擇和別人結婚，部份也是因為她不想承受這種道德壓力。

一九三四年的大部分時間，維根斯坦持續進行三個不同但相關的工作，試圖解決他投書《心靈》時提到的問題，也就是找到「清晰且融貫的方式」陳述自己的哲學方法。他在劍橋除了口述《藍皮書》，還大量修訂了《大打字稿》，照他對羅素的說法，「磨磨蹭蹭地做」。這些「磨磨蹭蹭」出來的結果，後來編入了《哲學語法》的第一部份。此外，他在維也納繼續和魏斯曼合作，預備出一本書，只是愈來愈不情願、愈來愈疑慮。一九三四年復活節，出書計畫有了新的提議：維根斯坦和魏斯曼並列作者，由維根斯坦提供素材，並主導書的形式與結構，魏斯曼負責以清晰融貫的方法寫出來。換句話說，維根斯坦把他認為最難的工作交給了魏斯曼。

每有新的安排，魏斯曼的處境就愈悲慘。同年八月，他向石里克抱怨和維根斯坦一起寫書有多困難：

> 他有一種天才，看什麼都能像第一次見到一樣。但我想這說明了跟他合作是多麼困難，因為他永遠被當下的靈感牽著走，推翻之前草擬的一切……只能看著結構被一點一滴摧毀，所有東西緩緩變成完全不同的模樣，讓人很難不覺得這些想法如何組織根本無所謂，因為一切到最後都會變樣。

維根斯坦不只思考常被當下的靈感牽著走，生活也不例外。一九三四年，他手邊明明有兩項出版計畫，分別是維也納的《邏輯、語言與哲學》以及英國的《哲學語法》，心裡卻迸出徹底結束學術生涯，跟史金納一起到俄國定居，一起找勞力工作過活的念頭。史金納的家人自然非常擔心，史金納卻覺得好得不得了，可以跟維根斯坦如影相隨。那時的他已經開始覺得不能沒有維根斯坦，少了維根斯坦所有事情與感覺都走了調。復活節時，他在信裡寫道：「只要跟你一起，我就能深刻感受一切。」這是他信裡反覆出現的主題：

> 我常常想你，渴望有你在我身邊。今晚夜色美好，星星看來特別美麗。我好希望能用和你在一起時感受事物的方式感受這一切。（一九三四年三月二十五日）

> 我好想跟你一起在戶外，哪裡都好。我常常想你，想起我們的散步有多棒。我**好**期待我們下週的出遊。昨天我收到你的復活節卡片，感覺真好。我覺得，另一張卡片上街道兩旁的房子很美，真想跟你一起駐足欣賞。（一九三四年四月四日）

史金納在信裡還強調維根斯坦在他身邊的**道德**必要性，彷彿少了維根斯坦的帶領自己就會墮入惡魔手裡。其中最值得一提的例子是他在一九三四年七月二十四日寫的信。前一天他才在法國的布洛涅（Boulogne）揮別了維根斯坦，信的開頭照例描述道別的氣氛是多麼「甜蜜美好」，但他隨即寫到自己在布洛涅一落單就成了罪惡之人。他去了賭場，輸了十法郎，之後雖然痛下決心，卻還是忍不住重返賭場，這回贏了五十法郎。他對自己深惡痛絕，發誓下午就搭船回英國，但快到出發時又陷了進去。這時他已經不由自主：

我又開始賭博。一開始很謹慎，非常克制，但後來輸了一點錢，我就忽然失去了自制與謹慎，出手愈來愈魯莽，整個人變得興奮莫名，完全控制不住自己，最後輸了大約一百五十法郎。我先輸光了手上剩下的法國現金，大約八十法郎，接著用一張十先令鈔票換成法郎，結果也輸光了，於是我把身上的英國零錢統統換成法郎，同樣輸得一乾二淨。我五點左右離開賭場，走到室外呼吸到新鮮空氣時，突然發現自己開始賭博後，行為變得多麼不自然、多麼可憎，簡直恐怖。我竟然那麼瘋狂地想贏錢，感覺真可怕。我突然意識到自己墮落到多麼卑劣污穢的一種境地。我感覺身體一陣悸動與興奮。我垂頭喪氣在街上走了一陣，覺得自己終於明白為何賭徒經常自殺，因為墮落的感覺是如此可怖。我感覺自己庸俗得嚇人，感覺我在毀滅自己，於是便回到旅館，拚命刷洗自己。

史金納不是杜斯妥也夫斯基，對於自己道德墮落的描述也莫名地沒說服力，但他很清楚維根斯坦讚賞的俄國小說，心裡想達成的肯定是一樣的效果。他信中提到那種絕望得想自殺的內疚，似乎不可免地需要宗教救贖。事實亦然，因為他接著描述自己洗過手後，立刻去了他之前和維根斯坦一起造訪過的教堂。在教堂裡，他說：「我想起你許多事。我感覺教堂撫慰了我，即使我幾乎無法看它一眼。」接著又說：「我感覺要是不在信裡提到這件事，我就是個可惡的無賴，完全不配得到你的愛。」

幾週後的八月十一日，宗教話題再度出現。史金納引述了《安娜．卡列尼那》裡差點自殺的列文的話：「我不能活著卻不知道自己是誰。」該段結尾道：「列文沒有自縊，也沒有飲彈自盡，而是繼續掙扎著活下去。」「讀到這最後一句，」史金納寫道：「我忽然明白自己在讀一段極其出色的文字。」維根斯坦也曾多次說過類似的話。史金納說：

> 我彷彿茅塞頓開，突然明白自己讀到的這一切的真正意思。我又讀了幾章，感覺全像是巨大的真理，有如我讀到的是聖經的章節。雖然我不是完全理解，但感覺那是宗教。我很想告訴你這件事。

史金納和維根斯坦這時已經開始學俄文，為即將到來的蘇聯之行做準備。兩人的老師是法尼婭·帕斯卡，馬克思主義知識份子兼共產黨員羅伊·帕斯卡（Roy Pascal）的妻子。談到維根斯坦學俄文的動機時，帕斯卡夫人表示：「在我看來，比起政治或社會事務，他對俄國的情感始終跟托爾斯泰的道德教誨與杜斯妥也夫斯基的精神洞見更有關係。」史金納信中的語氣和內容似乎證實了這一點。然而，史金納和維根斯坦計畫造訪並求職謀生的地方，不是托爾斯泰和杜斯妥也夫斯基的俄國，而是史達林「五年計劃」下的俄羅斯。不論史金納或維根斯坦，都不可能如此無知或政治遲鈍，不曉得兩者的差別。

由於維根斯坦對馬克思主義不抱好感，帕斯卡夫人或許覺得他是「舊時代的保守份子」，但維根斯坦許多朋友對他的印象完全不同，比如一九三〇年代對他認識頗深的喬治·湯姆森就表示，維根斯坦當時「政治意識愈來愈強」，而且儘管他很少跟維根斯坦談論政治，但維根斯坦言談間「足以顯示他瞭解時事，明瞭失業和法西斯主義的罪惡，以及不斷升高的戰爭威脅」。至於維根斯坦對馬克思主義的態度，湯姆森補充道：「他理論上反對，實踐上支持。」這話和維根斯坦本人曾對羅蘭德·赫特（Rowland

Hutt）（史金納的密友，一九三四年認識維根斯坦）說的一句話遙相呼應：「**我的心**是馬克思主義者。」此外也別忘了，維根斯坦這時期許多朋友，尤其提供他蘇聯相關資訊的友人，都是馬克思主義者，除了喬治・湯姆森，還有尼可拉・巴赫金（Nikolai Bachtin）、莫理斯・多布和皮耶羅・斯拉法，其中他最倚重斯拉法在政治議題上的意見。一九三〇年代政治動盪，維根斯坦顯然更為同情勞工和失業者，整體而言支持左派。

儘管如此，俄國對維根斯坦的吸引力終究不是作為政經理論的馬克思主義，甚至毫無關聯，而主要來自他印象中蘇聯人民的生活。這一點從他一九三四年夏天和史金納、德魯利的某次談話就得見端倪。他們三人到德魯利兄長位於愛爾蘭西岸康尼馬拉區（Connemara）的農舍過暑假，抵達當天德魯利準備了一頓精緻大餐，除了烤雞還有板油布丁和糖蜜，但卻遭到維根斯坦反對，堅持他們停留康尼馬拉期間三餐分別只吃麥片粥、蔬菜和一顆水煮蛋。三人聊到俄國時，史金納說他想做點「激烈」的事，但維根斯坦覺得他的想法很危險。「我想，」德魯利插話道：「法蘭西斯是說他不想帶糖蜜去。」維根斯坦立刻開心起來。「喔，這個說法真棒，我完全明白這話的意思。沒錯，我們不想帶糖蜜去。」

看來，維根斯坦認為俄國的勞動生活便是這種無糖蜜生活的體現。為了讓史金納體會一下個中滋味，他隔年年初安排了史金納和赫特到農場工作六週，自己也於二月一個冷天清晨六點就去農場幫忙幹活。

一九三四至三五學年度，維根斯坦以口述完成了現在俗稱的《棕皮書》。但這本書和《藍皮書》不同，並非為了取代講課，也不為了別人，而是維根斯坦表述自己思考所得的一次嘗試。他的口述對象是史金納和艾麗絲．安布羅斯，兩人每週四天、每次二到四個小時紀錄維根斯坦的話。《棕皮書》共兩部份，大致上一部份講方法，另一部份講運用。第一部份介紹語言遊戲的方法，讀來很像教科書，在簡單介紹奧古斯丁對「孩子如何學會說話」的解釋後，就是七十二個編了號的「練習」，其中許多都要讀者思考，例如：

> 想像一群人，他們的語言裡沒有「書本在抽屜裡」或「水在杯子裡」這種形式的句子。在我們說出這類句子的場合，他們的說法是「書本可以從抽屜裡取出來」或「水可以從杯子裡取出來。」（頁一〇〇）

> 想像一個部落，他們的語言裡有一句話對應於我們說的「他做了這件事」，另一句話對應於我們說的「他可以做這件事」，但唯有在能使用前一句話的場合使用後一句話。（頁一〇三）

> 想像人類或動物被拿來當成閱讀機器，而為了做到這一點，他們必須接受特定的訓練。（頁一二〇）

這本書很難讀，因為書裡很少直言想像這些各式各樣的情境**用意**何在，只是帶領讀者思考一連串愈來愈複雜的語言遊戲，偶爾停下來，對正在描述的遊戲的特性稍作評論。當他明確提到這些評論的用意時，也只表示是為了杜絕可能導致哲學迷惘的不當思考。感覺上，這本書像是上課教材，而課程的目的就在杜漸除微，不讓任何哲學化思考（philosophizing）發生。因此，書裡首先介紹一種只有四個名詞——方石、磚頭、石板和柱石——的語言，用在建築「遊戲」裡（一名建築工人大喊「磚頭！」另一名工人遞磚頭給他）。在隨後的遊戲中，這個原初語言不斷擴充，先是增加了數字，然後是專名、「這裡」和「那裡」、問題與回答，最後是顏色詞。到這裡並沒有什麼哲學寓意，只是讓我們領略到無須假設心像的存在，就能了解這些語言如何使用；不論有沒有心像，所有遊戲照樣能玩。至於未明說的用意，則是希望讀者擺脫「有意義地使用語言必須伴隨心像」這個定見的束縛。

直到讀者經歷了另一連串的語言遊戲，從了解無窮序列的概念開始，一路認識到**過去**、**現在**與**未來**三個概念，維根斯坦才言明這一切和哲學問題到底有何關係。在描述了幾個用相對原始的方法來區別一天中不同時間點的語言遊戲之後，他將這些語言遊戲與我們的語言相比，表示我們的語言允許這樣提問：「當現在成為過去，它去了哪裡？而過去又去了哪裡？」並且指出：「這是最容易導致哲學迷惘的來源之一。」將《棕皮書》當成哲學書來讀的人，看完前三十頁總算讀到這一句提到了哲學，應該能稍微鬆了一口氣。維根斯坦表示，這種提問會出現，是因為我們被自己的符號使用（symbolism）誤導，以致做出不當的類比（就上述例子而言，是指將「過去的事件」和「事物」類比，將「某事發生了」和「某物到了我這裡」類比）[1]。同理，「我們習慣認為『現在』和『六點鐘』都指向時間中的定點。這樣使用語言將導致一種困惑，而這種困惑或許可以用『什麼是**現在**？』這個問題來表達：『現在』是時間裡的一個點，但不能說它是『我說話的這一刻』，也不能說它是『鐘聲響的那一刻』等等。」這裡涉及的其實就是奧古斯丁的時間問題。至此，維根斯坦終於表明了他這一路下來的用意：

> 我們的回答是：「現在」這詞的功能完全不同於時間指示詞的功能，只要瞧一眼它在我們的語言

使用裡的作用就能輕易明白。但當我們不看**整個語言遊戲**，只看前言後語，只看用到這個詞的語句，這一點就會變得晦澀不清了。

沒有跡象顯示維根斯坦有意出版《棕皮書》。一九三五年七月三十一日，他寫信給石里克提到了這份筆記，說它展現了「我認為處理所有這些材料該有的樣子」。或許由於他打算徹底放棄哲學，到俄國從事體力活，因此才試著用這種方式呈現自己七年來的哲學思考所得，好讓別人（或許是魏斯曼）能夠利用。

然而，就算他人努力忠實轉達他的想法，他也不大可能會對結果滿意。別人不斷嘗試表述他的想法，他也不斷憤怒回應，借用他的想法沒提到他，就會被他指控剽竊，提到他又會被他指控誤解。口述《棕皮書》期間，安布羅斯就遇過一次。當時她計畫在《心靈》發表一篇論文，題為〈數學裡的有限主義〉（Finitism in Mathematics），闡述她認為維根斯坦對這方面的觀點。這篇論文讓維根斯坦大為光火，極力勸她不要發表。當她和《心靈》的主編摩爾拒絕向壓力屈服，維根斯坦便斷然中止了和她的一切關係。不過，他在上述那封寫給石里克的信裡並未責怪安布羅斯，而是批評鼓勵她發表的學術份子。他認為主要錯在學術哲學家太過好奇，在他自認還無法發表思考所得時就想知道他的最新見解。他雖然不願明珠暗投，卻也決意不該以贗品示人。

1 譯註：原文為「something has happened」（某事發生了）及「something came towards me」（某物到了我這裡），兩句都使用something這個詞，但前者為「事件」，後者為「事物」，人卻會因此而混淆，進而錯誤類比。

十七、投身行伍

一九三五年七月三十一日寫給石里克的那封信裡，維根斯坦說他那年夏天可能不會去奧地利。

我想九月初去俄國待上兩週，之後再看繼續待在那裡或回英國。我還完全不清楚自己若回英國要做什麼，但可能不會繼續研究哲學。

一九三五年夏天，他都在為即將啟程的俄國行做準備。他定期和朋友見面，其中不少是共產黨員。這些朋友不是去過俄國，就是可以告訴他當地的情況，而維根斯坦或許也希望他們居中牽線，找到人在俄國替他和史金納安排工作。這些朋友包括莫理斯·多布、尼可拉·巴赫金、皮耶羅·斯拉法和喬治·湯姆森。他們的感覺是維根斯坦想去俄國定居，當勞動階級，也可能從事醫療工作，總之會放棄哲學。

有一回他和湯姆森在三一學院的院士庭園碰面，他對湯姆森說，既然決定他放棄哲學，就得考慮筆記該如何處理，是留在哪裡呢，還是銷毀？他跟湯姆森談了很久，講述自己的哲學，懷疑它到底有沒有價值。湯姆森費盡唇舌，才好不容易讓他打消銷毀筆記的念頭，同意存放在學院圖書館。

由於當時西歐社會深受法西斯主義蔓延與大規模失業的威脅，許多劍橋人將目光投向了其他國家。維根斯坦不是唯一將蘇聯視為替代品的人。一九三五年夏天，馬克思主義成為劍橋大學生之間最重要的知性力量，許多學生與教師抱著朝聖的心情造訪蘇聯。安東尼．布倫特和麥可．史崔特[1]有名的俄國行便發生在那時候。那次造訪促成了「劍橋間諜幫」(Cambridge Spy Ring）的出現，而幾年前由莫理斯．多布、大衛．海登—蓋斯特（David Hayden-Guest）和約翰．寇恩福德（John Cornford）成立的劍橋共黨小組也大幅擴張，幾乎吸納了劍橋所有知識菁英，包括許多年輕的使徒會成員。

儘管維根斯坦從未信奉馬克思主義，劍橋共黨小組的核心成員卻認為他認同多於反對，許多成員都上過他的課，包括海登—蓋斯特、寇恩福德和莫理斯．孔弗斯（Maurice Cornforth）等人。然而，維根斯坦想去俄國的理由和他們很不同。他對西歐社會衰敗的看法始終更接近史賓格勒，而非馬克思。此外，如同先前所提，強烈打動他的可能是凱因斯在《俄國一瞥》書裡描繪的蘇聯生活。馬克思主義作為經濟理論，凱因斯對它沒有好話，但作為新宗教在俄國實踐，他卻讚不絕口，因為這種新宗教不談超自然信仰，只有深刻的宗教態度。

或許因為如此，維根斯坦心想凱因斯大概能理解他的決定。「我敢說你應該部份理解我想去俄國的理由，」他七月六日寫信給凱因斯說：「我承認其中有些理由很差勁，甚至幼稚，但這麼做確實也有一些深刻的原因，甚至是好理由。」其實凱因斯並不贊同維根斯坦的計畫，但還是竭盡所能幫助維根斯坦，打消蘇聯當局對維根斯坦的疑心。維根斯坦曾在俄國使館見過一位名叫維諾格拉多夫（Vinogradoff）的

1　譯註：Michael Whitney Straight，1916-2004。美國雜誌發行人、小說家。曾任蘇聯國家安全委員會KGB的間諜，後自白。

官員，他告訴凱因斯，這位官員「在我們談話時極度謹慎……他當然和其他人一樣知道推薦信對我很有用，但顯然不打算幫我爭取」。凱因斯直接找了上層（這是他的典型做法），讓維根斯坦拿著他的介紹信去找俄國駐倫敦大使伊凡・麥斯基（Ivan Maisky）。「容我斗膽向您介紹路德維希・維根斯坦博士……他是位出色的哲學家，也是我的親密老友……您若能助他一臂之力，我將誠摯感激。」信裡又說：「至於他想去俄國的理由，我只能由他親自跟您交代了。他不是共產黨員，但對他眼中俄國新政權所代表的生活方式強烈認同。」

和麥斯基會面時，維根斯坦使勁表現得體面而恭敬。凱因斯之前警告他，麥斯基雖然是共產黨員，但不代表他覺得別人不必稱呼他「閣下」，對禮儀標準的講究也不比其他高級布爾喬亞官員少。維根斯坦將這話謹記在心。這次會面是他生平難得一次繫領帶，而且盡量多講「閣下」兩個字。事實上他後來告訴吉爾伯特・帕特森，他太急著表現對大使的尊重，結果反而出了大洋相，在鞋墊上仔細擦了鞋底，只不過是**離開**房間的時候。會面後，維根斯坦告訴凱因斯，麥斯基「非常親切，最後還答應給我一些住在俄國的人的地址，他們或許能給我有用的消息。雖然他覺得我不大可能獲准在俄國定居，卻仍表示並非全然無望」。

除了幾次在俄國使館不是太有希望的會面外，維根斯坦也試著透過英蘇文化關係協會（SCR）聯繫俄國當局。英蘇文化關係協會成立於一九二四年，迄今一直致力於增進英蘇兩國[2]的文化聯繫，除了組織講座、論壇與展覽，還出版機關刊物《盎格魯—蘇維埃期刊》。一九三〇年代，該期刊每一期都會刊載一則蘇聯國際旅行社的廣告，推銷由其主辦的俄國旅遊行程，例如「一生難忘的蘇聯體驗」等等。由於文化關係協會以文化為主，政治性不如其他兄弟組織（如蘇聯友誼協會〔USSR〕）濃厚，因此有許多非共產黨人加入協會，如查爾斯．特維廉（Charles Trevelyan）和凱因斯本人。但到了一九三五年，把持該協會和友誼協會的已經幾乎是同一批人，如海登—蓋斯特和派特．史隆（Pat Sloan）等等。八月十九日，維根斯坦到文化關係協會辦公室見了副主席希爾妲．布朗寧小姐（Miss Hilda Browning），並於隔日向吉爾伯特．帕特森描述道：

我和B小姐的談話比我預期得要好，至少我得到了一則有用的訊息：我若想獲准赴俄定居，唯有以遊客身份前往，並且跟官員談，而要成事，我能做的只有努力拿到介紹信。B小姐還告訴我，她會替我準備兩封介紹信給兩個單位。這大體上總比什麼都沒有好，不過卻仍然沒有搞定任何事。我還是一樣摸不著門路，不僅不曉得在俄國他們會准我做什麼，也不曉得自己想做什麼。這很丟臉，但我確實每兩個小時就變一次心意。我發現自己其實蠢得徹底，感覺自己爛透了。

兩個確定有介紹信的單位分別是北方學會和國家少數民族學會。這兩個教育機構都致力於提高蘇聯境內少數民族的識字程度。維根斯坦雖然認為有介紹信「總比沒有好」，但他實在不想教課。不過，正如凱因斯叮囑過的，唯有拿到蘇聯國內單位的邀請函，他才可能獲准在蘇聯定居。「你如果是某種合格技術人員，而且正好對他們有用，」凱因斯在信裡對他說：「那或許還不難辦，但如果沒有這類證照

2 譯註：該組織全名為Society for Caltural Relations with the Soviet Union，今已不存。本傳記於一九九一年初版，蘇聯於該年年底才解體，故有此敘述。

（就算醫療證照也好），就會很困難了。」維根斯坦這輩子一直懷抱著行醫的夢想，因此還真的考慮是否要在英國習醫，再去俄國執業。他甚至說服了凱因斯替他出學費。不過，他內心真正的希望是獲准在俄國從事勞動工作，只是他愈來愈明白自己極不可能從任何蘇維埃單位取得這種邀請函，因為蘇聯最不缺的就是沒有技能的粗工。

九月七日，維根斯坦動身前往列寧格勒時，手裡只有布朗寧小姐的介紹信和幾個住在莫斯科的人的姓名地址。吉爾伯特．帕特森到倫敦黑斯碼頭（Hay's Wharf）替他踐別，法蘭西斯則是病得太重無法成行，但兩人都明白這趟他除了為自己謀職，也要替法蘭西斯找工作。喬治．薩克斯醫師（Dr George Sacks）也在同一艘船上。他回憶自己和妻子每天進餐時坐在維根斯坦對面，旁邊是一名美籍希臘東正教牧師。維根斯坦總是神情沮喪，坐在那兒出神發呆，不跟任何人說話，直到有一天他突然伸手向牧師自我介紹，大喊：「維根斯坦！」於是牧師也報了自己的名字。但接下來的旅程，維根斯坦再也沒有說話。

九月十二日，維根斯坦抵達列寧格勒，隨後兩週，他的口袋日記本裡寫滿了人名與地址。他四處和人聯繫，努力爭取一份工作。停留列寧格勒期間，他除了聯繫北方學會，還去造訪了列寧格勒大學哲學系教授塔吉亞娜．高恩斯坦夫人（Mrs Tatiana Gornstein），表示願意在系上開課。在莫斯科，他見了數理邏輯教授索菲亞．亞諾夫斯卡婭（Sophia Janovskaya），兩人在他返回英國之後仍然保持通信。她的談吐直率吸引了他。初次見面時，她破口驚呼：「什麼，維根斯坦來了！」某次談論哲學時，她直接告訴他：「你該多讀一點黑格爾。」從兩人的哲學對話中，亞諾夫斯卡婭教授感覺（當然錯得離譜）維根斯坦對辯證唯物論和蘇聯哲學思想深感興趣。顯然出於她的幫忙，維根斯坦先是拿到了喀山大學[3]的哲學教職，後來又拿到莫斯科大學的哲學教師職位。

維根斯坦在莫斯科時還和派特．史隆見了兩三次面。這位英國共產黨員當時正在籌組蘇聯貿易聯盟，後來他在一九三八年的《卸去假象的俄羅斯》（Russia Without Illusions）曾憶及這時期的生活。這幾次會面應該都圍繞著維根斯坦的心願打轉，他還是希望在俄國找到勞動工作，但顯然徒勞無功。喬治．薩克斯回憶他們夫妻倆在莫斯科「聽說維根斯坦想去集體農場工作，但俄國人告訴他，他現在做的事就很有貢獻了，他應該回劍橋去」。

九月十七日，人還在莫斯科的維根斯坦收到法蘭西斯的來信，敦促他盡可能待在俄國，直到找到工作。「我好想在你身邊，和你一起看那裡的事物。」他在信裡寫道：「但我感覺自己彷彿已經和你在一起了。」從信裡看，維根斯坦和史金納打算下學年（理應在兩人定居俄國之前）進行《棕皮書》的出版準備工作。這點不難理解，因為即將到來的一九三五至三六學年是史金納三年制研究生的最後一年，也是維根斯坦三一學院五年期院士的最後一年。「對於我們下學年要做的工作，我想了很多，」法蘭西斯對維根斯坦說：「我覺得你去年用的方法的精神實在很好」——

> 我覺得一切都非常簡單，卻充滿洞見，要是能繼續下去，把它寫成一本書，我想會很棒。我覺得這方法很有價值，很希望能繼續下去。我們會竭盡全力。

3　譯註：喀山大學（Kazan University）由當時沙皇亞歷山大一世創立於一八〇四年，是俄羅斯最古老的大學之一。

接著他又寫道：「最後我想再提一次，若你覺得在那裡還能了解更多東西，那我希望你在莫斯科繼續待著，別在預定的時間回來，這對你我都很有價值。」

然而，維根斯坦顯然不覺得有理由繼續逗留。他這一趟只證實了自己出發前就被告知的一切：若他想來蘇聯教書，非常歡迎，但若想當集體農場的工人，就最好不要。離開前的那個週日，他寫了一張明信片給帕特森，請他到倫敦來接自己：

親愛的吉爾伯特！

明天傍晚我會從莫斯科出發（我正待在拿破崙一八一二年到過的房子裡），後天搭船離開列寧格勒，希望海神到時大發慈悲。我的船預定〔九月〕二十九日週日抵達倫敦，你可以到碼頭來接我，或在宮殿（一般稱作河岸宮殿[4]）留言給我嗎？我等不及要見你那張該死的老臉了，去死吧！

路德維希

P.S. 要是審查員讀了這封信，算他活該！

回到英國後，維根斯坦甚少談起自己的俄國之行。他託法蘭西斯拿了一份報告給法尼婭．帕斯卡，報告中提到他和亞諾夫斯卡婭夫人的會面，以及喀山大學給他的教職，結尾這麼寫道：「他尚未決定自己的未來。」這份報告完全沒提及他對蘇聯的印象，不曾透露他對自己眼見的一切是喜歡或厭惡。對於此事，維根斯坦始終三緘其口，只零星評論過一兩句。至於理由，他對朋友的解釋是自己不想和羅素（在

《布爾什維克的實踐與理論》出版後）一樣，讓**自己的**名字被用在反蘇聯宣傳上。

這表示維根斯坦要是公開自己對蘇聯的印象，恐怕沒什麼太好的話。從他對吉爾伯特．帕特森說的一段話裡，或許可以找到關於他的態度的重要線索。他說住在俄國就像在部隊裡當士兵，對「我這種出身的人」很困難，因為在那裡連要生存都得偷雞摸狗。既然維根斯坦認為俄國的生活可比他一戰時在戈普拉納號上的境遇，那他短暫造訪之後就幾乎再也沒有去俄國定居的念頭，也就不足為奇了。

不過，他還是時常表達對蘇聯政權的認同，並相信由於蘇聯百姓的物質生活正在改善，這個政權相當強大，不大可能垮台。他對蘇聯的教育體系頗為讚揚，說他從來沒見過這麼求知若渴、專心聽講的人民。然而，他對史達林政權如此認同，最主要的原因或許是俄國幾乎沒有人失業。「重要的是，」他曾經這麼對洛許．里斯說：「人人都有**工作**。」當里斯指出蘇聯政府嚴格控制人民生活，雖然百姓都能就業，卻不能自由離職或換工作，維根斯坦不以為意。「獨裁，」他聳聳肩對里斯說：「不會讓我憤慨。」然而，「官僚統治」正在俄國加大階級差異，這倒是令他義憤填膺。「若問有什麼能摧毀我對俄國政權的認同，則非階級差異的擴大莫屬。」

從俄國回來後的兩年裡，維根斯坦不時想起莫斯科大學承諾的教職，在心裡把玩赴俄教書的念頭。他繼續和索菲亞．亞諾夫斯卡婭通信，去挪威時還託法尼婭．帕斯卡將胰島素寄給罹患糖尿病的亞諾夫斯卡婭。直到一九三七年六月，他還在信裡對恩格曼說：「或許我會去俄國。」但不久後，俄國就收回了教職的許諾，因為（據皮耶羅．斯拉法說）這時所有在俄國的德國人（包括奧地利人）都成了可疑

4 譯註：河岸宮殿（Strand Palace）是倫敦的一家旅館。

份子。

儘管如此，即便史達林一九三六年辦了作秀公審[5]，一九三九年俄國和西方關係惡化，納粹和蘇聯簽了互不侵犯協定，維根斯坦依然對蘇聯政權寄予同情，以致於他的一些學生認為他是「史達林主義者」。這個標籤當然貼錯了。但當大多數人眼中只見到史達林的暴政時，維根斯坦卻強調史達林不得不解決的問題，以及他處理時取得的成就。第二次世界大戰前夕，他對德魯利說，英國和法國就算聯手也打不過希特勒的德國，需要俄國協助。他說：「有人批評史達林背叛了俄國革命，但他們根本不明白史達林面對的問題，不了解他見到的對俄國的威脅。」接著又說：「我看到一張英國內閣成員的相片，心裡想『好多有錢的老頭子』。」就彷彿上面這兩件事有關似的。這番話令人想起凱因斯對於俄國的形容：「它是歐洲家族中的俊俏老么，頭髮濃濃，比西邊的禿頭老大哥更接近地上，也更接近天空。」維根斯坦想去俄國生活的理由，不論「差勁甚至幼稚」或「深刻甚至好的」理由，我想都跟他的一個願望大有關係，那就是他想和西方的老人、跟西歐衰亡解體中的文化斷絕往來。

維根斯坦一直期望投身行伍，到普通人之間生活，去俄國定居自然是這個願望的另一次展現。蘇維埃政權和一九一五年的奧地利政府一樣，知道維根斯坦當軍官比當士兵更有用，而維根斯坦也很清楚，自己無法忍受一般士兵「偷雞摸狗」的生活，卻仍希望事情不是如此。

一九三五年秋天，維根斯坦在三一學院的院士生涯進入最後一年，但他還不曉得自己任期過了要做什麼。或許去俄國，或許跟羅蘭德．赫特一樣，到「普通人」中間找份工作，也可能如史金納期望的那樣，專心預備《棕皮書》的出版。感覺只有一件事是確定的，就是他不會繼續在劍橋執教。

維根斯坦最後一年的講座主題是「感覺與料和個人經驗」(Sense Data and Private Experience)。他在講座中試圖對抗哲學家常遇到的一種誘惑，就是認為當我們有所經驗（例如看到某物或感覺到疼等等），必然有某物（即感覺與料）是我們經驗的主要內容。不過，他舉的例子不是來自哲學家，而是取自日常對話，就算引用文獻，他也不引重要的哲學作品或《心靈》期刊，而是史崔特—史密斯出版社（Street & Smith）的《偵探故事雜誌》(Detective Story Magazine)。

有一次講座，他先讀了《偵探故事雜誌》裡的一段：敘述者（偵探）半夜獨自在船甲板上，萬籟俱寂，只有船上的時鐘滴答作響。偵探兀自沉思：「時鐘充其量是個困惑人的儀器：測量無限的一個片段：測量某個或許不存在的東西。」維根斯坦對班上表示，這種困擾出現在「蠢偵探故事」裡，比它從「蠢哲學家」嘴裡說出來更具啟發性，更重要得多：

> 聽到這裡你可能會說「時鐘明明根本不是一個困惑人的儀器。」若你在某種情況覺得它是困惑人的儀器，但接著清醒過來，說它當然不困惑人，那麼這便是解決哲學問題的方式。
>
> 時鐘在這裡會成為困惑人的儀器，是因為偵探說「它測量無限的一個片段，測量某個或許不存在的東西」。時鐘令他困惑，因為他引入了一個自己看不到、有如鬼魂的實體。
>
> 這事和我們對感覺與料的討論有什麼關係？答案是：困惑來自於引入了某個或可稱為不可感知

5 譯註：即show trials，也就是司法當局已提前定罪，卻刻意公開審判，具有強烈報復意味。文中所指的是一九三六年八月的第一次莫斯科審判。

物〔intangible〕的東西，彷彿就像桌椅沒有什麼不可感知的地方，飛逝的個人經驗則有。

那一年，維根斯坦講座課上反覆出現一個主題，就是他想力抗哲學家，捍衛我們對世界的一般認知。當哲學家對時間或心靈狀態提出一般人不會有的懷疑，不是因為他比一般人更有洞見，反而是他洞見更少，被非哲學家不會被誤導的某些事牽著走：

我們有這種感覺，一般人談到「善」或「數」等等，其實並不真的了解自己在說什麼。我看認知有古怪之處，一般人談之論之卻不覺得其中有任何古怪的地方。所以我們該說一般人知道自己在說什麼？還是不知道？

你可以說他知道，也能說他不知道。假設有兩人在下棋，我瀏覽規則，仔細推敲發現有些古怪，但史密斯和布朗毫無困難地下著棋。他們了解這個遊戲嗎？嗯，他們玩它。

這段話令人想起維根斯坦對自己身為哲學家的疑慮，對自己能「見到古怪之處」的厭倦，以及他想開始玩遊戲而非深究其規則的渴望。他再次考慮習醫。德魯利那時正在都柏林準備第一次醫學士考試，維根斯坦寫信給他，託他詢問自己能否去那裡讀醫學院，學費預計由凱因斯負擔。他還建議德魯利一起當精神科醫師，未來一起工作。維根斯坦覺得自己在這個領域可能天賦特出，對佛洛伊德的精神分析尤其感興趣。那年他寄了《夢的解析》給德魯利當生日禮物，並告訴他自己第一次讀到這本書時，心裡想：「總算來了一位言之有物的心理學家。」

維根斯坦自認將成為出色的精神科醫師，似乎來自他覺得自己的哲學思考方式和佛洛伊德的心理分析需要類似的才能。當然，這不表示他的哲思方法和心理分析是同一種技術。當人將他的方法封為「治療式實證主義」(therapeutic positivism)，並比作心理分析時，維根斯坦勃然大怒。艾耶爾在為英國國家廣播公司《傾聽者》(Listener)雜誌的撰文中做了這個類比，立刻收到維根斯坦措辭強烈的譴責信。不過，維根斯坦確實認為自己的思考和佛洛伊德的研究有所關聯。他曾對里斯說自己是「佛洛伊德的弟子」，並且多次用極為相似的句子概括自己和佛洛伊德的成就。「全是出色的比喻，」他在一次講座上如此描述佛洛伊德的著作，而他自己對哲學的貢獻：「我發明了新的**比喻**。」看來他想貢獻給精神醫學的，便是這種建構啟發性的比喻與隱喻，以從中得出概觀的能力。

然而，隨著時間流逝，維根斯坦對於習醫和另覓他職的興趣也減弱了，轉而全心完成自己的著作。那年底，他的院士任期即將告終，維根斯坦跟幾位心愛的學生談到了自己未來的可能出路。研究生洛許・里斯是這個小圈子的新成員。他一九三五年九月來到劍橋，在摩爾門下學習，之前則在愛丁堡、哥廷根和因斯布魯克攻讀哲學。他起初因為見到維根斯坦門生的作態而不想上他的課，但到隔年二月終於克服疑慮，聽了那一年剩餘的課，從此成為維根斯坦的摯友，直到維根斯坦辭世。一九三六年六月，維根斯坦邀請里斯喝茶，和他討論自己該找其他工作，還是獨自去某個地方把書寫完。他告訴里斯：「我還有一點錢，只要錢沒用完，我就能獨自生活與工作。」

寫書的想法佔了上風。六月下旬，他和史金納到都柏林造訪德魯利時，完全沒提成為精神科醫師的事。讓他下定決心的，或許是石里克的死訊。他在都柏林得知石里克遭人殺害，一名失心瘋的學生在維也納大學的台階上槍殺了他。這名學生後來成為納粹黨員，因此有傳言槍殺涉及政治意圖，雖然從證據上看，這名學生對石里克的不滿更多來自於個人恩怨，因為對方駁回了他的博士論文。維根斯坦聽到這消息，立刻寫信給魏斯曼：

敬愛的魏斯曼先生：

石里克的死實在大為不幸，於你於我都是莫大的損失。我不知道該如何表達內心對他妻兒的同情，你知道我真的深感遺憾。方便的話，勞你代我聯繫石里克夫人或他們的子女，告訴他們我抱著溫暖的同情之心惦著他們，只是不曉得該寫信對他們說什麼。若你（於內於外）無法代為傳達，請讓我知道。

謹獻上友愛的同情與問候

你的

路德維希・維根斯坦

一九二九年維根斯坦和魏斯曼決定合力出書，石里克的死讓這項計畫徹底劃下了句點。魏斯曼對維根斯坦老是改變主意大發雷霆，維根斯坦則不相信魏斯曼理解自己，兩人只是由於尊敬石里克，因為石里克鼓勵他們堅持下去，才抱著微弱的希望試著把書完成。石里克過世後，魏斯曼決定撇下維根斯坦，簽了合約要獨力將書寫完，在自己名下出版。一九三九年，這本書進入校樣本階段，卻就此無疾而終。

與此同時，維根斯坦決定仿照自己一九一三年的做法，到挪威去，在那裡他可以不受打擾地生活，把書寫完。這個決定可能出於石里克的死，但也可能出自一個更私人的原因：避開自己和法蘭西斯的友情所導致的「分心」，因為法蘭西斯的三年制研究所生涯將和他的院士職位同時到期。

一九三六年夏天之前，他和法蘭西斯的默契似乎是一起習醫，一起到俄國，一起跟「普通人」工作或一起完成維根斯坦的書，總之同進同退，至少法蘭西斯這麼認為。然而，維根斯坦是否認真將法蘭西斯視為哲學上的合作者，這就難說了。法蘭西斯在他**口述**想法時很有用，尤其英語口述時，如《藍皮書》和《棕皮書》的狀況，但在**討論**想法、釐清思緒上就愛莫能助。他對維根斯坦的敬畏癱瘓了自身的思想，阻礙他做出有益的貢獻。「有時，」維根斯坦告訴德魯利：「他默不出聲讓我火冒三丈，朝他大喊：『說話啊，法蘭西斯！』不過——」他又說：「法蘭西斯不是思想者。你知道羅丹的雕像『思想家』嗎？我有一天忽然想到，我無法想像法蘭西斯擺出那個姿勢。」

基於類似的理由，維根斯坦不鼓勵法蘭西斯繼續從事學術工作。「他在學術圈裡永遠不會快樂」，維根斯坦如此斷定，而法蘭西斯一如既往接受了對方的主張。然而，法蘭西斯的家人並不這麼認為，他的許多朋友也不這麼看，例如路易斯．古德斯坦就認為法蘭西斯成為職業數學家應該大有可為。古德斯坦是法蘭西斯在聖保羅中學和劍橋的同輩，後來成為萊斯特大學的數理邏輯教授。他是法蘭西斯最早告知自己將放棄數學的朋友之一，對此他強烈反對，認為一切完全出自維根斯坦本身厭惡學術生活的不幸影響。法蘭西斯的家人也作如是觀，他母親更是對維根斯坦的影響深惡痛絕，不論兒子計畫定居俄國或放棄前途光明的學術生涯，都讓她驚恐萬分，而法蘭西斯的姊姊普莉西拉．特魯斯考特（Priscilla Truscott）同樣無法置信，不斷追問：「為什麼？到底**為什麼**？」

然而，法蘭西斯只在乎一個人的意見，堅決照著對方的意思去做，那人就是維根斯坦，即便這意味著離開對方，做一份幾乎用不上自身才能、令人深感被剝削的工作，他也義無反顧。史金納離開劍橋之後不是去習醫，而是當工廠技師，不是在維根斯坦身邊，而是孤家寡人。習醫的想法並不實際，他父母無力負擔學費，而凱因斯只答應替維根斯坦出錢，不包括他。法蘭西斯自願加入國際縱隊[6]，希望投身西班牙內戰，但由於身體殘疾而被刷下。其實他的健康狀況一直不好，兒時罹患骨髓炎讓他一條腿是跛的，而且長年為復發所苦。

懸壺濟世之外，維根斯坦（因此也是法蘭西斯）的第二選擇是技師。於是，一九三六年夏天，法蘭西斯進入劍橋儀器公司（Cambridge Instrument Company）實習兩年。雖然身為技師，但他的工作幾乎都在製造主螺桿（mainscrews），過程單調累人，他既不喜歡也不感興趣，純粹是為了維根斯坦而忍受這份折磨。不過，法尼婭．帕斯卡認為法蘭西斯跟工人共事比跟自己階級的人在一起快活。她說工人比較友善，不那麼做作。這話或許沒錯，但法蘭西斯在工廠的頭幾年沒怎麼跟同事往來，晚上往往獨處或和大學朋友聚會，例如巴赫金一家、赫特和法尼婭。他最渴望和維根斯坦一起生活、一起工作，但維根斯坦已經拒絕了他。

法蘭西斯對愛的理解不是魏寧格式的，他不相信愛需要分離，需要一定距離才能維繫，但維根斯坦或許和魏寧格所見略同。儘管他在挪威時，在日記裡寫道唯有當他和法蘭西斯分隔兩地，才明白對方有多獨一無二，是真的很好，但或許正因如此，他才決定到挪威去，遠離法蘭西斯。

出發到挪威前，維根斯坦和吉爾伯特．帕特森去了法國度假，兩人一起開車遊覽波爾多區。帕特森是少數維根斯坦覺得在一起能放鬆享樂的人，但維根斯坦對他來說可能就負擔太重了點，因此和一九三一年一樣，帕特森堅持旅途中起碼得有幾個晚上，他要自個兒到流行的度假勝地縱情奢華一番，享受美酒佳餚和賭博。有一天，維根斯坦陪帕特森賭博作樂，結果顯露自己是浪費錢的菜鳥。他們一起去了華雍賭場（Casino Royan）玩輪盤賭，維根斯坦顯然沒玩過這遊戲，他仔細觀察之後一臉懷疑告訴帕特森說：「我看不出來你怎麼**可能贏！**」看來有時檢視規則比玩遊戲更有意思。

6 譯註：國際縱隊（International Brigade）創立於一九三六年，是西班牙內戰時西班牙第二共和國的軍事單位。由英國、法國、美國等五十六個國家的志願兵組成，以對抗西班牙法西斯主義者。

十八、懺悔

一九三六年八月，維根斯坦動身前往挪威。此行很難不令人想起一九一三年十月的那次遠行，兩次他都未立下歸期，兩次都任務明確，要為自己的哲學論述找到最終的表達形式，兩次都拋下了他愛的人。

差別在於一九一三年那次，品生特不想陪他同行。品生特是否知道維根斯坦有多愛他，這點大有疑問，但他並未以愛回報，這點幾乎毋庸置疑。他很「感激」和維根斯坦「相交」，但絲毫不倚賴這份關係。一九一三年十月時，品生特對受訓成為律師一事的關心遠勝過他和維根斯坦的友誼，甚至覺得和維根斯坦分開讓他喘了一口氣。

然而對法蘭西斯而言，和維根斯坦的關係卻是他生活的重心。只要維根斯坦開口，法蘭西斯一定放下一切到挪威和他一起生活。「收到你的來信，」兩人才分開幾週，他就在信裡寫道：「我恨不得過去幫你整理房間。」少了維根斯坦，他在劍橋的生活孤獨而沉悶。他不再和家人相處融洽，不再參與維根斯坦的研究，雖然為了維根斯坦而苦撐著，卻討厭工廠裡的差事。他定期向維根斯坦報告自己的工作，這顯然出於維根斯坦的要求，因為報告裡的語氣毫無熱情：「工作還行，我正在做主螺桿。」(一九三六年八月二十一日）、「工作還可以，這批主螺桿快做完了。上週必須用工具，起初很困難，但現在已經拋好光，可以鍍鎳了。」（一九三六年九月一日）、「我有一張兩百個通風計和壓力計的訂單，真希望沒這麼多。」（一九三六年十月十四日）後來，和赫特討論了自己在工廠的處境後，連溫和順從的法蘭西斯也忍不住抱怨了：

我不大確定自己和公司的關係，也不大確定自己是否在做一份充分發揮我用處的工作。我覺得（赫特也同意）受到額外照顧和任他們使喚，這兩件事是不同的。比如領班告訴我，要是我在廠裡待五年，他就會讓我升得很快，但我只是來這裡兩年，公司知道我對他們終究沒多大用處，兩者差別很大。

他說他努力記得維根斯坦告訴他的，要心懷「希望、感激與深思」，但在這樣的環境並不容易。他雖然沒有明說，但我們可以想像他心裡會想，在這種處境下，他沒什麼可希望，沒什麼好感激，也沒什麼值得深思的，除了他寧願和維根斯坦在一起。他告訴維根斯坦，和赫特談話「讓我感覺自己多希望你能在這裡，和我說話」。他一次次在信裡強調：「我懷著很深的愛意，總是想著你。」維根斯坦的回信沒有留存，但這些愛的宣言有時給人一種感覺，它們是為了安撫維根斯坦可能表示過的疑慮而寫的。「我對你的沒有絲毫改變，這是千真萬確的。我時時想著你，帶著很深的愛意。」

對於法蘭西斯的處境，心懷「希望、感激與深思」這句話可能就是維根斯坦同理的全部了。遠在挪威的他，心裡更在乎自己和自己的工作（兩者一如既往糾纏在一起，無法切割），而非法蘭西斯。事實證明，和一九一三年及一九三一年一樣，獨自待在挪威有利於他認真思考邏輯和自己的罪。

「我確實相信，來這裡感謝神對我是正確的，」他十月寫信給摩爾說：「我無法想像自己到其他地方能像在這裡一樣工作。這裡景緻很靜謐，甚至很美，我是說安靜而肅穆。」得知摩爾和里斯都文思枯竭，他回說這是好徵兆：「發酵中的酒不能喝，但酒在發酵，證明它不是洗碗水。」「你瞧，」他接著說：「我仍在做美麗的比喻。」

維根斯坦寄了一張地圖給摩爾，標示自己小屋跟海灣、附近山脈和最近的村子的相對位置，重點在說明他非得划船才能到村子去。天氣和煦時是不壞，但十月時天氣就潮濕寒冷了。他寫信給帕特森：「天氣從好極了變成糟透了，這幾天大雨傾盆，兩天前下了第一場雪。」帕特森寄了一頂海員防水帽作為回覆，維根斯坦非常開心。他想起〈滿意消費者來信〉，於是寫道：「就像他們總是對精緻裁縫伯頓先生說的，**尺寸款式都很完美**。」

維根斯坦帶了一冊《棕皮書》，打算用作基本材料，為自己的新書定稿。他花了一個多月修改《棕皮書》，同時將它從英文譯成德語，邊譯邊改，但到十一月初就放棄了，用粗體字寫道：「這「**嘗試改寫**」**從頭到現在都沒價值**。（Dieser ganze "Versuch einer Umarbeitung" vom (Anfang) bis hierher ist nichts wert.）」他寫信給摩爾，說他讀完自己目前所寫的東西，覺得全部「或幾乎全部都很無趣和造作」：

> 因為英文版在面前，我的思考便施展不開，於是我決定另起爐灶，只聽從思考的指引。我發現頭一兩天很困難，之後就容易多了。因此，我目前正在撰寫新版，希望我說這一版比之前的更好

不會是空話。

這個新版後來成為維根斯坦新書的開篇定稿，大致涵蓋了《哲學研究》的第一至第一八八節，約佔全書四分之一，也是維根斯坦對自己後期著作唯一完全滿意的部份。他之後再也不曾修改或重排，也不曾表示有時間會**很想**修改。

《哲學研究》大致沿襲了《棕皮書》的鋪陳順序，以奧古斯丁解釋自己如何學會說話為開頭，進而引入語言遊戲的概念，接著討論「遵循規則」。不過，在這個最終版本裡，維根斯坦直接引用了奧古斯丁《懺悔錄》的話，並且更明確點出了以此開場的用意：

在我看來，這段話呈現了人類語言本質的某種圖像，即語言中的語詞指稱對象，句子則是名稱的組合。這個語言圖像催生了以下見解：每個詞都有意義，意義和語詞息息相關，是語詞所代表的對象。

書的其餘部份都在檢視這個見解的含意，以及它害得哲學家陷入的陷阱，並點出掙脫陷阱的路徑。所有路徑都是從去除奧古斯丁的（前哲學的〔pre-philosophical〕）語言圖像開始，因為上面提到的哲學見解便是由之而起。維根斯坦希望藉由這個方式，剷除導致哲學迷惘的前哲學根源。

有些人認為，維根斯坦引述奧古斯丁的話是為了勾勒一種語言**理論**，然後再證明其謬誤，事實不然。畢竟《懺悔錄》不是（至少主要不是）哲學著作，而是宗教自傳。奧古斯丁在所引的段落裡不是在建構**理論**，而是描述自己如何學會說話。正是因為如此，這段話才適合用來指出維根斯坦哲學思考的攻擊對象。奧古斯丁的話並未表達理論，卻包含了一幅**圖像**（picture），對維根斯坦而言，**所有**哲學理論都根植於這樣一幅圖像，而且必須引入新圖像、新比喻來加以剷除：

> 比喻被吸收到我們語言的形式之中，造成了令人不安的假象。**圖像**捆綁了我們，我們無法掙脫，因為它在我們的語言之中，而語言似乎不斷向我們重複它，無可阻擋。

這本書定稿後的開頭和《棕皮書》的不同之處在於，維根斯坦沒有不加解釋直接帶領讀者觀察一連串語言遊戲，而是不時停下來說明程序，預防讀者可能產生的誤解：

> 這些清楚簡單的語言遊戲，不是為了給語言制定規則而做的預備研究，不是忽略摩擦和空氣阻力的初步逼近〔first approximations〕，而是用作**對照物**，不僅從相似處闡明我們語言的事實，也從不同處觀照我們的語言。

> 我們的目的不在以前所未聞的方式改進或完善語言使用規則系統。
>
> 我們追求的清晰確實是**完全的**清晰，但這僅表示哲學問題應該**完全**消失。能讓我想停止哲學思考就停止，才是真正的發現。這樣的發現讓哲學得以安寧，不再受到使它**本身**成為問題的問題所

> 折磨。現在卻是這樣：我們用例子來闡明一種方法，而這一串例子是可被打斷的。諸問題得到解決（困難得以消除），而非**單獨一個**問題。

他預期讀者對他的哲學構想和方法會有什麼反應，於是問道：「我們的研究為何重要？因為它似乎只是在摧毀所有有趣的東西，亦即所有偉大重要的東西（就像摧毀了所有建築，只留下一堆瓦礫。）」他回答：「我們不過是在摧毀紙房子，清理語言的地基。」隱喻雖然變了，但意思不變：

> 哲學的成果在於揭示那些十足的胡說八道，揭示理解一頭撞上語言的界限而長出的膿包。這些膿包讓我們明白揭示的價值。

對沒有感受過這些「膿包」的人而言，維根斯坦的解釋很難有什麼意義，但話說回來，維根斯坦的方法也不是為了這些人而設計的，就像佛洛伊德的分析並不是為了心理上不關心的人而存在。《哲學研究》不只要求讀者的腦力，更要求他的**參與**（involvement），這點或許沒有其他哲學經典能出其右。別的偉大哲學著作，如叔本華的《意志與表象的世界》，「想知道叔本華說了什麼」的人可以為了興趣和樂趣而讀，但若以此心態去讀《哲學研究》，很快就會覺得辛苦和無聊，不是因為很費腦力，而是根本無法把握維根斯坦在「說」什麼，因為他其實什麼都沒有「說」，而是在展示一種揭穿迷惘的技術。除非**你**也有同樣的迷惘，否則這本書讀來肯定索然無味。

除了必須參與其中才能讀懂，還有一個理由讓《哲學研究》適合以《懺悔錄》的文字開頭，那就是對維根斯坦而言，**所有**人們真誠而得體地追求的哲學，都始於懺悔。他常表示，寫出好的哲學或對哲學做出好的思考是意志問題——抵抗膚淺和引發誤解的種種誘惑的意志——而非智力問題。阻撓真正理解的往往不是缺乏智力，而是自傲，因此「必須拆除自傲築成的龐然巨物，而這事異常困難」。拆除自傲需要自我檢視，不僅成為得體的人需要如此，寫出得體的哲學也是。「凡因為太痛苦而不願降入自身之中，寫作就免不了膚淺」：

> 欺瞞自己，不願承認自己意志狀態的虛矯，必然會戕害一個人的風格，結果就是無法分辨風格裡哪些為真、哪些為假……
>
> 若我表演給自己看，風格就會展現這一點，就不會是我的風格。若你不願意知道自己所是，你的寫作就是一種欺瞞。

維根斯坦寫下自己最滿意的論述的時間，也是他對自己最無情誠實的時間，這點並非巧合。他竭盡全力「降入自身之中」，坦承那些自傲逼得他騙人的時刻。

在他為新書開頭定稿的那幾個月，維根斯坦還寫了一份懺悔錄，描述自己生命中軟弱與不誠實的時刻。他計畫在家人和幾位密友面前宣讀這份懺悔錄，可能覺得光是向自己坦承欺騙還不夠，若要妥當地「拆除引起軟弱的自傲」，還得向別人懺悔。對他而言，這是最重要的事，因此一九三六年十一月他寫了信給許多人，其中包括德魯利、摩爾、恩格曼、法尼婭．帕斯卡，當然還有史金納，告訴他們耶誕節他必須見他們一面。這些信裡，只有寫給摩爾的保存了下來，但我們可以推想其他的信應該相去不遠。維根斯坦告訴摩爾，除了寫書，「我內在（我指在我心裡）發生著各種各樣的事」：

> 我現在不會寫出它們，但等我到了劍橋（我打算新年左右去幾天），願上帝讓我能向你吐露，到時我在一些非常困難和嚴肅的事上尋求你的建議與幫助。

他對法蘭西斯肯定說得更直接一些，告訴他自己想做的是懺悔。法蘭西斯十二月六日在回信裡如此承諾：「不論你告訴我什麼，我對你的愛都不會有任何改變。我自己在各方面都很墮落。」對法蘭西斯來說，最重要的是他終於能再見到維根斯坦了。「我經常想著你，想著我們彼此的愛，這讓我得以堅持、喜悅，並克服沮喪。」三天後，他再次許諾：「不論你告訴我你的任何事，我對你的愛都不會有任何改變……沒有寬不寬恕的問題，因為我比你差勁得多。我常想著你，始終愛你。」

維根斯坦在維也納過耶誕節，向恩格曼和幾位家人做了懺悔，也可能向幾位其他朋友說了（推想起來，亨澤爾肯定在其中）。這些人都沒有留下紀錄，告訴我們維根斯坦到底說了什麼。恩格曼出版維根斯坦寫給自己的信時，略去了提到懺悔的那封信，很可能被他銷毀了。新年那天，維根斯坦去了劍橋，向摩爾、赫特、德魯利、法尼婭．帕斯卡和法蘭西斯做了懺悔。

摩爾、德魯利和法蘭西斯至死沒有洩漏懺悔的內容，因此我們只能仰賴帕斯卡和赫特的回憶。其他朋友對維根斯坦懺悔的反應不得而知，但帕斯卡很可能抓到了德魯利和摩爾的態度。她說，他倆雖然沒告訴她，但她知道他們「耐心地聽，很少說話，表現出友善的投入，並用舉止和眼神暗示維根斯坦沒必要懺悔，但他要是覺得需要，那也很好，就懺悔吧」。然而，德魯利卻說他不是聽維根斯坦懺悔，而是**用讀的**，還說摩爾也讀過了，而且據維根斯坦說，摩爾因為不得不讀而很不好受。除此之外，德魯利在回憶錄裡就沒說什麼了。至於法蘭西斯，帕斯卡猜得應該不會錯：「他肯定釘坐不動，深深感動，目不轉睛望著維根斯坦。」

對赫特和帕斯卡來說，這場懺悔令他們很不自在。赫特的不自在純粹出於尷尬，因為他必須坐在一間里昂咖啡館裡，聽對座的維根斯坦高聲宣讀自己的罪愆，而帕斯卡則是對整件事感到惱怒。維根斯坦在她不方便的時候打電話來，問能否去見她。她問事情是否緊急，維根斯坦堅決說是，而且不能等。「什麼能等？」坐在桌前聽維根斯坦懺悔時，她心想：「就是這種、這樣表達的懺悔最能等。」他那種生硬冷傲的表達不可能喚起她的同情，後來她甚至一度大喊：「怎麼樣？難道你想當完人？」「我**當然**希望自己完美！」維根斯坦咆哮道。

帕斯卡記得維根斯坦招認的其中兩宗「罪」，此外還有一些小罪，但她事後統統忘了，不過赫特倒是記得其中幾項。其中一宗小罪跟維根斯坦認識的一名美國人之死有關。維根斯坦從共同的朋友得知這人的死訊時，反應就跟乍然聽到不幸的消息一樣。但這是不真誠的，因為這事對他一點都不是新消息，他已經聽說了。另一樁小罪發生在一次大戰期間。維根斯坦的指揮官要他扛著砲彈走過一塊架在河上搖搖晃晃的木板，他起初怕得不敢做，雖然之後克服了恐懼，卻從此被自己當時的怯懦所糾纏。第三宗小罪是多數朋友以為他是處男，其實不然，他年輕時曾和一名女子發生過性關係。維根斯坦雖然沒用「處男」或「性關係」這些詞，但赫特很肯定是這個意思，只是不記得維根斯坦當時到底用什麼字眼了。他覺得應該是：「大多數人以為我不曾和女人有過關係，但我有過。」

帕斯卡記得的第一宗「罪」是：維根斯坦讓多數認識他的人以為他有四分之三的亞利安血統和四分

之一的猶太血統，其實正好相反。換言之，維根斯坦的祖父母和外祖父母有三人是猶太血統，因此按照紐倫堡法，維根斯坦是猶太人。帕斯卡將他的懺悔和納粹德國的存在聯在一起，肯定是沒錯的。有一件事維根斯坦沒有告訴帕斯卡，但她後來發現了，就是他的「猶太」祖父母和外祖父母實際上沒有半個是猶太人，其中兩人受洗為新教徒，另一人則是羅馬天主教徒。「這算什麼猶太人。」她說。

上面提到的都是疏漏（omission）之罪，不是維根斯坦**沒做**某事，就是他沒糾正外人對他的錯誤認識。但最後這一宗罪卻是他真的撒了謊，因此最痛苦。帕斯卡回憶道，維根斯坦懺悔到這裡「必須極力控制自己，斷斷續續說出自己怯懦可恥的行徑」。然而，她對這一段懺悔的描述卻給人一種印象，其中的事件不知何故遭到了扭曲：

> 他在奧地利鄉下一所小學短期任教期間，曾打了班上一個女孩，傷到了她（我不記得細節了，只記得是體罰）。女孩跑去投訴校長，維根斯坦矢口否認。這件事是他剛成年時的一次危機。或許因此他才放棄了教職，甚至意識到自己最好離群索居。

這段描述有許多地方扭曲了。首先，奧特塔鎮事件發生當時，維根斯坦已經年近四十，說他「剛成年」顯然小了點。更重要的是，帕斯卡似乎不曉得，根據各種紀錄，維根斯坦在班上動手並不罕見，而且曾經因為被控施暴而站上法庭。維根斯坦可能沒告訴她這些事，只是拿這個單一事件作為自己在奧特塔鎮不當行為的代表，但也可能（我認為不無可能）是帕斯卡記錯了，畢竟她根本無心傾聽維根斯坦告解，而他的懺悔方式更讓她心不在焉。赫特記得的就不是對校長否認某次事件有動手，而是承認自己在法庭上撒了謊。這樣的描述不僅更符合奧特塔鎮民的說法，也更能解釋這樁欺瞞為何在維根斯坦心裡揮之不去。

在維根斯坦坦承過的欺瞞行為中，奧特塔鎮事件造成的心理負擔顯然最大，而他為了從中解脫所做出的努力，也比帕斯卡和赫特所能知道的大得多。做出懺悔的同一年，維根斯坦出現在奧特塔鎮民的家門前，親自向自己體罰過的孩子道歉。他至少造訪了四位孩子（或許更多）求他們原諒他當年的不當行為。有幾位孩子很有雅量，例如鎮民葛奧格．斯當格爾（Georg Stangel）便回憶道：

> 我不是維根斯坦的學生，但戰前不久他到我父親家向我弟弟和父親道歉時，我也在場。中午一點左右，他走進廚房問我伊格納茲在哪裡，我叫了我弟弟，我父親也在。他說若是伊格納茲覺得他對他做了不公的事，他想道歉。伊格納茲告訴他不用道歉，說自己在他班上學了很多。維根斯坦待了半小時左右，提到自己還想去找岡斯特納和戈德貝格，以同樣的方式求他們原諒。

然而，曾對維根斯坦提告的皮里鮑爾家的反應就沒那麼寬容了。維根斯坦向皮里鮑爾的女兒赫爾敏道歉，但赫爾敏對他積怨難消，因為他當年多次狠狠拽她耳朵與頭髮，甚至讓她耳朵出血，頭髮被拔掉。維根斯坦懇求她原諒時，她只輕蔑地回了兩聲：「是啦，是啦。」

不難想像這對於維根斯坦是多大的羞辱，感覺幾乎就像他如此低聲下氣正是為了懲罰自己。但我認為這種看法誤解了他懺悔與道歉的目的。他這麼做並非是為了**傷害**自己的驕傲以為懲罰，而是為了**拆除**驕傲，移開阻擋他走上真誠得體的思考之路的路障。若他覺得自己對奧特塔鎮的孩子做了錯事，那就應該道歉。所有人大概都會這麼想，但多數人只會想一想就找理由放棄了：那已經是很久以前了；鎮民不會理解他這樣做，只會覺得奇怪；冬天去奧特塔的路很難走；道歉既痛苦又羞辱，再加上其他理由，實在不值得這麼做；諸如此類。只要覺得這些理由有說服力（我想我們大多數人都是如此），最後就會屈服於怯懦，然而這正是維根斯坦最堅決不肯做的。他去奧特塔鎮不是**尋求**痛苦與羞辱，而是就算痛苦與羞辱，他也要道歉到底。

事後思考懺悔的效果時，維根斯坦寫道：

> 去年在神的協助下，我振作起來做了一次懺悔。這使我走進更平穩的水域，和人相處得更好，給我更高的嚴肅。但現在這些東西感覺都花光了，我又離從前的自己不遠，怯懦得無以復加。若不糾正這一點，我又會漂回我當初離開的水域了。

維根斯坦將懺悔視為切除怯懦的手術。他認為怯懦是惡性感染，需要持續治療，這點非常有他的風格。相較之下，他將身體受傷視為芝麻小事，這也是他的標準態度。一九三七年新年期間，他回到挪威後不久便出了事故，斷了一根肋骨。他對自己的道德狀態心焦如焚，對此事卻只用一個玩笑帶過。他告訴帕特森：「我想取出那根肋骨，用它造一個妻子，但他們說用肋骨造女人的技術已經失傳了。」

若說維根斯坦的懺悔對法蘭西斯有什麼影響，大概是給他壯膽，讓他稍微自在地表露心聲，透露**他**一直隱瞞著的某些事。「我覺得對你隱瞞是錯的，」他於一九三七年三月寫道：「即使我那麼做是出於自慚形穢。」但他揭露的不是自己過去的作為，而是當下的感受，尤其他不想在劍橋的工廠勞動，想在維根斯坦身邊，最好能一起工作的心情。「我有時真希望我們能一起工作，任何事都好。我感覺你是我生命的一部分。」他擔憂的不是自己的道德狀態（肯定也不是維根斯坦的道德狀態）而是兩人的關係——他害怕他們正漸行漸遠，或可能因為環境而被迫分開：

我常思考我們的關係。我們將沒有對方而各過各的，我有辦法沒有你而生活嗎？萬一發生戰爭會怎樣？若我們永遠分離了呢？我是那麼缺乏勇氣，常常渴望你，不論心情如何，總是感覺你就在附近，就算做了很差勁的事也一樣有那種感覺。我永遠是你的老忠僕。我喜歡想著你。

法蘭西斯想到自己和維根斯坦的思考成果不再有關，自己在各方面都不再是他的合作者，就覺得難過不已。五月時他寫道：「我不認為自己曾徹底了解你目前的研究，我想試著更了解一點對我是好事。」他信裡提到自己和斯拉法見面，說他從中「學到很多，對我很有好處」。斯拉法「對勞工說了許多好話」，但他自己身為工人，發現哲學問題現在似乎離他非常遙遠了，讓他大為恐慌：

我近來一直在思考哲學現在對我有什麼用。我不想失去自己的智性良知，也不想讓自己攻讀哲學的那些歲月一無所成。我不希望自己只成了更聰明的人。我想要一直記得正確使用語詞的重要性……我還覺得自己不該忘記哲學問題對我是真正重要的問題。

這封信寫於五月二十七日，當時維根斯坦人在維也納。他一九三七年春天在挪威的工作成果極差，

「原因之一，」他寫信給摩爾說：「是我為自己感到很煩惱。」因此他夏天先是和家人在一起，之後再到伊斯特路（East Road）和法蘭西斯相聚。他在劍橋時進行的工作，法蘭西斯理論上**能**幫忙：由他口述評論給法蘭西斯打字。這些評論是剛過去的那個冬天寫的，後來成為《哲學研究》的前一百八十八節。八月十日他又動身返回挪威。

回程中，維根斯坦滿懷不安，這點在他當時的日記裡清楚可見。他在前往斯寇爾登的船上寫道自己勉強寫了點東西，但他的心沒有「完完全全」在工作上。幾天後他形容自己「空虛、沒想法、焦慮」，為了孤獨一人而焦慮。「恐怕我會沮喪，無法工作」：

> 我現在很想有人一起過活，在清晨見到人的臉龐——另一方面，我現在變得如此**軟弱**，孤獨一人或許倒對我好。我現在異常可鄙。

「我有一種感覺，」他寫道：「我不會徹底沒想法，但會因為孤獨而沮喪，無法工作。我害怕在自己的房子裡，想法會全被扼殺，絕望的情緒會完全佔據我。」但他還能在哪裡工作？住在斯寇爾登卻不待在自己的房子裡？這想法令他不安，而在劍橋，「我能**教書**，但也無法寫作」。隔天他「悶悶不樂、無助、沒想法」，並且發覺「法蘭西斯是多麼獨一無二、不可取代，但和他在一起時，我卻幾乎沒察覺這一點」：

> 卑劣完全攫住了我。我煩躁，只想到自己，覺得自己的生活很悲慘，卻又不曉得到底有多悲慘。

維根斯坦無法面對搬回自己房子裡。他的房間之前看來很迷人，現在卻覺得陌生又不友善。於是他寄宿到安娜．瑞布尼家，卻為此而良心折磨。和安娜一起住，自己的房子卻空著，感覺很詭異（unheimlich）[1]。「有一棟房子卻不住在裡頭，讓我感覺很丟臉，奇怪的是這份感覺竟然如此強烈。」在瑞布尼家過了一夜後，他覺得住在那裡很古怪。「我不曉得自己有沒有資格或有任何好理由住在這裡。我既不是真正需要獨處，也沒有一絲想要工作的強烈衝動。」他覺得兩腿發軟，「是因為天氣嗎？真可怕，我竟然這麼容易被煩慮（Sorge）擊敗。」他想搬回自己的房子，「但我害怕到時可能被哀傷壓垮」。他寫道，向上走很難，人總是不情願向上走，而他覺得自己軟弱得無法使勁。他有一兩天覺得問題出在身體，而非心裡。「現在我真的病了，」他八月二十二日寫道：「腹痛和發燒。」但隔晚他寫道自己體溫正常，卻一如既往感到疲憊不堪。直到八月二十六日，他才記述了復原的跡象：他又能欣賞挪威的景色了。他那天收到兩封信（他的形容是「禮物蜂擁而來」）分別來自法蘭西斯和德魯利，「兩封都棒得令人顫抖」。在他搬到挪威一年後的這一天，他終於寫信邀法蘭西斯過來。「但願事情順利，願我能有半點得體。」

法蘭西斯欣然接受了邀請。他八月二十三日才寫道：「你曾在一封信裡說『真希望有我在這裡』。如果我去見你，對你會有幫助嗎？你知道我會去，我很想去。」現在：「我非常樂意去看你，我肯定那對我有好處，這點我非常確定。」然而，因為他腿上起了水泡需要手術，所以他直到九月第三週才能動身。

這段期間，維根斯坦逐漸找回了精神的穩定與工作能力，也能回自己房子住了。「若想解決生活裡遇見的問題，」他八月二十七日寫道：「就要用能讓問題消失的方式活著」——

生活成了問題，就表示你的生活和生命的模具不合，必須改變生活的方式。只要生活和模具相合，成問題的東西就會消失。

但我們不是會有這種感覺：看不出生活有任何問題的人是盲目的，不僅對於重要的東西，甚至對一切之中最重要的東西視而不見？我難道不是想說，那樣的人只是漫無目的地活著，和鼴鼠一樣盲目，只要他能看，就會見到問題？

還是我其實該說，正確活著的人不會覺得問題是**悲哀**，因此問題會像明亮的光暈環繞著他的生活，而非可疑的背景。

照這樣講，維根斯坦認為自己既不盲目，也沒有正確活著，因為他覺得生活中的問題是問題，是悲哀。他無可避免地認為問題就是他自己：「我表現得糟透了，有著刻薄卑劣的感覺與思想。」（一九三七年八月二十六日）、「我是懦夫，我一次次在各種場合發現這件事。」（一九三七年九月二日）、「我不虔誠，但有憂懼（Angst）。」（一九三七年九月七日）最後這一句裡的「但」似乎是一點安慰，彷彿他對自己缺乏信仰感到憂懼至少證明了自己不是盲目活著，起碼給了他生活被「明亮的光暈環繞著」的可能。他在九月四日寫道：

1　譯註：德文 heim 是「家」的意思，un-hiem-lich 直譯是不像在家裡（跟後文敘述有關），也就是陌生、古怪的感覺。

基督教不是一套學說，我是指，它不是一套談論人的靈魂發生了什麼、將會如何的理論，而是對人類生命中實際發生的某件事的描述。因為「罪之意識」是真實的事，絕望和因信得救亦然。談論這些事的人（如班楊[2]）只是在描述自己遭遇了什麼，不論外人如何在上頭加添光環。

如同以往，維根斯坦尋求的是自身中的神，也就是將絕望轉化為信仰。隨後幾天屋外狂風暴雨，他發現自己很想咒詛上帝，便嚴厲譴責自己，跟自己說「這就是惡毒與迷信」。

九月十一日，維根斯坦的工作能力已經恢復大半，又開始在大手稿冊子裡（而非筆記本裡）寫東西，但說他很怕自己寫出來的東西「風格生硬又差勁」。他發現自己只是剛好能工作，但工作時找不到樂趣。「感覺我的工作好像被榨乾了」，他九月十七日寫道。

隔天他去卑爾根接法蘭西斯，感覺自己很有肉慾，他這麼寫道，夜裡輾轉難眠時滿腦子性幻想。一年前他得體得多，**嚴肅**得多。法蘭西斯到了小屋後，維根斯坦跟他在一起是「肉慾、易感、不得體的」。「和他睡了兩三次，總是先覺得這沒什麼錯，**繼而**是羞愧，而且對他挑剔、暴躁、不誠懇，還有殘忍。」我們不曉得這是不是他和法蘭西斯僅有的性接觸，但他在加密札記裡確實只提到這麼一次。特別的是，他一邊描述兩人睡在一起，一邊寫下自己對法蘭西斯的無愛，又或者他想表達自己對無愛的恐懼，彷彿料定自己會發現魏寧格說得沒錯：「跟愛人不經意身體接觸……性衝動會被喚醒，足以立刻扼死愛。」

法蘭西斯在小屋待了十天左右，維根斯坦只留下一則加密札記：「很不耐煩！」（一九三七年九月二十五日）然而，十月一日法蘭西斯離開當天，他卻寫道：

過去五天很好，他融入了這裡的生活，做每件事都懷著愛與和善，而我（要感謝上帝）並未不耐煩，也沒有理由不耐，除了出自我的腐壞天性。昨天我陪他走了很遠，走到松達爾（Sogndal），今天回到小屋，有點沮喪，也累了。

對法蘭西斯來說，他倆第一晚在維根斯坦小屋裡的肉慾與親密，當然不帶有絲毫魏寧格式的含意。他完全屈服於自己對維根斯坦的「易感」，不擔心失去愛意。例如在一封未署日期的信裡，他寫道：「我時常想起我們過去一起做的每件事，以及我們在劍橋這裡做過的事。有時這讓我劇烈地渴望你。」挪威之行剛結束後的幾封信裡，他反覆肯定此行多麼「美好」：

我**一直**想著你，想著和你在一起的美好時光。這竟然成真了，真是美好。和你在一起，一起在小屋裡生活，實在太棒了。這是給我們的一份美好的大禮，我希望它能帶給我許多益處。（未署日期）

我現在常常想起，和你在一起時的感覺是多麼地棒；和你在一起，一起欣賞美景是多麼美好。你於我是最美好的事物，和你在一起帶給了我許多益處……和你在一起是美好的。（一九三七年十

2 譯註：John Bunyan，1628-1688。英國作家，其著作《天路歷程》（The Pilgrim's Progress）為著名的基督教寓言文學。

月十四日）

停留小屋期間，法蘭西斯實現了自己一年前的夢想，替維根斯坦打掃房間。維根斯坦痛恨骯髒，因此清潔地板的方法特別嚴格。他會將泡過的茶葉扔在地板上，把灰塵吸住，再掃乾淨。不論住在哪裡，停留多久，他都經常這麼做，而且堅決不讓人在他住的房裡鋪地毯。法蘭西斯回到伊斯特路的公寓後，也開始採用這種一絲不苟的做法，作為對此行的紀念：

> 我常常想你，也常常想起和你一起打掃你的屋子有多棒。回來之後，我決定不要鋪地毯，因為即使拍打過了，我還是知道它無法完全乾淨。現在我必須打掃我的房間。我喜歡這樣做，因為那會讓我想起和你在一起的時候。我很高興自己那時學會了如何正確清理房間。

不僅如此，有一回在道德科學社的聚會，法蘭西斯也像維根斯坦上身一般，事後講起聚會經過，向來言詞謙沖溫和的他竟然一反常態，口氣異常兇猛，令人不禁覺得是向維根斯坦借來的：

> 摩爾教授不在，布雷斯衛特當主席。論文主題是道德，但我得說，布雷斯衛特是討論中最令人反感的，把討論的嚴肅意味全趕光了。他講話的樣子，好像自己對討論不負任何責任，好像討論沒有嚴肅的目的。討論時始終笑聲不斷，而且很多是他挑起的。如果他講話只是糟糕，那我不會介意，但我討厭他毫不嚴肅。這讓討論不會產生任何有用或有價值的東西。

維根斯坦在日記裡說，這是一封「法蘭西斯寫來的可愛來信」：

> 他說……布雷斯衛特主持的討論糟糕得可悲。這真可怕。但我不曉得能怎麼做，因為其他人也不夠嚴肅。還有，我**太怯懦**，做不出果決的行動。

在另外一封信裡，法蘭西斯用類似的不贊同口吻提到了法尼婭．帕斯卡論「現代歐洲」的講座。她同意為工人教育協會上這門談論時事的課。這回維根斯坦倒是做了果決的嘗試，寫了一封帕斯卡認為「嚴厲又威嚇」的信給她，導致她「怒火爆發到了極點，而且因為我不敢向他表達，所以更加怨憤」。維根斯坦說她絕對不能教這門課，這麼做是錯的，邪惡又傷人。維根斯坦**為何**這麼想，信裡到底是怎麼說的，我們永遠不會知道，因為帕斯卡一怒之下把信撕了。

法蘭西斯離開斯寇爾登兩週後，他的第一封信才寄到維根斯坦手裡，雖然耽擱得不是特別久，卻足以坐實了維根斯坦的恐懼。他十月十六日寫道：「已經十二天左右沒有法蘭西斯的消息了，很擔心，因為他還沒從英國寫信來。上帝啊，這世界上多少愁苦與悲慘啊。」隔天他收到了第一封信：「放心了，很開心，上帝會幫助我們。」

同一時間，亨澤爾之子赫爾曼（Hermann Hänsel）短暫拜訪了維根斯坦。「他給人印象**很好**。但我和他關係不是**很親**，因為他質地粗糙（grobkörnig），我跟質地粗糙的人不大合。」不過，質地雖然粗糙，秉性卻是好的，「比我得體得多」。這孩子凸顯出他自己是多麼卑劣的人：「我好擔心自己會被某種東西腐蝕，若連僅存一點的東西都毀了，那是多麼**惱人**。」他擔心失去工作的精力，失去想像力，腐朽的意象刻在他心裡揮之不去：

〔我〕從紙袋裡拿出一些蘋果。這些蘋果已經裝在紙袋裡很久了，有許多爛了一半，我不得不把它們切掉扔了。後來我謄寫自己之前寫的一句話，發現後半句很糟，我立刻覺得那是爛了一半的蘋果。

他自問，這種思考是不是帶有女性特質，使得「一切到我面前的東西，在我看來都成了自己當時正在思考的東西的象徵」。用魏寧格的術語來說，感覺他退化成用涵擬（henid）思考，而非概念了。

十一和十二月是維根斯坦在挪威的最後兩個月。這兩個月，他日記裡充滿了侵襲著他的恐懼、焦慮與不快的想法。他想到病和死，包括自己、朋友和家人，擔心自己離開挪威前會出事，苦惱他和安娜·瑞布尼的關係，還有自己離開之後要做什麼。那時他的書寫完了嗎？他又有能力獨自工作了，還是該去一個能和其他人在一起的地方？例如去都柏林找德魯利？

他還擔心自己的肉慾和愛的能力。他紀錄自己的手淫，有時帶著羞愧，有時帶著困惑的疑問：「這有多壞？我不知道。我想應該很壞，卻沒有理由這麼認為。」手淫衝動所展現的性慾是不是威脅到了他以一顆純潔之心去愛人的能力？

想起我之前對瑪格麗特的愛與癡迷，還有我對法蘭西斯的愛，我對M的感情竟能如此冷淡，於我是不好的徵兆。當然，兩者不能相提並論，但我就是**冷情冷心**。願我得到寬恕，亦即願我能真誠去愛。（一九三七年十二月一日）

昨晚手淫了。良心劇痛，卻也確信自己太軟弱，受不了衝動與誘惑，只要它們和隨之而來的影像朝我襲來，而我又無法藉他人躲避，就會屈服。但**昨天晚上**我才反省過，覺得需要過純潔的生活（我想起了瑪格麗特和法蘭西斯）。（一九三七年十二月二日）

儘管深陷擔憂、焦慮與恐懼之中，維根斯坦還是努力寫書。那幾個月他寫了如今構成《數學基礎評論》第一部份的大多數論述，只不過他是當成去年那本著作的第二部份來寫的。這些評論運用他前作提出的方法處理數學哲學問題，試圖闡明這些問題「乃是由於語言蠱惑了我們的智性」。特別是他使用自己的「人類學」方法，企圖瓦解催生出邏輯主義的那種思維方式。維根斯坦藉由想像習俗和推理方式迥異於我們的部落，藉由建構不同於一般比喻的比喻，試圖削弱某些類比、某些「已經被吸入我們語言形式之中的譬喻」對我們的把持。例如他批評柏拉圖主義將邏輯命題比為事實命題，「邏輯推論不是有事實（truth）與之對應嗎？」他讓評論裡的對話者這麼說：「從上一點就能導出這一點，難道不是**真的**嗎？」對此，維根斯坦答道，要是我們做不同的推論呢？我們會如何跟真理衝突？

若我們的尺不用木頭和鐵做，而用很軟的橡膠做，會如何跟真理衝突呢？「嗯，我們就得不到桌子的正確尺寸了。」這是說，我們將得不到（或不確定能得到）用硬尺量得的尺寸。

意思是，推理正不正確的標準並非由某種外在的柏拉圖式真理所提供，而是我們自己提供的，由我們的「**習慣**、**使用**或實際需求」所提供。用硬尺而不用軟尺的習慣並非**更真確**，而只是更有用罷了。

維根斯坦還抨擊邏輯主義的關鍵譬喻，也就是將數學證明比為邏輯論證。在邏輯論證中，諸個（經驗）命題連結在一起，以確立結論為真，例如所有人都會死，蘇格拉底是人，**所以**蘇格拉底會死。然而，數學證明從來不在證明某個經驗命題的真假，而是建立一般通用的**法則**。這個抨擊要能成立，維根斯坦必須證明數學命題和邏輯命題無法類比，但他提出的論述不完全令人滿意，這一點他自己偶爾在文中也會提及：「我只是用很不純熟的方式指出，算術命題和經驗命題的角色除了明顯相似之外，還有著**根本的**差異。」維根斯坦始終不滿意自己在這部份的表達，也不喜歡自己對數學哲學其他議題的處理，隨後的六年多裡一直反覆嘗試改進。

他打從寫的時候就不滿意了，經常在日記裡嚴詞批評，反覆指責風格太糟、太不確定，一直在刪改寫好的文字：「我寫作時很緊張，所有想法都喘不過氣，始終無法**確信**自己的表達站得住腳，感覺很糟。」這不僅顯示他神經緊張，也反映出他睡得太少、太久沒見到陽光。挪威天寒地凍，令他心煩不適。峽灣完全冰封，湖面也開始結冰，他不再能划船，必須在冰上走，這點也讓他憂心。他開始計算還有幾天才能到維也納過耶誕。當然他隨時都能離開，但這樣做對嗎？

我很想逃，但那樣做是錯的，我就是不能躲。然而，也許我可以——我可以**明天**就收拾行李，後天離開。但我想離開嗎？這樣做對嗎？難道不該堅持下去？當然應該。我明天離開只會感覺**很糟**，「堅持住」，一個聲音這樣對我說。堅持住的欲望其實也有一點虛榮，但也有某種正面的東西。提早或立刻離開，唯一中肯的理由便是我在其他地方工作或許會更順利，因為事實是此刻的壓力讓我幾乎無法工作，或許再待幾天就真的無法工作了。

隨後幾天，維根斯坦又能工作了，他感謝神給了他一份他不配得的禮物。他寫道自己始終有一個念頭，是真正虔敬之人不會有的，那就是神該為他現在這個樣子負責。「這跟虔敬完全相反。我一次次很想對神說，上帝啊，少了祢幫忙我能做什麼？」雖然這個態度符合《聖經》的教誨，卻不是真正虔敬之人會有的態度，因為那些人會自己承擔責任。「你必須**自己努力**，」他叮嚀自己：「別想上帝。」

儘管如此叮嚀，他還是「肉慾高張、虛弱與低劣，」屈從於所有的舊焦慮，害怕自己會出事而無法離開，回程時會生病或發生意外，還有羅素一九一三年就提到過的，在挪威過冬會遇到的麻煩：「惡劣多變的天氣，寒冷、下雪、水結凍等等，還有天色昏暗和我的疲憊，讓一切變得很困難。」法蘭西斯當然不忘送上鼓勵與關愛：

> 很難過你那裡有暴風雪，過湖請務必小心，我會常常想著你。我喜歡回想我們在挪威一起度過的時光，想那些事對我有益。

不過，十二月十日，維根斯坦離開挪威的前一天晚上，心情倒是如釋重負，在日記裡寫道自己可能永遠不會再來了。

搭船前往卑爾根途中，他寫到基督復活，以及是什麼讓他這樣的人也傾向於相信真有其事。理由是，若基督沒有復活，就會如別人一般在墓裡腐爛。「**他死了，腐爛了**。」他必須不斷強調，並且劃線，才能體會其可怕。因為如果基督死了，腐爛了，就只是個普通的導師，和其他導師一樣，「再也無法**幫助人**，我們再次孤苦無依，只滿足於智慧與思辨（speculation）」。倘若如此，「我們就在一個除了夢想什麼也不能做的地獄裡，以天堂為頂，卻與之隔絕。」想要得救，想被救贖，智慧是不夠的，還需要信仰：

> 信仰是相信我的**心**與靈魂所需要的東西，而非思辨理智所需要的東西，因為需要拯救的是我激情（有如其血肉）的靈魂，而非抽象的**心**智。或許能這樣說，唯有**愛**才能相信復活，或者，相信復活的是愛。我們會說，救贖之愛連復活都相信，連對復活都堅定不移。

因此，說到底，為了逃離孤獨的地獄，他或許需要去愛；一旦做到，他就能克服疑慮、相信復活，因而得救。又或者，他首先需要的是**被愛**，被上帝愛。

> 可以說，對抗各種懷疑的是**救贖**，堅持這一點就必須堅執這信念。因此，這話的意思是：首先你必須得救，並緊抓著那救贖，然後就會看見自己堅執這信念。

首先你必須得救：「然後一**切**都將不同，就算能做到現在做不到的事，也『不足為奇』」，例如相信復活。因此，得救必須相信復活，但相信復活又需要得救。誰來打破這個惡性循環？他自己或上帝？當他離開挪威的孤獨地獄，這舉動似乎在說，幫他逃離更大的地獄、更大的孤獨是神的責任。他可以懺悔，但赦罪不是他的事。

十九、奧地利終結[1]

一九三七年十二月，維根斯坦離開挪威回到了奧地利。和二十三年前的一九一四年七月一樣，他回國正好遇上了祖國的關鍵時刻。前一次是哈布斯堡帝國的瓦解，這一次則是奧地利的終結。

希特勒既有打算、也有本事將奧地利併入德意志帝國。這事在一九三七年十二月已經不是奇聞空想。《我的奮鬥》一九二五年就已出版，希特勒在頭一頁便說：「日耳曼─奧地利必將回到偉大的日耳曼母國懷抱……流著相同的血，就該屬於相同的帝國。」幾頁後他又說：「我很小就發現了一件基本的事，這個洞見未曾因時間而消逝，反倒愈見深刻，那就是**唯有瓦解奧地利才能捍衛日耳曼精神**。」一九三四年納粹暴動[2]失敗後，希特勒便開始走「法理」路線瓦解奧地利，最終於一九三六年七月簽署了「奧德關係正常化」條約，讓奧地利承認自己是「日耳曼邦國」，總理許士尼格（Schuschnigg）則被迫延攬「民族反對陣線」的兩名納粹成員入閣。由於希特勒後來否認凡爾賽條約，並且重整軍備，加上英法俄義四國拒絕插手，使得奧地利註定將被納粹黨員統治，不再是獨立國家，而臣屬於納粹德國。

除了少數例外，維也納大多數猶太人很晚才察覺（或許是不願面對）**併吞**在即的可能後果。即使是承認併吞無可避免的人，也不相信會有多大衝擊。當然，民眾強烈要求不能在奧地利實施紐倫堡法，因為猶太人已經徹底融入了奧地利的主流社會，太多猶太人位居要職、和非猶太人通婚，還有太多忠誠的奧地利人的祖先碰巧是猶太人。在一個亞利安人和非亞利安人差異如此模糊的國家，怎麼能實行這套法律？

至少赫爾敏．維根斯坦是這樣想的。一九四五年撰寫回憶錄時，她無法想像自己曾經如此天真。「不過，」她補充道：「面對當時的政治危機，比我更聰明的人同樣反應遲鈍。」對照後來發生的事，她對一九三七年耶誕假期的描述特別美好也就不足為怪了。她非常高興自己的四個兄弟姊妹和他們的家人全到齊了（當時家族裡只有她和路德維希沒有小孩，海倫娜已經兒孫滿堂，是四個孩子的母親和八個孩子的祖母），和她的學生和前學生一起唱頌歌、憶往事、說說笑笑，以及最諷刺的一件事：聚在耶誕樹前唱奧地利國歌。「宴會午夜結束時，我們都覺得這是最棒的一次耶誕節，甚至開始討論明年的耶誕了。」

維根斯坦的日記裡完全見不到這些溫馨（Gemütlichkeit），但也沒提到任何政治事件。然而，他對當時局勢的認識不可能和她姊姊一樣天真。的確，他在挪威時唯一的消息來源是法尼婭．帕斯卡寄來的《倫敦新聞畫報》，但另一方面，我們也別忘了他一九三六年去了劍橋兩次，可能大大受惠於斯拉法淵博的政治分析與局勢判斷。我認為他一月在懺悔中承認自己的非亞利安血統時，心裡既清楚紐倫堡法，也知道未來可能實施在奧地利人民頭上。

不過，他在日記裡並未討論政治，只寫到自己，寫到他被挪威的生活折磨得身心俱疲，發現自己

1 譯註：原文為拉丁文：FINIS AUSTRIAE。
2 譯註：一九三四年，奧地利納粹份子試圖武力政變，最終失敗收場，然而奧地利總理陶爾斐斯（Dollfuss）遇刺身亡。

很難跟身邊的人交談，幾乎無法向他們開口，思緒混沌到極點，還有他覺得自己在那裡多**沒必要**。他還寫到佛洛伊德：

> 佛洛伊德的想法：人在瘋癲時，鎖沒有壞，只是換了，舊鑰匙打不開，但用另造的鑰匙卻打得開。

也許他在這裡寫的還是自己，感覺只要他找到一把新的鑰匙，就能打開自己牢房的門，然後「一**切**都將不同。」

一月第一週他膽囊出了毛病，只能待在床上，不過他很難相信這是自己覺得如此疲憊虛弱的原因。他在床上反省自己的肉慾，以及他對法蘭西斯的情感。他寫道只要自己不舒服，就常陷入性幻想，易受性慾左右。他懷著肉慾想念法蘭西斯，「這很不好，但目前的狀況就是這樣」。法蘭西斯已經很久沒消息了，讓他非常擔心，並且一如以往朝最壞的方面想，例如法蘭西斯可能死了。「我想，他死了比較好、比較對，這樣我的『妄念』就會跟著消失了。」他立刻揮開這個黑暗又自我的想法，但只趕走了一部分。「不過，同樣地，我只有一**半**是認真的。」

他不補上這句話還好，補了只更令人震驚。難道他重新思考過後，依然**半認真地**覺得法蘭西斯死了是件好事？

「我很冷酷，縮在自己的殼裡，」他這麼寫道，覺得自己沒有和維也納的任何人擁有親密的關係。他傾向認為林蔭街的舒適生活對他有害，但他能去哪裡？挪威小屋的離群索居已經證實無法忍受，然而他也無意重拾劍橋的學術生活。都柏林再次成為誘人的選擇。那裡他能跟德魯利在一起，甚至和他一樣受訓成為精神科醫師。一切都在變動，他不知道自己要做什麼，也不曉得要住哪裡。但有一件事是確定的：他需要跟一個他能說話的人在一起。[3]

388

二月八日，維根斯坦抵達都柏林，住進了德魯利在切姆斯福德路（Chelmsford Road）的老公寓。抵達隔日他描述自己「不虔敬、脾氣壞又鬱悶。」他身陷無法工作的「可恨處境」，不曉得自己該做什麼，只能坐困枯等。他說自己仍有**撒謊**的衝動：「我不斷察覺自己無法果決說出關於自己的真話，不然就是只在心裡承認，隨即拋到腦後。」虛榮、怯懦加上對真話的恐懼，使他隱瞞了一些內心不肯承認的關於自己的事，直到「我費盡**聰明**也找不到這些事為止」。兩天後，他開始後悔到都柏林來了，在這裡顯然什麼都做不了，但「另一方面，我必須等待，因為一切仍不明朗」。初到都柏林那幾週，他幾乎沒寫什麼哲學論述，他的哲學思考可以說是睡著了，「完全就像我的才能陷入了半夢半醒的狀態」。

他的哲學思考睡著了，想當精神科醫師的念頭卻醒了。他要德魯利安排他去造訪聖派屈克醫院，見見嚴重精神障礙的病人。他告訴德魯利，這事對他非常重要。造訪過後，他以英文寫道：「見到了瘋子身上的健全人，和自己身上的瘋子！」接下來幾週，他每週會去造訪幾名長住病人兩三次，但始終不確定這麼做會不會有結果，有的話又會是什麼。

---

3 維根斯坦選擇跟德魯利在一起，而不是法蘭西斯，這點需要解釋，但很不幸，我們只能全憑猜測。在日記裡，他連考慮去劍橋和法蘭西斯在一起的念頭都沒有。也許他要避開的不是法蘭西斯，而是劍橋，也可能去都柏林能受訓成為醫師這點吸引了他。但根據先前引述的日記內容，肯定還有一種可能，就是他對法蘭西斯的慾望，以及法蘭西斯對他的慾望太過強烈，使得他對劍橋興趣缺缺：他認為自己和法蘭西斯之間的肉慾容不下他希望在自己身上見到的改變。（原註）

德魯利這時已是習醫的最後一年，正在都柏林市立醫院當住院醫師。他告訴維根斯坦，自己在急診部工作時反應很笨拙，讓他很苦惱，不知道習醫的決定是不是做錯了。維根斯坦對自己要不要習醫舉棋不定，對德魯利的困惑倒是直接明快，第二天就寫信給德魯利，簡潔有力地說：「你沒做錯，因為當時你所知道和應該知道的事，你都考慮到了。」他叮嚀德魯利「不要想著自己，而是想想別人」——

看看人的苦難，肉體和精神上的創痛。你能就近目睹，這對你的問題應該是一帖良藥。另一種方法是該休息就休息，整理自己（別跟我在一起，因為我不會讓你得到休息）……更切近地看看你的病人，視他們為受磨難的人，享受必須向這麼多人道「晚安」的機會。這是來自天堂的禮物，單是這一點就讓許多人羨慕你。我相信這種事應該能治好你被磨損的靈魂。這工作不會讓你的靈魂歇息，但當你感到健康的疲憊，不妨就休息片刻。我覺得可以這麼說，你看人的臉還不夠切近仔細。

信末寫道：「願你有好的想法，更要有好的感覺。」

一九三八年初，維根斯坦首次在日記裡提到奧地利遭逢的政治危機，時間是二月十六日。「無法工作，」他這麼寫道：

想了許多關於轉換國籍的事——今天在報上讀到奧地利和德國的強制邦交又往前推進了一步——但我不知道自己到底該如何做。

那天，奧地利「民族反對陣線」的納粹首領阿圖爾・賽斯—因夸特博士（Dr Arthur Seyss-Inquart）被任命為奧國內政部長，希特勒和許士尼格在貝希特斯加登會面[4]的意義自此明朗。

這場會面於四天前的二月十二日舉行，起初大受奧地利讚揚，視之為兩國更友好的象徵，後來才知道在這場「友好談話」中，希特勒要求許士尼格任命納粹黨員出任奧地利的警察、國防與財政首長，並威脅：「若是三天內不答應我的要求，我就下令進軍奧地利。」二月十五日，英國《泰晤士報》報導：

> 若接受希特勒先生的建議，讓阿圖爾・賽斯—因夸特博士出任奧地利內政部長，掌管該國警察部門，那根據奧地利反納粹人士的普遍看法，這就意味著「奧地利終結」的字眼很快就會寫在歐洲地圖上。

隔日，泰晤士報冷冷評論道，賽斯—因夸特一宣誓就任，便立刻從維也納動身去柏林，「內政部長第一件事竟是拜訪外國，這充分說明了奧地利在希特勒和許士尼格會面後的不尋常處境。」

隨後幾週，維根斯坦密切注意事態發展，每天傍晚都問德魯利：「有新消息嗎？」德魯利照理應該跟他說了當天的報紙內容，但讀德魯利的回憶錄，你很難不好奇他到底看的是哪家報紙。他對德奧合

4 譯註：一九三八年二月十二日，希特勒和許士尼格在阿爾卑斯山腳下的貝希特斯加登（Berchtesgaden）會面，希特勒迫使他讓親納粹的阿圖爾・賽斯—因夸特加入內閣。一如正文後述，之後希特勒又要求許士尼格取消公投、要求他辭職。最終總統威廉・米克拉斯（Wilhelm Miklas）也在德國的軍事威脅下屈服。賽斯—因夸特成為總理後，德國軍隊在三月十二日早上進駐奧地利，許士尼格被納粹黨囚禁，在一九四五年美軍進駐後才獲得釋放。

併之前幾天的回憶就算沒有問題，也多少有些古怪。他寫到，三月十日晚上他告訴維根斯坦，所有報紙都報導希特勒隨時準備入侵奧地利，維根斯坦的回答天真得嚇人：「這謠言太荒謬了，希特勒才不想要奧地利，奧地利對他根本沒用。」德魯利說，隔天晚上他不得不告訴維根斯坦，希特勒真的佔領了奧地利，還問維根斯坦他姊姊會不會有危險。維根斯坦的回答再次安心得出奇：「她們那麼受敬重，沒人敢動她們的。」

這些敘述給人一種感覺，維根斯坦完全忘了他二月十六日讀到的新聞，對奧地利面臨的威脅一無所知，完全不了解納粹政權的本性，也不關心家人的安危。這些當然錯得離譜。我們只能認為他是故意誤導德魯利，免得增加對方負擔。德魯利對維根斯坦的話照單全收，或許充分說明了他對維根斯坦毫不質疑的態度，以及他本身在政治事務上的幼稚。但我想還有一種可能，就是喜歡將友誼分門別類的維根斯坦認為跟德魯利討論這些事沒有用。他只跟他討論宗教，凱因斯、斯拉法和帕特森才是他討論政治及時事的對象。

然而，就算不論其他，不考慮我們對維根斯坦對時事的熟悉程度知道多少或猜他知道多少，德魯利的回憶依然有些費解。假如他每晚向維根斯坦報告新聞，那麼他三月九日應該會告訴維根斯坦，許士尼格宣佈將舉行公投，讓奧地利人民決定他們贊成或反對奧地利獨立。正是因為這一聲明，希特勒隔天便下令部隊集結至奧地利邊界，準備入侵。倘若維根斯坦面對這一則消息的反應是否認希特勒想要奧地利，那他（還有德魯利）認為許士尼格舉行公投的用意何在呢？奧地利獨立為何需要再次確認？從哪裡獨立出來？

此外，部隊集結隔日希特勒並未佔領奧地利，而是許士尼格辭職，賽斯—因夸特接任首相。希特勒和德軍要再過一天（三月十二日）才受到新首相邀請，越過了邊界，合併才正式達成。這也許是吹毛求疵，但那三天的事態轉變清楚烙印在了當時所有人心裡，就算德魯利不受影響，維根斯坦也明白每一次事態轉變都對他影響重大。三月十日，奧地利還是許士尼格治理下的獨立邦國，十一日變成納粹統治的獨立邦，十二日就成了德國的一部分。對一個猶太裔的奧地利家族而言，第二到第三天的轉變無比關鍵，意味著從奧地利公民變為德國猶太人的差別。

合併當天，維根斯坦在日記裡寫道：「我聽到的奧地利的消息令我不安，不確定自己該怎麼辦，能不能去維也納。我主要想著法蘭西斯，不想離開他。」儘管在德魯利面前擔保沒事，但他其實非常擔心家人的安危。他的當下反應是回維也納和家人在一起，之所以沒那麼做，是怕再也見不到法蘭西斯。但他仍然寫信答應他們，只要家人需要他，他就會回維也納。

維根斯坦和斯拉法的魚雁往返只留存了一封信，是斯拉法三月十四日寫的。那天希特勒在維也納市區舉行了勝利遊行，信裡長篇分析了合併後維根斯坦的處境，清楚顯示維根斯坦能從斯拉法那裡得到多有見地的政治看法和建議，以及他肯定寫了信給斯拉法，請對方指點他返回維也納的可能後果。

斯拉法在信的開頭寫道：

> 討論之前（可能有點亂）我想先明確回答你的問題。如果照你所說，事後能離開維也納、回到英國對你「至關重大」，那不用說：**你絕不能去維也納**。

斯拉法指出，奧地利邊境將禁制奧地利人出境，就算限制可能很快撤銷，但如果維根斯坦去了維也納，極可能長時間不准離境。「你應該很清楚自己現在是德國公民了，」斯拉法接著說：

你一到奧地利，你的奧地利護照肯定會被沒收，到時你就得申請德國護照。唯有蓋世太保認為你配得上德國護照，才會批准你的申請……

至於戰爭的可能，我不曉得。有可能下一秒發生，也可能還有一兩年「和平」。我真的沒概念，但我不會打賭還有六個月的和平。

維根斯坦肯定還問了斯拉法，如果當上劍橋的講師會不會有差，因為斯拉法繼續寫道：

然而，倘若你不顧一切堅持回維也納，那我認為：a）你是劍橋講師肯定能提高你離開奧地利的機會，b）只要能離開奧地利（我應該說德國），入境英國就不會有困難，c）離開愛爾蘭或英國之前，你最好到德國領事館把護照換成德國的。我猜他們很快就會開始這麼做，但你在這裡比在維也納更容易換照，而且持德國護照入境，之後再出境的可能比較高（雖然不完全確定）。

斯拉法提出警告：「你必須小心幾件事。」

1）如果去奧地利，就必須抱定主意不說自己是猶太裔，否則當局肯定拒發護照。

2）絕不能說自己在英國有錢，否則你在奧地利時，他們可能強迫你把錢轉到德國國家銀行。

3）要是都柏林或劍橋的德國領事館聯絡你，要你登記或換護照，你要小心應對，因為一句無心之言就能讓你再也回不了維也納。

4）寫信給家裡要非常小心，務必只談私事，因為信件一定會被檢查。

至於改換國籍一事，斯拉法建議維根斯坦如果決定申請愛爾蘭公民身份，就得在奧地利護照被收回之前去做，因為奧地利人比德國人更容易成功。另一方面：

依據目前的狀況，我毫不懷疑英國是你唯一無須再等十年就能取得國籍的地方，而且你在英國還有朋友可以幫忙，在劍橋有工作更是能加快速度。

斯拉法下個週五就要回義大利，他邀維根斯坦這之前如果有空，可以來劍橋繼續討論這件事，同時警告：「之後寫給我的信都會轉到義大利，所以你最好小心措辭，因為可能會有義大利審查官看。」最後他說：「抱歉這封信寫得很亂。」這不禁令人好奇他其餘的信究竟清楚和精確到什麼程度。

「你應該很清楚自己現在是德國公民了」，斯拉法寫下這句危言那天，維根斯坦的日記顯示他正為了這一點而掙扎：

我現在處境非常艱難。隨著奧地利併入德意志帝國，我成了德國公民。這點對我非常可怕，因為我現在歸於一個自己完全不認可的政權之下。

兩天後，他「**心裡**和嘴上」都決定接受移民數年的想法，放棄奧國國籍。「這沒什麼差別，但想到拋下自己的同胞，這感覺討厭透了。」

他一收到斯拉法的信，就立刻從都柏林前往劍橋與之共商大策。三月十八日他在日記裡寫道：

斯拉法昨天建議我暫時絕對別去維也納，因為我幫不了自己的同胞，而且很可能困在奧地利走不了。我還不**完全**清楚該怎麼做，但目前我想斯拉法是對的。

和斯拉法商量之後，維根斯坦確定了接下來的行動。首先在劍橋大學取得教職或研究工作，接著申請英國公民身份。為了這兩個目標，他立刻寫信給凱因斯尋求協助。他先向對方說明狀況，奧地利被併吞不僅讓他成了德國公民，還因為紐倫堡法使他成了德國猶太人——「當然我的兄弟姊妹也一樣，但他們的孩子例外，**他們**算亞利安人。」接著又說：「我必須承認，成為（或當個）德國公民，就算不論後果多令人難受，光是想到就讓我**不寒而慄**。聽起來或許很蠢，但事實就是這樣。」他列舉斯拉法反對他回維也納的理由，包括他的奧地利護照會被沒收，身為猶太人將拿不到新護照，因此再也無法離開奧地利和找到新工作。面對成為德國猶太人或英國大學講師的選擇，他被迫選擇後者：

取得英國公民身份的念頭以前就**出現過**，但我總是以一個理由回絕：我不想成為一個偽英國人，這點我想你能理解。但我現在處境完全變了，必須在兩個新國籍當中選擇，一個將剝奪我的**一切**，另一個至少能讓我待著工作。我在這國家長長短短待了成年後的大半時光，交到了最好的朋友，完成了最好的作品。

……至於在劍橋謀職，你可能記得我當過「助理講師」五年……現在我想申請的就是**這個**，因為沒別的缺了。我其實想過自己終究會申請，就算不是現在，或許也是今年秋天。但我眼前必須盡快找到工作，**愈快愈好**，因為a）它能幫我歸化為英國人，b）就算沒能歸化而**不得不**成為「德國人」，只要我在英國有份**工作**，回奧地利探望同胞之後要再離開，機會也比較高。

依照斯拉法的建議，維根斯坦懇請凱因斯替他介紹一位「專門處理這種事情」的顧問律師（solicitor），協助申請入籍。「補充一句：我在經濟上並無困難。我大約有三百或四百英鎊，還可以再維持個一年左右。」

凱因斯的回信沒有保存下來，但他顯然竭盡所能為維根斯坦在劍橋大學裡安插了職位，並協助他申請英國公民身份。只是維根斯坦老習慣不改，擔心凱因斯可能誤解他的處境，因此將信轉寄給帕特森，要對方「嗅」一下。他尤其擔心凱因斯在大學高層和內政部面前將他說成超級可憐人、窮苦的難民，因此當他從凱因斯那裡得知自己可能符合學術援助委員會的獎助資格時，便對帕特森說：「那是個專門幫助沒錢的人（例如難民）的機構，接受那兒的獎助不僅對我不公，也將我歸在了**完全**錯誤的類別。」他很焦慮這一點，甚至猶豫該不該用凱因斯為他寫給顧問律師的介紹信：

我有一種**模糊的**恐懼，這封介紹信的措辭要是有些許錯誤，可能讓我的處境更加難堪，例如把我說成**難民**或強調錯重點之類的。

事實證明他的焦慮毫無根據。大學迅速做出回應，給了他講師職位，下個學期起生效。

等待英國護照的漫長時日裡，維根斯坦一直很擔憂家人的情況。他無法確定家人面臨多大的危險，就算合併後不久他便收到了一封用英語寫的短信，也沒能讓他安心：

親愛的路德維希：

我和敏敏每天都談到你，想到你時總是滿懷關愛。請不要為我們擔心，我們真的很好，精神絕佳，每天都很快樂。要是能見到你，對我們是莫大的喜悅。

愛你的

海倫娜

維根斯坦在日記裡對此不以為然（他顯然是對的），說這是「維也納寄來的**報喜**家書，顯然是寫給審查官看的」。

事實上，海倫娜和赫爾敏很慢才意識到自己身陷危險，等她們察覺這一點，立刻陷入了恐慌。赫爾敏記得合併後不久的某天早晨，保羅語氣驚恐地說：「我們算猶太人！」她可以理解保羅為何如此害怕。他非常在乎自己的演奏鋼琴家生涯，但身為猶太人，他就不能演出，再說，他喜歡在鄉間散步，但路上每一個「猶太人禁止通行」的標誌肯定奪走他不少樂趣。不過，德國法律將她視為猶太人一事，對赫爾敏似乎意義不大。深居簡出的她，除了一些過去會在公共場合跟她打招呼的人可能不再那麼做了之外，生活顯然和過去不會有太大差別。

起初保羅努力爭取，以他們一家向來忠誠愛國，並且對國家貢獻良多為由，希望獲得亞利安人的待遇，甚至和葛蕾塔（她是美國公民，沒有危險）到柏林和納粹當局交涉，但一無所獲。當局說，除非他們能證明祖父母或外祖父母至少有兩人是亞利安人，否則他們就是猶太人。

維根斯坦的親戚也曾試圖證明赫曼．克里斯提安．維根斯坦是亞利安人。在柏林有一份維根斯坦的姑姑米莉的孫女布莉吉特．茨威奧爾（Brigitte Zwiauer）為赫曼申訴的檔案，當年上交給家譜研究部（Reichstelle für Sippenforschung，負責確定誰是、誰不是亞利安人的納粹單位），表示家族中人都知道赫曼是瓦德克王族的私生子。茨威奧爾承認她沒有直接證據，但強調也沒有反證，雖然赫曼是在猶太社群長大的，但無法證明他確實是猶太人之子。她在報告中附了一張赫曼和芬妮十一名兒女的相片，作為赫曼是亞利安人的間接證據。「說這些孩子出自一對純猶太父母，」她辯稱：「在我們看來，就生物學是不可能的。」報告還指出，赫曼選擇克里斯提安作為自己的中名，並以反猶太聞名，成年後不和猶太社群往來，也不准兒女嫁娶猶太人。報告寫於一九三八年九月二十九日，起初並未獲得理睬，直到一年後納粹當局才發現接受這份申訴的好處。

赫爾敏、葛蕾塔和海倫娜應該和這份報告無關。對她們而言，赫曼是摩西．邁爾的兒子，要是這一點讓她們被德國法律視為猶太人，那也只好如此。至於保羅，只要能讓自己擺脫在德意志帝國當猶太人的命運，他可能什麼都好。因此，當他眼見被歸為亞利安人毫無希望，立刻只想儘速離開大德國。他勸赫爾敏和海倫娜也照著辦，拋下一切到瑞士去。他說房子起火時，最好的做法是忘掉家中財物，趕緊跳窗逃難。但赫爾敏拋不下朋友、家人和心愛的霍赫海特，赫爾敏也捨不得自己的兒孫，兩人都拒絕離開。保羅和兩位姊姊多次惡言相向後，於一九三八年七月獨自離開了奧地利，前往瑞士。

那年夏天，海倫娜和赫爾敏從維也納到霍赫海特渡假，兩人依然相信自己的猶太血統不會招致任何危險。但這份確信很快就被葛蕾塔給瓦解了。葛蕾塔九月來到霍赫海特，告訴她們德國境外的消息人士普遍認為戰爭隨時就要爆發（當時正是蘇台德區危機[5]期間）而且德國政府預備將境內的猶太人抓起來送進集中營，不給他們足夠的食物，並虐待他們。葛蕾塔勸赫爾敏和海倫娜離開奧地利。

然而，這時德國猶太人已經不准入境瑞士，必須另覓他途。赫爾敏接受葛蕾塔的建議，決定向一名維也納猶太律師為自己和妹妹購買南斯拉夫護照。她顯然認為南斯拉夫政府是這樣授予國籍的，因為她說自己壓根兒不曉得買來的是假護照，直到艾爾維．索格倫代表她們去南斯拉夫領護照時，才告訴她護照是在一家專門偽造文件的工廠變造的。

儘管如此，赫爾敏還是按計畫親自到慕尼黑，想用假護照取得瑞士簽證。但警方隨即開始追查偽造文件的來源，因此赫爾敏和海倫娜還來不及飛往瑞士，姊妹倆就和葛蕾塔、艾爾維一起被捕了。她們在牢裡待了兩晚，葛蕾塔則多過了一夜。後來在法庭上，葛蕾塔千方百計證明這起鬧劇是她一人的責任，而法官也採信了她的說法，不過赫爾敏認為她們是靠外表和談吐打贏的，因為站在法庭上的不是《我的奮鬥》裡描述的那群邋遢發臭、身穿土耳其長衫的猶太人，而是有名有錢的奧地利高等布爾喬亞家族的兒女。四人的起訴都撤銷了。

維根斯坦對這事知道多少不得而知，但他無論如何都很掛念姊姊的安危，擔心到生病了。一九三八年十月他寫信給摩爾，說他「這一兩個月神經緊張到極點」，並將之歸咎於「我家人在維也納遭遇了大麻煩」。等待英國護照變得難以忍受，他恨不得立刻拿到，靠它回維也納盡力幫助姊姊。重重焦慮下，他見到英國首相張伯倫自慕尼黑返國，宣稱「這是太平時代」，簡直令他無法接受。他寄了一張慶祝張伯倫「成功」的紀念明信片給帕特森。張伯倫夫婦合照底下的圖說寫著：「和平之旅。偉哉，張伯倫先生！」維根斯坦在明信片背面寫道：「你要催吐劑是吧？這就是了。」

一九三八年末到三九年初的那個冬天，德國國家銀行開始調查維根斯坦家族持有的鉅額外幣。按納粹法律，德國國家銀行有權強制維根斯坦家族上繳外幣，但由於這筆鉅資的持有權配置複雜，銀行難以下手。這讓葛蕾塔想到了另一個保護妹妹安全的方法：上繳外幣以換得一份書面聲明，確保赫爾敏和海倫娜獲得亞利安人的待遇。

於是柏林當局和維根斯坦家族展開了長期磋商，最終納粹同意採茨威奧爾去年的報告，維根斯坦家族則同意上繳外幣。但由於保羅和家人意見分歧，導致磋商出現了變數。保羅當時已經離開瑞士在美國定居，他反對和納粹交易以滿足兩位姊姊繼續留在奧地利的任性願望。他認為將這麼大筆財富交到納粹手裡助紂為虐是錯的（赫爾敏認為保羅這套說法來自他的說士，並指出這些說士無一例外全是猶太人，彷彿只有猶太人才會認為必須考慮這一點）。

5　譯註：一九三八年慕尼黑會議後，在英、法兩國為避免戰爭爆發而犧牲捷克斯洛伐克領土，其蘇台德地區（位於蘇台德山脈附近，包括波西米亞、摩拉維亞與西里西亞的部分地區）被迫割讓給納粹德國。

各方口角一直拖到一九三九年春天，葛蕾塔往來紐約、柏林和維也納之間，努力尋求家人的共識，但直到一九三九年六月二日，維根斯坦終於等到了英國護照，爭執依然沒有解決。拿到護照後不滿一個月，維根斯坦便用它去了柏林、維也納和紐約，希望幫忙葛蕾塔，但據赫爾敏說，這不是她弟弟適合做的事，從經驗到個性都不合適。此外（雖然她並未明說）賄賂納粹接受一個他兩年前才對之做了懺悔的謊言，其中的諷刺很難逃過他的注意。儘管如此，他還是發揮了所有嚴謹與堅持參與了磋商。「就算他在紐約沒能完成自己定的目標，」赫爾敏補充道：「那也真的不能怪他。」她暗示錯在他人——保羅的錯。

縱然保羅反對，磋商的結果仍然是維根斯坦家族將一大筆財產從瑞士轉入了德國國家銀行，而家譜研究部則發了一份正式聲明給維也納分部，表示赫曼．克里斯提安．維根斯坦具有純正**德國血統**（deutschblütig）。因此，一九三九年八月，赫爾敏、海倫娜和赫曼．克里斯提安的所有其他孫子女都收到了證書，表示他們是**猶太混血**（Mischlinge），而非猶太人。隔年二月，柏林當局更進一步，公告表示猶太混血的相關規定不適用於赫曼的後人，而且「按照帝國公民法（即紐倫堡法），其種族分類不再有任何疑義」。於是，赫爾敏和海倫娜就這樣相對平靜地度過了戰爭。

二十、不情願的教授

若不是德奧合併，維根斯坦是否還會回劍橋任教，誰也說不準。不過，他無論怎麼嘗試在學術圈外謀生，都沒有結果。儘管不時談到想在「普通人」之間找工作，就像鼓勵史金納和赫特那樣，但他似乎沒什麼動作。雖然他對赴俄定居和習醫的計畫比較積極，卻未曾落實為堅定不移的行動。他可能會繼續尋求寫完書所需的內心寧靜與專注，也許和德魯利待在都柏林或到挪威獨居，但他那三四百英鎊的積蓄不可能支撐一輩子，最後勢必得找一份有給職，也就是（如同他一九三〇年對摩爾說的）必須找到覺得他所製造的產品有用的人，而最需要他產品的地方，不用說就是學術界，尤其劍橋，因此他很可能終究還是會尋求教職。不過，我們可以肯定地說，若不是德奧合併，這事不會早在一九三八年四月就發生。

這不僅因為維根斯坦並不急著重回教學崗位，還由於他很擔心自己和法蘭西斯的關係。如他在紐約的日記所顯示的，他對自己和法蘭西斯之間的肉慾深感憂慮，擔心這種性慾是否（至少對他來說）能與真愛相容。他寧願遠遠愛著法蘭西斯，遠離自己「易發」慾望的誘惑。但現在，害怕失去法蘭西斯卻讓他回到了劍橋，比以往更加陷入了慾望的城池。

一回劍橋，他便搬進了法蘭西斯在伊斯特路雜貨店樓上的住處，其後一年兩人過著法蘭西斯一直夢寐以求的情侶生活。他們早已停止合作關係，不再聯手進行維根斯坦的著作，維根斯坦教書寫書，法蘭西斯在工廠幹活。法蘭西斯這段時間的信沒有留存下來，維根斯坦的加密日記裡也沒有相關記載，因此我們無從得知兩人關係為何在這一年內急轉直下、過程如何，只曉得一九三九年時已經惡化，之後兩年全靠法蘭西斯對維根斯坦忠貞不渝（甚至糾纏不休）的愛才勉強維繫。看來維根斯坦對法蘭西斯的愛終究未能（可能也無法）熬過他曾渴望卻又畏懼的肉體親密。

維根斯坦在這個階段的學生裡找到了幾位新門生。由於小班教學才自在，他並未照規定在劍橋大學紀錄表裡公佈課程，而是要約翰·威斯頓[1]、摩爾和布雷斯衛特告知他們覺得會對這門課感興趣的學生，因此最終只有十名左右的學生來聽課，其中包括洛許·里斯、約里克·史邁瑟斯（Yorick Smythies）、詹姆士·泰勒（James Taylor）、喀什米·路易（Casimir Lewy）和希奧多爾·瑞德帕斯（Theodore Redpath）。由於班級夠小，這十多名學生都和維根斯坦成為熟識，但只有里斯、泰勒和史邁瑟斯成為他特別親近的朋友。

上課在泰勒的住處。幾乎所有回憶錄裡都沒提到這個人，他是多倫多大學畢業的加拿大人，到劍橋師事摩爾，經由他成了維根斯坦的朋友，二戰後取得澳洲一所大學的講師教職，卻於布里斯本一間酒吧遭遇鬥毆而喪生，未能上任。史邁瑟斯則是神秘人物，儘管許多作品都提到他，卻甚少提及他做了什麼。他是維根斯坦的忠誠弟子，真正展現了維根斯坦精神，雖然未曾成為職業哲學家，卻從未停止認真深刻地思考哲學問題，直到維根斯坦死前都是他的摯友。離開劍橋後，他在牛津大學擔任圖書館員，後來罹患妄想型精神分裂症，成了德魯利的病人，一九八一年慘然離世。讀到這些人，我們不禁想起一件事：受維根斯坦影響最深的人都沒有進入學術界，尤其一九三〇年代認識他的那些人（例如德魯利、史金納、赫特和史邁瑟斯），因此維根斯坦的影響有一大塊（很重要的一塊）不曾也無法出現在受他著作所啟發的大量學術文獻裡。這些人當中只有德魯利出版過作品，雖然他的哲學和心理學文集《詞語的危險》幾乎完全不受二手文獻青睞，但就其態度和關懷而言，卻比幾乎任何其他的二手文本更具維根斯坦精神。

習醫最後一年，德魯利趁著休假去聽了一次維根斯坦的新課程。維根斯坦在課上叫一位學生別再作筆記：

> 要是你把我隨興而作的評論抄下來，日後可能有人把它當成我深思熟慮過的看法出版，我不希望發生這種事，因為我現在想到什麼就隨口而出，但這一切都需要更多進一步的思考與更好的表述方式。

幸好學生並未理會維根斯坦的要求，課堂筆記最後真的出版了。[2]

這份筆記在維根斯坦的著作裡獨樹一格，光看主題就夠了，因為維根斯坦在課上談的不是數學或

1　譯註：John Wisdom，1904-1993。英國著名哲學家。

2　見《關於美、心理學與宗教的講座與對話》（Lectures and Conversations on Aesthetics, Psychology and Religious Belief），西瑞爾・巴雷特（Cyril Barrett）編輯，布雷克威出版社（blackwell），一九七八年出版。（原註）

一般的哲學問題，而是美和宗教信仰。不過，真正的差別並不如表面來得大，因為維根斯坦談論這些主題時，引用了許多他在別處用過的例子，例如康托的對角線證法和佛洛伊德的因果混淆等等，使得他談論美學和談論數學哲學或心理學哲學看起來沒有太大不同。真正的差別在講課的基調。正因為維根斯坦信口而言，不假防衛，讓我們得以毫不含混地一窺他思考哲學的目的，以及這目的和他個人**世界觀**（Weltanschauung）的關聯。藉由這份筆記，我們更加清楚他的目標（如他在《藍皮書》所指出的）不僅是哲學家「經常見到哲學方法出現在他們眼前，以致於難以抗拒不用科學的方式提出問題、回答問題」所造成的危害，還有科學崇拜與科學方法對我們整個文化的惡劣影響。美和宗教是科學方法不適用於思想與生活的兩個例子，當然也是對他而言至關重要的兩個實例，努力將其科學化只會帶來扭曲、膚淺與混亂。

維根斯坦告訴台下的學生，他這麼做是想「說服人們改變思考方式」，說自己在「宣傳」新的思考方式，以取而代之。「我真的很討厭那種方式」，他補充道。他說的「那種」思考方式就是科學崇拜，因此他在課上引述了一些文章，他認為這些文章都是宣揚科學崇拜的強力毒苗，也就是當時流行的科學作品，例如金斯的《神秘的宇宙》[3]。

> 金斯寫了一本名為《神秘的宇宙》的書，我非常不喜歡，覺得它誤導讀者。就拿書名來說……我會說《神秘的宇宙》這個書名包含了偶像崇拜，把科學和科學家當成偶像。

探討美學時，維根斯坦完全無意為這個哲學領域增添內容。光是這門學問有可能存在的想法本身就是「那種」思考方式的結果，甚至症狀。他想做的，是將藝術欣賞的問題從那門學問裡拯救出來，特別是從「美的科學有可能存在」的想法裡解脫：

> 你可能認為，美學是一門告訴我們「美是什麼」的科學，這簡直荒謬得筆墨無法形容。我猜這門科學還會告訴我們哪種咖啡好喝才對。

維根斯坦有一回舉例提到德國音樂傳統的衰敗，里斯想知道他的衰敗「理論」，維根斯坦聽了滿臉憎惡：「你認為我有理論？你覺得我在談什麼是衰敗嗎？我是在描述名為衰敗的不同事物。」

維根斯坦並未回答傳統的美學問題，例如美是什麼，而是給出一連串例子，表明藝術欣賞並非站在一幅畫前說：「這幅畫真美。」讀過一些美學討論的人可能會這樣想，但欣賞的形式五花八門，隨文化而異，而且往往不包含**說**任何話。欣賞是**顯示**的，透過行動（次數不下於透過言說）、厭惡或滿足的神情、讀一首詩或演奏一首曲子的方式、閱讀同一段文字或聆聽同一首音樂的頻率與方式而顯示。這些欣賞形式沒有共同點，無法用它來回答「什麼是藝術欣賞？」的問題。這些欣賞形式是由一系列複雜的「家族相似性」連結起來，因此：

3 譯註：金斯（Sir James Jeans，1877-1946）是英國物理學家、天文學家、數學家。一九二二年退休後，他編寫多本以大眾為對象的科學書籍，《神秘的宇宙》（The Mysterious Universe，1930）即是其一。

不僅很難描述欣賞到底包含什麼，也不可能描述。要描述欣賞包含什麼，就必須描述整個情境。

最重要的是，當我們問人為何理解美、如何理解美時，並非在找**因果**解釋。美的科學並不存在，其他科學（如物理學）和偽科學（如心理學）的成果也不能用來回答這些問題。維根斯坦從佛洛伊德的著作裡引用了兩種解釋，分別代表他認為應該全力避免的化約解釋，以及他想倡導的另一種「思考方式」。

第一種解釋出自《夢的解析》。佛洛伊德的病人向他描述了一場美夢，佛洛伊德對夢做了「解釋」。他在重述夢境時替其中幾個字眼加了粗體，彷彿用粗體眨眼和點頭一般，標出了其中的性暗示：

她從高處落下……手裡抓著一根**大樹枝**。那樹枝其實大得像一棵樹，上頭開滿了**紅花**……落地之後，她看見一名男丁正在梳理一棵類似的樹，也就是用**一根木頭**勾出樹上垂下來有如苔蘚一般的**濃密毛簇**……

後來，那女人在夢裡遇見一群男人拿著樹枝往路上扔，樹枝四散**躺著**，她問他們能不能拿一根走，佛洛伊德解釋道，意思是她能不能**抽一根**（pull one down），也就是自慰的意思（德文的抽一根相當於英文的 toss oneself off，意指手淫）。他還說：「夢這麼解釋之後，做夢者對這個美夢的歡喜全消失了。」

對此，維根斯坦認為佛洛伊德欺騙了病人：「我會這麼對病人說，這個夢會因為這些聯想而變得不美嗎？它很美，有什麼理由不美呢？」佛洛伊德將夢裡的美好元素化約為淫穢的影射，這種還原有一種魅力和吸引力，但要說佛洛伊德闡明了這個夢**究竟**關於什麼，那就錯了。維根斯坦認為這就好比說：「我們將瑞德帕斯煮到攝氏兩百度，水蒸氣散逸之後只留下灰燼，所以瑞德帕斯就是這些灰燼。」他指出這種說法或許有吸引力，「但別的不提，至少也是誤導別人。」

維根斯坦欣賞的解釋是另一種，出自《笑話及其與無意識的關係》（Jokes and their Relation to the Unconscious）。雖然他並未舉例，但或許只要一個簡單的例子就夠了。在這本書的開頭部份，佛洛伊德談到海涅《遊記》[4]裡的一個笑話。書中一個角色（一名謙卑的彩券行老闆）吹噓自己和羅斯柴爾德男爵關係匪淺，說對方將他「當成同等人，**親錢**[5]得很。」佛洛伊德認為，這話之所以好笑，不僅因為「親錢」兩字巧妙濃縮了羅斯柴爾德待他非常親切，就像有錢人一般，還因為它點出了一個受壓抑的連帶想法：面對有錢人的優越感，那感覺其實不怎麼令人愉快。

維根斯坦問道，若我們覺得這種解釋很有道理，其根據何在？

> 「若它不是因果解釋，你怎麼知道它是對的？」你說：「的確，是沒錯。」佛洛伊德將笑話轉變成另一種形式，讓我們得以認出一連串想法，將我們從想法這端引到笑話那端。他以一個全新的敘述提供了正確的解釋，不是符合經驗的敘述，而是獲得贊同的敘述。

4　譯註：海涅（Heinrich Heine，1797-1856）是十九世紀德國詩人、新聞工作者。《遊記》（Reisebilder）一共四卷，亦是他在詩歌之外著名的散文體作品。

5　譯註：這是諧音笑話，原文為 familionairely，此字結合 familiar（親近的、親密的）與 millionaire（百萬富翁）；故譯為「親錢」。

維根斯坦強調，這種解釋的要點在於「必須給出令人贊同的闡述，這就是解釋的目的所在」。而美學要求的正是這種解釋：不是為某物之美或我們為何視之為美找出**原因**，而是藉由闡明我們之前沒想到的關聯，**顯示**某物美在哪裡，顯示人們為何正確地將某段音樂、某齣戲劇或某一首詩視為偉大的作品。

維根斯坦在課上以自己的經驗為例，說明人開始了解一件藝術作品之偉大是怎麼回事。他說自己讀過十八世紀詩人克洛普斯托克[6]的作品，起初什麼也看不出來，但後來發現讀這位詩人的作品時，必須不按一般方式重讀格律：

> 一旦以這種新方式去讀，我就說：「嘿，我現在知道他為什麼這樣做了。」這是怎麼回事？我之前讀過類似的詩作，感覺有一點無趣，但當我用這種新方法深入地讀，我就笑著說：「這首詩**真棒**。」但我也可以什麼都不說，重點是我讀了一遍又一遍，讀的時候做出算作讚許的動作與表情。關鍵在我讀詩的方式完全不同，更深入，並且對別人說：你瞧，這些詩就該這樣讀！」

另一個他可能會舉的例子，是印度詩人泰戈爾的《暗室的國王》（The King of the Dark Chamber）。維根斯坦一九二一年首次讀到這部劇的德文譯本，當時泰戈爾聲名正盛，在歐洲非常受歡迎，尤其德國和奧地利。維根斯坦寫信給恩格曼說，雖然這部劇充滿大智慧，卻未能給他留下太深的印象，沒能**打動**他：

> 我感覺其中的智慧彷彿都來自冰櫃。若有人說那全是二手智慧，是泰戈爾靠閱讀和聽說得來的

（就像我們許多人得知基督的智慧那樣），而非來自他本人的親身**感受**，我也不會意外。也許我沒讀出他的調子。對我來說，他的調子聽起來不像是被真理附身的人（**如易卜生**）。但也可能是翻譯造成了鴻溝，令我無法跨越。我從頭到尾**帶著興致**而讀，卻沒被攫住，這感覺不是好徵兆。因為這個主題應該能攫住我，還是我已經變得太過麻木，再也不會被打動了？這當然有可能。——還是一樣，我從頭到尾沒有一刻感覺戲劇在進行，只是抽象地理解這寓言。

但幾個月後，他寫信給亨澤爾說自己一直在讀泰戈爾，「這回樂趣多了不少」。還說：「我現在認為這裡頭**確實**有很棒的東西。」《暗室的國王》後來成為維根斯坦的愛書之一，經常買來送給或借給朋友。約莫在他談論美學這段期間，維根斯坦和史邁瑟斯重讀了這部劇，這回讀的是泰戈爾自己翻譯的英譯本。不過看來翻譯再次留下了鴻溝，因為他們倆決定自己翻譯，以跨越這道鴻溝，解凍文本。後人在史邁瑟斯的文稿裡找到了一份打字稿，是他們倆合譯的第二幕，標題是：

暗室的國王，泰戈兒[7]著，由維根斯坦和史邁瑟斯將泰戈兒的英語**譯成**維根斯坦和史邁瑟斯的英語

6　譯註：Friedrich Klopstock，1724-1803。德國詩人。

7　譯註：打字稿原文將 Tagore 寫成了 Tagor，故譯作泰戈兒。

史邁瑟斯和維根斯坦做的更動，幾乎都是將泰戈爾老式的「詩意」語言換成現代的慣用語或短語。因此，泰戈爾說「廳室」(chamber)，他們用「房間」(room)，除了標題之外。泰戈爾說「他於房間不虞匱乏」(he has no dearth of rooms)，他們改成「他不缺房間」(he's not short of rooms)，依此類推。

這部劇是一則宗教覺醒的寓言，和維根斯坦在這方面的許多想法遙相呼應。劇中百姓從來沒見過國王，有些人懷疑國王的存在，有些人則認為他長得太醜，所以不敢見人，還有些人(如女僕蘇朗嘎瑪)對國王太過忠誠與崇拜，從來不曾要求**見**他，他們**知道**他不是其他有死之人所能比擬的存在。國王接近和出現時，唯有這些徹底放下自傲臣服於主子的人才能感覺到他。這部劇在講國王之妻蘇達莎娜的覺醒，也可說是她的低頭與順服。她在劇裡起初是驕傲的王后，為夫君的殘忍而哀嘆。她只能在一個永遠黑暗的房間裡與他相會。她渴望見他，想知道他是否俊俏，結果這份渴望讓她愛上了另一位國王。她在外面的世界遇見了這位國王，將他誤認為自己的夫君。直到這個錯誤將她帶進完全的絕望，讓她徹底感到羞辱與墮落，她才拋棄驕傲，跟真正的夫君和解，完全臣服於他跟前。換言之，蘇達莎娜王后唯有降格為女僕蘇朗嘎瑪，才能得到光啟。這部劇結束在王后察覺一**切**真正有價值的事物都是國王賜給她的，而國王終於能對她說：「來吧，現在跟著我來，到外面去，**到光之中！**」

維根斯坦和史邁瑟斯翻譯的部份，是蘇朗嘎瑪和蘇達莎娜的一段對話。女僕試著向王后解釋自己如何變得對國王如此忠誠，即使從未見過他，即使他將她的父親逐出王國，讓她哀慟不已，她依然死心塌地。王后問女僕，國王驅逐她父親時，她難道不覺得受到了嚴酷的壓迫嗎？「我怒不可遏，」蘇朗嘎瑪答道：

我正走向毀壞與滅亡：當路對我封閉，我感覺被丟棄了，孤立無援，沒有支持與庇護。我像籠中的困獸咆哮憤怒，沈浸於無能的怒火當中，只想將所有人都撕成碎片。

「但國王做了這樣的事，妳怎麼還能對他死心塌地？」蘇達莎娜問道，妳的感覺是何時改變的？「我說不上來，」女僕回答：

我自己也不知道，那天就這麼來了，我心裡的所有反抗知道自己輸了，我的全部本性謙卑順從地匍匐在塵土上，接著我看見……我看見他的俊美和他的恐怖同樣無與倫比。我得救了，我被拯救了。

將維根斯坦對泰戈爾的翻譯和他自己對宗教信仰的討論放在一起讀，應該能帶來不少收穫，因為在他翻譯的段落裡，泰戈爾表達了維根斯坦自己的宗教理想：他和蘇朗嘎瑪一樣不想見到上帝，也不想為祂的存在尋找依據。他認為只要能克服**自己**，只要有一天他的全部本性「謙卑順從地匍匐在塵土上」，上帝就會降臨，他就會得救。

他在課上談到宗教信仰時，只專注於上述想法的前半，也就是否認宗教信仰需要依據或理由。他反對宗教信仰和科學思考模式有關，這點和他對美的討論一致，並且或可視為底下這句話的進一步闡述。他對德魯利說：「羅素和教區牧師，他們之間遺害無窮、遺害無窮。」為什麼將羅素和教區牧師擺在一起譴責？因為兩者都鼓吹一個想法：宗教信仰必須由哲學證成才算可靠。無神論者蔑視宗教，因為他找不到教義的**證據**，信徒則試圖**證明**神的存在，兩者都深受「那種」思考方式危害，對科學思考方式懷著偶像崇拜。宗教信仰和科學理論一點也不像，不應該按照同樣的證據標準來判斷接不接受。

維根斯坦堅稱，能讓我們成為宗教人（religious）的經驗，完全不像從實驗得出結論的那種經驗，也不像按數據往外推的那種經驗。他舉了一個例子：某人夢見最後審判，醒來就說自己知道最後審判是怎麼回事：

假設有人說：「這個證據很貧弱。」我會說：「如果你拿它和明天會下雨的證據來比較，那它根本不算證據。」他可能會讓你覺得只要放寬一點，它就算證據，但拿它當證據可能不只是荒謬而已。不過，難道我會說「說得委婉一點，你是把信念建立在極度薄弱的基礎上」嗎？我為什麼要將夢當成證據，衡量其有效性，就像衡量氣象事件的證據的有效性一樣？

假若你拿它和科學裡算作證據的東西相比，那麼當你聽見有人說：「呃，我做了這樣的夢……所以……有最後審判。」你絕不可能相信他是頭腦清醒的。你可能會說：「這錯得也太離譜了。」若你突然在黑板上寫數字，接著說：「現在我要做加法，」然後說：「二加二十一是十三。」我會說：「這完全沒錯。」

我們**是**如何接受或拒絕宗教信仰的？對於神的存在、最後審判和靈魂不朽，我們相信的是什麼？維根斯坦在課上對這些問題未置可否：

> 假設有人說：「維根斯坦，你相信什麼？你是懷疑論者嗎？你知道你死後還是否存在？」我真的（這是真的）會說：「我沒辦法說，我不知道。」因為我不曉得自己如果說「我不會停止存在」，我到底在說什麼。

不過，根據他在別處寫下的評論（例如之前引述過的，他在往卑爾根的船上寫下的話），維根斯坦顯然認為要是他哪天相信了上帝和復活，甚至賦予這些信仰的表達以**意義**，那也不是因為他找到了任何證據，而是因為他得救了。

然而，惱人的問題還是沒解決：維根斯坦到底認為（或希望）救贖會如何到來，換句話說，救贖掌握在他自己或神的手中？

在這個關鍵問題上，《暗室的國王》和維根斯坦一樣語焉不詳。蘇達莎娜獲救後對國王說：「主人啊，你並不俊美，而你無與倫比。」國王答道：「能與我相比之物在妳裡面。」「倘若如此，」蘇達莎娜說：「那它同樣無與倫比。」

> 你的愛在我裡面。那愛如鏡，映照出你，你在我裡面見到自己的臉：你所見到的不是我，而是你。

然而，劇裡其他段落，舉起鏡子的卻是國王。我們會讀到有些人認為國王醜，因為他們以國王映照出來的自己來想像他。於是我們會問：既然如此，那麼「那無與倫比之物」到底在不在我們裡面？我們要怎麼做才能見到它？擦亮自我這面鏡子以便映照出**它**，還是睜眼望著鏡子，看見它映照在**我們裡**

面？這裡或許便是有意義的語言（meaningful language）的極限，超越了排中律與矛盾律的範圍。[8]「它」或許既在我們裡面又不在我們裡面。要找到它，我們不僅必須在自己之內尋找，也得察覺自己倚賴某種外在於我們的東西，某種力量。

讓「它」映照在我們裡面和在我們的鏡像裡找「它」，兩者的差別或許不如表面那麼大，均須去除讓鏡像模糊的污垢。維根斯坦對此特別賣力，再小的污點也要清除，再小的行為不檢也鐵了心絕不放過。比如一九三八年十月他寫信給喬治・湯姆森的岳母，真心誠意為一次根本無關緊要的過失道歉：

親愛的史都華夫人：

我必須為自己今天在佩特小姐辦公室對妳說的一句假話而道歉。我說自己最近在伯明罕見過湯姆森夫人，今晚回家後才想到這根本不對。幾週前我住在伯明罕的巴赫金家裡時，曾**試著**去見湯姆森夫人，但沒能見到她，只和她通了一次電話。今天下午和妳說話時，我腦子裡想的其實是湯姆森夫人去伯明罕前，我曾在妳家見過她。請原諒我的愚蠢。

你誠摯的

維根斯坦

對照維根斯坦卸除自傲以求救贖的努力，他的哲學作品就顯得矛盾得有趣。這些著作一方面無疑受到謙卑以求得救的同一種態度所引導，另一方面又是他自傲的最大來源。儘管他不斷努力排除自傲，

（照他的說法）「為了榮耀神」而寫作，而非出於虛榮，我們仍然一次次見到羅素所謂的「魔鬼的驕傲」出現在他的哲學作品裡，而非他做的其他事情。

一九三八年夏天，維根斯坦依據自己在挪威的成果預備出版一份打字稿。《哲學研究》的最早版本便是出自於此。「由於諸多原因，」他在前言寫道：

> 我在這部作品裡發表的論述和目前別人所寫的東西會有交點。若這些論述的印記不足以顯明它們出自於我，那我將不再主張它們歸我所有。

然而，這些論述歸他所有，這一點對他至關重大。他之所以現在打算出版，正是因為卡納普、布雷斯衛特、魏斯曼和安布羅斯等人已經發表了源於這些論述的見解與主張。他在後一版的前言裡如此坦承：

> 這雖然非我所願，但我得知自己的思考成果在授課、打字和討論的過程中遭到了各種誤解，多多少少走了調、攙了水。這刺傷了我的虛榮心，久久難以復原。

然而，自傲既激發了維根斯坦的出版慾望，又阻止他這樣做。書九月交到了劍橋大學出版社手上，

8　排中律說，一個命題或其否定必有一真；矛盾律說，一個命題及其否定不能同時為真。（原註）

出版社同意發行德英對照本，但大約一個月後，他們得知維根斯坦現在不確定要不要出書了，於是出版計畫便暫時擱置下來。

維根斯坦的疑慮有二。第一個最重要，就是他對書的後半愈來愈不滿，亦即處理數學哲學的部份。第二個疑慮則和翻譯有關。

維根斯坦在摩爾的推薦下，找了里斯當譯者。這是項艱鉅的任務，不僅因為維根斯坦的德文艱澀難懂（和康德不相上下），也由於他的語言具有一種獨特罕見的特質，既口語又煞費苦心地精確。一九三八年的米迦勒學期，里斯一直和翻譯搏鬥，定期和維根斯坦見面討論翻譯遇到的問題。一九三九年一月，他必須離開劍橋去美國一趟，便將打好字的譯稿交給了維根斯坦。維根斯坦本來就對別人表達他的思想很難滿意，一看譯稿簡直大驚失色。

除了出版之故，維根斯坦這時還有另一個理由希望英譯本像樣一點。摩爾剛辭去哲學教授一職，維根斯坦決定申請這個職缺，因此想用新書的英譯本摘錄助陣。他覺得自己無論如何不會獲選，一是由於他認為另一位申請者約翰·威斯頓一定會選上，二是因為牛津的柯林伍德[9]是遴選委員之一，此人肯定不會認可維根斯坦的研究。不過，凱因斯也是遴選委員，大可彌補這兩個缺點。維根斯坦焦急修改里斯的譯文，希望能讓凱因斯及時讀過一遍。「不用說，這整件事實在荒唐，」他寫信給摩爾說：「里斯完全搞不清頭尾，就算譯得好也沒用。」

不論有沒有凱因斯幫忙、翻譯品質是好是壞，他還是很可能拿到教職，因為一九三九年時，他已是當時公認最頂尖的哲學天才。「拒絕給維根斯坦哲學教職，」布洛德說：「就像不給愛因斯坦物理教職一樣。」布洛德本人並不欣賞維根斯坦的作品，他只是陳述事實。

二月十一日，維根斯坦果然獲得聘任。可想而知，這既是他流露驕傲，也是譴責自傲的時刻。「拿到教授職位是與有榮焉等等，」他寫信給埃克萊斯說：「但比起這個，拿到替人開門關門的工作或許對我更好得多。除了虛榮和愚蠢有時帶來的快感，我的地位沒有給我任何滿足。」這件事也有助於國籍申請，六月二日他便拿到了英國護照。英國政府對奧地利猶太人移民事務再不寬容，也很難不給劍橋大學哲學教授公民身份。

在出書這件事上，還有一個比翻譯更嚴重的問題，就是維根斯坦很不滿意自己對數學哲學的論述。一九三九年，他花了三學期的講座課討論這個問題。這些課的主題大致和去年的美學與宗教信仰講座相同，只不過遺害無窮的人變成了羅素和**邏輯學家**，等著被人從哲學理論家手裡救出的變成了數學。的確，這些課的策略已經在之前的美學課裡提過了。維根斯坦在討論康托的對角線證法時，除了表達自己對之的厭惡，還主張這類證明全憑「魅力」（大概是指得知有無限多個無限基數集時的那種著迷吧）而引人關注。「我將盡我最大的力量，」他說：「闡明這種魅力的影響，以及與『數學』之關聯的影響。」

> 數學之為數學……這似乎無可爭議，並且更加大了它的魅力。但當我們解釋這一表達的**週邊**〔surrounding〕，就會發現它本可以用完全不同的方式表達。我可以表達得讓它對許多人失去其魅力，並肯定對我失去其魅力。

9 譯註：R. G. Collingwood，1889-1943。英國哲學家、歷史學家、考古學家。其有名的著作有《歷史的觀念》（The Idea of History，1946）等。

因此，目的是重新詮釋數學，重新闡述它，讓康托的證明所開展的數學王國不再呈現為一個有待數學家發現的迷人世界，而是一個充滿哲學混亂的沼澤與困境。數學家希爾伯特曾說：「沒人能將我們逐出康托所創造的天堂。」「我會說，」維根斯坦對學生表示：「我不會夢想將誰趕出天堂」——

> 而是做一件完全不同的事：我會向各位闡明它不是天堂，讓你們自己離開。我會告訴你們：「歡迎來這裡，不妨四處看看。」

論數學的課是他攻擊科學偶像崇拜的一部分。雖然科學偶像崇拜是大目標，但他認為最重要的便是數學這一仗。「沒有一個宗教，」他曾寫道：「在誤用形上學表達而造成罪孽這件事上，比得上數學。」數學形上學所散發的「魅力」甚至比金斯《神秘的宇宙》之類的書還要強，對數學的偶像化也更具影響力。維根斯坦認為這是我們文化衰落的最主要症狀，甚至可能是其助因。

因此，他的任務就是摧毀那套形上學，而這門課有個特點，就是他為了達成這項任務，並未如先前那樣使用精細的專業知識討論數學。例如他沒有像一九三二至三三學年那樣，在課堂上朗讀哈代《純數學》的章節，也沒有像在《哲學語法》裡做過的那樣，用嚴格詳盡的分析來檢驗某些證明（如史扣龍[10]對結合律的證明）。他完全拋開了技術細節，比如討論羅素悖論時，他的做法從數學的角度看來異常粗糙：

拿羅素的悖論來說，有些概念我們稱之為謂詞，例如「人」、「椅子」和「狼」是謂詞，「傑克」和「約翰」不是。有些謂詞適用於自身，有些則否，如「椅子」不是椅子，「狼」不是狼，但「謂詞」是謂詞。你可能會覺得這是胡扯，從某個角度來說它的確是。

我認為這種粗糙是一種宣傳手段，維根斯坦使用日常口語討論數理邏輯，將用於提出這類問題的語詞一概斥為「胡扯」，其實是一種解毒劑，用以化解那些陷入其「魅力」的人們（包括一九一一年的他自己）討論這些問題時的嚴肅與熱誠。此外，技術細節對他想探討的問題也是不相干的。「我在這門課上會討論的所有困惑，」他在第一堂課說：「都能用最基本的數學當例子，例如六到十五歲學的各種計算，或者很容易學會的東西，像是康托的證明。」

值得一提的是，聽課的人當中，有一位不僅是維根斯坦對立觀點的最有力代表，也是該世紀最偉大的數學家，那人就是艾倫．圖靈[11]。一九三九年的復活節學期，圖靈也在教「數學基礎」，但和維根斯坦的課天差地遠。圖靈的課旨在介紹數理邏輯這門學科，教導學生從嚴格的邏輯公理系統證出數學定理的技術。為了避免有人將**他的**課和那種「數學基礎」聯繫在一起，維根斯坦公開地說：

> 或許有人想，我要教的是數學裡一個名叫「數學基礎」的領域。數學裡是有這麼一個領域，《數

10 譯註：Thoralf Skolem，1887-1963。挪威數學家，研究數理邏輯和集合論等。

11 譯註：Alan Turing，1912-1954。英國計算機科學家、數學家等，被視為電腦科學之父。

學原理》之類的書就在探討這部份，但我不會教這個。事實上，我只熟悉《數學原理》的第一卷。

維根斯坦沒有提到，曾有一時他自己和羅素都認為他將重寫《數學原理》的部份章節。他現在這門課跟數學基礎只有一個關聯，就是破除它存在的理據，並試圖闡明：「那些稱為基礎的**數學**問題對我們不再是基礎，就像畫裡的岩石不是畫裡高塔的支柱。」

上課經常演變成他和圖靈的對話，一方攻擊數理邏輯，一方則為之辯護。到後來圖靈對課上討論的主旨實在太過重要，有一回他說自己沒辦法來上課，維根斯坦隨即告訴班上同學，那次的課只能算「註腳」。

維根斯坦的方法不是重新詮釋某個證明。他認為數理邏輯是一種哲學錯亂，因此試圖重新描述數學，讓聽者看出這一點，並徹底粉碎「數學是發現關於數學對象（數和集合等）的事實的科學」這種觀念。「我會不斷努力闡明，」他說：「所謂的數學發現最好稱為數學發明。」他認為沒有東西等著數學家去發現，數學證明不在確立某結論為真，而在劃定某些符號的**意義**。因此，數學的「嚴格」不在於關於數學真理的**特定知識**，而在於數學命題是**語法**，否認二加二等於四不是反對關於某事實的普遍觀點，而是顯露說話者不了解當中語詞的意義。維根斯坦似乎認為只要能說服圖靈以這種角度看待哲學，他就能說服任何人。

但圖靈不會被說服。對於他，就像對羅素和多數職業數學家，數學之美，其魅力之所在，正在於它能為一個少了它便無所確定的世界提供無懈可擊的真理，一如蒯因[12]所言：「不容爭辯，汝之名是數學！」有一回維根斯坦問圖靈是否了解他說的話，圖靈說：「我理解，但我不認為這只是賦予詞語新意義的問題。」對此，維根斯坦的評論有些古怪：

> 圖靈不反對我說的任何事，每個字他都同意。他反對的是他覺得這些事所憑據的概念。他認為我們在破壞數學，將布爾什維克主義引入數學，但完全不是。

根據維根斯坦對自己的哲學方法的構想，他和圖靈不可能意見分歧。這一點非常重要。既然他的哲學並未提出任何論題，怎麼可能有東西不被同意？有一回圖靈說道：「我懂你的論點。」維根斯坦斷然回覆：「我沒有論點。」若圖靈傾向於反對維根斯坦說的話，那只可能是他使用語詞的方式和維根斯坦不同，只**可能**是賦予詞語意義的問題，或者不如說，是圖靈不了解維根斯坦對某些語詞的使用。例如，圖靈常說數學可以實驗，我們可以用物理實驗的精神來研究數學。「我們不曉得結果會是如何，但就來試試看……」維根斯坦認為這完全不可能，將數學比作物理學是完全錯誤，也是他想拆解的哲學困惑的主要禍根之一。但除了提出自己的觀點來反對圖靈的觀點，他要怎說清這一點？他必（a）讓圖靈承認兩人在相同的意義下使用「實驗」一詞，（b）讓圖靈看出，在這個意義下數學家不做實驗。

> 圖靈認為我和他使用「實驗」一詞的意義不同，但我想闡明並非如此。也就是，我認為若我能說清自己的意思，圖靈將不再說我們在數學裡做實驗，若我能按照正確順序排列某些眾所周知的事

12 譯註：W. V. Quine，1908-2000。二十世紀最有影響的美國哲學家、邏輯學家之一。

實，所有人將清楚看到，我和圖靈使用「實驗」一詞的意思並無不同。

你可能說：「怎麼可能有如此難以消除的誤解呢？」

教育的差異可能是原因之一。

另一個原因可能是圖靈拒絕離開數學家天堂，或他懷疑維根斯坦抱有布爾什維克主義。對維根斯坦而言，說他們倆觀點確實不同並無法解釋這個誤解。他對班上學生說：「重點顯然全在於我絕沒有觀點。」

然而，維根斯坦顯然有觀點，而且是很強的觀點，和多數職業數學家對自己專業的見解不同。他認為圖靈懷疑他「將布爾什維克主義引入數學」，是因為拉姆齊在一九二五年發表的論文〈數學基礎〉裡主張拯救數學，擺脫布勞威爾和魏爾的「布爾什維克式威脅」。布魏兩人否定排中律，認為某些傳統分析裡的標準證明並不正當。不過，圖靈肯定覺得維根斯坦的布爾什維克主義極端得多，畢竟維根斯坦挑戰的不是排中律，而是矛盾律。

對於數學的基礎，所有傳統學派（邏輯主義、形式主義和直覺主義）都同意，如果系統裡隱含矛盾，我們就必須以不一致為由拒斥之。事實上，就是因為傳統上對微積分的理解不一致，學者才開始為數學尋找可靠的邏輯基礎。

維根斯坦在課上對這種關切「隱含矛盾」的做法大加嘲諷，讓圖靈火力全開頑強反擊。維根斯坦建議圖靈考慮說謊者悖論：

這個悖論竟然會引人困惑，實在莫名其妙。人類竟然會為了這種事擔憂，這一點比你以為的稀奇得多。因為事情是這樣的，假設某人表示「我正在說謊」，我們由此推論他不是在說謊，由此又得出他正在說謊，依此類推。好吧，那又怎樣？你可以這樣繼續下去，直到火冒三丈。有何不可？反正無所謂。

圖靈努力解釋，這類悖論令人困惑之處在於「人們通常將矛盾視為做錯了什麼事的標準，但在悖論裡卻找不出哪裡錯了」。維根斯坦答道，的確如此，因為根本**沒有**做錯任何事。「有人會說『這只能用類型論來解釋』，但到底什麼東西需要解釋？」

圖靈顯然不只需要解釋悖論為何令人困惑，還需要解釋它為何**重要**。他認為包含矛盾的系統「唯有當應用造成橋樑倒塌之類的後果時，真正的害處才會到來」。下一堂課他又重提這個論點，兩人幾乎整堂課都在爭執發現「隱含的矛盾」有多重要。

圖靈：演算裡必須沒有隱含的矛盾，才能放心應用。

維根斯坦：我覺得這一點錯得厲害。演算給出了結果，而你不希望橋塌。我認為出錯的路只有兩條：要嘛橋塌了，要嘛你計算有誤，例如乘錯了。但你似乎認為還有第三條路，就是演算法錯了。

圖靈：不對，我反對的是橋塌。

維根斯坦：但你怎麼知道橋會塌？那不是物理學的問題嗎？也可能有人用扔骰子來計算橋樑，而橋永遠不會塌。

圖靈：假如有人使用弗雷格的符號系統，將其中的乘法方式教給某人，那麼這人使用羅素悖論就能做出錯誤的乘法。

維根斯坦：那他做的就是我們不會稱之為乘法的事。你給了他一條規則，他照著走到某個點時有兩條路可走，其中一條將讓他徹底錯誤。

「你似乎在說，」圖靈提說：「人只要運用一點常識，就不會陷入麻煩。」維根斯坦吼道：「不是，我完全**不是**這個意思。」他想說的是，矛盾不會帶人走偏，因為它根本不引向任何地方，也不會讓人計算錯誤，因為它就是無法用來計算。矛盾不能用來做任何事情，除了讓人浪費時間苦苦思索。

圖靈繼續上了兩次課，之後就不再來了。他確信既然維根斯坦不承認矛盾是數學系統的致命缺陷，他倆就不可能有共同的出發點。作為維根斯坦攻擊對象的唯一代表來上課，身旁全是維根斯坦的追隨者，還得用自己不熟悉的方式討論問題，顯然需要一點勇氣。圖靈傳作者安德魯・霍吉斯（Andrew Hodges）（這本傳記非常出色）就很驚訝圖靈在課上的討論如此缺乏自信，例如他和維根斯坦對數學「規則」的性質做了那麼多討論，卻一次也沒有用圖靈機的概念對之給出定義。不過，圖靈當然知道就算自己這樣做了，維根斯坦肯定會斥之為不相干，因為兩人討論的是更根本的東西。維根斯坦攻擊的不是這個或那個定義，而是提出定義的原始動機。

除了艾利斯特・華森和少數例外，這門課的大多數學生可能都未完全領會圖靈和維根斯坦到底在爭論什麼，也不完全明白維根斯坦的看法有多極端，徹底背離了之前學者說過、寫過關於數學哲學的一切。總的來說，他們對維根斯坦比對數學更感興趣，例如諾曼・馬爾康姆就說自己雖然意識到「維根斯坦正在做一件重要的事」，但「上課時幾乎什麼也聽不懂」，直到十年後重讀自己的筆記才理解了一些。

馬爾康姆是哈佛博士生，一九三八年米迦勒學期到劍橋師事摩爾，很快便傾倒於維根斯坦的個人魅力。對於那份魅力，他在回憶錄裡有著最深刻和（對許多認識維根斯坦的人而言）最精確的描述。馬爾康姆個性和善，通達人情，讓維根斯坦備覺溫暖，兩人在馬爾康姆短暫逗留劍橋期間成了好友。馬爾康姆返回美國後，不僅成為維根斯坦珍視的通信對象，也是寶貴的貨源，因為英國當時買不到美國雜誌，得靠他將維根斯坦最喜歡的《偵探故事雜誌》寄到劍橋。

維根斯坦為何非要《偵探故事雜誌》不可，原因成謎。有一回馬爾康姆寄來別家雜誌，維根斯坦溫和斥責他為何不只寄「經過考驗的老牌好東西」過來，而是想搞新花樣。其實，《偵探雜誌故事》當時和比它有名的競爭對手，美國的偵探雜誌《黑面具》（Black Mask）已經宛如雙胞，兩者都刊登「冷硬派」偵探小說，作者也幾乎是同一群人，最有名的包括卡羅爾・約翰・戴利（Carroll John Daly）、諾伯特・戴維斯（Norbert Davis）、康奈爾・伍里奇（Cornell Woolrich）和厄爾・史丹利・賈德納（Erle Stanley Gardner）。雷蒙・錢德勒（Raymond Chandler）只在《偵探故事雜誌》發表過一篇故事，是他比較不知名的作品，題為〈山中無罪惡〉（No Crime in the Mountains），至於達許・漢密特（Dashiell Hammett）那時已經不再為「廉價刊物」（pulps）寫作。

至少在一個點上，冷硬派偵探小說和維根斯坦氣質相合，兩者各自以不同的方式貶抑「邏輯科學」的地位，維根斯坦眼中的「邏輯科學」代表是《數學原理》，冷硬派偵探小說是福爾摩斯。「我不是小說裡那種演繹推論派的偵探，」《偵探故事雜誌》某篇小說裡的主角瑞斯・威廉斯表示：

而是苦幹實幹型的人，能一眼看出破綻。如果要用槍，我能在一分內、一秒內，甚至一毫秒內做出反應。

這種反應敏捷、開槍迅速、開門見山的傢伙顯然很像電影裡的牛仔，而維根斯坦最愛看的就是西部片，這點可能不是巧合。不過，到了一九三〇年代後期，他的口味更寬了，連音樂劇也愛，還告訴馬爾康姆自己最喜歡的女星是卡門・米蘭達（Carmen Miranda）和貝蒂・哈頓（Betty Hutton）。每當上課讓他精疲力竭，心生厭惡，他總是會由馬爾康姆、史邁瑟斯或班上其他朋友陪著去看部「片子」，總是坐在最前排，讓自己完全沉浸於影像之中。他向馬爾康姆形容，看電影「就像沖澡」能洗去他的思緒，不再想著上課的事。

當時戲院會在電影結束後演奏國歌，觀眾要起身肅立，但維根斯坦無法遵守這項儀式，總是在演奏前就衝出戲院。他還發現自己受不了影片間放映的新聞影片。隨著對德戰事逼近，新聞影片愈來愈愛國和好戰，讓維根斯坦火氣更大。在他的文件裡有一份寫給新聞影片製作單位的信稿，指控他們是「戈培爾[13]的好學生」，而正是在此時，他和帕特森的十年交情也戛然而止，因為他覺得自己在帕特森對戰爭的態度裡見到了好戰主義。他和馬爾康姆的友誼同樣受到了威脅。有一天他倆經過報攤，見到看板寫著德國政府指控英國試圖暗殺希特勒，維根斯坦表示如果真有此事，他也不會意外，但馬爾康姆意見不同，說這種行為不符合英國的「民族性格」。這番「粗糙」的評論惹毛了維根斯坦：

……如果哲學只是讓你對某些深奧的邏輯問題討論得頭頭是道，而沒有改變你對日常生活的重要問題的思考，沒有讓你使用某些**危險的**語詞比……比記者那些為了個人目的使用這些語詞的人更謹慎，那學哲學有什麼用？

因為這件事，維根斯坦停掉了上課前和馬爾康姆一起散步的習慣，直到對方一九四〇年二月返回美國前，兩人才重修舊好。

維根斯坦有理由擔心英國為了戰爭在即而鼓動民族主義與反德情緒。一九三九年九月三日宣戰當天，他和史金納在威爾斯造訪德魯利，兩人下榻龐提普里德（Pontypridd）一間旅館，隔天早上他被要求到警局報備，因為他的德國名字引起了女經理的注意。這時他已經是英國人，也順利證明了這一點，但就像他對德魯利和史金納說的，從今以後他得非常小心。

開戰後頭兩年，維根斯坦不得不留在劍橋教書，但他一直努力尋找和戰事有關的工作，例如加入救傷隊。回想一九三七年九月工作進展不順時，他催促自己做點別的事情，但，「我怎麼才能找到另謀他職的力量？」他問自己：「除非被強迫，例如戰爭所逼。」如今戰爭來了，他卻發現戰爭遠遠沒有逼自己做別的事，反而阻止他這麼做。他的德國名字和奧地利出身阻斷了他做點「有用的事」的大門。他一方面繼續上課，寫他書的後半，一方面又期望離開劍橋，以某種方式投入到戰事裡。「我覺得待在這裡，我會慢慢死掉，」他對約翰．賴爾（John Ryle）說道：「我寧可找到快點喪命的機會。」

13 譯註：Joseph Goebbels，1897-1945。納粹德國時期的國民教育與宣傳部部長。

他勸馬爾康姆放棄學術生涯，但沒有成功。至於史邁瑟斯，維根斯坦認為他絕不可能進入學術界，因為他「太嚴肅」。馬爾康姆不能改做勞力工作嗎，例如務農或到牧場幹活？馬爾康姆沒有照辦。他回哈佛拿到了博士學位，在普林斯頓大學取得了教職。維根斯坦不斷在信裡提出警告。他恭喜馬爾康姆拿到博士，並叮囑他善加運用所學，別欺騙自己和學生。「因為除非我錯得離譜，這正是人們對你的期待。」他祝馬爾康姆教學順利，同時再次強調自欺的誘惑非常巨大，「**得靠奇蹟**才有辦法得體地教授哲學。」

大戰爆發時，法蘭西斯．史金納在劍橋儀器公司的實習已經結束，似乎打算重返理論研究。他在一封一九三九年十月十一日寫於里茲的信裡提到，自己正和過去在數學系的導師厄塞爾（Ursell）合作寫書（應該是數學教科書），但應該沒有寫成，至少我找不到任何有關這本書出版的資料。史金納在信裡表示自己現在很難找到這種工作，還說他可能很快會回劍橋大學求職。他還隱約提到自己和維根斯坦之間的裂痕，兩人關係出現了問題，而他一如既往將過錯完全攬在自己身上：

我竟然害得你寫信說你感覺我在遠離你，這實在令我難過。我的舉動可能動搖了我們的關係，真是太糟了。要是我們的關係出現問題，對我會是大災難。請原諒我做的事。

史金納沒說自己做了什麼，顯然他本人也不清楚，只知道自己正在失去維根斯坦的愛。回到劍橋後，他住在伊斯特路，維根斯坦則住在他很喜歡的惠威爾庭院的宿舍裡，兩人不再同居。

史金納過世後，維根斯坦不斷自責，因為他在對方生命的最後兩年出軌了。我們可以合理推斷，這份內疚跟他看上了史金納的年輕工人同事凱斯・柯爾克（Keith Kirk）脫不了關係。一九三九年，十九歲的柯爾克和史金納一起在工廠實習，他向史金納請教廠裡機器的數學和機械問題，兩人因而成為朋友。由於史金納太過寡言，當不了好老師，便將柯爾克介紹給了維根斯坦。維根斯坦開始定期替他上物理、數學和機械課，以便通過英國城市專業學會的專業考試。

對柯爾克來說，劍橋教授替他上課不僅是意外的驚喜和莫大的幫助，也是不尋常的機會。然而，維根斯坦在日記裡卻不做此想。他對這段關係的想法似乎超過了一般人的預期：

> 每週見柯一兩次，但憂心這麼做是否正確，但願確實有益。（一九四〇年六月十三日）

> **一整天**盡想著我和柯爾克的關係，大部分**很不**真誠也沒益處。要是我把那些想法寫下來，一眼就會看出它們有多低級和不誠實，有多**不得體**。（一九四〇年十月七日）

從一九四〇年到一九四一年上半年，柯爾克定期到維根斯坦的三一學院宿舍免費上課。維根斯坦不用教科書，而是不停發問，逼柯爾克從基本原理出發，把問題想透。因此，課一開始可能是維根斯坦問柯爾克水沸騰後會怎樣？氣泡是什麼？為什麼會浮到水面上？等等。換句話說，柯爾克能從課上學到多少，主要取決於他自己的思考能力。和維根斯坦的哲學課一樣，兩人經常長時間沉默。但柯爾克表示，他一直記得課上學到的東西，而維根斯坦傳授給他的思考方式也讓他終生受益。

柯爾克壓根不曾想過維根斯坦除了是熱心助人的老師之外，對他還有什麼其他的情感。上完課後，他偶爾會陪維根斯坦和史金納去戲院看西部片，但除了這個，上課之外的時間他很少見到維根斯坦。一九四一年，英國作戰部徵召柯爾克到伯恩茅斯的空軍研究中心工作，上課一事因而停擺。這事雖然終止了他的專業考試計畫，卻沒有立刻終止他和維根斯坦的友誼。維根斯坦努力維持聯繫，還曾去伯恩茅斯看看柯爾克過得如何，而柯爾克回劍橋時，維根斯坦也一定會安排見面。

有一次柯爾克回劍橋，維根斯坦心焦如焚找到他，告訴他史金納得了小兒痲痺，病得很厲害，已經住院了。幾天後的十月十一日，史金納離開了人間。

維根斯坦起初的反應是不著痕跡的克制，在信裡以安靜尊嚴的語調告知朋友法蘭西斯的死訊。比如他這麼寫給赫特：

> 親愛的羅蘭德：
>
> 我必須告訴你一樁非常不幸的消息。法蘭西斯四天前病倒了，小兒痲痺，昨天早晨離開了我們，臨終前沒有**任何**痛苦與掙扎，**完全**平靜。我陪著他，心想他在我認識的人當中活得最是幸福，死時也最為平和。
>
> 祝你有美好和善的思想。
>
> 一如既往的
>
> 維根斯坦

然而，葬禮時他再也克制不住了。史金納的姊姊形容他在儀式中的舉止像「一頭受驚的野獸」，葬禮後還不肯進屋，和三一學院的導師柏納比博士（Dr Burnaby）在萊奇渥斯鎮繞圈子，看上去「很激動」。但就算他肯進屋，也不會得到熱烈的歡迎。史金納的家人一直不信任維根斯坦，對家中這個敏感男孩受到的影響深感疑慮。他母親相信劍橋儀器公司的工作加速了兒子的死，在葬禮上完全不和維根斯坦說話。

不過，維根斯坦的內疚完全無關乎他對法蘭西斯的影響，而是更和他自己的內心世界，和他在法蘭西斯生命最後幾年對這位密友的情感有關。一九四一年十二月二十八日他寫道：

> 常常想法蘭西斯，但總是只在為我的無情而懊悔，而不是心懷感謝。他的生與死似乎只是在控訴我，因為我在他活著的最後兩年經常對他無情，並且在心裡對他不忠。若不是他如此溫順與真誠無限，我肯定會對他**徹底**無情。

這段話之後，他立刻談起自己對柯爾克的感情。「我經常和凱斯見面，我不曉得這到底代表什麼，活該失望、焦慮、擔憂，無法固定在一個生活模式裡。」一九四八年七月，法蘭西斯過世七年後，他又寫道：「經常想起最後一次和法蘭西斯在一起的時光，想起我待他的可憎嘴臉……我看不出自己這輩子如何能擺脫這份歉疚。」

維根斯坦對柯爾克的迷戀從來未曾說出、未獲承認、未得回報，徹底凸顯了他在感情上的一項特質，之前對品生特和瑪格麗特的愛也是如此，那就是無視於對方的感受。品生特和瑪格麗特並不愛他，柯爾克更不用說，但這似乎未曾分毫影響他對他們的愛，甚至讓他更容易付出愛，因為這樣的關係能孤立在他自己的美好情感裡安然進行。他曾經深受哲學唯我論吸引，再用後半輩子反對它，形容自己的後期作品都在告訴蒼蠅怎麼逃出捕蠅瓶。與之對應的，是他在浪漫愛裡的感情唯我論。當法蘭西斯威脅到這份孤立時，維根斯坦退縮了，就像叔本華寓言裡的豪豬躲進了自己的尖刺之後[14]。

14 譯註：豪豬寓言講的是一群豪豬為了取暖而聚在一起，但如果靠得太近，牠們身上的刺會傷害彼此，故而必須在溫暖和安全之間取得平衡。

第四部

一九四一—一九五一

二十一、戰時工作

開戰後頭兩年，維根斯坦三天兩頭提到自己找不到學術圈之外的工作，令他非常沮喪。他覺得戰爭期間教授哲學簡直荒謬，心裡只想為抗戰出一份力，最後由於牛津哲學家朋友吉爾伯特．賴爾的緣故，他的機會總算來了。賴爾的兄長約翰是劍橋醫學系欽定教授，一九四〇年回到蓋斯醫院協助院方為倫敦大空襲做準備。該年九月，維根斯坦寫信給約翰，希望能去蓋斯醫院見他。約翰邀他共進午餐，立刻對他印象深刻。「他是世上最有名的哲學家，」約翰寫信給妻子說：「身穿開領綠襯衫，五官頗有吸引力」──

我覺得很有意思，他當了多年三一學院講師，卻遠未染上別人的那種習氣，反而被那地方的死氣壓垮了。他對我說：「我覺得待在這裡，我會慢慢死掉，我寧可找到快點喪命的機會。」因此他想到醫院做些卑微的體力活，作為戰時的工作，必要時辭去教職也無妨，但不希望被別人拿來當話題。他還想到空襲區去工作。工作部打算讓他幹雜活，歸那位負責全院大小修繕的老工人管。我想他明白自己腦袋的運作方式和大多數人差別太大，瘋了才會去找要用腦的戰時工作。我今晚寫信告訴他有這份工作，但沒有刻意說服他。
我絕對要找一天帶他和一兩位加拿大人去見妳。

維根斯坦顯然不需要刻意說服，因為這封信寫完一週左右，他就開始在蓋斯醫院工作了，但不是幹雜活，而是藥局速遞員。

維根斯坦不希望自己從劍橋哲學教授變成蓋斯醫院藥局速遞員成為話題，而約翰應該未負所託，因為他似乎沒向醫院任何同仁提到新來的勤務是「世上最有名的哲學家」。有一件事印證了他的謹慎。約翰的好友亨佛瑞．奧斯蒙（Humphray Osmond）於二戰期間是院內刊物《蓋斯報》的編輯，總是在尋找有趣的故事，但他直到一九五八年馬爾康姆出版回憶錄後，才知道維根斯坦曾在醫院裡待過。幸好約翰口風很緊，要是醫院刊出〈蓋斯醫院的名哲學家〉之類的報導，維根斯坦肯定會勃然大怒。

任職醫院期間，維根斯坦和醫療同仁一起在納菲爾德大樓（Nuffield House）吃住。光憑這事就足以使他有別於其他速遞員，因為非醫療職員通常住在院區外，用餐也和醫師分開。住進納菲爾德大樓後不久，他就在晚餐時受到血液科醫師沃特菲德（R. L. Waterfield）的熱情歡迎。沃特菲德在劍橋待過，出席過道德科學社的聚會，他一認出維根斯坦，維根斯坦就臉色慘白地說：「天哪，別告訴任何人我是誰！」儘管《蓋斯報》始終沒抓到這個消息，但不論透過沃特菲德或其他管道，醫院裡許多人都非常清楚維根斯坦是誰，稱他「維根斯坦教授」。

維根斯坦在院裡負責將藥從藥局送到病房，據約翰的妻子米麗安回憶，他常建議病人不要服藥。

當時的藥局主管是伊札德（S. F. Izzard）先生，後來當人問他記不記得維根斯坦當過速遞員，他回答：「記得，記得很清楚。他來藥局工作三週之後，就來找我講解該怎麼管理這個地方。你知道，他是個喜歡思考的人。」不久後，維根斯坦就被轉到藥劑科當藥技士，負責為皮膚科製備拉薩爾軟膏[1]。德魯利到醫院看維根斯坦時，一名職員告訴他從來沒人做出品質這麼好的拉薩爾軟膏。

這段期間，維根斯坦很需要朋友。法蘭西斯過世了，柯爾克去了伯恩茅斯，維根斯坦極其孤獨，需要情感上的接觸。「發自你內心的一個**字**，」一九四一年八月二十日，他寫信給赫特說：「勝過你腦袋說出的千言萬語！」十一月二十七日他又寫道：「我沒辦法寫法蘭西斯，而你筆下的他雖然真確，但不知怎的就是和**我**對他的想法不吻合。」他向赫特描述自己在藥局的工作，說他每週賺二十八先令，工作很辛苦。「我希望自己身體能撐住，因為我的靈魂**非常**疲憊，狀態一點也不好，完全不是它該有的樣子。」他又補充道：「也許我們再見到對方，會對我們有點幫助。」

如果兩人真的會面，時間一定要夠長才有意義，這點對他非常重要。接下來幾封信裡，維根斯坦不斷強調見面最好選在週日，因為他只有那天不用到醫院工作：

> 但要是你**無法**週日來，就只好在週間了。那樣的話，就算晚來半小時都不明智，因為以目前這情況，我們很容易把事情搞砸，我實在不希望這樣！

「基本上，」他在另一封信裡解釋道：「**對我們這種人來說**，**匆促**見面不是什麼好主意。可能的話，我們碰面應該很悠閒。」當赫特對會面有些遲疑，維根斯坦提議兩人等三個月再試著見面：

> 既然你寫說覺得自己很難說想見我，那又有什麼理由見呢？我想見想見**我**的人，如果有一天沒人想見我（這一天或許就快到了），那我想我誰也不會見。 434

維根斯坦擔心自己身體無法應付藥局速遞員的工作，這是有道理的。他那時已經五十二歲，開始顯得（也覺得自己）**老了**。「下午五點左右忙完工作，」他告訴赫特：「我常累得幾乎動不了。」但要說他身體虛弱，他的精神在法蘭西斯死後則快崩潰了。那年耶誕，他和巴布魯克家一起過節，法蘭西斯伊斯特路住處樓下的雜貨店是他們家的。聚會氣氛很感傷，除夕那天他寫信給赫特：

> 我整個人是孤獨的，很害怕未來的歲月！……希望你不乏快樂，並且比我更珍惜你所有的幸福，無論多少。

一九四二年元旦，約翰・賴爾兌現了對妻子的承諾，帶維根斯坦回薩塞克斯見她。多虧兩人十四歲的兒子安東尼在日記裡記下了那個週末，我們才得以知道細節。但他對維根斯坦的第一印象並不完全正面：

1 譯註：拉薩爾軟膏（Lassar's ointment）為德國皮膚科醫師拉薩爾（Oskar Lassar，1849-1907）發明的軟膏。

晚上七點半，爸爸和又一位叫溫克斯坦（是這樣寫嗎？）的奧地利（？）教授回到家裡。爸爸很累，溫克非常古怪，英語說得不是很好，一直說「我的意思是」，還把「受不了」說成「是受不了」。

隔天晚上，他雖然把名字拼得更對了一些，但對父親的新朋友依然沒什麼好感：

早上爸爸跟我、瑪格芮特、廷克和羊群一起去散步。雖然結霜，但很晴朗。維更斯坦早上和安置居民[2]在一起，他覺得我們對那些人很冷酷。

我們一下午都在爭論，他真是不可理喻，不管你說什麼他都說「不對不對，重點不在這裡。」他或許覺得重點不在這裡，但我們覺得在。聽他講話很累。午茶後我帶他四處走走，他懇求我善待那些可憐的小孩。他完全是另一個極端。媽媽要他們當好公民，他則要他們快樂。

賴爾家在薩塞克斯租了一座農場，「可憐的小孩」是安置戶，兩個來自樸茨茅斯藍領家庭的男孩。賴爾夫人收容了他們，作為政治立場的一種表達。賴爾夫人組織了一群孩子——也包括這兩名男孩在內——替俄國紅十字會織手套。儘管她很照顧這些孩子，但顯然管教嚴厲。約翰在家或家裡有訪客時，他們會和安置戶保持距離，例如在不同的房間用餐。維根斯坦造訪期間，堅持和安置戶的孩子們一起吃飯，以表達支持與同情。

不難看出維根斯坦為何喜歡和敬重約翰。他和維根斯坦一樣很不適應劍橋的學術生活，顯然也和維根斯坦一樣更愛在空襲區的醫院工作，勝過「死氣」的劍橋。他在劍橋時是活躍的政治份子，一九四〇年以左翼獨立候選人參選，並且自一九三八年便一直努力營救猶太醫師離開奧地利和德國（或許因為這個緣故，安東尼才會說維根斯坦是「又一位奧地利教授」）。

許多大空襲期間在蓋斯任職的人想起賴爾的親切，心中都懷著暖意與感謝。他們之中許多是年輕人，和經歷過一次大戰的賴爾不同，完全沒有戰爭經驗。不論是猛烈轟炸時在醫院工作的恐怖或賴爾如何鼓舞同仁面對危險，奧斯蒙的描述都是許多人共同的回憶：

> 數十枚燃燒彈朝醫院落下，至少有十幾枚打在了院內樓房上，有些爆炸了，有些沒有……由於轟炸和接收大量傷患的壓力，留守在醫院的這一小群職員彼此都很熟識……我經常在醫院屋頂警戒，留意空襲……我們有許多時間在閒聊喝茶……經常睡在納菲爾德大樓的地下室。賴爾很聰明，又有智慧，對於和我一樣討厭被轟炸的人來說，他一戰時在壕溝裡鍛鍊出來的鎮靜是很大的安定力量。

四月時，維根斯坦在蓋斯醫院動了一次手術，取出困擾他多年的膽結石。由於他不信任英國醫師，覺得拉姆齊和史金納當時要是得到妥善的醫治就不會死了，因此堅持不做麻醉，好於手術時保持清醒。他要醫療人員擺了幾面鏡子在手術室裡，以便觀察手術過程。為了幫助他熬過這一段肯定痛不欲生的時間，約翰全程握著他的手坐在旁邊。

2　譯註：安置居民（evacuee）指戰時從危險地區疏散至後方的民眾。

除了約翰，維根斯坦在蓋斯醫院的新朋友多半是技士而非醫師，娜歐米．威金森（Naomi Wilkinson）便是其中之一。她是放射師，也是約翰的表妹，常在院內舉辦留聲機欣賞會，維根斯坦是常客。他很在意唱片的選擇，時常不滿意曲單。由於興趣相同，威金森和維根斯坦成了朋友，也和他許多朋友一樣，被他邀請到里昂咖啡館喝茶。有一回在咖啡館，她問他覺得有多少人懂他的哲學，維根斯坦沉思良久才說：「兩個，其中一個是吉爾伯特．賴爾。」很不幸他沒說另一人是誰。或許他說吉爾伯特．賴爾只是沒能完全扔掉童年的好規矩：即使年過五十，他仍然喜歡挑覺得能讓人開心的話說。

娜歐米．威金森的留聲機欣賞會有一回似乎成了他夢境裡的元素。維根斯坦在蓋斯醫院工作時記下了這個夢：

> 我今晚夢見：我姊姊葛蕾塔給了路易斯．波利策一樣禮物，是一個包。我在夢裡見到那個包，應該說只見到包的鋼鎖，很大，方方正正，作工很細，看起來像是人們有時會在博物館裡見到的那種複雜的老掛鎖。這把鎖裡有某種機關，讓鎖孔發出「妳的葛蕾塔贈」這幾個字或之類的話。我心想這個機關真精巧，會不會是某種留聲機，可不可能是鋼造的。

維根斯坦本人並未解釋這個夢，但考慮到他那時期很注意佛洛伊德的作品，之前也用過鎖的隱喻來描述佛洛伊德的核心概念，加上葛蕾塔是家裡和佛洛伊德關係最密切的人，我認為這個夢很可能在**講述**夢的解析。夢似乎在說話，而嫻熟運用佛洛伊德的作品將使我們（彷彿透過佛洛伊德理論這個鎖孔）聽見夢說了什麼，但背後的機制和建構夢的符號的材料（即無意識）太過精巧複雜，無法靠著佛洛伊德用十九世紀力學所做的粗糙類比來理解。

總之，這個話題是維根斯坦一九四二年夏天和里斯的談話重點。他到斯旺西去找里斯，在那裡待了幾天，膽結石術後復原是原因之一。他們倆會沿著南威爾斯的海邊散步，維根斯坦特別喜歡那裡。里斯是當時（還活著的）維根斯坦認為可以討論哲學的極少數人之一，但令人詫異的是，雖然維根斯坦的哲學思考主要鎖定數學哲學，他和里斯的談話主題卻是佛洛伊德的心理學解釋之性質。

維根斯坦強調，我們確實**可以**將夢裡的意象當成符號，在這個意義下，我們可以談論夢的語言，就算做夢者不理解那些符號也無妨。當我們和解夢者討論夢境，並接受其解釋，這一點就會凸顯出來。同理，當我們畫出看上去無意義的塗鴉，分析者向我們發問，追索關聯，我們可能會為自己為何這樣畫提出解釋：「這時便能將塗鴉視為一種書寫，是在使用語言，只是沒人看得懂。」然而，維根斯坦認為必須將這種解釋和科學解釋區分開來。夢和塗鴉並非經由運用法則來解釋，而且「我認為重點是這種法則根本**不存在**」。佛洛伊德的解釋和神話學的共同點比它和科學的共同點更多，例如佛洛伊德認為焦慮只是出生焦慮的重複，但從未提出證據。然而，「這是個很有吸引力的想法」。

> 它具有神話學解釋的那種吸引力，告訴我們這一切都是在重複以前發生過的事。當人們接受和採納這樣的解釋，某些事就會變得清楚和簡單。

因此，佛洛伊德的解釋和維根斯坦對哲學的解釋是系出同源，都不在提供機械式的因果理論，而是提供：

……某種人們更容易接受、更容易產生某種作為的東西：使他們覺得某些行為和思考方式天經地義，放棄原本的思考模式，改採另一種。

基於這個理由，維根斯坦才會在這個時期對里斯說自己是佛洛伊德的「弟子」和「追隨者」。

二戰期間，維根斯坦的哲學思考大多擺在數學哲學上，大部份寫作都在改進他在挪威最後幾個月裡寫下的論述，改進《哲學研究》裡基於那些論述寫出的章節。任職蓋斯醫院期間，他寫了整整三冊論數學的筆記。這些筆記加上從中編輯出的稿子後來出版，構成了《數學基礎評論》的第四到第七部。雖然這些筆記和他之前的論述要旨相同，但對於數理邏輯的攻擊更加尖刻，甚至可以說是他言詞最挑釁的作品。

羅素寫過一篇〈數學和形上學家〉（Mathematics and the Metaphysicians），當中描繪的數學形象正是維根斯坦攻擊目標的最佳描述。「現代數學的首要勝利之一，」羅素說：「就在於發現了數學究竟是什麼」——

所有純數學，從算術、分析到幾何，都是由原始邏輯概念組合建構而成，其命題由普遍的邏輯公理（如三段論和其他推論規則）推導而來……因此，形式邏輯和數學的題材已經證明是相同的。

羅素接著論及無限小、無限和連續的問題：

> 當代三位學者（魏爾斯特拉斯[3]、戴德金[4]和康托）不僅提出了這三個問題，還徹底提供了解答。對熟悉數學的人來說，他們提出的解答清楚至極，沒留下任何疑惑與困難。這或許是我們這個時代值得誇耀的最偉大成就。

維根斯坦抨擊的不僅是這種數學形象，還有其中所顯露的態度。「為什麼要大費周章找出數學是什麼？」他在醫院任職期間寫下的筆記裡問道：

> 因為我們對數學有一種定見，視之為一種典範，作為其地位與功能的理想，必須將它清楚找出來。我的任務不是從內部攻擊羅素的邏輯，而是從外部。
>
> 也就是說：不是在數學上攻擊數學，否則我就是在做數學了，而是攻擊其地位、其職責（office）。

維根斯坦認為，形式邏輯並未證明自己等於數學，說它已經證明了這一點「幾乎就像有人說黏合是製作櫃子的全部」。數理邏輯也沒有徹底解答數學是什麼，而是「完全扭曲了數學家和哲學家的思考」。魏爾

3　譯註：Karl Weierstrass，1815-1897。德國數學家，替函數和極限建立了嚴格的定義。被譽為「現代分析之父」。

4　譯註：Richard Dedekind，1831-1916。德國數學家，在數論、實數論、代數等領域都有重要成就。數學家高斯（Gauss，1777-1855）的學生。

斯特拉斯、戴德金和康托的作品遠非我們時代最偉大的成就。相較於數學的其他內容，它們是「一種癌變，有如從正常人體中漫無目的且無意義地生長出來的東西」。

為了闡明邏輯和數學是不同的技術，數理邏輯的成果（在我們對無限、無限小和連續的理解上）不具羅素所說的重要性，維根斯坦嘗試了許多手法，比如他努力證明日常生活和數學所使用的無限、連續與無限小的概念，不僅沒有被戴德金、康托和魏爾斯特拉斯的定義所闡明，反而被扭曲了。

不過，他的攻擊重心在於證明這一點：數學裡典型的證明方法和邏輯所用的證明方法並不類同。邏輯的證明是用一系列命題以確立結論為真，維根斯坦則想表明數學證明是用一系列**圖像**（picture）以確立某一技術有用。

例如，他認為我們沒有理由認為以下的圖像：

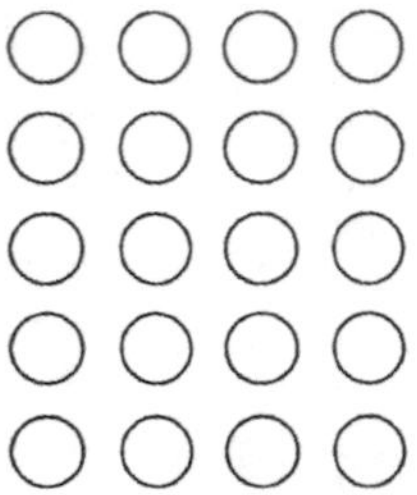

不能是乘法交換律（a×b=b×a）的證明，因為某人可以先如此再那般地觀看這幅圖像，從中看出5×4等於4×5，進而將交換律應用到所有其他情況。

這麼做無關乎命題或結論，也就不出現這個問題：若交換律為真，它是**關於**什麼為真？若將這種圖像視為標準，而非以邏輯公理系統為典範，那就完全沒有理由認同羅素的說法，認為數理邏輯學家已經「發現了數學究竟是什麼」。數理邏輯學家對「數學基礎」的見解只是畫了另一種圖像，發明了另一種技術。

然而，強調圖像在數學裡的角色，不僅是為了摧毀特定的數學觀，還要用另一種強調「看見關聯」之作用的數學觀取而代之。為了從上圖掌握交換律，我們必須看出這個圖像

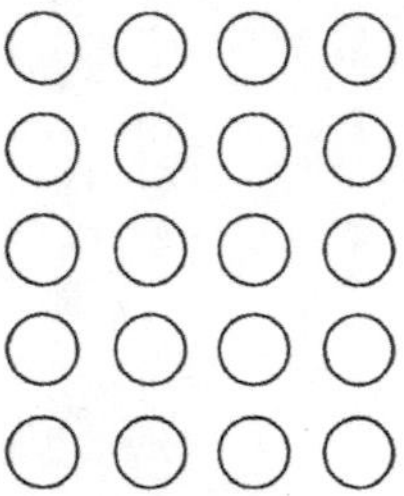

和底下這個圖像是同一回事。

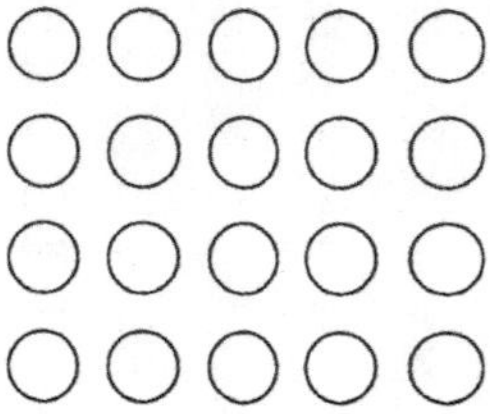

只要無法「看出關聯」，這個證明就不可能說服我們接受任何事。因此，對這個證明的理解是一個（初步卻）很好的例子，可以說明構成維根斯坦**世界觀**的基礎的那種理解是什麼。數學證明和他的哲學論述一樣，應該視為「綜觀之呈現」，目的在促成「看出關聯的那種理解」。

因此，雖然說來古怪，但純數學的解釋其實類似佛洛伊德心理分析給出的解釋。而維根斯坦將焦點從數學轉向心理學，線索或許在於他發現佛洛伊德的「模式」比數學家的「圖像」更有意思。

這不禁讓人聯想，維根斯坦若是能將自己的生命納入某種模式，對他將會是一種慰藉。

一九四二年四月一日他寫道：「我對自己未來的生活不再抱任何希望」——

我感覺前方除了漫長的活死人狀態，沒有任何東西。我想像不出別種未來，除了悲慘還是悲慘，沒有朋友，亦無喜悅。

幾天後他又寫道：

徹底孤獨的恐懼現在威脅著我，讓我極為痛苦。我看不出自己如何能忍受這樣的生活。在我眼中，這樣的日子就好比每天都恐懼夜晚到來，因它只會帶來乏味的悲傷。

在蓋斯醫院，他覺得要讓自己忙個不停。「如果在靜止中找不到快樂，」他告訴自己：「就在奔跑中尋找！」

但要是我累得跑不動了呢？「在垮掉前不要說崩潰。」猶如自行車手，為了不倒下我必須不停踩踏向前。

「我的不快樂是如此複雜，」他五月時寫道：「實在難以形容，但主要可能還是**寂寞**。」

史金納過世之後，柯爾克回到了伯恩茅斯。和之前的史金納一樣，維根斯坦開始擔憂收不到柯爾克的信。五月二十七日他寫道：

雖然我一週前才向柯要消息，但已經十天沒有他的音訊了。我想他可能已經跟我絕交了，真是**悲哀的**念頭！

其實，柯爾克在伯恩茅斯結了婚，成為出色的機械工程師，而且再也沒見過維根斯坦。對他而言，沒有什麼要「斷」的。他從來沒想過維根斯坦是同性戀，也沒想過兩人有超過師生情誼的關係。維根斯坦彷彿知道這一點，因為他在同一則日記裡說：「我吃足了苦頭，但顯然無法從生活中**學到教訓**，一直受苦，**就跟**許多年前一樣，既沒有變堅強，也沒有變聰明。」

醫院藥局裡的年輕同事羅伊．弗拉克（Roy Fouracre）的友誼給了他些許安慰，稍稍緩和了他絕望的寂寞。不難想像，維根斯坦喜歡弗拉克主要是因為他的熱誠與開朗。維根斯坦告訴德魯利，他有時過於著急或激動，羅伊就會對他說：「穩住，教授。」他很喜歡這一點。

弗拉克常到納菲爾德大樓三樓去找維根斯坦。和他在劍橋的住處一樣，維根斯坦未做任何裝飾，弗拉克發現房間裡沒有哲學書，只有幾疊擺放整齊的偵探雜誌，讓他大吃一驚。他當時正在上現代語言的函授課程，常在這房裡讀書，維根斯坦總是安靜坐在一旁，為自己兩週一次在劍橋的週末講座備課。其餘的週末他會和弗拉克出門散步，有時去動物園，有時去哈克尼（Hackney）的維多利亞公園，到公園的湖裡划船。

和許多熟識維根斯坦的人一樣，弗拉克也記得維根斯坦口哨功夫一流，能用口哨吹完一整段交響樂章，壓箱寶是布拉姆斯的《聖安東尼變奏曲》。只要有人吹得不對，維根斯坦就會制止對方，明確告訴他們怎麼吹。這讓他在藥局的同事之間不是很受歡迎。

弗拉克的出身和史金納判若雲泥。史金納出身萊奇沃斯的中產階級家庭，在公立學校和劍橋受教育，弗拉克則是在東倫敦哈克尼的社會住宅長大，十五歲就開始工作。但兩人的人格特質在許多方面頗為類似。法尼婭．帕斯卡以下對史金納的形容，同樣能用在弗拉克身上：

> 他很容易開心，喜歡跟人在一起，所有狡詐都不懂得，無法想像別人是惡人。他能學著實際點，也確實學會了，但他總是太無私，太不喜歡出風頭。

弗拉克和史金納一樣，都比維根斯坦年輕許多。他二十出頭，維根斯坦已經五十二歲。雖然和弗拉克的友誼並非替代品，無法取代他對史金納的愛，但兩人共事的十八個月裡，弗拉克在他生活裡的作用確實和史金納在劍橋的角色類似，亦即帶給他人的接觸。和史金納一樣，弗拉克光是在他身邊就有安撫的效果。

他在後來寫給弗拉克的信裡提到蓋斯醫院時，總是語帶溫暖，甚至還夾雜著幾分懷念：

很難過聽到蓋斯醫院的氣氛變糟了，真是難以想像。（一九四九年六月八日）

不知道你在講哪一則消息。我想應該不是他們正在打造我的巨型雕像，準備放在納菲爾德大樓前吧，難道是嗎？當然，再大的石像也不足以展現我這個人有多麼出色。（一九五〇年十二月十五日）

對於信末的提議，弗拉克回信時顯然說醫院已經把他的雕像都給拆了，因為維根斯坦下一封信寫道：「非常好，只要拆得很莊嚴就行了。」

蓋斯醫院的醫療人員裡，除了約翰・賴爾，似乎只有貝索・里夫（Basil Reeve）贏得了維根斯坦的信任與友誼。這位三十歲出頭的年輕醫師對哲學很感興趣，當他從沃特菲德那裡聽說飯桌上的新成員（他之前覺得這個人「坐在一群醫師之間顯得有趣又困窘」）是維根斯坦，立刻決定結識對方。於是他開始餐餐坐在維根斯坦隔壁，最後兩人真的成了朋友。然而，兩人的話題很少轉到哲學上，都在談藝術、建築與音樂，或談維根斯坦認識的人，甚至對飯桌上出現的醫學話題進行佛洛伊德式的解釋。後來，談話重心轉到了里夫的工作上，因為維根斯坦對他的工作產生了濃厚的興趣。

里夫和格蘭特醫師（Dr Grant）一起在蓋斯醫院醫學研究委員會臨床研究部（Medical Research Council's Clinical Research Unit）工作，倫敦大轟炸開始沒多久，他們的實驗室就炸毀了，無法繼續之前的研究，於是格蘭特和里夫開始研究醫院當時接收的大量空襲傷患，目的在熟悉「創傷休克」（wound shock），這種症狀不僅會發生戰場傷員身上，其他劇烈創傷也會出現。

格蘭特和里夫起初的問題是，他們雖然詳細研究了科學文獻，卻找不到創傷休克令人滿意的臨床定義。有些學者以濃血症（haemoconcentration）（即血液中紅血球濃度異常偏高，一般認為是血漿滲漏至組織裡所致）為辨識基礎，有些學者則視之為低血壓、白斑病和脈搏過快的綜合症。因此，格蘭特在研究初期就建議放棄「創傷休克」這個概念，不使用這個術語，更詳細地觀察傷患。一九四一年一月，維根斯坦到蓋斯醫院十個月前，格蘭特在一份創傷休克患者的觀察項目備忘錄裡概述了自己的反對：

> 近來處理空襲傷患的經驗顯示，儘管做了不少研究，尤其上次戰爭期間，我們對創傷休克的性質與治療仍然所知極少。首先，實務上對於「休克」的診斷就有很大差別，除了無法預測，也常對治療方式有疑慮。此外，由於缺乏共同的診斷基礎，也就無法評估實際採用的各種療法的療效。因此，我們有理由認為最好避免開出「休克」診斷，而是改以精確、完整地紀錄患者的狀態與進展，並註明接受的療法。

維根斯坦認為這個極端的做法很有意思也很重要，我想道理很明顯，因為格蘭特處理「休克」問題的方式顯然和赫茲處理「力」的問題極為類似。赫茲在《力學原理》裡表示，與其直接回答「力是什麼？」不如不以「力」為基本概念，重新表述牛頓物理學。維根斯坦始終認為赫茲解決問題的方式是我們去除哲學混亂的完美典範，並經常借用赫茲《力學原理》序言中的一段話來闡述自己在哲學上的目標：

> 去除這些棘手的矛盾，力的本質的問題也不會得到回答，但我們的心不再苦惱，不再追問不當的問題。

他還有一段話和赫茲遙相呼應：

> 我做哲學的方式，全是為了找到一種表達方式，讓某些**不安**〔disquietude〕消失（赫茲）。

格蘭特建議避免「休克」診斷，也可以說全是為了「找到一種表達方式，讓某些不安消失」。然而，格蘭特的做法並沒有廣獲採納，軍隊尤其反對。陸軍輸血服務處的惠特比上校（Colonel Whitby）便致函醫學研究委員會，表示格蘭特的報告——

> 序言很長，其中好一部分都是對「休克」一詞的攻擊。我不認為這一點需要如此強調。拋棄上次戰爭的發現，此舉缺乏根據。那些人不是傻瓜……他們至少確立了一項基本事實：血壓降低是經常觀察到的徵狀。依照格蘭特對細節的標準，醫學研究委員會於上次戰爭所積攢的珍

貴文獻都得作廢了。

維根斯坦和里夫討論他的研究時發現，一次世界大戰期間成形的創傷休克理論，其問題不是出在細節的標準不當，而在使用了一個不可用的概念。他最感興趣的正是「對『休克』一詞的攻擊」。（里夫記得他們撰寫年度報告時，維根斯坦建議將「休克」一詞倒過來印，以強調它不可用。）

由於維根斯坦對研究的興趣濃厚，里夫便將他介紹給了格蘭特醫師。格蘭特立刻對維根斯坦提出的許多問題與建議之敏銳與切題印象深刻。一九四二年，大轟炸漸緩，蓋斯醫院的研究團隊不再有穩定的觀察對象，於是開始另覓合適的傷患，包括去了兩次轟炸機指揮部，觀察了不少空襲任務時受傷的機組員。但研究要有進展，需要更穩定的傷患來源，因此在相關單位安排下，研究團隊決定轉往紐卡斯爾市的皇家維多利亞醫院，那裡有大量的工傷和車禍重傷患。規劃搬遷期間，維根斯坦告訴里夫自己想一起遷往紐卡斯爾。

一九四二年十一月，研究團隊遷到了皇家維多利亞醫院，但格蘭特手下的醫技士拒絕同行，格蘭特想起維根斯坦對研究深感興趣，便提議由他接手。一九四三年春天，弗拉克已經離開蓋斯醫院入伍從軍，那裡應該沒有什麼令維根斯坦留戀的事物了。同年四月，格蘭特寫信給醫學研究委員會的哈洛德醫師（Dr Herrald）：

> 我跟您提過的維根斯坦教授於四月二十九日加入本部門，職稱為實驗助理，試用期一個月，薪水照我們之前安排好的，為每週四鎊。

比起藥局速遞員週薪只有二十八先令，新工作的收入顯然大為提高。一個月試用期過後，格蘭特再次寫信給哈洛德，確認將正式聘用維根斯坦，並說「他證明自己很有用處」。

對維根斯坦來說，從跑腿轉為協助研究、從體力勞動轉為腦力為主的工作，顯然是好事一樁，原因不單是他發現速遞員的體力需求有些超過自己的負荷而已。三月十七日，在他即將離開蓋斯醫院前，他寫信給赫特提到思考的價值：「我**猜想**，比你現在習慣的多思考一點，對你會有益處。我希望你的家人沒妨礙你思考?!要是有人那麼做，那**真是**愚蠢。」赫特這時已經離開沃爾沃斯連鎖超市，準備從軍。他寫信告訴維根斯坦自己面對上司的一些問題。「我猜想，」維根斯坦在回信裡寫道：「這有外在的因素，也有內在的。」

> 我是說，他們或許沒有給你應得的得體對待，但你**常常**不大可靠，也就是你常常忽冷忽熱，或是不冷不熱。因此你熱切時被他們無視，把你當成冷淡或不冷不熱的人對待，其實不必意外。

動身前往紐卡斯爾之前，維根斯坦去見了里斯幾天，兩人又談起前一年夏天關於佛洛伊德的話題。他感興趣的同樣是「夢的符號構成一種語言」這個想法：我們本能地覺得夢**意味著**什麼，就算不知道它到底意味著**什麼**也一樣。同樣的，他對里斯提起莫斯科大教堂的五個尖頂：「每個尖頂的弧形各不相同，給人一種強烈的感覺，這些不同的形狀與排列一定意味著什麼。」問題的焦點在於佛洛伊德的見解對詮釋夢境有多大用處？維根斯坦強調我們要的不是解釋（explanation），而是詮釋（interpretation），因此夢的科學理論或許能預測做夢者描述夢境之後會想起某些回憶，卻根本沒有觸及問題。佛洛伊德的見解之所以有趣，就在於他不提供這種科學方式。夢令人困惑之處不在其因果，而在其**含意**（significance）。我們要的是可以「改變面向」的解釋，改變我們對夢的影像的看法，讓那些影像有意義。佛洛伊德認為夢是願望的滿足，這個說法很重要，因為它「指向了我們想要的那種解釋」。但他的說法太籠統了。有些夢明明是願望的滿足（「例如成人的春夢」），但奇怪的是佛洛伊德竟然完全無視：

在我們看來，佛洛伊德給的通常是性的詮釋，但有意思的是，他所舉的夢的例子沒有一個是直接了當的春夢，雖然這種夢就和下雨一樣常見。

這點又和佛洛伊德決心為所有的夢找出一**個**模式有關：對他而言，所有的夢都是慾念的表達，而非其他，例如恐懼的表達。他和哲學理論家一樣受到科學方法的誘惑，「渴望普遍性」。夢不只一種，詮釋夢裡的符號的方式也不只一種。夢的符號確實意味著什麼（「顯然和語言有某些相似之處」），但要了解這些符號，需要的不是夢的一般理論，而是一種多面（multi-faceted）技巧，就像理解一首樂曲需要的技巧一樣。

維根斯坦四月離開斯旺西前往紐卡斯爾，正式加入格蘭特的研究團隊，成員包括里夫、格蘭特和秘書海倫．安德魯斯（Helen Andrews）小姐，全都住在布蘭丁公園（Brandling Park）的一棟房子裡，走路就能到醫院。屋主是莫法特（Moffat）夫人。安德魯斯小姐回憶維根斯坦抵達當天：

莫法特夫人的房子還有一間空房，所以他過來加入我們。那時我們已經住了一段時間，適應了陌生的環境，但維教授調適得很困難。早上他帶著愉快健談的心情下來用餐，但我們輪著看《曼徹斯特衛報》，沒怎麼說話。傍晚我們心情輕鬆，他卻喜歡待在自己的房間吃晚飯，不和我們一起用餐。莫法特夫人嘴裡叨念，將飯菜放在托盤裡，維教授下來拿（我覺得這麼做對格蘭特醫師很無禮）。房子裡有一間起居室，壁爐火很旺，但他從不加入我們，幾乎每晚都去看電影，可是隔天有人問起時，卻又記不得電影演了什麼。他只是去放鬆。

維根斯坦住進來不久，莫法特夫人身體出了狀況，成員們不得不搬離布蘭丁公園的房子。他們各自找到了住處，但安德魯斯小姐回憶道：「維教授很難找到住的地方，因為他有外國口音，外表有點邋遢，又說自己是教授，多數女房東很自然會起疑心。」

維根斯坦每晚都去看電影，說明他在紐卡斯爾的工作有多辛苦，而他的態度又有多認真，讓人想起他對德魯利說過的話：

你覺得哲學夠難了，但我告訴你，比起當一個好建築師，那根本不算什麼。我在維也納替我姊姊蓋房子時，每天收工我都徹底精疲力竭，晚上唯一能做的就是去看「片子」。

還有一件事也能看出這一點，他在蓋斯醫院寫了滿滿三冊的數學哲學札記，但在紐卡斯爾卻沒寫半個字。他並未自限於醫技士的工作，而是抱著強烈積極的興趣思考研究背後的意義。雖然格蘭特和里夫會找維根斯坦討論想法，也獲益匪淺，更樂見維根斯坦對他們的研究感興趣，但有時又覺得他太過投入了點。安德魯斯小姐記得由於成員們太認真，格蘭特有時會建議大夥兒休假一天，沿著哈德良長城（Hadrian's Wall）散步。她發現格蘭特從來不會邀維根斯坦同行，便問格蘭特為何漏了他。格蘭特回說要是維根斯坦一起來，就別想散步了，因為他「會一路談工作」。

雖然維根斯坦不曾參加「休假」健行，但格蘭特和里夫都記得自己曾經多次陪他沿著哈德良長城散步。談話主題通常是研究，但兩人之中，維根斯坦比較常和里夫談起私事，例如告訴對方自己的童年，說他到四歲才會講話，還說了一則德魯利也知道的童年往事，表示這件事顯然對他意義重大。他說他家盥洗室牆上的灰泥掉了一塊，他總是看成一隻鴨子，讓他很害怕，因為那鴨子看起來就像畫家波希《聖安東尼的誘惑》[5]裡的怪物。

里夫有時會向維根斯坦討教哲學，但維根斯坦照例百般勸阻，強調哲學和他研讀的醫學不同，完全沒有用處，除非受到驅使才值得去做，否則毫無意義。「你的醫學研究做得很**得體**，」他告訴里夫：「滿足於此吧。反正——」他調侃一句：「你那麼笨。」有趣的是，里夫四十年後回憶維根斯坦對他有兩個重要的影響，一是謹記事物就是如其所是，二是尋找具有啟發性的對比，以了解事物如何是其所是。

這兩個想法都是維根斯坦後期哲學的要點。事實上，維根斯坦曾經考慮以巴特勒主教[6]的名言作為《哲學研究》的題句：「一切都是其所是，而非別的。」而具有啟發性的對比之所以重要，不僅在於它是維根斯坦的核心概念「看出關聯的那種理解」的關鍵，也在於維根斯坦認為它總結了自己對哲學的貢獻。就像他幫里夫和格蘭特釐清「休克」的概念一樣，維根斯坦和里夫的交談顯示了除了討論哲學之外，還有許多方式可以產生哲學影響。維根斯坦傳授思考和理解方式的方法，不是說出其特點何在，而是示範如何用它來釐清自己的概念。

格蘭特和里夫都記得，研究團隊最終報告導言裡的思路深受維根斯坦影響，標題刻意不用「休克」一詞，而是〈創傷對人的一般效應之觀察〉。報告的主要論據和格蘭特一九四一年一月的那份備忘錄相同，但「對『休克』一詞的攻擊」更為猛烈：

> 實務上，我們發現休克的診斷似乎更多來自診斷者的個人觀點，而非倚賴公認的準則。除非熟悉這些觀點，否則唯有到了病床邊，才會知道情況如何。單憑休克一詞，我們無從判斷病人顯出了哪些徵象或症狀，病得如何，又需要什麼治療，唯一找得到的共同診斷基礎只有病人看起來**病了**。因此我們得出結論，必須拋棄「休克」一詞，以及它的各種定義。我們始終看不出這一概念對創傷研究有任何價值，只見到它妨礙了客觀觀察，引發誤解。

這段話不論是否出自維根斯坦之手，都產生了他期望自己的哲學作品能有的效果，終結了許多走偏了的研究進路。醫學研究委員會的一九三九至一九四五年報告指出，格蘭特指導的這項研究——

5 譯註：Jeroen Bosch，1452-1516。荷蘭畫家，作品多在描繪罪惡與人類道德的沉淪，具有高度想像力，並使用大量象徵與符號。被認為啟發了二十世紀的超現實主義。《聖安東尼的誘惑》（Temptation of St Anthony）是他著名的三聯畫（Triptych；繪於木質屏風上的作品）之一。

6 譯註：Bishop Butler，1692-1752。英國聖公會主教、神學家。

> 挑戰了將創傷性「休克」視為臨床和病理實體的觀點，使得以此解決休克問題的價值備受懷疑，本委員會於戰爭初期展開的幾條研究路線也因此放棄。

事實上，這就是維根斯坦希望自己的後期作品對數學哲學能有的影響，一如陽光影響馬鈴薯苗的成長那樣。

格蘭特和里夫的研究，其目的不在反對診斷創傷效應時使用「休克」一詞，而是希望在一戰期間研究奠定的診斷和治療之外，找到其他更有成果的診斷與治療，因此需要仔細觀察創傷的後果。就實務部份，維根斯坦負責切割冷凍組織切片並加以染色，以便檢測脂肪之類物質的存在。他顯然做得很好。除了處理組織，格蘭特還要維根斯坦協助他研究奇脈（Pulsus Paradoxus），一種血壓隨呼吸而改變的症狀，通常發生在重傷患身上。維根斯坦似乎做出了技術上的創新，發明了一種更好的血壓紀錄器。格蘭特和里夫只記得它是新發明，卻都不記得細節了，因此我們手上只剩德魯利的描述。德魯利談到自己趁著部隊休假去了紐卡斯爾一趟，造訪維根斯坦：

> 北非戰事結束後，我被調回英國預備參加諾曼第登陸。由於有一段上岸假，我便北上紐卡斯爾待了幾天，去找維根斯坦……他帶我到他研究部的房間，讓我看了他為研究設計的儀器。格蘭特醫師要他研究呼吸（深度和頻率）和脈搏（強度和頻率）之間的關係。維根斯坦刻意設計那台儀器讓

自己可以當受試者，並將追蹤結果紀錄在轉鼓〔revolving drum〕上。他替原本的儀器做了幾處改進，搞得格蘭特醫師說他真希望維根斯坦是生理學家，而非哲學家。維根斯坦向我描述目前的進展時，用他一貫的方式說：「它比你第一眼感覺的要複雜得多。」

德魯利的紐卡斯爾之行還透露了一段對話，讓我們一窺維根斯坦對性的態度有了很有趣的變化。看來到了一九四三年，維根斯坦不再接受魏寧格「性與精神互不相容」的觀點，轉向了另一個看法，將性行為視為宗教敬畏的對象。德魯利提到他在紐卡斯爾造訪維根斯坦時，曾一起搭火車到杜倫（Durham）去河邊散步，其間他對維根斯坦講起自己在埃及的經歷，尤其是在盧克索[7]見到的廟宇。他告訴維根斯坦雖然參觀廟宇感覺很棒，但其中一座廟宇的牆上有著荷魯斯神的浮雕，而且雕像陰莖勃起，拿著碗盛裝射出的精液，讓他大吃一驚。但維根斯坦用稱許的口吻反駁了德魯利語氣裡的反感：

他們為什麼不能懷著敬畏欣賞人類種族藉之以延續的行為呢？不是所有宗教對性的態度都得和聖奧古斯丁一樣。

維根斯坦剛搬到紐卡斯爾時，對德魯利的另一段話回應得更粗魯而直接。德魯利寫信祝他新工作順利，同時交到許多朋友。維根斯坦答道：

7　譯註：盧克索（Luxor，亦作路克索、樂蜀），古稱底比斯（Thebes），為埃及古都。

我覺得你顯然變蠢了，缺乏思考。你怎麼會以為我可能有「許多朋友」？

這話雖然刺耳，但無疑非常真實。維根斯坦在紐卡斯爾似乎只有一個朋友，就是貝索・里夫。他和格蘭特處得不錯，兩人也都熱衷於音樂（格蘭特記得他有一次提到自己不喜歡貝多芬《皇帝協奏曲》的開場，維根斯坦激動贊同），但缺乏感情的溫度，缺乏那種維根斯坦在蓋斯醫院和弗拉克有過的單純的人的接觸。格蘭特太投入工作，做不到這一點。維根斯坦曾經向弗拉克抱怨，說他在劍橋的哲學工作缺乏人的接觸，但到了紐卡斯爾，他卻開始想念劍橋的朋友了，就像他在信裡對馬爾康姆說的：

> 我已經好幾個月沒有史邁瑟斯的消息了。我知道他在牛津，但他沒有寫信給我。（喀什米・）路易還在劍橋……里斯還在斯旺西教書……我希望你去看摩爾，希望他身體健康。（一九四三年九月十一日）

> 我在這裡覺得相當寂寞，或許該到有人可以說話的地方去，比如去斯旺西，里斯在那裡當哲學講師。（一九四三年十二月七日）

或許更重要的是，他開始想念自己的研究了。專注在格蘭特和里夫的工作裡已經不夠了。

我也惋惜因為種種內外因素，使得我無法做哲學。那是唯一能帶給我真正滿足的工作，沒有其他工作真正讓我振奮。我現在非常忙，腦袋沒有一刻空閒，但一天結束時只覺得疲憊與哀傷。

「內在因素」是指維根斯坦懷疑自己是否還能在哲學上做出好東西來。他常一再對里夫說「我的腦子已經沒了」，並且抱著緬懷與嚮往談起他一九一三年在挪威的日子：「**那時**我的腦袋像火一樣……現在全熄了。」「外在因素」是他在紐卡斯爾的工作重擔，以及不大令人滿意的居住環境。他還發覺自己愈來愈無法忍受天天見到住院醫師和實習醫師，聽他們口無遮攔談論病人，而且往往言詞粗鄙。同時他也愈來愈需要里夫幫忙，才能理解年輕醫師面對職業壓力時的反應。

或許由於這些挫折，再加上里夫的妻子和小寶寶剛搬到紐卡斯爾，使得里夫時間更少，導致連他和維根斯坦的友誼也開始惡化。維根斯坦向來是個佔有欲極強的朋友，開始要求里夫給他更多時間與關注，但工作和家庭生活限制了里夫能給的時間，兩人最終不歡而散。維根斯坦給里夫的臨別贈言是：「你並沒有我以為的那麼好。」里大則是如釋重負，再也不必提供維根斯坦所需的情感支持了。

維根斯坦渴望重回哲學研究而不可得，跟里夫的關係也每況愈下，因此聽到里夫和格蘭特要離開紐卡斯爾時，應該鬆了一口氣。由於當時他們的研究開始著重於進一步檢視失血和組織損傷的後果，需要接觸比日常事故更嚴重的創傷，也就是必須到戰場上進行研究，因此一九四三年底時，研究團隊被安排轉往義大利。

接替格蘭特在紐卡斯爾職位的是拜沃特斯醫師（Dr E. G. Bywaters），他跟格蘭特和里夫一樣，曾經在倫敦觀察空襲傷患。離開前，格蘭特致信倫敦醫學研究委員會總部的蘭茲波洛・湯姆森醫師（Dr A. Landsborough Thomson）：

> 維根斯坦同意續任實驗室助理，但任職多久取決於他和拜沃特斯處得如何。

格蘭特力勸湯姆森，就算維根斯坦決定離開紐卡斯爾，也要讓他繼續為醫學研究委員會工作：

> 維根斯坦將實驗室工作當成一種上戰場的方式。我曾跟你提過，他是劍橋的哲學教授，若他決定在我和里夫去職之後也要離開，不另行任用他似乎甚為可惜……他有著一流的頭腦和驚人豐富的生理學知識，是討論問題的絕佳對象。工作上，他是出色的實驗室助理，還自行設計儀器與實驗，對人體血壓隨呼吸變化的徵狀做出了新的觀察。他不是好相處的人，但只要條件對了，就能成為激發同事潛力的好幫手。我猜戰爭結束後他會回劍橋重執教鞭。

格蘭特和里夫最終於一九四四年一月底去了義大利。如前所述，維根斯坦在拜沃特斯就任前過得並不開心，經常寂寞和沮喪。雖然在醫技工作上依然盡忠職守，卻不打算與人往來。拜沃特斯回憶道：

> 他很拘謹，而且頗為內向，就算喝咖啡或喝茶時談到哲學話題，他也不肯參與。這點我很失望，但他一絲不苟、兢兢業業為我準備冷凍的肺部和其他器官切片，這部份讓我相當滿意。他在我印

象中是個不愛交流的謎樣人物，或許相當消沉，喜歡自己房裡的休閒椅勝過一切應酬。

拜沃特斯才就任三週，就不得不寫信給總部要求另聘醫技士：

> 維根斯坦教授此前在本單位協助格蘭特醫師進行組織學研究……他最近收到劍橋來信，請他接下來至少花三個月時間撰寫一篇他自己專業（哲學）的論文。

一週後的二月十六日，他又寫道：

> 維根斯坦教授今天離開了我們，他被劍橋叫回去寫一篇哲學論文。過去一年這篇論文只聞樓梯響，現在他們希望它白紙黑字印出來。

於是，一九四四年二月十六日，維根斯坦離開紐卡斯爾返回劍橋，而從拜沃特斯信中提到那篇「過去一年只聞樓梯響」但「現在他們希望它白紙黑字寫出來」的論文，我們可以推論「他們」不是指劍橋大學，而是劍橋大學出版社。

一九四三年九月，維根斯坦聯繫劍橋大學出版社，建議對方將自己的新書《哲學研究》和舊書《邏輯哲學論》並排出版。這構想年初就有了，是他和尼可拉．巴赫金一起重讀《邏輯哲學論》時產生的，而他也對里夫提過，說他喜歡這點子，把《邏輯哲學論》和對它的反駁擺在一起出版。一九四四年一月十四日，劍橋大學出版社正式接受這項提議，這一點和拜沃特斯第一封信裡的話是吻合的：「他最近收到劍橋來信……」然而，這個計畫和劍橋大學出版社一九三八年接受的計畫一樣，終究沒有實現。

二十二、斯旺西

儘管拜沃特斯覺得維根斯坦是「被劍橋叫回去」而不得不離開紐卡斯爾，但維根斯坦卻一心不想回到劍橋。他想在重執教鞭之前把書完成，在這點上，去斯旺西更為理想。去年十二月他得知格蘭特和里夫將離開紐卡斯爾後，就動了去斯旺西的念頭。如他在信裡對馬爾康姆說的，他想跟可以討論哲學的人在一起，而里斯顯然是首選。「我不知道你還記得里斯嗎？」他寫道：「我想你之前在我的課上見過他。他是摩爾的學生，為人非常出色，也有真正的哲學天份。」

然而，離開紐卡斯爾前一週，他忽然想到自己可能無法在斯旺西長期工作。他向里斯解釋道，他能留職停薪，放下劍橋的教職，是因為他在從事「重要的」戰時工作：

> 要是比如我離開這裡去另一家醫院工作，我就得通知總部，請他們批准。如果我下週去劍橋，他們會想知道我在做什麼，我就得跟他們說我要做幾個月的哲學。這時他們就能說，既然你要做哲學，就不是在做戰時工作，那就得回到劍橋去做哲學。
>
> ……我幾乎確定自己現在無法在劍橋工作！我希望能到斯旺西。

事實證明，維根斯坦是白擔心了。他在劍橋待了幾週之後，便獲准休假到斯旺西把書完成。他一九四四年三月離開劍橋，隔年秋天才需要回來。

斯旺西的誘人之處，除了能每天和里斯討論哲學之外，還有威爾斯的海邊。維根斯坦很喜歡那裡的海，但更重要的一點，或許是他覺得那裡的人比劍橋的人更加投緣。「天氣很糟，」他一九四五年寫信給馬爾康姆說：「但我很高興自己不在劍橋」——

> 我在這裡認識了不少喜歡的人，我發現自己在這裡比在英格蘭更容易與人相處，感覺自己更喜歡笑，不論走在街上或見到小孩的時候等等。

里斯從報紙廣告上替維根斯坦找到了住處：位於朗藍灣（Langland Bay）的曼恩夫人（Mrs Mann）家。那個地方實在太過完美了，當曼恩夫人寫信給維根斯坦說自己改變了心意，無法收他當房客，那時他竟然拒絕接受，硬是搬了過去。一九四四年春天他都住在那兒，而曼恩夫人果然是好房東，即使他身體不時變糟，仍將他照顧得很好。

維根斯坦搬進曼恩夫人家不久，和赫特有過一段密集通信。這些信件或許表達了法尼婭說出下面這段話時的內心想法：你如果殺了人或打算改變信仰，維根斯坦會是最好的商量對象，但講到日常的焦慮與恐懼，找他可能就很危險了。「他的救治方法可能太激烈、太精準無情，像是對付原罪一般診療你。」

赫特當時在皇家陸軍醫療部隊服役，對自己的職位很不滿意，很想拿到調令轉去實驗室或手術室工作。他滿懷沮喪寫信給維根斯坦，抱怨自己的處境。儘管維根斯坦向來鼓勵人行醫，卻將赫特的狀況視為靈魂問題，而非工作不順。「你的信給我的感覺不好，」他三月十七日回信道：「雖然我說不出哪裡有問題」——

我感覺你似乎愈來愈懶散。我不是在**責怪**你，也沒資格這樣做，只是我一直在想該怎麼辦。去找心理學家沒什麼用，除非他是非比尋常的**人**。

無論如何，他有點懷疑赫特轉到手術室能否勝任。「在那裡必須反應快，又很有策略，但我真不曉得你是不是這樣。」不過，「有一件事我很肯定，就是你絕對不能繼續待在在一個令你屈辱或洩氣的職位上。」維根斯坦認為，重點在於維持赫特的自尊。如果拿不到調令，又不願意做好手邊的工作（不論是什麼），那他就應該申請調往靠近前線的單位。維根斯坦告訴他，在那裡「你的**生命**至少沒有白過」：

我自己膽量很小，比你小得多，但我發現我每回經過漫長掙扎，最後鼓起勇氣去做某件事之後，總會感覺自由和快樂**許多**。

「我知道你有妻小，」維根斯坦不難想像面對這個明智的建議，最明顯的反駁會是什麼。「但如果你對自己沒用處，對家人也不會有用。」雖然赫特的妻子洛蒂現在還看不出這一點，但「她有一天會見到的。」

這個建議和維根斯坦二戰期間給朋友的許多建言一樣，顯然都來自他本人的一戰經驗。例如，德魯利動身參加D日[1]行動前，到斯旺西跟維根斯坦道別。維根斯坦送了他這句話：

> 萬一陷入肉搏戰，你務必站到一旁，讓自己被屠殺。

「我覺得，」德魯利說：「這個建議他上次大戰時也給過自己。」同樣地，馬爾康姆加入美國海軍時，維根斯坦寄了一本「劣版」的《哈德勞布》（Hadlaub）給他（應該是二手書，還有點污損），跟他說這本瑞士作家戈特弗里德．凱勒的小說外表破舊有一個好處，就是「你就算在機房讀，也不會把它弄得**更髒**」。他顯然想像馬爾康姆會在類似戈普拉納號的蒸氣船艦上吃苦勞動，而他的年輕朋友入伍參戰似乎給了他機會，讓他得以重溫一九一四至一八年那些改變了他的深刻事件。

感覺起來，維根斯坦如果是赫特，肯定會毫不猶豫請調前線，就像他一九一五年做的那樣。然而，他給赫特的建議還出於更一般的考量。「我認為，」他寫道：「你應該停止在地上爬，再次起身**行走**。」

> 順帶一提，我說的勇氣不是跟你的上司吵架，尤其那麼做完全沒用，只是逞口舌之快。我說的勇氣是找一副重擔，努力**挑起來**。我知道我沒資格這麼說，我自己也不擅長挑重擔，但我要說的仍然只有這些。等我哪天見到你時再說。

赫特回信裡看不出他打算接受這項建議，還說他最近找了一位心理學家。「我想多知道部隊的事，」

維根斯坦的回覆帶著幾分不耐的嘲諷：

> 我實在不能理解，比方說，心理學家跟你在部隊裡的病歷有什麼關係。你**心理上**當然沒問題！（就算有，心理學家也不會知道。）

接著他又重述了之前的建議。若赫特拿不到調令，那唯一要做的就是「做你**真正做得好**的工作，才不會在做的時候失去自尊」。

> 我不曉得你懂不懂我的意思。想辦法得到一份更好、更適合自己的工作，是需要動腦筋的。**但當**那些辦法都失敗了，當抱怨責怪不再有意義，那就應當**定下來**。你就像一個人搬進一間房子說，「這只是暫時的」，然後不打開他的行李。眼前是沒問題，至少現在。但要是他**找不到**更好的地方，或**下不定**主意徹底搬到別的城市，那不論房子是好是壞，他都應該打開行李，好好住下來，因為**什麼**都勝過生活在等待中。

「這場戰爭**終會**結束，」他鍥而不捨道：「最重要的是到時**你**會是哪種人。也就是說，當戰爭結束，

---

1 譯註：D日（D-Day）為軍事術語，表示「作戰或行動發起的那天」，最著名的D日、也是此處談到的，即為一九四四年六月六日諾曼第登陸行動開始之日。

你應當是一個**人**，但不從現在開始鍛鍊就不會是了」——

首先要做的，就是無益時停止責怪。在我看來，你應當要嘛申請調往前線附近的單位，就**冒一次險**，要嘛如果你不想，就好好**待著**，別再想著調動，只想著怎麼把**現在**的工作做好。

「我就老實對你說了，」他又補上一句，再次顯示他可能將自己的過往投射到了赫特身上：「我覺得待在你家人見不到你的地方，**可能**對你比較好。」

當然，家人是很大的慰藉，但也可能讓人軟弱，而面對某些瘡痛，你會希望自己皮膚**硬一些**，而不是更軟。我是說，我感覺（也許錯得離譜）家人讓你更難甚至更不可能定下來好好工作，不左顧右盼。此外，你或許也該多檢視自己的內心，但當家人在身邊，這可能也做不到。若你把這封信給洛蒂看，而她強烈反對我的意見，我會說：也許她不反對就不是好妻子了，但這不表示我跟你說的話就不是**對的**！

然而，赫特依然希望轉調。他回信給維根斯坦，說他已經見了指揮官，或許很快會再去一次。「在我看來，」維根斯坦回覆道：「你一直擺盪在毫無根據的希望與絕望之間……我覺得，這時拿轉調的事打擾指揮官很不聰明。他拒絕你之後，事情**沒有**任何改變！」

你信裡說：「這些舉動已經讓我的處境令人滿意，不然也將會如此。」這完全是胡說，讀了真讓人作嘔。能給你滿足的舉動只有一個，而且是內在的舉動（但我不會說遠離家人對你沒有用處）。

這件事的討論在六月結束了，維根斯坦為兩人的對話劃下句點。「我祝你**好運**與**耐心**！」他最後寫道：「還有，別再找心理學家。」

維根斯坦這時已經搬出曼恩夫人的房子，住進基督教衛理教派牧師溫福德・摩根（Wynford Morgan）家中。他首次造訪新居時，摩根夫人一如熱心的女主人問他想不想喝茶，想不想來點這個或那個，她丈夫在另一個房間喊道：「別問，**給就是了**。」這話令維根斯坦印象極為深刻，後來不只一次向朋友轉述。

但在其他方面，維根斯坦對新房東就不是那麼欣賞了。他取笑對方牆上擺了一堆從來不讀的書，批評那樣做只是為了向教眾擺譜。摩根問維根斯坦信不信上帝，維根斯坦答道：「我信，但你信仰的東西可能和我信仰的東西差得無限遠。」

這話當然不是指衛理教派和其他基督教派的差異。維根斯坦並非衛理教徒，也遠不是天主教的信仰者。他曾如此評論皈依天主教的朋友：「我不可能讓自己相信他們相信的所有事。」史邁瑟斯便是其中一位。維根斯坦寄宿在摩根牧師家時，史邁瑟斯寫信告知自己皈依了天主教。維根斯坦非常介意，尤其他認為自己可能要負一點責任，因為是他鼓勵史邁瑟斯去讀齊克果的。他信回得很迂迴：「如果有人跟我說他買了走鋼索的全套裝備，在看到他真的拿它做了什麼之前，我不會覺得這有什麼。」

他在一份筆記裡說明了這個比喻的意思：

誠實的宗教思考者有如走鋼索者，看上去就像完全走在空氣裡，腳下的支撐難以想像地纖細，但確實有可能行走其上。

儘管他極度敬佩可以平衡的人，卻不認為自己也能做到。比方說，他就無法說服自己相信傳言那些奇蹟的真實性：

奇蹟可以說是上帝的動作，就像人靜靜坐著，突然做了一個大動作一樣。上帝讓世界平順運行，接著讓大自然做出一個動作，一個象徵事件，伴隨著聖人的言詞而出現，例如聖人說完話，周圍的樹木彎腰鞠躬，像是敬畏一般。那麼，我相信這種事發生了嗎？我不相信。

對我而言，要相信這種奇蹟，唯有它發生的方式讓我覺得「看到樹這樣子，我不可能覺得它們不是在回應聖人的話」，就像我說「看到這隻狗的表情，我不可能看不出牠很在意和留意主人在做什麼」那樣，我才會相信。我能想像有些人光是聽見聖人的言詞與生活，就相信樹鞠躬的傳言，但我沒有那種感覺。

維根斯坦告訴摩根他信上帝，並不表示他接受某些教義為真，只代表他用宗教的態度看待生命，就如他有一回對德魯利說的：「我不是信教的人，但總是不由得用宗教的角度看待所有問題。」

摩根家隔壁住著克雷門特一家（Clement family），維根斯坦很快和他們成為朋友，證明了他對馬爾康姆的說法，自己在斯旺西比在英格蘭更容易和人處得來。他尤其喜歡克雷門特夫人，她每週日都會邀他來和家人共進早餐。「她真是個天使，對吧？」有一回早餐時，他這麼對克雷門特先生說。「是嗎？」克雷門特先生回答。「見鬼了，老兄，她當然是！」維根斯坦吼道。事實上，他對克雷門特夫人印象太好，甚至央求搬到她家，不想再和牧師同住。克雷門特夫婦從未收過房客，也不大想收，但熬不過維根斯坦一再請求，便同意讓他搬來。隨後三年，維根斯坦一直和克雷門特一家保持往來，在劍橋任教的最後幾年如有休假也會回那裡作客。

克雷門特有兩個女兒，十一歲的裘安和九歲的芭芭拉。維根斯坦寄住期間，克雷門特一家幾乎將他當成家人看待。由於他的名字很拗口，他們都喊他「維奇」（Vicky），但維根斯坦表明只有他們能這麼叫他。特別的是，他會和克雷門特家一起用餐，這點很不尋常，而且還會參與他們的生活。他尤其喜歡跟兩個小女孩玩飛行棋和蛇梯棋，有一回還太過投入，玩蛇梯棋玩了兩個多小時，最後是兩個女孩求情，他才勉為其難沒玩下去。

他還很關心兩個女孩的教育。老大裘安當時正參加當地文法學校的入學考，成績公佈當天，維根斯坦回家發現她一臉淚水，因為她得知自己沒有錄取。維根斯坦堅持這不可能。「見鬼了，」他說：「我們走著瞧！」說完便奪門而出，裘安和她母親緊張地跟在後頭。到了學校，他對通知裘安沒有錄取的老師說：「我可以拍胸脯向妳保證，她一定通過了。」老師有點嚇到，遂檢查紀錄，發現確實有錯，裘安的分數足以通過考試，所有人都鬆了一口氣，維根斯坦斥責老師是「無能的蠢蛋」。雖然事實證明了他的判斷和裘安的能力，但克雷門特夫人卻再也沒有臉到學校露面。

除了自己攬在身上的家務事，以及幾乎每天和里斯散步之外，維根斯坦在斯旺西大多時間都在寫作。他將《哲學研究》一九三八年版的打字稿、任職蓋斯醫院時寫好的筆記和硬皮帳簿帶在身邊，開始修改《哲學研究》，希望隔年秋天不得不返回劍橋前把書交給出版社。

在斯旺西的頭兩個月，他的工作重點擺在數學哲學上，繼續自己在蓋斯醫院完成的那本題為〈數學與邏輯〉的筆記裡的思考。那本筆記主要在探討「遵守規則」這個概念。一九三八年版的第一部分結尾討論了這個概念引起的混亂，第二部份開頭則試著拆解這些混亂，好為數學哲學問題的討論鋪路。然而，在他死後出版的重寫過的《哲學研究》裡，對於「遵守規則」的討論卻是為了心理學哲學問題的討論而鋪路。這項改變就發生在斯旺西，時間是一九四四年的春夏兩季。

有兩件事可以說明維根斯坦的觀點在斯旺西轉變得有多快、多徹底，前後只差了幾個月。第一件事發生在他剛搬去不久。約翰·威斯頓寫了維根斯坦小傳，預備收錄在一本人物辭典裡。出版前他將那一小段傳記寄給維根斯坦過目，維根斯坦只做了一處修改，在段末加了一句話：「維根斯坦的主要貢獻在於數學哲學。」兩三個月後，維根斯坦正在撰寫後來稱為「私有語言論證」(Private Language Argument)的那些論述時，里斯問他：「你論數學的那些文章呢？」維根斯坦揮揮手說：「喔，那東西別人去做就行了。」

當然，在數學哲學和心理學哲學（philosophy of psychology）之間反覆切換，拿一個領域的問題當作類比來說明另一個領域的要點，這件事維根斯坦早在一九三〇年代初就開始在自己的課堂、筆記和談話裡這麼做了，而他反對「私有語言是可能的」的這個念頭也不是一九四四年才出現的，早在一九三二年他就在課堂上討論過。一九四四年這次的轉變之所以關鍵，在於它是永久的：維根斯坦再也沒有試著將他對數學的論述整理成可出版的形式，而是終其餘生都在整理、再整理和修改自己對心理學哲學的看法。此外，這個看似永久的轉變發生的時間，正好是他最亟欲完成書裡對數學哲學的討論的時候。

我認為，轉變的線索在於維根斯坦對書的想法變了，尤其是他意識到自己對遵守規則的論述不僅是討論數學的起點，也是考察數學概念和心理學概念的序曲。雖然對里斯說「那東西別人去做就行了」、雖然再也沒有回頭討論數學，但維根斯坦仍舊認為自己對數學的論述屬於《哲學研究》。因此，一九四五年撰寫前言時，他仍將「數學的基礎」列為書中的討論主題，甚至到了一九四九年，他仍在自己的筆記裡寫道：

> 我想將自己在《哲學研究》裡對數學的考察稱為「數學的開端」。

因此，對於維根斯坦的轉變，我們首先且主要應該這樣看：轉變的是他對自己論述的看法——他對「遵守規則」的論述之力有了新認識。這些論述現在不只通向一處，而是兩處，而他意識到這一點後，更傾向於循著通向心理學概念的思路前進。儘管他生前來不及走回岔路口，循著另一條路前進，卻始終不曾忘記還有另一條思路等待他探訪，因此《哲學研究》的最後一則論述——「用完全類似於考察心理學的方式來考察數學，這是可能的」——完全呼應了他對里斯說的話，即使**他**自己未曾道盡書中第一部分的所有含意，這事仍然能由別人完成。

維根斯坦這麼告訴里斯：他唯有在自己哲學立場改變，開始發展新構想時才真正感到活力充沛。他舉了一個例子，認為那是自己哲學思路的一次重要轉變，和他對「語法」命題和「實質」命題的見解有關。他說他以前認為兩者的區別是固定不變的，現在則認為界線是流動可變的。其實，這更像著重點不同，而非觀點的改變，因為即使在一九三八年版的《哲學研究》裡，他也不認為區別是固定的，不過也沒特意強調它可變。而他一九四四年夏天的工作重心，正是強調這一點。

這兩種命題的區別是維根斯坦全部哲學的核心。在他對心理學、數學、美學甚至宗教的思考裡，他對自己不贊同的那些人的主要批評就是他們混淆了語法命題和實質命題，將應當視為**語法**（就維根斯坦對這個詞的古怪用法而言）創新的東西說成一項發現。

因此在他看來，佛洛伊德並非發現了無意識，而是將「無意識想法」和「無意識動機」這類詞彙引進了我們描述心理事件的語法中。同樣的，康托並未發現世界存在著無限多的無限集合，而是為「無限」一詞增加了一個新的意思，使得談論各種層級的無限變得有意義了。對於這樣的創新，要問的不是這些「新發現的」實體存不存在，而是它們所造成的詞彙擴充與語法改變有沒有用（維根斯坦個人認為佛洛伊德的創新有用，康托的沒有）。

維根斯坦對於語法命題的說法很多，例如「自明命題」和「**概念形成**（concept- forming）命題」等等，但最重要的一個說法是稱之為**規則**。藉由強調語法命題和實質命題的區別並不固定，他讓我們注意到一個事實：概念的形成（從而規定了哪些話有意義、哪些話沒意義）並非如他在《邏輯哲學論》裡認為的那樣，是由不可動搖的邏輯形式法則所確立的，而是始終與習慣和實踐相連。因此，習慣或實踐不同，對於哪些概念有用的判斷就會和**我們**不同，用來判定哪些話有意義、哪些話無意義的規則也會和我們實際採用的規則不同。

對語法命題的關注是維根斯坦數學哲學的核心，因為他想表明數學之所以「無可動搖」不在於數學真理的確定知識，而在於數學命題是語法命題。「2+2=4」的確定性來自我們不當它是描述，而是一條規則。

在他最後幾則對於數學哲學的論述裡，以及他和里斯的談話中，維根斯坦愈來愈關注遵守規則和習慣之間的關係：

使用「遵守規則」這個概念時，預設了「習慣」的存在。因此，說「世界上曾經有人只遵循了某規則（或某路標，或玩某遊戲，或說某句話等等）一次」是毫無意義的。

由於這一點涵蓋甚廣，從這段評論所在的筆記裡（寫於一九四四年）根本看不出維根斯坦講的是數學。不過，這一點和維根斯坦的反對私有語言論證的關聯倒是很明顯：

我現在可以給出一條從未被人用過、但所有人都懂的新規則，這做得到。但要是自古以來沒有任何規則被實際應用過，這件事還做得到嗎？

若有人說：「想像它被應用過不就行了嗎？」答案是：不行。

按照這條思路，維根斯坦會想重編書裡討論遵守規則的章節，將之引向反對私有語言的論證，而非引向數學哲學，看來也就順理成章了。而他於一九四四年夏天所做的，便是將一九三八年版《哲學研究》第一部分擴充了近一倍，加進了現在公認為該書關鍵的內容，也就是論遵守規則（印行本第一八九–

二四二節）和論「經驗私有性」（即所謂的「私有語言論證」，印行本第二四三—四二一節）的章節。

八月，維根斯坦開始嘗試將書定稿，打算秋天離開斯旺西之前把書完成。他告訴赫特，屆時他「可能再去做戰時工作」。到了九月三日，他寫道：「我還不曉得十月初離開時要做什麼，希望事情的發展能替我做決定。」隨著盟軍在法國高歌猛進，俄軍逼近波蘭，戰爭顯然即將以德國戰敗而告終。維根斯坦看不到高興的理由，「我敢說，」他告訴赫特：「戰後的和平會比戰爭更可怕。」

不論因為找不到合適的工作，還是因為休假不能延長，總之秋天一到，維根斯坦便不得不離開斯旺西，返回劍橋。他回去得不甘不願，書沒寫完只是原因之一。離開斯旺西前，他已經把自己認為可以出版的部份整理成了打字稿（內容和後來定稿的前四百二十一節大致相同）。在他放棄將自己原本認為最重要的（論數學哲學的）部份調整到滿意為止之後，維根斯坦唯一的心願就是完成「第一卷」，亦即對心理學概念的分析。

二十三、這個時代的黑暗

一九四四年十月，維根斯坦回到了劍橋。書沒完成讓他滿心沮喪，完全提不起勁重拾教鞭。

羅素這時也回劍橋了。在美國工作六年，他對婚姻、道德與宗教的觀點雖然名揚全美，卻也引來了保守勢力反彈，煽起民眾對他的憤怒與歇斯底里，使得那裡的生活變得無法忍受。因此，當有機會回三一學院那恬靜安祥的環境裡教五年書，他立刻感激地答應了。然而，回到劍橋後，他卻發現自己在英國學院哲學圈裡已然過氣，摩爾和維根斯坦的影響力比他大得多。他帶回了《西方哲學史》（History of Western Philosophy）的手稿，雖然出版後非常暢銷（許多年都是他的主要財源），卻並未提高他身為哲學家的聲望。

維根斯坦依然欣賞羅素機敏的心智，卻對他一九二〇年代起出版的通俗作品深惡痛絕。「羅素的書應該用兩種顏色裝訂，」他曾對德魯利說：

> ……討論數理邏輯的書用紅色，所有研究哲學的人都該讀，討論道德和政治的書用藍色，所有人都不應該讀。

維根斯坦認為羅素的成就已經到頂了。「羅素現在不會為哲學拚命了，」他笑著對馬爾康姆說，但馬爾康姆回憶道，一九四〇年代羅素和維根斯坦寥寥幾次同時出席道德科學社的聚會時，「維根斯坦在討論時對羅素必恭必敬，我從來沒見過他對別人那樣。」

至於羅素，他在維根斯坦的後期作品裡見不到任何優點。「早期的維根斯坦，」他說：「耽溺於熱誠強烈的思考，對我和他都認為重要的問題洞察深刻，並擁有真正的哲學天才，至少我是如此認為的。」

> 然而，後期的維根斯坦似乎厭倦了嚴肅的思考，還發明一套學說讓嚴肅思考成為多餘的事物。

由此看來，兩人一九四四年秋天再次重逢，久別十四年卻不見熱絡，也就不令人驚訝了。「我見過羅素了，」維根斯坦回到劍橋一週左右寫信給里斯，說羅素「不知何故給我的感覺**很差**」。此後他便和自己從前的老師少有往來，甚至斷了聯絡。

在哲學上受到孤立讓羅素深感怨懟，這雖然不是唯一的原因，但無疑加深了他對維根斯坦後期作品的輕蔑。羅素最關切的哲學問題不再被視為根本議題，知識論已經讓位給意義分析，而這多少出自維根斯坦的影響。因此，一九四八年《人類的知識：其範圍與限度》（Human Knowledge: Its Scope and Limits）出版時，儘管羅素自認這本書是他哲學立場的集大成，反應卻很冷淡。於是，羅素將心裡最大的輕蔑掃向了維根斯坦的子弟兵：

曾經引領風潮，如今卻被視為古董，那感覺並不全然愉快，很難坦然接受。年邁的萊布尼茲得知人們對貝克萊的讚美時[1]，他評論道：「那位愛爾蘭的年輕人質疑物體的實存，看來既沒說清自己的觀點，也沒提出妥當的論證，讓我感覺他似乎想藉悖論而出名。」我無法這樣評論維根斯坦。在許多英國哲學家眼中，他已經取代了我，但他希望藉以出名的不是悖論，而是對悖論的圓滑迴避。他是個非常奇特的人，我很懷疑他的門生知不知道他是怎樣的人。

摩爾沒有受到這樣的對待。不過，儘管他和維根斯坦依然友好，但一九四四年時他已經太年邁體弱了，無法跟維根斯坦頻繁進行冗長的哲學討論，那太折磨了，因此他妻子限制維根斯坦每次只能待一個半小時，讓維根斯坦很不高興。「摩爾人還是和以前一樣好，」他對里斯說：

> 我沒辦法見他太久，摩爾夫人會打斷我們。她後來告訴我，摩爾的身體其實沒有看上去那麼好，談話絕不能太長。我有理由認為這話基本上是胡說。摩爾有時會莫名昏眩，但他已經歲數不小了。以他的年紀，他顯然很健康。然而，摩爾夫人不喜歡他見我，也許擔心我會批評那本寫他的書，還有一般而言，我會影響他的精神。

1 譯註：萊布尼茲（Gottfried Wilhelm Leibniz，1646-1716），德意志哲學家、數學家，對物理學亦有貢獻，與牛頓在相近時間建立微積分。貝克萊（George Berkeley，1685-1753）則是愛爾蘭哲學家，曾任聖公會主教，英國近代經驗主義哲學家代表人物之一。

維根斯坦提到的書叫做《摩爾的哲學》（The Philosophy of G. E. Moore），一九四二年由希利普（P. A. Schlipp）編輯出版，收錄了數位哲學名家從各個角度闡述摩爾哲學的論文。摩爾同意該書出版，還特地為它寫了一篇自傳短文，但維根斯坦強烈反對。「我擔心，」得知這本書後，他寫信給摩爾：「你正走在懸崖邊上，我看見懸崖底下死了好多科學家和哲學家，羅素是其中一個。」由於書出版時，摩爾人在美國，一九四四年秋天是維根斯坦首次有機會再度當面提出批評，因此摩爾夫人的擔心可能是很有道理的。

其實，維根斯坦不該將會面時間受限完全怪罪給摩爾夫人。摩爾在美國時中風過一次，醫師禁止他太過激動或勞累，摩爾夫人只是遵照醫師的指示，限制丈夫和所有哲學朋友的交談不能超過一個半小時。她說，維根斯坦是所有朋友當中唯一憎惡此事的。「他不曉得自己有時有多累人，摩爾甚至不只一次跟我說，別讓他待太久。」

然而，維根斯坦依然堅信是摩爾夫人強迫摩爾縮短談話時間。兩年後他告訴馬爾康姆，他認為這麼做很不得當，「熱愛真理」的摩爾不該在討論還不到該結束的時候被打斷，而是應該想談多久就談多久，就算太累或太激動，因而中風過世，嗯，那也是死得其所，老將「戰死沙場」。

什麼也不該擋在哲學家和他對真理的追求之間。「思考有時簡單，往往很困難，卻又令人激動顫慄。」他寫信給里斯說：

> 然而，最重要的思考正是最令人不快的，威脅到一個人最珍愛的想法，讓人徹底困惑，感覺無用。這種時候，我和其他人或許畏縮了不再思考，或許經過很長的掙扎才能再次思考。我相信你也了

解這個處境，祝你**勇氣十足**！雖然我自己毫無勇氣，我們全是**病人**。

他想起二戰初期和馬爾康姆的爭論。馬爾康姆談到英國的「民族性格」：這正是絕佳的例子，說明思考恰是由於令人不快才確實是最重要的。「我當時認為，」他寫信給馬爾康姆說：

……如果哲學只是讓你對某些深奧的邏輯問題討論得頭頭是道，而沒有改變你對日常生活的重要問題的思考，沒有讓你使用某些**危險的**語詞比……比記者那些為了個人目的使用這些語詞的人更謹慎，那學哲學有什麼用？

你看，我知道「確定」、「或然率」和「知覺」這些概念很難思考，但真正誠實地思考（或試著思考）自己和別人的生命更難，近乎不可能。問題是思考這些問題毫不刺激，反倒常常徹底棘手，令人厭惡，而令人厭惡的問題是最重要的。

馬爾康姆很久沒回信，維根斯坦或許想起自己一九一四年和羅素的決裂，便開始覺得或許是馬爾康姆擔心兩人討論嚴肅的非哲學問題會起衝突。「也許是我完全搞錯了，」他寫道：

但無論如何，我們此生若是還能再見，讓我們不要逃避挖掘。不想受傷，就無法得體地思考。我很清楚，因為我就是逃避者。

其實，馬爾康姆沒回信和維根斯坦記得的那次爭執毫無關係，也無關乎他覺得兩人無法「在很嚴肅的事上看法一致」，主要和他擔任美國海軍軍官任務繁重有關。直到一九四五年五月他才寫信給維根斯坦，並在信中承認自己對「民族性格」的說法很蠢。不幸的是，他的人比信早了一步到英國。船在南安普頓靠岸時，馬爾康姆獲假去劍橋見維根斯坦，但維根斯坦顯然將他的不回信看成一個信號，認為他果然是「逃避者」，不肯深入挖掘。馬爾康姆傍晚抵達惠威爾庭院，維根斯坦甚至沒跟他打招呼，只是冷冷點了點頭，邀他一起吃蛋粉。「我們不發一語坐了很久，」馬爾康姆回憶道：「他始終冷淡嚴厲，我們根本沒敘到舊。」

兩人會面隔天，維根斯坦終於收到回信，立刻回了一封溫暖的求和信說：「要是我在見到你之前收到這封信，應該會更輕鬆跟你互動。」他還建議兩人從此以後以教名相稱。不過，倘若維根斯坦沒收到這封信，馬爾康姆沒承認自己對「民族性格」的說法很蠢，認同「深入挖掘」確實有必要，兩人的友誼極有可能會就此結束。

二戰最後一年，不論努力將書寫完或在課堂上對牛彈琴，闡述自己的想法，維根斯坦都覺得自己在跟膚淺與遲鈍對抗。不只是自己的膚淺與遲鈍，還有別人的。相比之下，生活中其他事情均屬次要。「這場戰爭，」他寫信給赫特：「我認為對我們**所有人**都有**壞的**影響。（而且似乎正慢慢殺害我，雖然我身體很健康。）」

在這場對抗中，只有少數人被他視為盟友，里斯是其中之一。當里斯寫信給維根斯坦，說自己在斯旺西對著不感興趣的學生教授邏輯，讓他深感挫折，維根斯坦的回應充滿了同情與鼓勵：

聽到你說工作環境令人喪氣，讓我很難過。千萬別放棄或絕望！我知道事情有時多麼令人沮喪，而且不用說，我是第一個想逃的人，但我仍希望你能振作。對於邏輯課，我心想自己曾給過你什麼建議？總之，沒有比教一群半睡半醒的學生，讓他們學好邏輯更難的事了，我就聽過布雷斯衛特在我課上打鼾。請**死命**撐住！祝你班上出現**一個還算聰明**又醒著的學生，給你的工作一點回報！……我再說一次，請死命撐住！可以抱怨罵人，但繼續下去。學生很蠢，但他們會得到東西。

他對自己的學生也不滿意。「我的班上很慘，」他對里斯說：「目前有六個人，沒一個真正好的。」但更令他不滿的，是他的書離完成還遠得很。他告訴里斯：「短期內我是沒希望把書寫完了。」這讓他產生一種無用感，讀到別人的作品更加強了這種感覺：

我最近閱讀量不小，看了一本摩門教史和兩本紐曼的書，讀完的效果就是更覺得自己無用。只不過感覺就只是感覺，跟睡著的人聽見周圍的聲音卻沒醒來沒什麼兩樣。

維根斯坦的課程主題是前一年夏天他在斯旺西關注的心理學哲學問題。他原本想用威廉．詹姆斯的《心理學原理》（Principles of Psychology）當教材，主要當成例子說明他想對抗的那種概念混亂，但後來如他對里斯說的：「你是對的，我沒拿詹姆斯當教材，就只談我自己腦袋裡的東西（或是胡言亂語）。」實際上，他講課完全圍繞著《哲學研究》，思考自己當時正在撰寫的章節所涉及的問題。

問題的焦點是斷定心理歷程存在和斷定不存在的人之間的爭論。維根斯坦兩件事都不想做，他想證明爭論雙方都倚賴一個錯誤的類比。

關於心理歷程、心理狀態和行為主義的哲學問題是如何產生的？所有人都忽略了第一步。我們大談過程和狀態，卻對其性質不聞不問，心想或許有一天會知道得更多。但正因為如此，使得我們陷入了特定的觀點，因為我們對「更認識歷程」是什麼意思有了明確的概念（這個召喚的關鍵動作已然做出，而它正是我們認為無傷大雅的那個動作）。現在，使我們理解自己思想的那個類比已經瓦解，我們被迫否定那個發生在尚未被探索的媒介中的尚未被理解的歷程。看來，心理歷程似乎遭到了否定，但我們當然不想這麼做。

說完這段，他立刻自問：「你在哲學上的目標是什麼？」並且自答：「告訴蒼蠅怎麼逃出補蠅瓶。」而他用威廉．詹姆斯的書當教材，是為了示範當人陷入這只捕蠅瓶時會說出怎樣的話。例如，討論到「自我」概念時，詹姆斯描述他向內觀照自己「諸自我的自我」的經過。他表示，在這些嘗試內省的過程中，他最常意識到的是頭部的運動，因此結論道：

……仔細檢視後，我發現「諸自我的自我」主要由頭部或頭部和喉嚨之間的特定運動所構成。

維根斯坦認為，這事表明的「不是『自我』這個詞（當它意指**人**、**人類**、他自己或**我自己**時）的意義，也不是對自我的分析，而是哲學家對自己說『自我』並且嘗試分析其意義時的注意力狀態。」他接著說：

「而這當中可以學到很多。」

如同他用奧古斯丁說明自己想對抗的錯亂的語言圖像，用羅素來說明數學哲學的混亂，這裡維根斯坦以詹姆斯為例子說明心理學哲學的混亂，並非出於不敬。誠如他對馬爾康姆所說的，他引奧古斯丁的文字為《哲學研究》開頭，是因為「一個如此偉大的心靈會這麼想，表示這個觀點必然很重要」。因此，他評論心理學時引用詹姆斯，正是因為他極度尊敬他。他堅持德魯利一定要讀的書不多，詹姆斯的《宗教經驗之種種》便是其一。德魯利說他讀過了，「我一直很喜歡讀威廉．詹姆斯的任何作品，他真是一位人格者」。維根斯坦說，沒錯，「正是這點造就他為好哲學家，他是個真正的人。」

那年耶誕，維根斯坦到斯旺西過節，將書完成的機會忽然大了起來。他信心滿滿回到劍橋，相信出版之日近了。序言的定稿日為「一九四五年一月於劍橋」。

維根斯坦在序言裡形容這本書是「我過去十六年來（按：即自他一九二九年返回劍橋以來）從事哲學研究的思想結晶」，並如此談及書中的論述：

> 我懷著疑慮將它們公諸於世。面對這個時代的黑暗，這本書雖然貧弱，若是為兩三人的心靈注入一點亮光，倒也不無可能。但不用說，可能性實在不大。

顯然「疑慮」勝過了出版的意願。維根斯坦沒有將打字稿交給出版社，而是利用那一年的其餘時間增添內容，將研究觸角大幅伸向了心理學概念。

他從一九三一年以來撰寫的手稿裡挑了一些論述，作為增添的內容。一九四五年的四旬齋學期和復活節學期他都在為此事忙碌。到了夏天，他已經準備好將選定的內容口述給打字員了。六月十三日，他寫信給里斯：

學期結束了，我的思緒飄向了斯旺西。復活節以來，我工作得很順利，目前正在口述一些東西、一些論述，想將其中部分收進第一卷（如果真能完成的話）裡。口述大概還要再花一個月或六週，之後我就能離開劍橋了。

兩週後，他喪氣了不少，跟馬爾康姆說自己的工作「進展慢得要死。我希望秋天能完成一卷出版，但可能沒辦法。我做事真是差勁透了！」

結果，口述論述的事讓他在劍橋待到了八月。對他來說，完成的打字稿不是書的定稿，而是（加上他去年在斯旺西完成的打字稿）用來生出定稿的材料。不過，他現在很確定可出版的版本已經近在眼前了。「或許聖誕節就會出版，」他告訴馬爾康姆：

不是說我完成的東西是好的，但卻是我現在能做到的最好了。我想等它完成了，應該能帶著它面世。

預備打字稿的那幾個月，他愈來愈為「這個時代的黑暗」而感到壓抑。二戰末期出現的野蠻與不人道，其規模之大遠超過以往所能想像。二月時，英美空軍聯合發動的德勒斯登大轟炸（bombardment of Dresden），幾乎徹底毀滅了那座城市，殺死了十三萬人。四月時，柏林和維也納分別落入盟軍和俄國手中，雙方都傷亡慘重。五月七日德國投降前不久，盟軍在貝爾森（Belsen）和布亨瓦德（Buchenwald）這兩個集中營發現腐爛屍體堆積如山的相片公佈了。五月十四日，維根斯坦寫信給赫特：「過去六個月比以往更令人作嘔。我真希望離開這個國家一段時間，像之前在挪威那樣到某個地方獨處，」還說劍橋「令我心煩氣惱！」

七月英國大選，他將票投給了工黨，並力勸朋友跟進。他覺得讓邱吉爾下台非常重要。照他對馬爾康姆的說法，他深信「這次和平只是休戰」：

> 宣稱只要將這場戰爭的「攻擊者」徹底攆除，世界就會變得更好，因為戰爭只會由攻擊者發起，這種說法臭不可聞，實際上預告了恐怖的未來。

因此，當日本最終於八月投降，斯旺西的居民上街慶祝時，他的心情一點也沒有好轉。「我們已經有兩次對日作戰勝利日了，[2]」他寫信給馬爾康姆說：「我覺得喧嚷比真正的喜悅多得多。」放眼戰後，他只覺得一片晦暗。赫特復員後，維根斯坦寫信祝他「好運」：「我真正的意思是，承受未來一切的力

2 譯註：對日作戰勝利日（VJ day，即 Victory over Japan Day）通常是指八月十五日；但這裡維根斯坦提到的「兩次」對日作戰勝利日意思並不明確，有可能指兩次投下原子彈的八月六日與九日。

量。」他告訴赫特，他這陣子一直覺得難受，「一方面是我一邊腎臟出了問題，一方面是讀到盟軍在德國和日本的獸行令我作嘔」。

面對德國和奧地利長期糧食短缺，英國部隊對降軍的「不優待」政策，以及媒體疾呼**懲罰**戰犯德國的消息，維根斯坦在《新聞紀事報》（News Chronicle）讀到一篇維克多・格蘭茨[3]的文章，讓他感動不已。格蘭茨呼籲各國終止「國際事務上的自以為是」，齊力供應德國糧食，「不是因為不這麼做我們會吃到苦頭，純粹因為餵飽飢餓的鄰居是正確的事」。他向里斯談到這篇文章後，里斯將格蘭茨之前出版的《布亨瓦德的真正含意》（What Buchenwald Really Means）小冊子借給了他。格蘭茨身為「信仰基督教倫理的猶太人」，抨擊英國媒體對布亨瓦德恐怖罪行的反應，主張不該要求**所有**德國人為之負責。他還抨擊「集體罪疚」的概念是大開倒車，退回到了舊約時代，而基督早已用自己為榜樣將我們從舊約解放了。

格蘭茨呼籲各國善待德國人，其中顯露的優缺點讓維根斯坦深受震撼。九月四日他寫信給格蘭茨，讚揚他在《新聞紀事報》的文章，說自己「很高興見到有人在如此顯眼的場合公開將惡行稱作惡行」。至於論布亨瓦德的小手冊，他對格蘭茨說：

> 對於您嚴詞批評日報和英國國家廣播公司殘酷、低劣與粗俗（電影院裡新聞短片的惡毒則是有過之而無不及），我深感認同。正因為我強烈認同您對這些惡意的批判態度，使得我覺得應該認真批評您對他們的斥責。

他認為格蘭茨加添了太多次要的論點，反而降低了批評的力道。「儘管這些論點既不貧弱也不無根據，卻讓讀者偏離了重點，導致批評失效。」如果格蘭茨想讓民眾「在日報和廣播的喧囂之下」聽見他的評論，就該緊抓重點：

如果你真想要人們去除髒污，就別談論生命的價值與幸福之類的哲學問題。這些問題就算有作用，也只是開啟學術閒談而已。

例如，你在寫到人們對待布亨瓦德暴行的態度不對時，只是想說服同意你對舊約和新約的看法的人嗎？對同意者而言，你冗長的引文只會使他們分心，偏離主題。對不同意者而言（在可能被你的論證深深打動的人當中，有非常多人並不同意），冗長的廢話會讓他們覺得文章站不住腳，尤其他們本來就不會欣然放棄原有的立場，這點只會使你的文章力道更弱。

該停筆了。如果你問我為什麼不自己寫文章，卻來批評你，我會說，就寫出得體又有效的報導而言，我既缺乏知識，也欠缺熟練的表達與必要的時間。事實上，對一個力有未逮的人來說，寫封批評信給一位具備你這種觀點和能力的人，是我所能做的最接近親自寫一篇好文章的事了。

這封信顯示了維根斯坦對論戰技巧非常了解。大約一年後，他向里斯大略重述了自己給格蘭茨的建議。里斯剛發表了一篇文章批評賴爾對卡爾．波普[4]《開放社會及其敵人》的熱情評論。波普在書中

3　譯註：Victor Gollancz，1893-1967。英國出版商、人道主義者。創立了「拯救歐洲」（Save Europe Now）組織，支持德國戰後恢復。

4　譯註：Karl Popper，1902-1994。出生於奧地利的猶太人科學家，其於認識論、科學哲學、政治哲學皆有建樹，如科學上的「可證偽性」（falsifiability）或底下提及的「開放社會」（open society），最先由柏格森（Henri Bergson）提出）等。

大筆一揮，將柏拉圖、黑格爾和馬克思統統歸為獨裁主義的宣揚者。維根斯坦告訴里斯自己同意他的立場，但批評他文章裡姿勢過多，直拳不夠：

> 你也知道，論戰（或者說扔雞蛋）和拳擊一樣需要高度的技巧……我很高興你向賴爾扔雞蛋，但記得正面朝他，把蛋扔好！難處在於別弄出多餘的聲音與姿勢，那樣做傷不了對方，只會傷了你自己。

然而，格蘭茨對維根斯坦的建議冷淡以對，輕蔑得很，回信（稱他「威爾根斯坦先生」（L. Wiltgenstein, Esq.））簡短而不屑：「感謝來信，相信您肯定出於好意。」維根斯坦對此倒是處之泰然。「唉，真荒唐！」他笑著對里斯說，將格蘭茨的回箋扔到了火裡。

一九四五年季夏，儘管憂慮歐洲的未來，深信很快就會有另一場更恐怖的戰爭，維根斯坦還是去了斯旺西渡假，至少（也像他對馬爾康姆說的）「享受不在劍橋的感覺」。「我的書已經逐漸接近定稿了，」他夏末時對馬爾康姆說：

> ……如果你是乖孩子到劍橋來，我就給你讀。你可能會失望，因為事實上它寫得很糟（不代表再給我一百年，它就會確實改進），但我並不為此擔憂。

最後兩句不是實話。他確實擔憂書沒達到他要求的標準，也認為自己能改進它。正是由於這兩點，這本書直到他去世都未出版。

他很不想回劍橋教書，頻頻懇求馬爾康姆「在我下定決心辭去哲學教授這個荒謬的工作前」快來英國，「我現在就像活死人一個」。

現今《哲學研究》第一部分的定稿是於一九四五至四六學年度的米迦勒和四旬齋學期完成的。維根斯坦從夏天口述的打字稿裡挑了大約四百則論述，加進他一九四四年於斯旺西完成的打字稿裡，經過重新調整和編號之後，就成了現今版本的那六百九十三則編號論述。

因此，這本書的完成可以大略分成三個階段：第一至一八八節是一九三八年版的第一部分，第一八九至四二一節於一九四四年加入，第四二二至六九三節是一九四五至四六年擴充的，主要擷取自一九三一年至四五年的手稿。

維根斯坦於序言裡精彩描述了這本複雜的拼貼作：

我數度嘗試將自己的成果凝煉成一個整體，然而都失敗了，於是我明白自己永遠不會成功，我能寫出最好的東西始終不過是些哲學速記，一旦我強迫自己的想法違背自然趨向朝我設定的道路前進，不管是任何方向，它們很快就會不良於行，而這當然和研究的性質有關，因為這樣的研究迫使我們行在遼闊的思想大地上，其間道路縱橫交錯，而這本書就像在這些漫長又複雜的旅程中所做的一系列風景速寫。

書裡反覆從不同方向重新論及相同或類似的要點，得出新的速寫。這些速寫許多畫得很糟，毫

> 無特色，充滿了拙劣畫家的各種缺點。篩掉這些後，留下一些勉強可用的，還需要經過編排，甚至削剪，好讓你看了腦中會浮現一幅風景。因此，本書其實只是一本畫冊。

即便如此，畫冊裡還是有些速寫他不滿意，以致不願出版這最終的調整版。不過直到去世前，他始終稱它為「我的書」，並且和許多他最信任的朋友和學生逐段細讀，這樣就算他離開人世，至少還有幾個人多少理解他的書。

他深信書裡的基本論點會遭人誤解，尤其是學院哲學家，這無疑是他生前不出版的另一個原因。他在其中一個修訂版的序言裡說：「將這本書公之於世，我其實不無猶豫」——

> 因為它將落入某些人手中，而我實在不願想像它在他們手上的模樣。但願這本書很快（這是我對它的期望）被哲學記者徹底遺忘，以便留給更好的那些讀者。

終其學術生涯，維根斯坦始終對專業哲學和劍橋充滿敵意，但在二戰之後「歐洲重建」的那段時間，這份敵意似乎和他對人性終結的末日感融合在了一起。一九四六年復活節假期，他重新和卡爾．布里頓恢復了交誼。布里頓原是他的學生，目前是斯旺西大學的哲學講師。某天下午，他們倆在海邊散步了很久，維根斯坦告訴布里頓他開始相信新的戰爭正在醞釀，原子武器將毀滅一切。「他們真的要這麼做，他們真的要這麼做。」

維根斯坦會將這份末日焦慮感和他對學院哲學的敵意連在一起，是出於他對我們這個時代科學威能的憎惡。這份威能一方面鼓動了哲學家「對普遍性的渴望」，另一方面促成了原子彈的誕生。古怪的是，他甚至歡迎原子彈的出現，彷彿只有對原子彈的恐懼才能減少社會對科學進步的崇敬。和布里頓交談前後，維根斯坦寫道：

民眾現在體驗到的（或至少表達出的）對原子彈的歇斯底里恐懼，似乎代表一樣真正有益的東西終於發明出來了。這恐懼至少給人一種印象，原子彈是真正有效的苦藥。我忍不住想，如果這沒有任何好處，那些非利士人就不會大喊大叫了。但也許這麼想也很幼稚。因為真正說來，我的意思不過是原子彈預告了一件惡事（即我們那可憎的肥皂水科學）的終結與覆滅，這肯定不是令人不悅的想法。

維根斯坦寫道：「真正的世界末日觀是事情不再重複，」終結確實會到來：

相信「科技時代是人性終結的開端」並不荒唐；相信「偉大進步與真理終將為人所知是幻覺」也不離譜；相信「科學知識不是值得追求的好東西，人類追求科學知識是中了圈套」更不荒謬。事情並非它們所是的樣子，而這點並不明顯。

總之，科學進步將會終結。但對維根斯坦而言，最悲觀的看法是科學與技術獲得最後的勝利：

科學、工業及其進展或許會是現代世界最屹立不搖的東西。猜想科學與工業將會崩潰，在現在和未來很長一段時間或許都只是夢想。或許科學和工業將統一世界——將世界壓縮成一個單元，即使其間將造成無限苦難，即使在那個世界裡和平將無容身之地。因為科學和工業確實決定了戰爭，至少看上去如此。

因此，「這個時代的黑暗」直接源自於對科學的錯誤偶像崇拜。維根斯坦自一九三〇年代以來便不斷抨擊這個謬誤，而他「夢想」科學和工業崩潰，也等於期待自己的思考方式會得到更多人接納與理解。這呼應了他對德魯利說的話：「目前這個時代不需要我這種思考方式，我必須奮力逆流而上，或許一百年後人們才會真的需要我在寫的這些東西。」然而，萬一「他們」真要如此，萬一末日觀並不荒謬，那麼那一天永遠不會到來，永遠不會有需要他這種思考方式的時代。

儘管維根斯坦的政治預感將他拉近左派，但他視科學崇拜為最大之惡，卻使他和馬克思主義保持距離。他從里斯的書架上拿了麥克斯．伊斯特曼的《馬克思主義是科學嗎？》[5]，讀到作者認為馬克思主義若想有助於革命，就必須更科學一點，便評論道：

其實沒有比科學更**保守**的東西了。科學設置鐵軌，而科學家的工作重點就是沿著鐵軌前進。

他和共產主義者一樣，極其厭惡英國既有體制的自滿，期待見到變革，但他希望見到的革命是反對我們時代的科學**世界觀**，而不是支持它。

無論如何，維根斯坦終究視自己為哲學家，這就限制了他對政黨的認同度。身為不留情面追求真理的人，不會死守著自己舊有的「寶貝觀念」不放。當時，里斯覺得應該加入（托洛茨基主義）革命共產黨，他告訴維根斯坦，因為「我愈來愈覺得自己贊同他們對當前社會的分析與主要批評，以及他們的目標」。維根斯坦可以理解，但仍勸阻里斯，理由是身為忠貞黨員和身為哲學家的職責互相衝突。他堅持，做哲學必須隨時準備改變行進方向，因此以哲學家的身份思考，就無法對共產主義的理念另眼相看。

諷刺的是，就在他對政治事務最感興趣、對左派最認同的時候，卻失去了和自己最敬重的馬克思知識份子討論的機會。一九四六年五月，斯拉法決定自己不再想和維根斯坦交談，說他不想再花時間和注意力在維根斯坦想討論的事情上。這對維根斯坦是莫大的打擊，他央求斯拉法繼續每週和他談話，就算不討論哲學問題也行。「我什麼都能談。」他對斯拉法說。「的確，」斯拉法答道：「但用的是**你的**方式。」

不論是否肇因於此，一九四六年夏季學期，維根斯坦愈來愈常考慮辭去教職離開劍橋。回斯旺西過暑假時，他對劍橋和學院哲學的不喜歡達到了頂點。由於里斯不在，布里頓只好面對這股滿懷厭惡的憤怒：

5 譯註：麥克斯·伊斯特曼（Max Eastman，1883-1969）是美國作家、詩人、知名政治活動家。曾因支持社會主義而前往蘇聯居住了一年九個月，卻因目睹權力鬥爭而改變立場。《馬克思主義是科學嗎？》（Marxism: Is It a Science?）出版於一九四〇年。

七月某天……維根斯坦打電話給我，說他朋友不在，希望我帶他出去走走，但他整個人感覺上很有敵意。《心靈》期刊剛刊登了兩篇論「治療式的實證主義」的文章，我很快發現這讓他非常氣憤煩躁。他對我也很生氣，因為我去了英國心靈協會和亞里斯多德學會合辦的研討會，哲學家的年度大拜拜。他覺得那種研討會代表著一種輕浮，別有用心。他斥責職業哲學家，悲嘆英國的哲學現況，還問：「我一個人能做什麼？」我說下一次大拜拜在劍橋，一九四七年，我會宣讀一篇論文，他說：「很好，我覺得這就好比你告訴我明年夏天劍橋會有黑死病一樣。很高興知道這件事，我一定會讓自己人在倫敦。」（他真的那樣做了。）

外出結束，維根斯坦到布里頓家喝茶。他情緒緩和了一些，開始談起自己很喜歡斯旺西（對照他有多討厭倫敦和劍橋），也喜歡英格蘭北部。他回憶自己有一回在紐卡斯爾問公車司機到某家戲院要在哪裡下車，司機立刻告訴他那家戲院正在放一部爛片，他應該去另一家，兩人開始熱烈爭論他該去看哪部電影、為什麼。他告訴布里頓自己喜歡這樣，奧地利就會發生這種事。

最後這個比較很有意思，透露了一點線索，或許稍微解釋了他當時為何如此猛烈抨擊他所謂的「腐敗瓦解中的英國文明」。簡單說，他在想念維也納。他從德奧合併前夕之後就沒再回過維也納[6]，也幾乎沒和奧地利的家人與朋友聯繫。

當教授已經夠糟了，當英國教授更變得無法忍受。

6 譯註：雷伊．孟克的原文如此。但如前述，維根斯坦拿到英國護照後，一九三九年曾去維也納協調家人事務，此處存疑。

二十四、面相轉變

如我們先前所見，維根斯坦對人性命運的悲觀其來有自，並非源自那些導致二戰終結的災難事件，但那些事件似乎加強了他長久以來的信念：人類正奔向毀滅。戰時所用的殺人機器、所目睹的科技威力的恐怖展示，從德勒斯登轟炸、集中營的毒氣室到投擲在日本的原子彈，在在強而有力地徹底證明了「科學和工業確實決定了戰爭」。這似乎更堅定了他的末日觀：人類的終結來自以機器取代精神，將信任置於科學「進步」之上而背棄了神。

戰後那幾年，維根斯坦的筆記裡充滿了這類反思。他寫道，有一幅闖入他腦海的畫面是這樣的：我們的文明「廉價地裹在玻璃紙內，隔絕於一切偉大事物，隔絕神於外」。房子、車子和周遭的所有虛飾「讓人類遠離了自己的根源，遠離了崇高永恆的事物等等」。彷彿生命本身走到了盡頭，被工業時代的虛飾所窒息。當然，期望靠著指出這一點而扭轉走勢是徒勞的。或許有人會問，走這一趟是否真的必要？但人類極不可能回答「仔細想一想，不必要」。儘管如此，維根斯坦仍繼續努力刨除他視為這整場災難之根源的思考方式，而他的門生則能在他死後接替這項工作。這不是說他想成立學派之類的東西。「我完全不曉得，」他這麼寫道：「自己更想讓別人接替我的工作，還是讓人們的生活方式發生改變，使得這些問題變為多餘。」

這個問題的解決方式在於存在，而非理論。精神上的轉變才是必要。「智慧是冰冷因而愚蠢的，信仰則是熱情的。」為了再次呼吸，光是正確思考沒有用，還必須行動，將玻璃紙剝開，露出裡頭活生生存在著的世界。誠如他本人所言：「智慧是灰暗的。」生命和宗教則是充滿色彩，唯有宗教信仰的熱情能克服理論的死氣沉沉：

我認為基督教說的一件事是，健全的學說一無是處，你必須改變**生活**（或你生命的**方向**）。基督教說智慧全是冰冷的。冰冷的鐵無法壓鑄鍛造，智慧也無法將你的生活弄得正當。意思是健全的學說無須**掌握住**你，你可以像依循醫師處方那樣遵循它，但你需要東西推你一把，讓你轉到新的方向（這是我的理解），而且轉向之後還必須**維持**下去。智慧是無激情的，信仰卻是齊克果所謂的**激情**。

羅素多年前曾認為維根斯坦的激情和自己的理論激情一樣，其實正好相反，維根斯坦的激情是種熱切的反理論激情。羅素後來說，維根斯坦愛上神秘主義，因為它能讓他停止思考，並嘲諷他接納了一種讓嚴肅思考成為多餘的學說。若「嚴肅思考」就是建構真的理論，那麼羅素後來對維根斯坦的評論顯然貼切得多。

維根斯坦理想中的「力求爆發的野性**原始**生命力」，是理解他哲學思考的目的與人生方向的關鍵，只是他極少認為自己達到了。他覺得自己太理論、太**智慧**、太死氣沉沉。他不只看到自己周遭的世界需要激情和宗教，他覺得自己也需要。他覺得自己身上就帶著我們時代的典型缺陷，需要同樣的解藥，那就是信仰和愛。然而正如我們的時代發現信仰上帝是不可能的，他也發現自己無法禱告：「感覺我的膝蓋很僵硬，我害怕自己變得柔軟後會瓦解（我自己的瓦解）。」

愛也一樣。雖然他覺得深深需要愛，卻常感覺自己無能和恐懼，當然還害怕愛會離他而去，因為他太清楚愛的無常不定，因此一九四六年時，當他發現自己還能愛人，可能鬆了一口氣。他愛上了劍橋醫學系的學生班恩・理查茲（Ben Richards）。理查茲非常溫和，甚至有點膽怯，但為人極為友善、敏感和體貼，這些顯然都是能溫暖維根斯坦的心的特質。

於是，二戰過後深陷絕望之中的維根斯坦，總算在自己對班恩的愛裡找到了一絲慰藉，即使這份愛情有時只為他添了新煩惱。「我很難過，經常很難過，」一九四六年八月八日他這麼寫道：「我感覺自己的生活彷彿走到了盡頭」——

> 對班[1]的愛於我只有**一個**效果，就是將我對自身處境和工作的其他小煩惱全趕到了背景去。

戀愛中的焦慮也許是最難熬的，而且班恩很年輕，小維根斯坦將近四十歲。八月十二日維根斯坦寫道，班恩遲早會放下對他的愛，「就像男孩不再記得小時候的感覺一樣」，這不是很容易想像的嗎？因此幾天後，當他焦急等候班恩的信時，自然覺得班恩可能（甚至一定）拋棄了他。但當他每天早晨發

1 譯註：維根斯坦於日記或書信中將班恩的名字略寫為B，故譯為班。後文同。

現沒有班恩的信，又覺得很奇怪。「我感覺自己好像有哪裡還不**明白**，好像必須找到一個立足點，把真相看得更清楚。」

維根斯坦這種等待愛人來信而不得的痛苦、近乎無法忍受的煎熬，給人一種似曾相識的感覺。他對品生特，對史金納，甚至對柯爾克都是這樣的。但他對班恩的愛有些不同，擺脫了過去的唯我論。八月十四日，他彷彿頭一回發現這點似的寫道：

> 想到**另一個人**受的苦，是**真愛**的標誌。因為他也在受苦，也是可憐的魔鬼。

或許蒼蠅最終找到了離開捕蠅瓶的路，而且發現瓶外的生活不一定更好，暴露在自然環境裡可能更危險。「我覺得，」他八月十八日寫道：「我的心理健康懸於一線」——

> 如此消磨我的，當然是我對班的擔憂與焦慮。但要不是我這麼容易著火，「高度易燃」，事情也不會是這樣。

他心想，從前的人進修道院，「他們是愚蠢還是不敏感？唉，若他們是察覺自己必須這麼做才能生活下去，那他們遇到的問題肯定不簡單！」

但若愛（不論世俗或聖潔的愛）是解藥，那也不是垂手可得，而是必須由人贈與的禮物。因此，眼見別的哲學家擷取他的想法而發表，為了克服這份焦慮，他要提醒自己，唯有「一道從上而來的光照在我的作品上」，它才是值得的。

一旦這事發生，我又何必在乎自己辛勤所得的果實被人偷走呢？若我所寫的東西真有價值，別人怎麼可能從我手邊偷走？若沒有上面那道光，我也頂多只是聰明而已。

至於他對班恩的愛，他寫道：

每當我感受到班的愛，我就這麼對自己說：「我們的慾望甚至對我們隱瞞了我們所慾望的東西。祝福披著偽裝從天而降。」因為我很清楚這是多麼稀罕的大禮，也知道它是罕見的寶石，而且不完全是我曾夢想的那種。

當然，維根斯坦還有其他理由離開劍橋。九月三十日他從斯旺西回到劍橋，當天就寫道：

這裡的一切都讓我反感。人死板、做作與自滿，大學的氣氛令人作嘔。

他寫信給弗拉克：「我最想念的就是有人跟我盡情閒扯。」弗拉克是他唯一保持聯絡的蓋斯醫院職員。一九四三年，弗拉克婚後不久便加入陸軍，並被派往遠東地區，直到一九四七年二月才回到英國。他不在國內的這段期間，維根斯坦非常想念他，並以驚人的頻率寫信給他，催他「快點從那個該……

的「蘇門答臘[2]或其他鬼地方回來」。這些信未能全數倖存，但從留下來的信裡可以清楚見到維根斯坦對弗拉克的情感，甚至曾經五個月連寫六封信（一九四六年八月至十二月），每封結尾都是「上帝保佑你！」並要弗拉克快點回來。

六封信的第一封寫於一九四六年八月，維根斯坦提到自己摘了石南花寄到遠東給弗拉克，還描述了歐洲「爛透了」的境況，而結尾是「所以你回來不會看到什麼了不起的東西，但我還是希望你能快點回來，省得我老是大費周章摘花寄到蘇門答臘！」

這些信語調之輕鬆，他愛說的「廢話」密度之高，幾乎沒有一封不包含一個笑話或逗趣的評論，讓人很容易想起他寫給帕特森的信。

真遺憾你無法定期收信，尤其我信裡的內容那麼豐富——我是說紙、墨水和空氣很多。蚊子咬你不是因為你人很好，因為你不是，而是因為你真該……的差勁，而牠們就愛這種血。我希望荷蘭人快來替你當牠們的食物，送你回來！（一九四六年十月七日）

我搞不懂你到底為什麼沒收到我的信！你覺得是審查官覺得我的信太棒了，所以留著作紀念了嗎？我一點也不意外！唉，拜託快點結束你的蘇門答臘南部和中部之旅，搭飛機（不是木匠用的那種）[3]回來吧。（一九四六年十月二十一日）

我現在比學期開始感覺好多了。我那時覺得很糟，疲憊經常莫名來襲，絕望之下只好去見了劍橋的一位醫師……他建議我這個、建議我那個，最後說我不妨試試維他命B……於是我吃了維他命B，心裡毫不指望它會有效，沒想到竟然有用。我現在按時服用，再也不會突然疲憊了。事實上，灌飽維他命B之後，我機智到極點，連玩笑話都卡住出不來了。這不是很可怕嗎？（一九四六年十一月九日）

維根斯坦和弗拉克的關係簡單明瞭，為他保留了一種學院外的可能的生活模式。十月二十一日他在信裡寫道：

> 我每天都在想辭職的事，想離開這份工作，去做讓我和同胞更有人性接觸的事。但天曉得我能做什麼？我已經是個糟老頭了。

信的結尾又是那一句叮嚀：「希望你能快點從那個該……的蘇門答臘回來。」

「我該繼續教書嗎？」十一月初他這麼問自己。那天參加完道德科學社的聚會，他對自己表現出的虛榮與愚蠢深惡痛絕，那「氣氛」簡直「差透了」。

許多劍橋哲學家（尤其布洛德和羅素）和來訪的講者都對維根斯坦在會上的強勢不以為然，十月二十六日那次衝突更是有名。卡爾．波普在會上發表題為〈有哲學問題嗎？〉的演講，從主題到演講方

2 譯註：原文為「bl…」，即「bloody」的略寫。後文同。
3 譯註：原文「plane」有「飛機」與「木工刨」兩種意思。

式都在刻意激怒維根斯坦（他認為維根斯坦否定哲學問題存在），也確實奏了效，只是到底怎麼惹怒了他，已經消失在傳說的謎團中了。有傳言說波普和維根斯坦各拿了一根撥火棒互鬥，但波普在自傳裡粉碎了這個謠言，但他說出來的故事又受到一些當時在場者的質疑。據波普說，他和維根斯坦激烈討論哲學問題是否存在時，舉了道德法則的有效性為例，手裡一直在玩撥火棒的維根斯坦突然站了起來，要他舉一個道德法則的例子。「不得用撥火棒威脅來訪的講者。」他這麼回答，維根斯坦聽了便氣沖沖離開了。羅素當時在場，後來在其他場合表明自己同情波普。另外一個版本說波普和維根斯坦互控對方混淆了問題，最後維根斯坦奪門而出，羅素在後頭喊道：「維根斯坦，混淆全是你製造出來的！」

不論實際如何，當時多數年輕劍橋哲學家對維根斯坦依然死忠不滅。賴爾說自己偶爾到道德科學社去，總會發現他們「對維根斯坦的崇拜是如此毫無節制，只要有誰（例如我）提到別的哲學家，就會換來一陣嘲諷」，令他深感不安。

> 在我看來，這種對維根斯坦以外思想的輕蔑，對學生學習上是一種災難，對維根斯坦也不健康。這使我下了決心，在哲學上避免只說一種語言。不是我在哲學上要會多種語言，只是別讓自己只說一種，尤其別當只說一種語言的人的應聲蟲，就算對方是天才或朋友也一樣。

賴爾認為，維根斯坦「恰當地區分了哲學問題與註釋問題，但不恰當地給人留下一種印象」：

> ……首先，他為自己沒研究過其他哲學家而驕傲（他研究過，只是不多），他覺得會這麼做的人

是學術哲學家，因而不是真哲學家。

在這裡，賴爾多少是以牛津人的身份寫的。他的批評建立在對於牛津導生系統的推崇上，但對維根斯坦看待閱讀偉大經典的態度，他的說法倒很準確。「我讀的哲學雖然少，」維根斯坦寫道：「但肯定不是讀得太少，**而是太多**。我每回讀到哲學書都這麼覺得，它完全沒有讓我的思想變得更好，反而變得更糟。」

牛津絕不容許這種態度，那裡對傳統事物的敬重普遍高出劍橋許多，哲學訓練和閱讀哲學經典密不可分，幾乎無法想像一個驕傲宣稱自己從來沒讀過亞里斯多德的人能在牛津教書，更別提允許這人主持哲學系的事務了。照維根斯坦的觀點，牛津是「哲學沙漠」。

據我們所知，他只對牛津哲學家發表過一次談話，時為一九四七年五月。他受邀去喬伊特學會（Jowett Society）演講，回應該學會大學生秘書奧斯卡・伍德（Oscar Wood）一篇論笛卡兒〈我思故我在〉的文章。聚會在莫德林學院[4]舉行，出席者多得不尋常。和伍德年紀相仿的瑪莉・沃諾克[5]在日記裡寫道：「基本上我見過的哲學家都來了。」其中較知名的包括賴爾、厄姆森[6]、以撒・柏林[7]和普里查

4 譯註：莫德林學院（Magdalen College）創建於一四五八年，被認為是牛津大學最美的學院之一。
5 譯註：Mary Warnock，1924-2019。英國哲學家及存在主義作家。她於一九八四年至一九九一年曾任劍橋大學格頓學院（Girton College）院長。
6 譯註：J. O. Urmson，1915-2012。英國哲學家、古典主義者。
7 譯註：Isaiah Berlin，1909-1997。英國哲學家、政治思想史學家，著名的自由主義知識分子。

德[8]。維根斯坦回應伍德時，完全不在乎笛卡兒的論證是否有效，而是一心將自己的哲學方法應用到所提的問題上。對於牛津的學術道統而言，這是令人不快的破格之舉，這一點在普里查德的身上清楚體現了出來：

維根斯坦：如果有人望著天空對我說：「我想會下雨，所以我存在。」那我無法理解他。

普里查德：這都沒問題。我們想知道的是**我思**〔cogito〕是否有效？

瑪莉・沃諾克在日記裡形容普里查德「老態龍鍾，耳不靈光，咳嗽得厲害，毫無章法」。他數度打斷維根斯坦，想讓維根斯坦回答笛卡兒的「我思」是否為有效推論，維根斯坦每次都避而不答，顯示他認為不重要。普里查德反駁道，笛卡兒關切的問題比維根斯坦這晚討論的所有問題都重要得多。瑪莉・沃諾克說，普里查德接著便「厭惡地蹣跚離開了」。一週後，他溘然長逝。

儘管大多數與會者都覺得普里查德過於粗魯，但多少認同他的反駁，並感覺維根斯坦完全不回應伍德論文的主旨，是一種毫無根據的蔑視。在牛津這種敬重偉大哲學家的氛圍下，維根斯坦反歷史、存在導向（existential）的哲學方法很容易被視為傲慢。

有個人要為維根斯坦來到牛津間接負責，這就是居中聯繫維根斯坦和伍德的伊莉莎白・安斯康姆[9]。安斯康姆曾就讀牛津聖休學院（St Hugh's College），一九四二年到劍橋當研究生，開始聽維根斯坦講課，一九四四年維根斯坦重回劍橋開課，她更是最熱切的學生之一。對她而言，維根斯坦的治療式哲學方法有如巨大的解放，當其他更理論的方法都無效時，是這一帖「藥」將她從哲學混亂中拯救了出來。「許多年來，」她寫道：「我時常找一個地方，例如咖啡館，盯著東西對自己說：『我看見一個包裹，但我真正看到了什麼？我怎麼能說自己看到的比一片黃色還多？』」

> 我一直很討厭現象論，覺得自己困在其中找不到出路，卻不相信它。光指出它有哪些困難（例如羅素發現它哪裡出錯）沒有用，它的力量和中樞神經依然活著，大聲哀號。直到一九四四年上了維根斯坦的課，我才看見那神經被拔除了，看見「我有這個，於是我將黃色定義為這個」的核心概念得到了有效的駁斥。

一九四六至四七學年度，安斯康姆回到牛津，在薩默維爾學院（Somerville College）當研究員，但仍然每週回劍橋一趟，和另一名學生希賈布（W. A. Hijab）一起接受維根斯坦的指導。在他們兩人的請求下，指導課主要討論宗教哲學問題。到了該年底，她已經成為維根斯坦密友和最信任的學生，這點實屬例外，因為維根斯坦向來不喜歡學院女性，尤其厭惡女哲學家。因此，安斯康姆成了「榮譽男性」，維根斯坦總是親切喊她**老男人**。有一回他發現課上除了她就沒有其他女性，開心地說：「謝天謝地，我們甩掉了女人！」

安斯康姆當時熱烈崇拜卡夫卡，為了分享這份熱情，她借了幾本卡夫卡的小說給維根斯坦。「這個

8 譯註：H.A. Prichard，1871-1947。英國哲學家。

9 譯註：Elizabeth Anscombe，1919-2001。英國分析哲學家，維根斯坦的學生。詳可見本書導讀。

人，」維根斯坦還書時說道：「因為不寫自己的麻煩而給自己惹了許多麻煩。」他反過來推薦魏寧格的《最後四件事》（The Four Last Things）和《性與性格》，並說不論魏寧格有什麼缺陷，他都是真正寫了自己的麻煩的人。

這種直接，這種去除一切無謂與虛飾、「抽絲剝繭」的決心，既令人不安，也讓人深受啟發。安斯康姆是極少數覺得這是一種解放的人。聽過維根斯坦最後幾堂課的艾瑞斯．梅鐸[10]覺得維根斯坦從人到房間都「令人很不自在」：

> 他那種非比尋常的直接，不帶任何邊幅，就是令人不安的地方……跟一般人相處通常會在某個框架底下，有特定的對話方式，不會以人格坦誠相對。但維根斯坦總是將這種坦誠相對強加在所有和人的互動裡。我只見過他兩次，不大了解他，或許就因為這樣，我每回想到他這樣一個人時，總是心懷敬畏與戒心。

這時期維根斯坦最敬重的學生是格奧爾格．克萊塞爾[11]（Georg Kreisel）。克萊塞爾來自格拉茨，一九四二年到三一學院攻讀數學，上過維根斯坦戰時開的數學哲學課。一九四四年，維根斯坦表示當時年僅二十一歲的克萊塞爾是他見過最有能力的哲學家，同時也是數學家。里斯對此非常驚訝。「比拉姆齊更有能力？」他問。「拉姆齊？」維根斯坦說：「拉姆齊是數學家！」

儘管已經兩年多沒寫數學哲學，維根斯坦一九四六年和四七年都和克萊塞爾定期討論這個主題。特別的是，主導討論的人不是維根斯坦，而是克萊塞爾。當維根斯坦論數學的文字於死後出版，克萊塞爾讀完非常驚訝。他說自己看了《數學基礎評論》後，發現他和維根斯坦討論時提出的話題「遠非他的主要興趣所在，但他從來沒讓我察覺這一點。」

受到和克萊塞爾討論的刺激，維根斯坦在劍橋最後一年除了每週的心理學哲學課，還加開了數學哲學討論課。不過，克萊塞爾覺得他倆的討論比討論課更有價值，還說他覺得維根斯坦在公開場合表現「很緊繃，常常前後不一」。

克萊塞爾不是門徒的料。離開劍橋之後，他投到哥德爾門下，成為維根斯坦攻擊最力的數學分支（數理邏輯的「癌變」）的代表人物。「維根斯坦對數理邏輯的觀點沒有太大價值，」他後來寫道：「因為他知道得很少，而且侷限於弗雷格—羅素那條思路。」《藍皮書》和《棕皮書》出版時，他的不以為然表達得更加強烈，甚至更辛辣。「作為介紹傳統哲學主要問題的著作，」他如此評論：「這兩本書極為差勁」——

> 這主要來自我的個人感受。我認為早年接觸維根斯坦的見解不僅沒有幫助，反倒阻礙了我對哲學作為一門獨立學科建立一個有益的觀點。

維根斯坦常常覺得自己對學生有壞影響。「我可能只種下了某種行話」，他如此說道。人們模仿他的姿態，採用他的表達，甚至使用他的技巧來寫哲學，給人的感覺卻是他們完全不理解他思想的要點。

---

10 譯註：Iris Murdoch，1919-1999。英國作家，獲獎甚多，其《網之下》入選美國現代圖書館（American Modern Library）的「二〇世紀百大英文小說」，《大海，大海》則獲得布克獎。

11 譯註：Georg Kreisel，1923-2015。生於奧地利的第二大城格拉茨（Graz），是一位在二戰後活躍於英美的數學家。

他不斷嘗試說明這個要點。他在最後一門課之初就開宗明義指出，這堂課的目的在於解決「心理學是研究精神現象的科學」這個想法造成的混淆。

這門課要談心理學哲學。我們不打算從事心理科學研究，對這門研究所發現的那類事物也沒有獨特見解，卻要討論發生在這門科學裡和從這門科學所生出的問題，這似乎有些奇怪。但當我們檢視心理學家可能說的話和非心理學家（以及我們）說的話，自然會產生一些問題與迷惑。

心理學常常被定義為研究精神現象的科學。我們稍後會談到，對照物理學（研究物理現象的科學）來看，這樣定義心理學有一點古怪。可能出問題的是「現象」這個詞。我們不難理解，一邊是某類現象，會做某類事情，一邊是另一類現象，會做另一類事情，所以如何比較這兩類事情？然而，說這兩類現象都會做另一類現象做的事情，這麼說或許沒有意義。當我們說「研究精神現象的科學」，意思和其他人一樣，是指處理思想、決策、希望、欲求、揣度……的科學。於是一個老問題出現了。心理學家是這樣發現相關性的：他觀察人們做某些事，例如血壓升高、擤鼻子或神情焦慮等等，接著於S秒後接受了這個，S＋3秒後想到那個，在紙上寫下「不要」，諸如此類。問：精神現象的科學在哪裡？答：在觀察自己的精神事件。怎麼觀察？內省。但只要觀察（亦即開始觀察自己的精神事件），精神現象就會改變，並生出新的精神事件。然而，觀察的重點就在不能這樣做，這正是觀察所該避免的事。於是，研究精神現象的科學就出現了一個問題：不論自己或別人的精神現象，我都無法進行符合「觀察」一詞定義的那種觀察。所以現在是什麼情況？

對於最後一個問題，維根斯坦的回答是：我們在迷霧中，在一系列混亂中，這些混亂既無法藉由累積更多資訊（不論靠內省或行為分析）來消除，也無法靠提出一套思想**理論**（a *theory* of thinking）來消除。要去除迷霧唯有考察概念，分析諸如「意向」、「意願」和「希望」等詞彙的使用，以迥異於描述和解釋物理現象的方法闡明這些詞彙的意義如何出自某種生活形式、某種「語言遊戲」。

頭兩個學期的課程範圍，大致和《哲學研究》第一部分的後三分之一相同，包括質問「什麼是思考？」、分析「精神現象」以及考察「意向」、「意願」、「理解」和「意謂」之類的心理學概念。

維根斯坦這時已經深有體會，自己處理哲學問題的方法很容易被誤解，因此課上花了許多時間努力描述自己的哲學方法，還到道德科學社做了演講，講題（照他寫給摩爾的邀請函裡的說法）是〈我認為哲學是什麼，或說哲學方法是什麼〉。造成誤解的一個常見原因是，他以一個狀似討論**現象**的問題開頭（例如「什麼是思考？」），最後卻是在考察我們使用詞彙（如「思考」）的方式。

第二堂課上，維根斯坦回顧上次的講課內容，概括了許多人對這做法感到不安的原因：

> 現在讓我們回到上一次講課。你們應該記得我提出（一）我們要分析，而要確實做到，就表示（二）我們要定義思考。接著我提出了可疑的一步，我指出，也許我們其實要的是「思考」一詞的用法。「可是，」你們說：「我們顯然不想知道『語詞的用法』。」某方面來說，的確如此。

意思是，我們不想為了知道語詞的用法而知道語詞的用法。描述語詞（實際的和想像的）用法是為了擺脫束縛，掙脫導致混亂的觀看方式。這種觀看事物的方式是哲學家舉例時「菜色貧瘠」造成的：

我提供的是語句用法的形態學，向你們展示有些用法是你們未曾想過的。在哲學領域裡，人感覺自己被迫以某種方式看待概念，而我做的便是提出甚至發明不同的看待方式，提出你們之前未曾想過的可能。你們以為只有一種可能，頂多只有兩種。但我讓你們想到其他可能，還讓你們看到一件事，就是「指望概念符合這些狹隘的可能」是荒謬的。如此，你們的精神痙攣便得到緩解，得以自由瞭望「語句使用」的大地，描述各種不同的用法。

這方法還有一個問題，就是當維根斯坦給出更豐富的菜色時，可能害得學生見樹不見林。加斯金（D. A. T Gasking）和傑克森（A. C. Jackson）這兩位學生便回憶跟上課程的困難，「在於很難看出這些相當重複的瑣細談論到底要幹什麼，這些例子之間有什麼關聯，這一切又和我們通常以抽象詞彙提出的問題有什麼關係？」

維根斯坦也察覺了這個問題。「我在向學生展示一片遼闊地景的細節，」他這樣寫道：「他們不可能摸得著路。」他在課上詳述了這個比喻：

我教你們哲學，就像導遊教你們倫敦找路。我必須帶你們穿過城市，從北到南，由東到西，從尤斯頓到堤岸，從皮卡迪利到大理石拱門。當我帶你們在城裡各個方向走過許多路，每一條街都走過幾次，每次都是某條路線的一部分之後，你們會認識倫敦，和倫敦本地人一樣熟門熟路。當然，好的導遊會更常帶你們走重要的街道，而非旁支的巷弄，壞的導遊則是相反。在哲學上，我是個壞導遊。

在寫作上，維根斯坦同樣擔心自己花了太多時間走訪小巷。他說自己遠遠不曉得在這本書裡「我需要討論什麼，不需要討論什麼」：

> 我仍然一直糾纏在細節裡，不曉得自己到底該不該談這些東西。我感覺自己彷彿在檢視一大塊領域，只是為了最後能將它排除在考慮範圍之外。

雖然他將自己去年完成的打字稿稱為「我的書」，卻對它很不滿意，特別是最後三分之一，也就是主要取自之前手稿的心理學概念分析。儘管如此，他每星期還是會花一個下午和馬爾康姆討論這本書。維根斯坦在劍橋的最後一年，馬爾康姆在這裡當古根罕研究員（Guggenheim fellowship）。維根斯坦借他一份打字稿副本，希望兩人一起逐段細讀。馬爾康姆回憶當時的做法是這樣的：

> 我們從書的第一頁開始，維根斯坦先用德文朗誦一句，然後譯成英文，接著就其意思向我稍作說明，之後再朗誦下一句，依此類推。下一次見面時，他會從我們上回討論到的地方開始。

「我這麼做的理由是，」維根斯坦解釋道：「這樣我的書出版時，至少有一個人理解它。」這麼說有些奇怪，因為他這時已經不打算出版這份打字稿，並且開始重寫最後一部分。和馬爾康姆討論期間，他寫了一系列手稿，希望從中找出更加令人滿意的方式來表述自己對心理學概念的考察。但他並沒有浪費時間，因為還沒討論到書的最後部分，兩人的會面內涵就變了。維根斯坦的「討論」方式對馬爾康姆而言太像註釋了，他更想討論當下困惑著**他**的哲學問題，於是維根斯坦逐漸放寬了自己的做法。

一九四六年的米迦勒學期，對班恩的愛給了維根斯坦須臾的快樂與漫長的折磨。「全是快樂，」他十月八日寫道：「若不是過去兩週和班在一起，我現在就不能這麼說。若是病痛或意外來攪局，我就不會有那樣的時光。」

但快樂非常脆弱，至少他如此感覺。「我對愛太缺乏**信仰**與**勇氣**。」十月二十二日他寫道：

> 但我很容易受傷，又害怕受傷，**這樣**保護自己只會扼殺所有愛情，因為真正的愛需要勇氣。然而，這還代表必須有勇氣分手和割捨（愛人），也就是有勇氣承受致命的傷害。但我只希望自己能免於最壞的遭遇。

「我沒有勇氣、力量與清明去正面生命中的事實」，幾天後他寫道。他認為其中一個事實是「班對我是**前愛**（這在德文裡是一語雙關，Vorliebe 的意思是喜歡、偏好）[12]，無法持久」：

> 我當然不曉得這愛會如何逝去，也不曉得其中某些部份如何活著、留存著而不被當成紀念壓在書頁中。

維根斯坦深信自己會失去班恩，這想法令他難以繼續這段關係，造成他「生活中的可怕困難」。「面對**這**

樣的未來，我不曉得自己能否繼續這段關係，又怎能忍受自己繼續。」

然而，他也受不了結束這段關係的想法。「只要我想像自己分手，就會被那寂寞嚇壞。」再說，這難道不是天上掉下來的美好禮物？丟棄它不等於褻瀆神明嗎？無論繼續或結束這段關係，那痛苦與折磨他似乎都無法承受。

然而，隔天他仍堅持「愛是**喜悅**，也許夾帶著痛苦，但依然是喜悅」。不是喜悅就不會是愛，「在愛中我必須能安歇」。但事實是疑慮讓他無法安歇。他不懷疑班恩心地熱誠。「但你能拒絕一顆熱誠的心嗎？」這個問題立刻引出了最關鍵的疑慮：「它是**為我**而熱誠跳動的心嗎？」他引用了一句英文（因此應該出自班恩之口）：「我寧願做任何事，也不願傷害友誼之心。」他接著用英文寫道（這回肯定是他自己的話）：「我得知道：他不會傷害**我們的友誼**。」他愛上了班恩，他要的不只友誼，不只喜歡，而是愛：

> 人無法掙脫自己的皮囊。我無法放棄停泊於我心深處、於我整個生命之中的一項要求。愛與本性緊緊相繫，若我本性不再〔unnatural〕，愛就必定終結。我能說「我會講道理，不再要求愛」嗎？……我能說：讓他愛怎麼做就怎麼做，有一天事情會不同。愛是高貴的珍珠，人將它緊抓在心口，不會用它來交換任何東西，珍視它高過一切。[13] 事實上，愛**展現了**（如果人有愛）什麼**是**偉大的價值，

12 譯註：維根斯坦原文的用字是德文的「Vorliebe」，作者雷伊・孟克譯為英文的「pre-love」（故此處譯為「前愛」）。Vorliebe既有「喜歡、偏好」的意思，又有「愛之前的情感（還不是愛）」的意思。

13 這裡呼應了馬太福音第十三章四十五至四十六節：「天國又好像買賣人，尋找好珠子，遇見一顆重價的珠子、就去變賣他一切所有的、買了這顆珠子。」感謝大衛・麥克林托博士（David McLintock）提醒我這個典故。（原註）

> 讓人明白從金屬裡挑出最貴重的金屬是什麼**意思**。

「不確定令人害怕。」不確定讓維根斯坦想像出各式各樣恐怖的可能，令他飽受折磨。他告訴自己：「相信神。」但重點在於他什麼都無法相信。

> 從我所在之處到相信神，這中間是一條**長路**。歡喜的希望與恐懼是近親，我無法擁有其中一個而不觸碰到另一個。

此外，他還懷疑自己是否有資格去愛。愛上班恩不就背叛了對法蘭西斯的回憶？「問自己這個問題，」十一月十日他寫道：

> ……當你死時，誰為你哀悼？哀悼**有多深**？誰為法蘭哀悼？我（比任何人都更有理由哀悼的我）對他的哀悼有多深？難道他不值得某人終其一生為他哀悼？如果有人配得上，那就是他。

然而，法蘭西斯在上帝手裡。「人們會說，上帝會照顧他，將某個壞人不給他的東西給他。」但維根斯坦的生命在自己手裡。兩天後他短短寫下一句：「生命的根本不安。」根基隨時可能垮掉。「別怯懦得不敢測試一個人的友誼，」他敦促自己。他必須知道自己和班恩的友誼能否抵擋加諸其上的壓力。「手杖拿在手裡好看，一把體重壓上去就彎了，這種手杖毫無價值。」

當然，走路不用手杖比用靠不住的手杖更好：

沒有他的愛，你就無法快樂了嗎？少了這份愛，你就必定陷入沮喪？沒有這支撐你就不能活了嗎？問題是這個：你不倚著手杖就**無法**站直了嗎？或者你只是無法**決心**放掉它？還是兩者皆是？你**不該**再繼續期待不會寄來的信。

這段關係若只是一股支撐，就不值得。「將我引向這支撐的不是愛，而是我無法單靠自己的雙腿安穩站立。」

少了班恩，他的生活肯定會更孤單可憐，但為何不願受苦呢？畢竟「有些人一生都在生病，長時間強烈痛苦之後的短暫平靜，一聲如釋重負的歡喜嘆息，是他們擁有的唯一快樂。」

受苦是多麼前所未聞的事嗎？例如疲憊孤獨的老人，甚至變得半瘋了？

疲憊、孤獨與瘋狂，這是他的命，必須接受。「只是絕不能戲劇化，對此你務必提防。」

懷著希望去愛，就算落空了也不絕望，這是最難的本事。「對慈善天父的信仰，其實說的就是這種生活。」

那樣生活是真正的解答，是令他的哲學思考相形失色的成就。「要是我打從心底不開心，天份於我又有何益處？倘若我無法搞定首要的事，解決哲學問題對我又有何幫助？」他的課有什麼真正的用處？

我的課進展順利，不可能再好了。但它們留下了什麼效果？我有幫到誰嗎？顯然**不比**我是為他們演出悲劇角色的偉大演員還好。他們學到的東西不值得學，他們對我的個人印象也不會帶給他們任何東西。所有學生都是如此，也許除了一兩個例外。

一九四七年夏季學期，維根斯坦決定放棄教書。他告訴馮．賴特自己將辭去教授職位，並希望對方成為自己的繼任者。

維根斯坦最後一學期的課特別有意思，因為他在課上談論了隨後兩年佔據他思考的問題，最終底定於現今《哲學研究》第二部分的打字稿。他在這堂課上頭一回提出了著名的兔鴨圖：

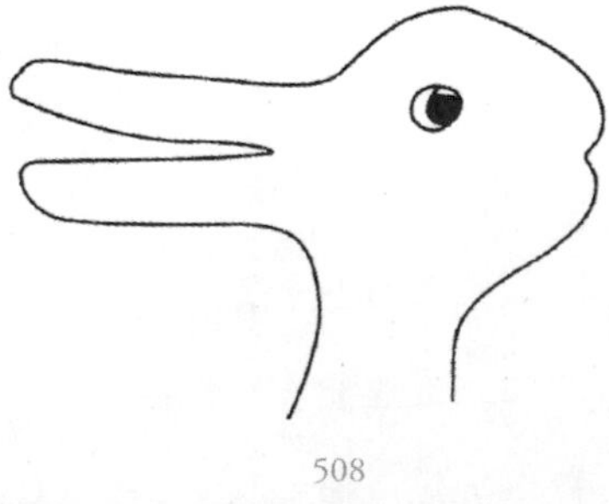

> 假設我讓一個孩子看這張圖。他說：「它是鴨子。」接著突然改口：「啊，它是兔子。」所以他認出〔recognize〕那是隻兔子，這是一種辨認的經驗。你在街上看到我說：「啊，維根斯坦。」這也是辨認的經驗。但人不是隨時在辨認。唯有鴨子變成兔子又變回鴨子時，辨認才會發生。在這中間，**面相**〔aspect〕可說是**傾向性的**〔dispositional〕。

這張圖的要點在於能有不只一個面相看它，同一張畫可以看成鴨子，也可以看成兔子。吸引維根斯坦的正是這種**看作**（seeing-as）。描述這類現象時，我們往往會提到心理狀態，彷彿那是某種對象。比如，我們可能會說我們一會兒把圖看成鴨子，一會兒看成兔子，但外在圖樣（那張圖）並沒有變，改變的是我們心裡的圖像，我們的感覺與料。這個想法往上類推，就會得出維根斯坦心理學哲學所攻擊的那種感官經驗論，也就是現象論：直接經驗的對象是經驗論者稱作感覺與料的東西，是私有的、影子般的實體。正是由於擔心這種類推，使得維根斯坦一開始評論**面相觀看**（aspect-seeing）時（在上述那門課和《哲學研究》裡），便強調這不是標準做法，我們不是看到什麼都會看成某種東西：

> 說「我現在把它看作……」幾乎沒有意義，就好像看見刀叉然後說「我現在把這看成刀叉」一樣。

然而，儘管「看作」不是所有知覺的通例，對於維根斯坦卻格外重要，而且原因不只出於現象論的危險。可以說，維根斯坦的哲學方法就在於改變我們看待某些事物的面相，例如不將數學證明看成一串命題，而是一幅圖像，不將數學式看成命題，而是規則，不將第一人稱的心理狀態陳述（「我很痛」等等）看成描述，而是表達等等。可以說，「看出關聯的那種理解」就是造成面相轉變的那種理解。

維根斯坦在《哲學研究》裡提到，兔鴨圖取自約瑟夫・賈斯特羅一九〇〇年出版的《心理學中的事實與寓言》[14]，但是他對面相觀看的討論受惠於沃爾夫岡・柯勒[15]比賈斯特洛多得多。許多討論裡，他

---

14 譯註：Joseph Jastrow，1863-1944。美國心理學家。著作有《心理學中的事實與寓言》（Fact and Fable in Psychology）。

15 譯註：Wolfgang Köhler，1887-1967。德國心理學家。其理論詳見後述。

心裡想著的都是柯勒一九二九年出版的《完形心理學》(Gestalt psychology),尤其論〈感官組織〉那一章。許多堂課,他都會先唸書中一小段作為開場白。

要了解維根斯坦對柯勒的興趣,我想必須認識歌德留給他倆的共同遺產。對維根斯坦和柯勒來說,全形(格式塔)所指涉的理解方式帶有歌德(對顏色、植物和動物的)形態學研究的血統,兩人也都以歌德的概念作為自己思想的核心要點,只是方式大不相同。

德文「Gestalt」(格式塔)通常意指「形狀」或「形式」,但柯勒仿效歌德,用它來指稱很不同的東西:

> 在德語裡(至少自歌德以來,尤其在他論自然科學的文章中)名詞「格式塔」有兩個意思,除了作為事物性質的「形狀」和「形式」的含意外,還意指一種有形的個別實體,具有獨特性,是某種分離〔detached〕之物,擁有形狀或形式為其屬性。依據這個傳統,全形理論中的「格式塔」意指分離的整體〔segregated whole〕。

這個「分離的整體」(柯勒常稱之為「有組織的整體」)構成了柯勒反行為主義心理學的基礎。柯勒反對行為主義的「刺激—反應」機制,而採用他所謂的人類行為「動態」理論,強調組織在知覺中扮演的主動角色。柯勒指出,我們的知覺不是個別的刺激,而是有組織的格式塔,例如我們不會在紙上看到三個點,而是將它們看成三角形,視為一個整體,一個格式塔。

柯勒對人類心理的「動態」理解和歌德對大自然的「動態」理解遙相呼應。正如柯勒反對行為主義所蘊含的機械論,歌德開始研究科學也是為了尋找他那個時代牛頓機械論科學以外的方案。

歌德以植物為起點，開始了他對自然形式的形態學理解。他在《義大利遊記》裡形成的觀點是，如果能在單一格式塔面相下看待所有植物，就能有系統地（而且非機械論地）研究植物生命。每一類自然現象（如動植物）都會有某一個形式，即**原初現象**（Urphänomen），可以將這類現象的所有例子視為這個原初現象的變形。就植物而言，這個原初現象就是**原初植物**（Urpflanze）。

然而，在歌德的著作裡，原初植物的性質有些混亂。歌德曾將它視為有一天可能發現的真實植物：

> 在（義大利）這裡，植物不像我們那兒種在盆子裡或玻璃罩裡，而是能在開放的新鮮空氣裡自由生長，實現它們的自然天命，變得更可理解。見到如此多樣新而又新的形式，我的舊幻想又突然冒了出來：在這麼多植物裡，我會不會發現原初植物？這裡絕對有，否則我怎麼認出這個或那個形式是植物？唯有這些植物都從同一個基模建構而來才有可能。

然而，一個月後，他卻認為原初植物在自然裡找不到，是他所創造並帶進自然的東西，用來衡量可能性：

> 原初植物將是世界上最奇怪的造物，連自然也會嫉妒我。有了這個模型，掌握了它的關鍵，就能永遠不斷發明植物，而且知道它們的存在合乎邏輯，意思是就算它們實際不存在，也有可能存在。

這兩種構想的差異非常重要。第一種構想讓歌德的形態學變成了站不住腳的冒牌演化論，彷彿他的任務是達爾文式的，是要找到所有其他植物都由它（因果地）導出的那個植物。第二種構想清楚指出，原初植物不能用作因果推論，形態學的任務不是發現經驗定律（如演化法則等等），而是呈現一種對於全體植物生命的**綜觀**（Übersicht）。讓歌德和維根斯坦的著作產生連結的，正是第二種構想。

歌德的形態學為維根斯坦提供了例子，示範一項研究如何不以解釋的方式而釐清某一現象。這種研究在於看出類比。不過，在維根斯坦對這種形態學的理解中，有一點至關緊要，那就是用作原初現象的格式塔本身不是對象，如同觀念和概念不是對象。我們看見或認出格式塔，不是像我們看見物理對象，而是像我們看見或認出相似之處那樣。這個區別非常重要，但由於格式塔、原初現象和原初植物等等都是名詞，而且我們會說看見或認出它們，故很容易忽略這個區別。於是，維根斯坦在《哲學研究》討論到面相觀看時，一開頭便高明又清楚地說明了這個區別：

> 「看」這個字有兩種用法。
>
> 其一：「你看見什麼？」「我看見這個。」（接著描述、描繪、複製。）其二：「我看見這兩張臉的相似處。」讓聽我說這話的人跟我一樣清楚看著這兩張臉。
>
> 重點是這兩種看的「對象」的範疇不同。

「看」這個字的歧義，造成了歌德和席勒[16]對原初植物的見解不同。歌德試著解釋自己的構想：

> 我生動地向他解釋了《植物的變態》，還拿起筆勾勒一番，將一株象徵性的植物喚到他眼前。

但席勒拒絕將這個「象徵性的植物」視為視覺對象：

> ……畫好之後，他搖頭說：這跟**經驗**毫無關係，它是個概念。

但歌德不為所動，堅持自己在談論自己見到的東西：

> 欸，這樣更好，這表示我已經有了概念而不自知，甚至已經**親眼見到了**……要是他將對我而言是經驗的東西當作觀念，那麼兩者之間終究還是有某種調解、某種關係。

維根斯坦認為，歌德和席勒可說都是對的。席勒對在堅持原初植物和觀念（而非物理對象）屬於同一範疇，歌德則對在堅持自己（從某個角度來說）親眼見到了原初植物。哲學的任務就在於解釋為何如此，找出某種描述「看作」這一現象的方式，使得格式塔（面向、有組織的整體）可以既是觀念又是視覺的「對象」，兩者不相矛盾。

於是，柯勒《完形心理學》提出的問題便成為維根斯坦關切的重點，但他的做法卻恰恰落入了維根斯坦「私有語言論證」所欲去除的概念混淆之中。他從一開始對格式塔的敘述就陷入了混淆。他指出，

16 譯註：Friedrich von Schiller，1759-1805。德國啟蒙文學的代表人物之一，詩人、哲學家、歷史學家等，歌德的好友。

格式塔是「一種有形的個別實體，具有獨特性，是某種分離之物，擁有形狀或形式為其屬性」。光是這段話，聽起來就像在描述物體，一種私有對象。這實體正是柯勒建構知覺理論所需的對象，因為他想表達「組織」跟顏色和形狀一樣，也是知覺對象的一部分。這個做法模糊了物理對象和心靈建構（如觀念等等）的區別，使得我們對一個模糊的**事物**產生了混淆的概念：

> 一旦將視覺印象的「組織」視為和形狀或顏色同等級的事物，視覺印象就從觀念變成了內在對象，進而自然成了一種幻影，一種飄忽古怪的建構物。

維根斯坦同樣不喜歡柯勒用「視覺實相」指稱以不同方式「組織」知覺時會隨之改變的東西。例如，除非有人指點，我們通常不會看出下圖裡有4：

柯勒對此圖表示：

只要我告訴讀者數字4就在眼前，他就一定會找到（見下圖）。但只要他沒受到理論偏見的影響，就會承認4這個形狀起先並未以視覺實相〔visual reality〕的方式存在，若它後來開始存在了，這表示視覺實相有了轉變。

維根斯坦在課上嘲弄了這段話：

柯勒說：「你看見兩個視覺實相。」這麼說是相對於什麼？應該是相對於詮釋。他是怎麼做到的？（也就是：這如何成立？）問人沒有用，柯勒從來沒說問人有用，但他卻表示：「如果不受理論蒙蔽，就會承認有兩個視覺實相」。他當然不是說只有不抱理論的人才會說「有兩個視覺實相」，而是想說任何人不論（一）是否受到理論蒙蔽，（二）是否說了這個或那個，都必須（為了表達正確）說：「有兩個視覺實相。」

但在這些兩可圖的例子中（先看到鴨子再看到兔子，先看到兩個不明圖案和一條水平線，再看到藏在圖形裡的4），如果不說視覺實相或圖形的組織變了，那該怎麼說？**改變了**的是什麼？維根斯坦再次搬出自己的標準做法，希望用一種方式描述這過程，讓這問題不會出現。和其他哲學混亂一樣，是問題本身在誤導人。「問『改變了的是什麼』沒有意義，」維根斯坦對班上學生說：「回答改變的是『組織』也沒有意義。」

然而，他發現要對面相觀看做出恰當描述，從而消除隱含在柯勒的描述裡的混亂並不容易。課程結束兩年後，他將兔鴨圖拿給德魯利看，對他說：「現在你試著說說看，把某樣東西看成某樣東西是怎麼回事。這不容易。我正在思索的這些事跟花崗岩一樣硬得敲不開。」最終出現在《哲學研究》裡的相關段落有些弔詭，甚至自相矛盾，或許便是出於這份壓力：

面相改變表達的是新知覺，也是知覺並未改變。

「看作」不是知覺的一部分，因此它既像看，又不像看。

有一點他**當時**很確定：不論怎麼描述「看作」，都不能訴諸「私有對象」：

……就是別說「我的視覺印象終究不是那幅畫，是我無法給任何人看的」。視覺印象當然不是那幅畫，但也不屬於那種我隨身攜帶的東西。

維根斯坦還強調，對於面相改變，應該問的不是「**什麼**改變了？」而是「這改變造成了什麼**差別**？」因此討論到柯勒「隱藏的4」的例子時，他不談「視覺實相的轉變」，而是談不同方式看這個圖形的後果：

> 柯勒說很少人會自己看到圖形裡的4，
>
> 
>
> 這顯然沒錯。現在假設有人描述或複製這個平面圖時完全偏離了一般方式，那麼這人使用不同的「單位」複製和描述，會讓他和一般人有什麼差別？換句話說，這樣一個人在別的事上將和一般人有何不同？

就畫圖而言，以不同方式看的後果可能是圖複製得不一樣（比如有些人可能從4開始複製）。就音樂而言，以不同方式聽的結果可能是樂曲唱的、演奏的或吹的不一樣。就詩而言，可能是讀的方式不一樣。從這些例子當中，我們或許能看出維根斯坦的格言：「『內在』過程需要外在標準」（《哲學研究》第一部分，五八〇）雖然表面上和行為主義者的格言相似，動機卻可能（也確實）極為不同。

然而，只要想到就哲學**世界觀**而言，面相轉變的結果可能是**生命**的改變，這點就非常清楚了。以維根斯坦來說，他真心期望的結果（「外在標準」）是一個對待音樂、詩歌、藝術和宗教如同我們現在對待科學一樣尊重與認真的文化。

推動這樣的面相轉變有什麼意義嗎？

> 哲學家說「要這樣看事物！」但首先，這不保證人們會那樣看事物；其次，勸誡可能來得太遲了，而且怎麼樣如何都沒用。要改變知覺事物的方式，其推力必須來自完全不同的地方。

然而「知覺事物的方式」必須改變，這一點對維根斯坦非常重要。如他和恩格曼之前所言，「事物是如何」和「事物應當如何」的差異並不必然指向內在改變。外部事物不可能不入侵，發生影響，而人就是得試著改變事物。

或至少得改變他的外在環境。維根斯坦這時已經確信自己必須離開英國。「在這個國家，」他四月十三日寫道：「我這樣的人對人群除了厭惡，再沒有其他明顯的反應了。」而無法想像英國會發生革命，則更加令人沮喪。「彷彿可以說，這個國家的**精神**氣候潮濕又冰冷。」十天後他寫道：

我覺得劍橋愈來愈可恨，英國文明正在瓦解腐爛，英國政治在邪惡的目標和毫無目標之間輪流打轉。

「我感覺自己是這個世界的異類，」他七月寫道：「一個人若和人類或神都沒有連結，他就是異類。」

學期一結束，維根斯坦就去斯旺西和班恩共度了兩週。雖然尚未辭去教職，但他已經決定離開英國獨自生活。他首先想到挪威，接著是愛爾蘭。八月他去都柏林找德魯利，德魯利剛受聘成為聖派崔克醫院的精神醫師，維根斯坦對朋友的新職非常感興趣。「如果事實證明你當精神醫師是選對了，」他告訴德魯利：「我也不會驚訝。你起碼知道了天地之間還有更多事物。」德魯利將聖派崔克醫院精神診療的參考書借給了他，薩甘和史雷特的《精神病學中的物理治療法》(Sargant and Slater's *Physical Methods of Treatment in Psychiary*)。維根斯坦照例熱誠讚揚了堅實科學技術的價值，同時急切提醒其侷限：

這本書非常出色，我喜歡它的成書精神。我會叫班恩讀這本書。我完全能理解你為何會有「讓我們瞧瞧這些療法有什麼成效」的態度。

我完全不想低估你正在做的事情的重要，但絕不要讓自己覺得所有人類問題都能如此解決。

八月底維根斯坦回到劍橋，雖然決定辭去教職，卻還不確定要去挪威或愛爾蘭。他寫信給馮．賴特，說他打算先到維也納待一個月，然後：

……去一個可以獨處的地方待稍長一段時間，而且可能的話，把我書裡的一部分寫完……我什麼都還沒告知劍橋高層，因為還不是完全確定（雖然我眼前看不出這事如何能避免，我是說離開劍橋的事。）

「我的心現在是一團混亂，」他告訴馮．賴特：

其中一個原因是：在發生了這一切之後，我很怕再見到維也納，也有點害怕丟了劍橋的工作。但我會克服的。

想到回去那個他知道變糟了許多的維也納，維根斯坦就惶惶不安，而且實際情況可能比他預料得更糟。維也納當時局勢黯淡，令人沮喪，俄軍依然佔領著城市，還一度將維根斯坦替姊姊造的房子用作軍營及馬廄。奧地利人厭惡佔領軍，姦淫擄掠的傳言時有耳聞，葛蕾塔的女傭忠心耿耿，努力保護這棟庫德曼街的房子，經常受到俄國人粗暴對待。海耶克[17]是維根斯坦的遠房表親，他回想自己在火車上遇見剛從維也納回來的維根斯坦，從維根斯坦「對自己遇到俄國人（佔領軍）的反應看來，他是頭一回遇見他們，顯然粉碎了他的所有幻想」。海耶克雖然徹底搞錯了，維根斯坦不是頭一回見到俄國人，但他覺得維根斯坦憤怒及幻滅顯然是正確的。事實上，我們很難想像維根斯坦會有別的反應。

維根斯坦一從維也納回來就遞了辭呈，但校方告訴他可以拿米迦勒學期當成教授休假。因此，儘管他直到一九四七年底才正式卸任，但從米迦勒學期起就卸下了重擔，不用再教書和住在劍橋。

離開劍橋前，他花了一個月將自己那陣子對心理學哲學的心得整理成打字稿，後來成為《心理學哲學評論》的第一卷，但維根斯坦將它整理成打字稿，不是為了獨立出版，而是當成修改《哲學研究》最後三分之一的材料。「內容幾乎都很糟，」他告訴馮．賴特：「但我需要方便帶在手邊，也就是打成白紙黑字，這樣我讀的時候或許會產生更好的想法。」他還說：

> 我對自己的未來毫不樂觀，但我一辭職，就覺得這是唯一自然要做的事。

他投向愛爾蘭和獨處的舉動，很難不讓人看成是一種逃避，不只遠離劍橋、教書和英國人，還有遠離（更令他痛苦的）與愛人親近的折磨。他獨居的表面理由是把書寫完，在愛爾蘭的那幾年也確實完成了不少，但很難看出他是真心想把書給完成。因為在這些論述裡，維根斯坦走向了全新的思路，給人最強烈的感覺是他在「拚盡全力做哲學」，在做「唯一真正讓我振奮的工作」。

17 譯註：Friedrich von Hayek，1899-1992。奧地利出生的英國經濟學家、政治哲學家，一九七四年諾貝爾經濟學獎得主。

二十五、愛爾蘭

在愛爾蘭的頭兩週，維根斯坦下榻於都柏林的羅斯旅館（Ross's Hotel）。只要醫院沒事，德魯利就會陪他在都柏林市區或近郊看房子，但始終找不到能提供他所需的獨處與寧靜的住所。不過，德魯利在聖派崔克醫院的同事羅伯特．麥卡洛夫（Robert McCullough）暫時解決了這個問題。麥卡洛夫常去位於威克洛郡（County Wicklow）瑞德克羅斯（Red Cross）的一處農舍渡假，房子屬於金斯頓（Kingston）夫婦所有，他們告訴麥卡洛夫想找一位長住的房客。維根斯坦得知此事後，立刻動身去都柏林「勘查現場」（他這時期經常隨意借用美國偵探小說裡的用語），深深迷上了威克洛郡。「搭乘公車途中，」他回來後告訴德魯利：「我不停對自己說這個國家真美。」

然而，搬進金斯頓家的農舍後不久，他便寫信給里斯抱怨自己在那裡「覺得又冷又不舒服」。「再過兩個月，我也許會搬到愛爾蘭西部更偏僻的地方。」但幾週之後，他適應多了。德魯利頭一回去瑞德克羅斯造訪他時，一切看來都好。維根斯坦告訴他：「有時想法來得又急又快，彷彿有什麼在引導我的筆。我現在清楚明瞭放棄教職是對的，在劍橋我永遠無法把這事做完。」

遠離劍橋所代表的「瓦解腐爛中的英國文明」當然是生活在愛爾蘭的主要吸引力之一。馮．賴特寫信給他，談到自己猶豫該不該申請劍橋的哲學教授職位，維根斯坦回信說他完全能理解，而且一直認為馮．賴特不會申請，因為「在我看來，眼前這個時代成為英國人或在英國的難民，怎麼想都缺乏吸引力」。

馮．賴特最終還是申請了，維根斯坦在勉勵裡摻雜了嚇人的警告：

劍橋是個危險的地方。你會變得膚淺嗎？變得圓滑嗎？如果不會，就註定會吃足苦頭。你信裡有一段特別令我不安，說你想到在劍橋任教就熱血澎湃。我覺得，你如果去劍橋，就必須保持**清醒**。但願我只是白擔心一場，但願你不受壓倒你的力量的誘惑。

生活在瑞德克羅斯的好處除了遠離劍橋，就是威克洛郡的鄉間美景。那裡的冬天很溫和，維根斯坦幾乎每天都去散步。「這裡和威爾斯的海岸差很多，」他寫信告訴里斯：「但顏色美到極點，足以彌補一切。」他寫信給姊姊海倫娜說：

如果這裡的鄉間色彩不是常常如此美妙，對我不會有這麼大的吸引力。我想肯定和空氣有關，因為不單是草地，連天空、海洋甚至棕色的東西都美得出奇。我在這裡比在劍橋感覺好多了。

他在瑞德克羅斯散步時會隨身帶著筆記本，經常在戶外工作。金斯頓的鄰居經常看見維根斯坦出門散步，說他有一回路過，看見維根斯坦坐在溝渠裡瘋狂寫著，對周遭一切渾然不覺。這應該就是他對德魯利提過的，想法來得又急又快，彷彿有什麼在引導他的筆的時刻吧。不過，維根斯坦小心不把這些靈思泉湧看得太過重要：

席勒曾在一封（我記得是寫給歌德的）信裡提到「詩意情緒」，我想我現在知道他的意思，而且覺得自己對它很熟悉。這是一種接納自然的情緒，人的思想似乎和自然本身一樣鮮活。但怪的是席勒沒有創作出更棒的東西（至少我如此覺得），因此我不是很確信自己在這種情緒下創作的東西真的有價值。也許那些時刻賦予我思想光彩的，是一道從後方照來的光線，思想本身不發光。

他帶著兩份打字稿，一份是現今《哲學研究》的第一部分，另一份是《心理學哲學評論》的第一卷。他希望從這兩份打字稿和自己在瑞德克羅斯寫的論述裡整理出他書的最後一部分的定稿。至於處理數學哲學的第二部分，可以說已經放棄了。他告訴所有朋友自己的工作進展順利，但有跡象表明他已經打算將出版一事交給遺稿管理人了。「天曉得我會不會出版這份成果，」他寫信給馮．賴特：「但你要是活得比我久，我希望你在我死後能看護它，那裡頭有一堆艱苦的思考。」

由於身體欠佳，維根斯坦無法如自己所願刻苦工作。儘管他一九四八年二月五日對里斯說「我身體健康得很」，其實卻飽受消化不良所苦。為此，他工作時總是帶著一罐斯克瑞格牌的竹炭餅乾。他非常相信這個療法（金斯頓家的小孩毛德和肯恩記得他幾乎不吃其他東西），以致於經常得去阿克洛（Arklow）補貨，但餅乾似乎並未解決問題。「我的工作進行得還可以，」他一月寫信給馬爾康姆：「要不是好像一直無法擺脫消化不良的問題，我想會進展得非常好。」

更糟的是他神經緊繃的情形愈來愈嚴重，而且或許和消化不良有關。他二月三日寫道：

> 感覺不好。不是身體，而是心理，很怕瘋癲來襲。只有神知道我是不是危險了。

如果過去一年在劍橋，維根斯坦精神不穩是因為班恩太近，那麼遠離對方並沒有讓他心智更穩定一些。他二月五日對馬爾康姆說：「偶爾會莫名神經不穩。對此我只想說發作時難受至極，逼得人只能禱告。」同一天他寫信給里斯：

> 我想我的神經常常不守規矩。當然它們又老又累了，但我的工作大致進展順利。同樣是老人的活兒：雖然我不是真的老了，但就是有著蒼老的靈魂。願神保佑，我的身體別比我的靈魂活得久！

「我常常認為自己正直奔瘋狂，」一個月後他對馮．賴特說：「我很難想像自己的腦袋能承受這股壓力太久。」

隨後兩週，他陷入了劇烈沮喪，完全無法工作，對自己的住處愈來愈不滿。起先他對屋主很滿意，「他們很安靜，」他十二月曾寫信告訴馮．賴特：「我在自己房裡用餐，很少受到打擾。」但到了三月，金斯頓家的十一歲小兒子肯恩的一位朋友住了進來，兩人共用一間臥房，經常說笑到深夜。維根斯坦用力敲牆要他們安靜，兩人卻當成玩笑。到最後維根斯坦真的束手無策，發了急電要德魯利趕緊替他在羅斯旅館訂一個房間，並到旅館找他。德魯利回憶道：「他一到都柏林，我就立刻去見他。他看起來既苦惱又激動。」

維根斯坦：事情來了。

德魯利：我不懂，什麼事來了？

維根斯坦：我一直害怕的事，就是再也無法工作了。過去兩週我毫無進展，晚上也無法睡覺。我房間底下的人聊天到很晚，持續的細語聲把我逼瘋了。

德魯利開了助眠藥給維根斯坦，並告訴他說自己的哥哥在愛爾蘭西岸的農舍現在沒人住，歡迎他用。他在那裡起碼能找到平靜與獨處。

維根斯坦如釋重負，回瑞德克羅斯從長計議。他在金斯頓家過了復活節，但仍然無法工作，於是決定接受德魯利的提議。不過，他的心情好轉許多，和金斯頓家的關係也改善不少。離開前不久，他送了孩子們一個裝滿巧克力的鮮綠色復活節大彩蛋。四月二十八日他動身往西海岸前，在訪客留言簿上留了一句話：「很愉快的時光，謝謝你們。」

沒有理由認為這句話語帶嘲諷或不真誠。維根斯坦是真心感謝金斯頓家，但至少他在瑞德克羅斯的最後兩個月很難說是「愉快的時光」。這一點從他動身前一週寫給里斯的信可以看出端倪：

這些天我常想到你，雖然或許聽來可怕，但確實常想起。感謝上帝，我寫了信要你復活節別來找

> 我，因為過去六到八週對我而言是一段糟糕的日子。首先我遇上嚴重的沮喪，接著又得了重感冒，而且始終不曉得要離開這兒到哪裡去。我現在慢慢好轉了，打算下週離開這裡到西海岸的羅斯洛〔Rosro〕去。那裡很不方便，離都柏林十小時路程，但就目前看來，我實在別無選擇。因此你要是當時來了，就會看見我備受磨難。祝我得到力量、勇氣與運氣吧！過去這一個月，我的工作幾乎毫無進展，直到這幾天我才能做一點思考。（我是說哲學。我的大腦雖然遲鈍，但還沒停滯。我情願它停滯了！）

維根斯坦一九三四年就見過羅斯洛農舍，當時法蘭西斯．史金納和德魯利陪他到那裡渡假。農舍位於康尼馬拉的基拉里（Killary）港口邊，背山面海，周圍山峰尖得出奇，稱為「十二尖峰」（The Twelve Pins），最早當成海岸巡防站，但一戰過後就廢棄不用了。一九二〇年代初期，農舍仍無人居住，只被愛爾蘭共和軍拿來窩藏囚犯，直到一九二七年才由德魯利的兄長邁爾斯（Miles）買下作為渡假之用。這種與世隔絕雖然如維根斯坦所言「很不方便」，卻是必要的，唯有如此他才能享有不被打斷的自由，這點他認為對自己的工作必不可少。

接待維根斯坦的是湯瑪士．穆克林斯（Thomas Mulkerrins，Tommy）（維根斯坦後來學會了跟基拉里所有人一樣喊他「湯米」）。他是德魯利家請的人，住在離羅斯洛大約一公里的小農舍裡，負責照顧渡假小屋，週薪三英鎊，此外還撿泥炭和捕鯖魚補貼這份微薄的薪水。德魯利告訴湯米，維根斯坦精神崩潰了，要他盡可能幫忙，因此他每天早上都會送牛奶和泥炭到羅斯洛，看維根斯坦是否安好。維根斯坦（對馬爾康姆說）覺得湯米「人很好，顯然比我在威克洛郡遇到的人更適合作伴」。

後來他開始有了批評，跟里斯說穆克林斯一家都不愛工作。他很驚訝湯米的母親明明是出色的裁縫，身上的衣服卻破破爛爛，里斯木工很強，家裡每張椅子卻都斷了一條腿。他在日記裡只用一個詞形容湯米「這個我在這兒完全倚靠的人」，就是「很不可靠」。

不論可不可靠，他都只能仰仗湯米。他最近的鄰居莫帝默一家（Mortimer family）認為他完全是一個瘋子，不想跟他有任何牽扯，甚至禁止他經過他們的地，怕他會嚇壞羊群，害他想去羅斯洛後方的山裡散步時都得繞遠路。有一回他去散步，莫帝默家的人看見他突然停住，用手杖當工具在小徑的泥土上畫了個圖形（兔鴨圖？），然後一直盯著看了很久才繼續往前走。這證實了他們一開始的判斷。還有一次也是如此：莫帝默家的狗叫聲有一晚害得維根斯坦無法專心，他就發飆了。事實上，他留給莫帝默家的印象和先前留給奧地利鄉下村民的感覺相去不遠。

湯米也覺得維根斯坦有一點怪，但由於他對德魯利家忠心耿耿（邁爾斯曾跳下船救起溺水的他），加上他後來愛上了「教授」的陪伴，因此打算竭盡所能讓維根斯坦在羅斯洛住得盡量舒服而愉快，例如盡力滿足維根斯坦對清潔與衛生的嚴苛要求。維根斯坦要他每天早上不只送來泥炭和牛奶，還要帶著用過的茶葉，撒在廚房地板上吸灰塵，然後再打掃乾淨。他還會叫湯米來清除屋裡的「小瓦工」，也就是土鱉蟲，而湯米的做法是將整間房子噴得全是殺蟲粉，讓人喘不過氣來，讓一輩子害怕蟲子的維根斯坦非常滿意。他寧願受窒息的威脅，也不想見到半隻土鱉蟲。

羅斯洛農舍有兩個房間，分別是臥室和廚房，維根斯坦大多待在廚房裡，卻沒用廚房來煮飯，三餐幾乎都吃從高威（Galway）一家雜貨店訂來的罐頭食品。湯米很擔心這種飲食法。「罐頭食品會害死你」，他有一回這麼說，維根斯坦冷冷回答：「反正人本來活太久了。」維根斯坦將廚房當成書齋，湯米早上來農舍時，常會看到他坐在餐桌前在夾好的散頁上振筆疾書。幾乎每天都會有一堆作廢的紙，燒掉它們是湯米的工作。

某天早上，湯米一到羅斯洛就聽見維根斯坦在講話，走進農舍赫然發現屋裡只有「教授」自己。「我以為你有訪客，」他說。「有啊，」維根斯坦答道：「我在跟一個很親的好朋友講話，就是我自己。」維根斯坦那個時期的筆記本裡有段話呼應了這件事：

> 我寫的幾乎都是和自己的私人對話，是我和自己促膝密談的東西。

除了湯米，維根斯坦在羅斯洛的獨居生活只被班恩短暫打擾過一次。一九四八年夏天，班恩來羅斯洛停留了兩週，兩人一起去山裡和海邊維根斯坦最喜歡的路線散步，欣賞當地令人讚嘆的各種動植物。

維根斯坦對基拉里的各種鳥類尤其感興趣，像是愛爾蘭西部海岸極為常見的北方潛鳥、鸕鶿、杓鷸、蠣鷸、海鸚和燕鷗等等。起先他叫湯米替他認鳥。他會描述自己看到的飛禽，由湯米絞盡腦汁猜是什麼鳥。不過湯米老實承認：「我給他的鳥名可能不一定是對的。」抓到湯米幾次錯誤之後，維根斯坦改成了查閱德魯利寄給他的圖鑑。

為了好好欣賞海鳥，維根斯坦想在基拉里海岸外的某座小島上蓋一間棚屋，不過湯米（如果真的要蓋，這活兒就會落在他頭上）最終勸阻了他，因為小木屋承受不了小島上的風吹雨打。作為替代，湯米會划小船帶維根斯坦出海。他划船時，維根斯坦就會觀察海鳥或靜坐沉思。兩人有時會聊聊天，維根斯坦回憶在挪威時必須划船橫越峽灣採買，湯米則回答維根斯坦關於基拉里歷史的問題。

維根斯坦對比較馴化的鳥也很感興趣，像是常到農舍裡找麵包屑的知更鳥和蒼頭燕雀。他會留食物給牠們，吸引牠們過來，最後這些鳥變得非常馴服，甚至會到廚房窗邊從他手裡啄食。離開羅斯洛時，他給了湯米一點錢買食物給鳥吃，因為牠們已經習慣每天有人餵了。不過，湯米回農舍時發現鳥的馴服反倒害了牠們，因為在窗邊等食物讓牠們成了當地野貓的囊中物。

羅斯洛的生活雖然辛苦，卻似乎提供了維根斯坦恢復身心健康所需的東西。如同先前所言，維根斯坦抵達羅斯洛時狀況很糟。四月三十日，他剛到羅斯洛幾天，寫信給馬爾康姆說：「我最近狀態不好，身心靈都是，連續幾週非常沮喪，接著又覺得生病了。我現在身體虛弱，腦袋遲鈍，已經五六週沒有做半點工作了。」但不出一個月，在獨居農舍、海岸美景、鳥兒陪伴和湯米的好心情（雖然不完全可靠）支持下，情況有了好轉。維根斯坦發現自己又能工作了。

對於那裡的生活方式，他最大的抱怨就是所有家事都必須自己來。他覺得這件事麻煩得令人火大，但就如他在寫給馬爾康姆的妻子莉依的信裡說的：「這事當然也是一大恩賜，因為它逼我過規律生活，使我免於瘋狂，所以儘管我每天咒罵，但這事基本上對我很有好處。」

羅斯洛地處偏遠只有一個壞處，就是很難買到美國的低俗小說（pulp fiction）。最近的村子在十七公里外，可供選擇的書又少得可憐，害他在等馬爾康姆定期寄來「雜誌」包裹的空檔時間，只能讀桃樂絲·榭爾絲[1]的溫西爵爺自娛。他告訴馬爾康姆：「這實在該……的糟透了，讓我心情低落。」馬爾康姆提供的「正經貨」才是解脫。「打開你寄來的雜誌，感覺就像從悶壞的房裡走到新鮮的空氣裡一樣。」

不過，他有一回倒是在村子的商店裡找到了平裝本的諾伯特・戴維斯的《與恐懼有約》（Rendezvous with Fear）。這是他熱愛的偵探小說。去年他在劍橋讀了戴維斯的小說，愛不釋手，不僅借給摩爾和史邁瑟斯讀，還買了一本送給班恩。見到這本小說，他實在無法抵擋買來重讀的誘惑，而這一讀讓他的推崇又增加了。「雖然你知道，」他寫信給馬爾康姆說：「我讀過幾百本讀起來很過癮的書，而且喜歡讀書，但我想或許只有兩本我會說是好東西，戴維斯的作品便是其中之一。」他要馬爾康姆多找點戴維斯的訊息：

> 聽起來也許瘋狂，但我最近重讀這故事，發現自己還是非常喜歡，心裡真的很想寫信給作者，向他道謝。如果這麼做很瘋狂，請不要驚訝，因為我就是這樣。

只可惜馬爾康姆回信道：「就我印象所及，實在找不到這位作者的任何訊息。」這很遺憾，因為一九四八年戴維斯其實很需要鼓勵。他和漢密特以及《黑面具》雜誌的作者群一樣，是美國冷硬派偵探小說的開路先鋒。一九三〇年代他放棄了律師生涯，開始撰寫偵探小說，享受了十年成功作家的時光，但到了四〇年代卻陷入困難。維根斯坦寫信給馬爾康姆後不久，戴維斯寫信告訴雷蒙・錢德勒，他最近寫的十五篇小說有十四篇被退稿，希望錢德勒能借他兩百美元。隔年他便死於貧困，全然不知自己

1 譯註：Dorothy Sayers，1893-1957。英國偵探小說家、翻譯家，其以彼得・溫西勳爵（Lord Peter Wimsey）為主角的偵探小說系列很受歡迎，在英國和阿嘉莎・克莉絲蒂（Agatha Christie）齊名。

有一項罕見（甚至獨特）的殊榮，寫了一本讓維根斯坦喜歡到想寫感謝信給作者的書。

偵探小說在康尼馬拉是稀有品，這點顯然是維根斯坦如此感謝的原因之一，但是他為何將《與恐懼有約》排在自己讀過（而且還為數眾多）的所有其他偵探小說之上？

答案或許在於書中的幽默，而這也是它最特出之處。小說裡的偵探竇恩，跟史培德和馬羅[2]不同，外表不討喜到了滑稽的地步，又矮又肥，到哪裡都有一隻體型魁梧訓練有素的大丹狗卡斯戴爾跟著。對錢德勒來說，戴維斯的風格最令他讚嘆的是他賜死筆下人物的那種隨便，而這一點在《與恐懼有約》特別明顯，例如戴維斯在描述了南美一間名叫阿茲特克的旅館裡的遊客之後，「賈西亞」便登場了：

> 這一切在那個男的看來都很乏味，我們就姑且叫他賈西亞吧。他坐在位子上喝著顏色普通、濃度跟溫醋差不多的啤酒，橫眉豎目，一張瘦削的臉微微泛黃，黑色鬍髭雜亂無章，而且是鬥雞眼。他應該對阿茲特克旅館出來的旅客更感興趣一些才對，因為其中一人很快就會開槍斃了他。但他這時還不曉得，如果你告訴他，他還會笑你。他是個壞人。

當竇恩開槍打死另一個「壞人」鮑提斯特．波諾法爾時，浪漫幼稚的女主角珍關心地問：「他受傷了嗎？」「一點也沒有，」竇恩說：「他只是死了。」

「幽默不是一種情緒，而是一種看待世界的方式，」維根斯坦在羅斯洛時寫道：「因此，就算幽默在納粹德國確實被撲滅了，也不代表人民心情不好或之類的，而是代表某種更深刻、更重要的東西。」要了解這「東西」是什麼，將幽默看成某種不可理解的古怪東西或許有點幫助：

兩個人在笑，就當是因為笑話吧。其中一人用了某個有點不尋常的說法，這會兒兩人都爆出羊嗥似的笑聲。對一個來自很不同環境的訪客而言，這一點或許相當反常，我們卻覺得理所當然。（我最近在公車上目睹過一次，而且能想像自己是那個感到反常的人。從那點看，我覺得很不合理，感覺自己的反應有如異地來的動物一般。）

理解幽默和理解音樂一樣，都被維根斯坦拿來作為理解哲學的類比。此處的理解不是發現事實，也不是從已接受的前提做出邏輯有效的推論，更不是建構**理論**，而是正確的視角（從而「看見」笑話，聽見音樂裡的表達，看見走出哲學迷霧的路徑）。但我們要如何解釋和教導「正確的視角」是什麼意思？

所以，我們要如何向人解釋「理解音樂」是什麼意思？指出已經理解的人經驗到的影像和動覺[3]等等嗎？**更有可能的**回答是，留意他表現的動作。我們真的該問，解釋在這裡有什麼作用，以及「理解『理解音樂』是什麼意思」意指什麼。因為有人會說，理解「『理解音樂』是什麼意思」就是指理解音樂。對此我們要問：「哦，人能學會理解音樂嗎？」因為那是唯一能稱作「解釋音樂」的教學。

2 譯註：史培德（Sam Spade）是前述小說家達許·漢密特《馬爾他之鷹》裡的偵探主角，而馬羅（Philip Marlowe）則是前述小說家雷蒙·錢德勒筆下的私家偵探，出現於《大眠》、《漫長的告別》等系列作中。兩者都以冷硬形象著稱。

3 譯註：動覺（kinesthetic sensations）是對身體各部位的位置和運動狀況的感覺，也就是肌肉、腱和關節的感覺，即「本體感覺」。維根斯坦在《哲學研究》第一部分第六二一等節中亦有討論。

欣賞音樂（如聆聽或彈奏等）有欣賞音樂該有的**表現**〔expression〕，有時姿勢是這表現的一部分，但有時只在於某人如何彈奏或哼唱那段音樂，或關乎他做的比較和他為了闡釋音樂所用的意象。理解音樂的人和不理解的人相比，他們聽的方式不同（例如臉上表情不同），談的方式也不同。他們會讓人看見，理解某段音樂不只在於聆聽或演奏它時的表現，還在於對音樂的通盤了解。欣賞音樂是人類生活的一種**展現**〔manifestation〕。我們該如何向人描述「欣賞音樂」這件事呢？嗯，我想首先得描述**音樂**，接著才能描述人對它的反應。然而這樣就夠了嗎？還是我們必須教他自己理解音樂？嗯，「讓他理解音樂」和「給他一個解釋但無法讓他理解音樂」是兩種**不同的**「教他什麼是理解」。還有，如前所述，教他理解詩或繪畫可能有助於教他「理解音樂」牽涉什麼。

這段對理解音樂的論述和之前對幽默的論述一樣，後來都收錄在評論集《文化與價值》裡。編者在前言中表示，書裡收錄了維根斯坦「散落在哲學討論中，但不直接屬於哲學思考」的論述。然而，這些論述跟他哲學思考的關聯並沒那麼遠。寄居羅斯洛時，維根斯坦的哲學焦點是面相觀看。為了討論這個問題，他常想像有一群「面相盲」的人（他有時稱之為「格式塔盲」），無法將某物看成某物。所有對於「看不出笑話和聽不懂音樂是怎麼回事」的論述都無法與之分別，而是其一部分。

「盲目於這些面相的人缺了什麼？」維根斯坦自問自答：「『缺乏想像力』不是太離譜的回答。」然而，個人的想像力必要卻不充分，人要見到「面相」（從而讓幽默、音樂、詩和繪畫有所意謂）還需要文化。因此，維根斯坦對面相觀看的哲學關切與他的文化關切之間的關聯是簡單直接的。下列這串寫於羅斯洛（而且應該說「實質屬於哲學思考」）的論述清楚闡述了這一點：

不理解「英文字母F面向哪邊」或「鼻子畫在哪裡」這兩個問題的人缺了什麼？沒發現一個字重複幾次之後會失去一樣東西（意義），變成只是聲音的人，又缺了什麼？

我們說：「裡頭原本有一樣類似意象〔image〕的東西。」

這樣的人理解和判斷一個句子的方式，是否無法和理解那個句子的人一樣？對他而言，那個句子是否不是活的（就這個說法的一切涵義而言）？是否那個詞缺乏一種意義的**氛圍**〔aroma〕，使得他對那個詞的反應常常和我們不同？**或許**如此。

但當我聽懂一段曲調，難道不是我裡面發生了什麼特別的事——我沒聽懂就不會發生的事——嗎？那是什麼事？沒有答案，我想到的都很枯燥。我可能實際上說：「我現在理解了。」也許還談論它、演奏它、拿它和別的曲調比較等等。理解的**徵兆**可能伴隨著聆聽。

說「理解」是一個「伴隨聆聽的過程」則是錯誤的。（當然理解的展現和表現的演奏也都不能稱為聆聽的伴隨物。）

因為，要怎麼解釋「表現的演奏」是什麼？肯定不是用演奏的伴隨物。解釋需要什麼？或許可以說：文化。如果某人在某個文化裡長大，面對音樂有如此這般的反應，就能教他怎麼用「表現的演奏」這個說法。

不論看見面相或理解音樂、詩歌、繪畫和幽默，都屬於某種文化或生活形式下的反應，也唯有存在於某種文化或生活形式裡才能存在。

> 幽默感不同的人會怎樣？他們的反應看在對方眼裡都是不恰當的，就像某一群人有一個習俗，某人扔球給另一個人，另一個人就該接住然後扔回去，結果這個人接了卻沒扔回去，而是放進了口袋。

因此，若幽默在納粹德國確實被撲滅了，這不僅代表人民心情不好，還表示納粹成功摧毀了一整套的生活方式，包括一種看待世界的方式，以及與此方式相伴的反應與習俗（可以說納粹將球放進了口袋）。

面相觀看在哲學上的困難處來自一個**乍看**（prima facie）令人困惑的事實，亦即面相改變了，所看之物卻沒有變，同一張畫原本是鴨子，後來是兔子。同樣地，一個笑話、一首詩、一幅畫和一段音樂，原本只是陌生的反常行為、紙上的字詞、布上的色塊和不協調的聲音，後來（得到理解後）成了好笑的、動人的、美麗的和表達優美的。「令人費解之處在於**什麼也沒有**改變，又**什麼都**改變了。」

人們時常引述維根斯坦對哲學的論述：哲學「讓一切如其所是」。但人們卻比較少察覺，他力求什麼也不改變、只改變我們看待事物的方式時，其實是在**全盤**改變。他對自己思考所得的成效不表樂觀，這一點和他深信我們看事物的方式取決於文化和所受的教養，而非哲學信念有關。面對這點，就如他曾對布里頓說的，「一個人自己又能做什麼？」

傳統不是人能學習的東西，不是想拿就拿得起來的一條線，一如人無法選擇自己的祖先。缺乏傳統卻想擁有它的人，就像不幸愛著的人。

維根斯坦有傳統，一個他深愛的傳統：十九世紀的德奧文學與藝術，尤其是當時的音樂。但他深切體認到一點，這個傳統在他人生的大半時間裡已經不存在了。在這點上，與其說他不幸愛著，不如說他滿懷絕望的失落。康尼馬拉的（他覺得哲學思考所需的）空間孤絕徹底呼應了遍佈在他思考裡的文化孤絕。

*

一九四八年五到八月，維根斯坦都待在羅斯洛。這四個月裡他寫了很多，但由於家務繁重，健康起伏不定，使得他覺得自己太虛弱，無法達成原本設定的目標。他寫信給馮．賴特：「我身體和心理都很容易疲累。」並在日記裡說自己「太過軟弱、虛弱及懶惰，成不了大事」。

別的不說，偉大人物的勤勉是其力量的象徵，有別於其他內在的財富。

此外，他還不時受憂鬱所苦，並且喜歡將之擬人化，彷彿自己受到了鬼魂糾纏。六月二十九日他寫道：「別讓哀傷侵擾你」——

而是該讓它進到你心裡。也別怕瘋狂，它或許是朋友，而非敵人，唯一的壞事是你抵抗。別將它擋在門外。當它站在門外，在頭腦裡，它是令人害怕，但在**心裡**它並不可怕。

幾天後的七月十一日，他認出了鬼魂是誰：

> 經常想起最後一次和法蘭西斯在一起的時光，想起我待他的可憎嘴臉。那時的我很不快樂，**卻有著一顆惡毒的心**。我看不出自己這輩子如何能擺脫這份歉疚。

他覺得自己受不了多久在羅斯洛獨居的生理和心理壓力了，更難以想像自己能在這裡過冬。「可是，」七月十七日他寫道：「我已經決定**試著**那樣做」。

> 我經常禱告，但不曉得**心態**〔spirit〕對不對。少了德和班（指德魯利和班恩）的祝福，我無法在這裡生活。

他問湯米冬天能否讓他到家裡作客，但湯米拒絕了。他狹小的兩房農舍光是住著自己、母親和姊姊就太擠了。維根斯坦還問了菲利普夫人，她是附近凱爾莫屋（現為凱爾莫旅館〔Kylemore Hotel〕）的女主人，但夫人說她只在夏天收房客。他若是要待在康尼馬拉，就只能獨自住在羅斯洛。

維根斯坦八月離開康尼馬拉，先是到都柏林造訪德魯利，接著去倫敦的阿克斯橋（Uxbridge）找班恩，住在班恩父母家裡。九月他去維也納見赫爾敏。赫爾敏得了癌症，病得很重。

回程途中他在劍橋待了兩週，將自己在愛爾蘭寫的東西整理口述成打字稿，就是如今出版的《心理學哲學評論》卷二。但和卷一一樣，他不認為這是獨立的作品，而是（或許表面上）方便他修訂《哲學研究》的論述集錦。

打字稿完成後，維根斯坦於十月十六日回到都柏林，打算直接前往羅斯洛。他在維也納時已經寫信給湯米，要他把農舍整理好。但如我們先前所見，他非常遲疑該不該回去，而德魯利身為他的醫師，也擔心他在那樣的地方過冬，如果病倒了沒人照顧他，也無法治療。此外，維根斯坦發現自己住的都柏林旅館的頂樓房間溫暖舒服，而且最重要的是非常安靜，工作起來很順利，因此他就決定待在羅斯旅館過冬了。

羅斯旅館位於帕克蓋特街（Parkgate Street），靠近鳳凰公園，一九四八年時雖然規模不小，卻不算特別豪華。旅館目前仍在，但已經大幅改裝，更名為艾許林飯店（Ashling Hotel）。當地人都稱呼那裡是「新教」旅館，因為許多長期房客是新教徒，新教牧師來都柏林參加會議或集會也都用這個地方。「在都柏林看著這裡的牧師的臉，」維根斯坦對德魯利說道：「我覺得新教牧師看上去沒有天主教神父那麼自鳴得意，我猜是因為他們知道自己是非常少數。」

不過，對他來說重要的不是這個，而是從羅斯旅館走一小段路就能到鳳凰公園的動物園。靠著德魯利幫忙，他成了皇家動物學會的會員，可以免費進入動物園，在會員室用餐。停留都柏林期間，他幾乎每天和德魯利見面，兩人會一起午餐，不是在動物園的會員室，就是在格拉夫頓街（Grafton Street）的畢尤利咖啡館（Bewley's Café）。那裡的女侍者很快就記住了維根斯坦一成不變的點餐，用不著他開口就送上咖啡和歐姆蛋。德魯利還向他推薦了格拉斯內文（Glasnevin）的植物園，裡頭的棕櫚溫室溫暖又舒服，非常適合冬天工作。

在都柏林的那個冬天，維根斯坦奮力工作。十一月六日他告訴馬爾康姆：「好不容易陽光短短照進我的腦袋，我急著趁熱打鐵。」有天他和德魯利約好了午餐，德魯利到旅館找他，他說：「等我一分鐘，把這個寫完。」結果他寫了整整兩個小時，一句話也沒說。等他寫完，似乎完全沒意識到午餐時間早就過了。

維根斯坦在都柏林寫的東西後來出版，書名是《心理學哲學的最後隨筆》（Last Writtings on the Philosophy of Psychology）。許多人受了書名誤導，以為這是維根斯坦的最後作品，其實不然，例如它就早於《哲學研究》第二部份、《論確定性》（On Certainty）和《論顏色》（Remarks on Colour）。不過，它確實是他一九四六年在劍橋開始撰寫的手稿裡的最後一份。在這一系列手稿中，他企圖為《哲學研究》第一部份提到的心理學概念進行更好、更清楚的分析，而愛爾蘭的手稿延續了這個嘗試，以某種方式呈現出心理學概念（如恐懼、希望和信念等等）的多樣與複雜，從而凸顯「哲學家追求普遍性」的貧乏與混淆，論述裡充滿了精細的區分，試圖闡明「認為所有陳述句都是**描述**」的危險：

> 我聽見「我害怕」這幾個字，便問：「你是在什麼情況下說的？它是來自你心裡的嘆息，還是告解或自我觀察……？」

有一回在鳳凰公園散步，德魯利提到了黑格爾。「我覺得黑格爾總是在說看上去不同的東西其實相同，」維根斯坦繼續說道：「我的興趣則是闡明看上去相同的東西其實不同。」他曾經考慮引用《李爾王》中肯特伯爵於第一幕第四場裡的台詞當作書的題詞：「我要教給你差異。」

維根斯坦心繫的是生命不可化約的多樣性。動物園散步帶來的愉悅主要來自欣賞千奇百怪的花卉、灌木與樹木，以及各種各樣的鳥類、爬蟲和動物。因此，不難想見他非常厭惡用理論將單一範式（scheme）強加在這種多樣上。達爾文得要是錯的，因為他的理論「缺乏必要的多樣性」。

維根斯坦在《最後隨筆》裡最關切兩個概念，「思考」和「看」。更準確地說，他關切的是兩者的關係。貫穿他所有後期作品的核心想法是：有一種看既是看也是思考，或至少是一種**理解**，那就是看見關聯。看見關聯的看，和看見面相或格式塔的看，是同一種。將這種「看」和看見物理對象的看區別開來，描述這種看跟「思考」和「理解」這兩個概念的關聯與差別，是他在羅斯旅館寫作的首要任務。

「現在你試著說說，把某樣東西看成某樣東西是怎麼回事，」維根斯坦給德魯利出難題：「這不容易。我正在思索的這些事跟花崗岩一樣硬得敲不開。」德魯利引用詹姆斯·沃德的「思考是困難的（Denken ist schwer）」作為回答，這或許解釋了維根斯坦為何會有以下這則筆記：

> 「思考是困難的」（沃德）。這話到底什麼意思？為何思考很難？這幾乎就像說：「看很困難。」因為專心看很難。有可能專心看卻什麼也沒看到，也可能以為自己看到了什麼卻沒能看清楚。即便什麼也沒看到，看也可能很累人。

同一天，維根斯坦對德魯利說：「若我在自己書裡不能對音樂在我生命裡的意義提半個字，那我怎麼能指望自己被人理解？」然而，他當時所寫的東西確實強烈暗示了這一點。當他要讀者注意使我們理解某事的那種「看」或「聽」時，音樂這個經典例子始終不曾遠離他的心裡：

我們說某人有「畫家的眼睛」或「音樂家的耳朵」，但缺少這些特質的人很少是眼盲或聾子。

我們會說某人沒有「音樂耳」。就某方面來講，「面相盲」可以跟這種聽之無能相類比。

「理解音樂」這個例子對他很重要，不僅因為音樂在他生命中無比重要，還由於光是指明一段音樂「代表」什麼顯然無法描述其意義。在這一點上，「理解一個句子和理解一段音樂的主旋律比人們想的要類似得多。」

「我很希望你有一天能讀到我現在寫的東西，」維根斯坦對德魯利說。但德魯利在聖派崔克醫院工作繁重，對維根斯坦關切的哲學問題又不熟悉，因此無法詳細討論維根斯坦的論述。事實上，德魯利記得是維根斯坦自己表明決定不跟他討論哲學。「我想他覺得自己的思考比我完備得太多，很可能害我被淹沒，或是成為他唯唯諾諾的應聲蟲。」維根斯坦也沒有和班恩一起細讀自己的作品。十一月時班恩來羅斯旅館和他一起過了一兩週。

不過，十二月時維根斯坦終於有機會詳談自己的成果。先是安斯康姆來訪，待了十二月的頭兩週，接著里斯也來了，緊跟在安斯康姆之後，和維根斯坦在都柏林共度耶誕。維根斯坦已經決定里斯作他的遺囑執行人，至於遺稿則或許交給里斯和安斯康姆管理。總之，他和這兩位朋友細讀了自己過去兩個月寫的文稿，討論他打算用這份新的材料和過去兩年整理的兩份打字稿來修改《哲學研究》。

里斯元旦當天離開都柏林，維根斯坦留在羅斯旅館，希望自己的工作能繼續進展順利。然而，一月初他病倒了，症狀和去年纏住他的毛病類似。他告訴馬爾康姆自己感染了「某種腸發炎」，還說「這當然對我的工作沒好處。我被迫完全停工一週，之後仍然步履緩慢，跟我最近出門散步一樣。」

他覺得自己又老又累又病，心想這會不會是垂死之症。他還覺得孤單。「我感覺德魯利愈來愈不忠誠，」他一月二十九日寫道：「他交了更好相處的朋友。」醫師診斷他的病頂多是腸胃炎，但他不怎麼信任醫師，完全不理會對方開的藥。二月十一日，他說自己「非常虛弱和疼痛」。他聽說敏敏（赫爾敏）快死了。「這對我和所有人都是**莫大的**損失。」他表示姊姊有許多才能和天份一直埋沒著，沒有展現出來，「就像人的內臟**那樣**。」

二月維根斯坦都還能工作，但已經遠不如耶誕節之前奮力和勤勉，但到了三月底連這一點工作能力也棄他而去了，隨後幾個月他隻字未寫。這段蟄伏期，他讀了不少書。德魯利是皇家都柏林學會圖書館的會員，經常替維根斯坦借書。他記得維根斯坦通常想讀歷史，如麥考利的《批評與歷史文集》[4]、

4 譯註：Thomas Macaulay，1800-1859。英國歷史學家、政治人物，又稱麥考利一等男爵。著有《英國史》，此處提及的書是《批評與歷史文集》（Essays Critical and Historical）。

李維的第二次迦太基戰爭記述[5]、莫萊的《克倫威爾傳》[6]、塞居爾的《拿破崙史》[7]和俾斯麥的《思考與回憶》[8]，多半是他之前讀過的書。例如，他一九三七年就曾寫到麥考利的文集：

裡頭有許多出色的東西，但他對人物的品評很煩人又多餘，讓人很想叫他「別再比手畫腳了！」講該講的就好。

一九四二年他也曾寫信給里斯，說自己在讀李維記述漢尼拔入侵義大利，「讀得津津有味」。他告訴德魯利，自己最喜歡的一段是講坎尼會戰後，漢尼拔在戰場尋找兩名執政官的屍體，好向他們致敬。

維根斯坦在日記裡寫道，眼前除非工作得心應手，否則他不會開始工作，「否則就算我勉力而為，也寫不出半點東西」。三月初，班恩再次來訪，在都柏林待了十天。「美好的時光，總是親暱。」但即使他很享受有班恩為伴，也察覺到自己身體不適。他睡得很糟，想到未來也讓他煩心。「**不曉得會怎樣**。」班恩離開後幾天，他又寫道：「我常感覺自己的靈魂死了。」

他和德魯利的話題愈來愈常轉到宗教上。他拿德魯利的「希臘式」宗教觀和自己的看法相比，說自己的是「百分之百希伯來」宗教觀。德魯利欣賞奧利振[9]描繪的異象——萬物終將**清償**（restitution），連撒旦和墮落天使都重拾過去的榮耀——並對它被斥為異端感到難過。這套說法「當然會被拒斥，」維根斯坦強調：

因為它會讓所有別的東西都失去意義。若我們現在的所作所為不會對未來有任何影響，那生命的嚴肅將蕩然無存。

德魯利認為，維根斯坦的「希伯來式」宗教觀奠立於人們在聖經裡通篇體驗到的敬畏感。為了闡明這一點，他引用瑪拉基的話：「祂來的日子，誰能當得起呢？祂顯現的時候，誰能立得住呢？」（《瑪拉基書》三章二節）這話打斷了維根斯坦的思路：「我覺得你剛才說出了很重要的東西，比你意識到的重要得多。」

維根斯坦「希伯來」宗教觀（如同他鍾愛的英國詩人威廉・布雷克[10]的宗教觀）的核心是嚴格區分哲學與宗教：「若基督教是真理，則哲學對它的所有談論都是錯的。」和德魯利談話時，他將哲學得多的《約翰福音》跟其他福音截然劃分開來：「我無法理解第四福音。我閱讀那些冗長的講章，感覺說話的人跟對觀福音書[11]裡說話的人不一樣。」

---

5 譯註：Titus Livius，簡稱 Livy，B.C. 64或B.C. 59－A.D. 17。古羅馬歷史學家，有多部哲學和詩歌著作，最出名的是其巨著《羅馬史》。

6 譯註：John Morley，1838-1923。英國政治家，第一代布萊克本的莫萊子爵。替第一任英格蘭、蘇格蘭及北愛爾蘭聯邦護國公奧利佛・克倫威爾（Oliver Cromwell）著有傳記。

7 譯註：Philippe-Paul, comte de Ségur，1780-1873。法國軍人、歷史學家。

8 譯註：Otto von Bismarck，1815-1898。德意志帝國首任宰相。這裡提到的書是《思考與回憶》（Gedanken und Erinnerungen，1898）。

9 譯註：Origen Adamantius，184-254。哲學家、神學家。希臘（東方）基督教神學塑造者。

10 譯註：William Blake，1757-1827。英國詩人、畫家，浪漫主義文學代表人物之一。

11 譯註：對觀福音書（Synoptic Gospels）為新約聖經前三卷書《馬太福音》、《馬可福音》和《路加福音》的合稱。這三本福音書的內容、敘事安排、語言和句子結構皆很相似，又以近似的順序、措辭記述了許多相同的故事，使學者們認為它們有著相當的關聯。

但聖保羅呢？維根斯坦一九三七年寫道：「福音書裡輕柔明亮流過的泉水，到了保羅的使徒書裡似乎起了浮沫。」相對於其他福音書的謙卑，維根斯坦在聖保羅那裡見到了「類似驕傲或憤怒的東西」。福音書裡見到的是小屋，聖保羅那裡是教堂；福音書裡「人人平等，上帝自己也是人，而在聖保羅那裡已經有了階級、榮譽與職位」。但他告訴德魯利，他現在知道自己錯了。「福音書和使徒書裡是同一個宗教。」

然而，由於維根斯坦對宗教信仰的理解基本上是道德取向的，因此依然很難張臂接納保羅的預定論，因為這套預定論和奧利振的教義似乎結果相同：「我們現在的所作所為最終不會造成任何差別。」倘若如此，我們有什麼理由對生命認真？

一九三七年時，維根斯坦曾表示聖保羅的學說只可能出自最可怕的苦難。「與其說它是理論，不如說是一聲嘆息或呼喊。」在他設定的「虔誠級別」裡，這只能算是「卑劣的胡說，毫無宗教性」：

> 就算它是一幅好的、神聖的圖像，也是對另一個層級的人而言。那些人在生命裡運用它的方式，與我可能做的事完全不同。

到了一九四九年，維根斯坦雖然已經無法說它毫無宗教性了，卻仍然看不出如何將它視作一幅「好的、神聖的圖像」：

> 假設有人這樣被教導：有一個存有者[12]，若你做了這個那個，活得如此這般，他就會在你死後送

你到一個永遠受苦的地方；大多數人都會去那裡，只有少數人會到一個永遠幸福的地方。這個存有者已經預先選好了誰會去那個好地方，而且由於唯有活得如此這般的人會去受苦之地，因此他也事先安排好了那些人會如此這般活著。

這個學說會有什麼結果？呃，它沒提到懲罰，而是提到一種自然的必然性。若你告訴別人事情就是這樣，這個學說只會令他感到絕望或不可置信。

教導這個學說無法培養道德。想讓某人培養道德又教給他這個學說，就得先教他道德之後再教他這個學說，並將它描繪成一種不可理解的奧秘。

儘管毫無醫學根據，但維根斯坦覺得自己來日無多了。馬爾康姆來信詢問他的財務狀況，維根斯坦說他手邊的錢還夠生活兩年，「之後會怎樣我也不曉得，也許我根本活不了那麼久。」

四月他去維也納探視臨終前的敏敏，待了三四週，五月十六日返回都柏林。他在都柏林寫信給馬爾康姆，說敏敏還活著，但已經回天乏術了。「我在維也納幾乎無法寫信，感覺不舒服極了。」

一回都柏林，他便依德魯利的建議去見了三一學院的醫學教授，診斷自年初以來就纏著他的腸胃不適與揮不去的疲憊感。醫師懷疑他胃裡長了東西，但住院做了全面檢查之後，醫師卻告訴他X光沒有照到任何東西，只發現是他患有某種原因不明的非典型貧血，於是開了補鐵和肝精的配方給他。治

12 譯註：原文為「a being」，指上帝。

療後，他發現自己仍然無法專注於哲學之上，但身體確實慢慢好轉了。

維根斯坦急著想治好貧血有兩個理由。首先是他總算決定接受馬爾康姆多年來的邀請，到對方位於美國綺色佳（Ithaca）的家裡避暑（他起初開玩笑地開出條件，說他要是去了，馬爾康姆就得介紹他最喜歡的電影女星貝蒂．哈頓給他認識），並且已經訂了七月二十一日出發的瑪麗皇后號郵輪的船票。其次是他希望動身前往美國前，能在劍橋停留幾週，將自己一九四六年以來的思考所得整理成一份潤飾過的定版打字稿。

應該是在這段等候康復的期間，維根斯坦整理出了一份不錯的手稿副本，內容即現今《哲學研究》的第二部份。德魯利提議給他一台唱機，並要他挑幾張唱片，讓他在整理副本時有個消遣，但被他拒絕了，說這麼做毫無幫助，就像給他一盒巧克力，「我一吃起來就不曉得哪時候該停。」不過，他倒是建議德魯利工作完疲憊之餘應該聽聽音樂，並且隔天一早就差人送了一台收音機到德魯利家。這事過後不久，德魯利提到從收音機播放的唱片明顯聽出錄音技術進步了不少，這話讓維根斯坦做出了一個非常史賓格勒的反思：

這真是非常典型的現象：當複製技術大幅進步，懂得音樂該如何演奏的人卻愈來愈少了。

六月十三日，德魯利和維根斯坦一起聽了一次電台討論，由哲學家艾耶爾和柯普斯頓神父[13]談「神的存在」。維根斯坦說，艾耶爾「言之有物，但膚淺得令人難以置信」，而柯普斯頓「對討論毫無貢獻」。用哲學論證來證成基督教信仰根本是搞錯了重點。

一週後，維根斯坦離開了都柏林。他打包那一堆筆記、手稿和打字稿的樣子給人感覺他收拾的不僅是自己在都柏林的一切，還有他對於哲學的全部貢獻。他告訴德魯利自己收到亨澤爾的來信，對方在信裡祝他能得天意應允，工作一切順利。「我現在求的就是這個，」維根斯坦說：「天意應允。」

巴哈在《管風琴集》的扉頁上寫道：「願榮耀歸於至高的神，而我的鄰人能因此得益。」我對自己的作品也曾經如此期望。

維根斯坦在這裡用過去式頗有深意，表示他認為自己的工作差不多結束了。

赴美前的那個月，維根斯坦不是去劍橋找馮．賴特，就是在倫敦阿克斯橋和班恩同住。馮．賴特當時接替維根斯坦出任哲學教授剛滿一年，住在瑪格莉特女士路（Lady Margaret Rosd）一間出租屋裡（「史特拉斯埃德屋」〔Strathaird〕）。維根斯坦自己住一層，有兩個房間，但會和馮．賴特夫婦及他們的兩個孩子一起用餐。「我擔心一件事，」投奔馮．賴特前他在信裡寫道：「我可能無法討論哲學。當然到時情況可能會有所改變，但目前我連思考哲學問題都有困難。我的腦袋**徹底**遲鈍了。」

在劍橋那幾週，他的首要任務是對打字員口述，將自己從過去三年所寫的論述裡挑出的內容整理成打字稿，也就是現今《哲學研究》的第二部份。這是我們所知維根斯坦做的最後一份打字稿，因此也

13 譯註：Frederick Copleston，1907-1994。英國耶穌會神父、哲學家、哲學史學家。一九四八年，曾於BBC廣播中與羅素辯論上帝的存在，並因此聞名。

代表了他將自己對心理學概念的論述整理成可出版形式的最後努力。

然而，這並不代表他大功告成了。就如他在都柏林對安斯康姆說的，這份新的選輯只是用來修改《哲學研究》第一部份的素材，但由於他並未真的動手修改，使得我們現在手上這本書成了令人不盡滿意的兩部份結構，其中第二「部份」不過是用來修訂第一部份的材料，而維根斯坦真正設想的「第二部份」（對數學概念的分析）根本沒有出現在書中。維根斯坦對自己作品的結構煞費苦心，一絲不苟，結果卻很諷刺，作品出版的樣子和他原本的構想相差甚遠。

在這份新的打字稿中，最長的一節在談面相觀看的問題，是從（我們先前提過）過去三年他對這個主題所做的論述的精華，篇幅佔了打字稿的將近一半（在書裡共三十六頁）。然而，他告訴里斯自己特別滿意的一節不是這個，而是討論「摩爾悖論」的第十節。他說他很高興能將自己對這個悖論的眾多論述整理成一個相對簡短的章節（在書裡共三頁）。

摩爾悖論是維根斯坦起的名字，指的是「陳述一個命題又說自己不相信該命題」的悖謬，比如某人說「房間裡有火，但我不相信有」。摩爾悖論這個名稱或許是誤會，因為維根斯坦認為發現者是摩爾，但可能是他搞錯了。事實上，他曾告訴馬爾康姆，摩爾唯一令他印象深刻的功績就是發現了這種悖謬。維根斯坦對摩爾悖論的興趣出於這一點：雖然說出這種話的人一般會被視為自相矛盾，但這種話在形式上並非矛盾，也就是「房間裡有火」和「雷伊．孟克不相信房間裡有火」兩句話並不互相矛盾。

維根斯坦是在摩爾一九四四年十月遞交給道德科學社的一篇論文裡首次見到這個悖論，讀完他立刻寫信給摩爾，催促對方發表這項「發現」，並解釋他為何認為這個發現如此重要：

關於斷言的**邏輯**，你說出了一個重點，那就是「假定p是實際情況，而我不相信p是實際情況」這話是有意義的，而「我說p是實際情況，而我不相信p是實際情況」這話則是**無**意義的。這個**斷言**必須排除，而且**是**用「常識」排除，就像用常識排除矛盾一樣。這正表明了邏輯不是邏輯學家以為的那麼簡單，特別是矛盾並非人們所想的那麼**獨一無二**。矛盾不是**唯一**在邏輯上不可接受的形式，而且在特定情況下是可接受的。在我看來，你論文的主要優點就是闡明了這一點。

然而，摩爾本人並不作此想。他傾向於認為這個悖論既然不是形式矛盾，那麼它之所以是悖論的理由就不出於邏輯，而來自心理。維根斯坦強烈反對這一點：

如果我問某人：「隔壁房間有沒有火？」而他回答：「我相信有。」我不能說：「不要離題，我問的是火，不是你的心理狀態！」

對維根斯坦而言，任何對「斷言什麼是有意義的、什麼是無意義的」的探究都是邏輯的一部分，而他的思考焦點就是指出，在這一點上「邏輯不是邏輯學家以為的那麼簡單」。羅素很早就看出維根斯坦後期思考的這個面向，一九三〇年在寫給三一學院委員會的報告裡表示，維根斯坦的理論「新穎，非常原創，重要性無可置疑」，但「是否為真我就不得而知了。身為鍾愛簡單的邏輯學家，我寧願相信它不是」。

摩爾悖論吸引維根斯坦之處，在於它揭示了我們語言的形式不若一心追求簡單的邏輯學家所期望的，可以毫無扭曲地塞進形式邏輯之範疇為其打造的鴿子洞裡。「我相信隔壁房間有火」這句陳述是用來斷言（雖然有些猶豫）隔壁房間有火，而非斷言心理狀態（「別將一個猶豫的斷言當成一個關於猶豫的斷言」）。這讓這句陳述跟「我當時相信隔壁房間有火」和「他相信隔壁房間有火」有所不同，後面兩句通常會被當成在談人之所信，而不是談火。我們語言的邏輯的這個形式不允許我們設定「x 相信／曾相信 p」這樣一個省事的形式，然後假定無論賦予 x 或 p 什麼值，這個形式都不會改變。「我相信隔壁房間有火」跟「我曾相信隔壁房間有火」不是同一類斷言：

> 「但『我曾相信』就過去所說的和『我（現在）相信』就現在所說的當然是同一回事！」——$\sqrt{-1}$ 對 -1 所意味的當然和 $\sqrt{1}$ 對 1 所意味的相同！這根本毫無意義。

如果我們認為，不論 x 為何，$\sqrt{x}$ 都只有一個意義，那遇到 $\sqrt{-1}$ 時就會陷入無望的死胡同。因為根據一般的乘法規則，-1 的平方根既不能是正數，也不能是負數，在實數裡毫無置身之地。但 $\sqrt{-1}$ 有一種用法，這種用法在許多純數學和應用數學的重要分支裡是基本概念。人們發現，為了給予 $\sqrt{-1}$ 意義，必須賦予「乘法」、「平方根」乃至「數」新的不同的意義，使得我們不再說 -1 的平方根是實數，而是虛數 i（有時又稱算符）。給定這個修改過的框架，$i^2=-1$，-1 的平方根不僅不再是問題，還成為整套「複數」理論的基礎。維根斯坦對 -1 平方根和對摩爾悖論感興趣的原因完全相同，兩者都顯示表面上的形似很可能掩蓋掉了意義上的重要差異。

這一點是《哲學研究》的核心主題，證實了維根斯坦告訴德魯利自己可能用肯特伯爵的「我要教給你差異」為題詞是真的，而且在第二部份對心理學概念的分析裡尤其明顯。正如他想闡明邏輯不是邏學家想的那麼簡單，他也想證明心理學概念和使用心理學概念的句子不是哲學家和心理學家期望的那麼齊一。在這兩件事上，維根斯坦都企圖阻止「對普遍性的追求」，鼓勵人在想之前要先看。

比方說，對於「『我很害怕』這句話是什麼意思？」這個問題，並沒有單一答案可以涵蓋這句話可能用到的所有情況。因為就像 1 和 -1 的平方根那樣，這句話的各種用法的差異可能和其相似處一樣重要：

我們可以想像各種事物，例如：

「不要！不要！我很害怕！」

「我很害怕。很遺憾我必須承認這一點。」

「我還是有點害怕，但已經沒有之前那麼怕了。」

「其實我很害怕，但我不會對自己承認。」

「我用各式各樣的恐懼折磨自己。」

「我不該害怕的，卻偏偏害怕！」

上面每個句子各有其適合的語調和語境。不難想像有一群人，他們的思考可以說比我們更確切，我們只用一個字表達的事物，他們會用好幾個。

想要了解「我很害怕」在某個情況下的意思，必須考慮其語調和語境，沒有理由認為一套普遍的「恐懼」理論在這裡幫得上忙，一套普遍的語言理論更是派不上用場。相較之下，對人的表情、聲音和處境的警覺、細察與敏感有用得多。這種敏感只能藉由經驗，靠著留意觀察和聆聽周圍的人而取得。維根斯坦和德魯利有次在愛爾蘭西岸散步時，遇到一個五歲女孩坐在農舍外。「德魯利，快看那女孩臉上的表情，」維根斯坦懇求道，接著又說：「你不夠注意人的臉，這個缺點要改。」而這正是隱含在他心理學哲學裡的建議——「內在過程需要外在標準」，但外在標準需要認真留意。

那些「內在」之物並未對我們隱藏。觀察外在行為就是觀察心理狀態，假如我們理解那些行為的話，而理解的精細程度可以或多或少。就基本層面而言：「看見某人出於明顯的原因痛得縮成一團，我不會認為這人的感覺依然對我隱蔽著。」但在更深的層面，有些人（甚至整個文化）對我們將永遠成謎：

> 有一點對我們看待事物相當重要：有人會覺得，某些人的內在生命對他而言永遠是個謎，他永遠無法理解（歐洲人眼裡的英國女人）。

這是因為少了詮解「幽微莫測的證據」、「眼神、姿態和語氣的細微變化」所需的經驗的**共同性**（commonality）。維根斯坦用一句話總結了這個想法，這是他最驚人的一句格言：「就算獅子會說話，我們也無法了解牠。」

照維根斯坦的觀點，理論化所帶來的抽象性與普遍性、法則與原理，對於我們嘗試要由「幽微莫測的證據」達到更好的理解，只會構成阻礙。然而，如果理論缺席，我們又該如何改善理解、深化洞見？就拿如何區分真正和佯裝的情感表達為例吧，這是理解人最困難也最重要的區分之一：

對於情感表達的真誠與否有沒有所謂的「行家判斷」？——即使在這件事上也有些人判斷力「較佳」，有些人判斷力「較差」。

正確預測通常來自對人認識較多的人所做的判斷。

這種認識學得會嗎？行，有些人可以，但不是靠上課，而是藉由「**經驗**」。可以教會別人嗎？當然，只要不時給他正確的**提點**。這裡「學」和「教」看上去就是這麼回事，學到的不是技巧，而是正確的判斷。這裡也有規則，但這些規則不會形成系統，唯有經驗豐富的人能正確應用。不像計算規則。

這種教導的例子，或許能在杜斯妥也夫斯基的《卡拉馬助夫兄弟們》裡的佐西馬神父身上找到：

許多人說，佐西馬長老允許所有人到他那裡袒露心靈那麼多年，乞求忠告和醫治的話語，他的靈魂吸收了那麼多秘密、悲傷與坦白，結果讓他的洞察力變得無比敏銳，一眼就能從陌生人臉上看出對方為何而來、想要什麼、良知受到何種痛苦的折磨。

杜斯妥也夫斯基對佐西馬神父的描述，正是維根斯坦對心理洞見的理想。德魯利在維根斯坦的勸說下讀了《卡拉馬助夫兄弟們》，說他對佐西馬神父印象深刻，維根斯坦答道：「沒錯，世界上確實有這種人，可以直接看穿別人的靈魂，並給他們忠告。」[14]

維根斯坦認為，就我們理解自己和他人而言，這種人比現代心理「科學」的實驗方法更有教益。不是因為心理科學還不成熟，而是因為它所用的方法不適於它的目標：

心理學的混亂與貧乏不能用它是一門「年輕科學」來解釋。心理學的狀態不能和物理學等的早期狀態相提並論，但倒是可以跟數學的某些分支相比，如集合論。因為心理學除了實驗方法，還有**概念錯亂**，就像集合論有證明方法和概念混亂。實驗方法的存在讓我們以為自己擁有手段，可以解決困惑我們的問題，但問題和方法各行其是。

《哲學研究》第二部份結尾是一條線索，提示了維根斯坦原本心中所想的第二部可能包含什麼內容：

對於數學，我們也能進行完全類似於我們對心理學所做的那種探索。這探索不是數學探索，就像我們對心理學所做的也不是心理學探索，其中不包含計算，因此不是邏輯之類，或許可以稱之為「數學基礎」的探索。

七月十二日，口述打字稿完成了，維根斯坦離開劍橋到阿克斯橋和班恩一起度過赴美前的最後一週。在他人生的最後兩年，維根斯坦雖然繼續寫作哲學，卻再也沒有按照原本的打算重新編排自己的書。因此，出現在我們面前的《哲學研究》就是一九四九年夏天他擱下時的模樣，帶有一點暫且如此的意味。

14 譯注：佐西馬長老／神父在第一部中亦有提及，可參見第六章最末，維根斯坦與比勒之談話。

二十六、無所歸屬的公民

維根斯坦人生最後兩年給人一種曲終人散的感覺。整理作品以便出版的工作雖然沒有完成，但已經結束了，至少對他如此。他已經接受自己的書（這個二十年來佔據他生活重心的作品）在他有生之年不會出版，而編輯和死後出版的工作也交到了別人手裡。其他事上，他也仰賴他人。自一戰以來，他從未如此倚賴別人的濟助。他沒有收入，沒有自己的家，之前對獨居和完全獨立的渴望也幾乎沒了。他人生的最後兩年輾轉於朋友和門生之間，不是到綺色佳投靠馬爾康姆，就是去劍橋的馮．賴特家作客，或到牛津投靠安斯康姆。

但他四處寄人籬下的主要動機不是省錢，因為他並沒有這麼做的財務壓力。如同他先前告訴馬爾康姆的，他在劍橋教書存下的錢還夠他支撐兩年。和朋友同住的需求部份是情感上的，部份是身體上的，因為他病得愈來愈重，需要照顧，還有部份是心智上的。只要活著，他就希望活得像個哲學家，儘管認為自己大多時間無法獨自生活和寫作，但還是覺得能討論哲學。因此我們會發現，他這段期間的哲學思考主要來自於別人的思想與問題的刺激，比例遠勝以往。他人生最後兩年寫的東西雖然在許多方面無疑和《哲學研究》一脈相承，但另一方面又和《哲學研究》判然有別，更著重於解決別人的問題。這些論述帶有他之前指出自己所有作品所具有的特質，亦即釐清別人的作品，也比之前的作品更有意地以「有用」為目的。彷彿他用自己最珍視的資產（他的哲學天賦）幫助這些朋友，藉此回報他們的款待。

赴美前，維根斯坦一再在給馬爾康姆的信裡自問，自己到綺色佳在哲學上對馬爾康姆有沒有幫助。「我的腦袋累了、陳腐了，」他四月寫道：「我想如果有人來和我討論哲學，我就能討論，但我一個人無法專注其上。」兩個月後他又寫道：「我**知道**就算我**徹底**變笨、變鈍，你仍然會款待我，但**我**不希望自己只是你家裡的累贅。我希望感覺自己起碼能給一**點**什麼，以便回報如此的善意。」

一九四九年七月二十一日，維根斯坦搭乘瑪麗皇后號啟程橫渡大西洋。「我的貧血感覺痊癒了，」他在動身前寫道，堅持馬爾康姆不必到碼頭接他：「也許我會像電影演的那樣，在船上邂逅一位美麗的女孩，得到她的幫忙。」儘管如此，馬爾康姆還是去了碼頭，結果發現維根斯坦看來健康強壯，讓他嚇了一跳。「他背著背包大步走下舷梯，一手拿著沉甸甸的手提箱，一手拄著拐杖。」

維根斯坦寄宿期間，馬爾康姆發現這位客人至少在某些方面要求不高，例如堅持餐餐吃麵包和乳酪，並表示自己不在乎吃什麼，只要一成不變就好。

馬爾康姆住在綺色佳外圍住宅區邊緣，就在卡尤加高地（Cayuga Heights）邊，維根斯坦常到附近的鄉間長途散步，對他不熟悉的當地植物很感興趣。馬爾康姆在康乃爾大學的同事史都華·布朗（Stuart Brown）回憶道，這份不熟悉不只一次讓維根斯坦吃驚和不肯相信：

552

他通常會婉拒我載他一程。但某日下午，天開始下雨了，我停車提議載他回馬爾康姆家，他道謝接受了。一上車，他便拿著自己採的豆莢問我是什麼植物，我說那是「馬利筋」（Milkweed），並指著這種植物因之而得名的白色汁液，他就要我形容那植物的花，但我描述得一塌糊塗，最後只好停車到路旁一片開滿花的田地裡摘了更多馬利筋回來，有些帶著花，有些帶著豆莢。他滿臉敬畏看了看花，看了看豆莢，又看了看花，突然將它們揉成一團扔在車地板上踩得稀爛，高喊：「不可能！」

停留綺色佳期間，維根斯坦會和康乃爾大學一群哲學家切磋討論，布朗也是其中之一。其他學者包括麥克斯．布雷克（Max Black）、威利斯．唐尼（Willis Doney）、約翰．尼爾森（John Nelson）和奧伊茲．鮑斯馬（Oets Bouwsma）。「我在這裡幹自己的老本行，」他在信裡對弗拉克說[1]，還說他常想起對方，「尤其因為我之前常想，自己或許該回去蓋斯醫院或某個類似的地方重拾老本行，但我現在又老又殘，已經不可能再做過去配藥實驗室的工作了。」他也對馬爾康姆表達了同樣的焦慮，不曉得自己餘生該做什麼。「當某人在世上只有一樣東西，只有某種天賦，那麼當天賦開始消失時，他該做什麼呢？」

然而，康乃爾大學對這份天賦有著無比的需求與欣賞。在馬爾康姆陪伴下，維根斯坦參加了為數驚人的座談與研討會，除了定期和布朗、鮑斯馬和布雷克見面，討論各種哲學議題外，還和唐尼合開研討會研讀《邏輯哲學論》，和鮑斯馬聚會討論弗雷格的〈論意義與指涉〉（On Sense and Reference），並跟尼爾森和唐尼討論一個關於記憶的問題。尼爾森回憶當時表示，那「可能是我這輩子哲學腦用得最兇的兩個小時」：

在他喋喋不休地發問刺探與緊迫盯人下，我感覺自己腦袋就快爆炸了……他毫不寬容，就算遇到困難也不閃躲。討論結束時，我徹底精疲力竭。

尼爾森的反應很典型。雖然會面討論的題目通常由別人提議，但過程總是一律由維根斯坦主導。他要求參與者投入和嚴格專注的程度，是他們不習慣的。某一次討論完後，鮑斯馬問維根斯坦這樣整晚討論會不會剝奪他的睡眠，維根斯坦回答不會。「但接著，」鮑斯馬回憶道：

……他突然一本正經，用杜斯妥也夫斯基的小說在這種場合會出現的微笑說道：「不會，但你知道的，我覺得我會發瘋。」

馬爾康姆之外，鮑斯馬是維根斯坦最常相處的人。維根斯坦似乎在他身上見到了自己認為對話夥伴必須要有的認真特質。和其他人不同，鮑斯馬和維根斯坦年紀相仿，曾是馬爾康姆於內布拉斯加大學讀書時的導師，並鼓勵包含馬爾康姆在內的幾名學生到劍橋師事摩爾。他本人深受摩爾影響，因為摩爾反對觀念論而揚棄了自己原本信仰的黑格爾主義。後來經由另一名學生艾麗絲．安布羅斯的推薦，

1　一九四七年二月，弗拉克終於從蘇門答臘回來了，兩人的友誼一直維持到維根斯坦過世為止，經常在倫敦或劍橋碰面。維根斯坦只要出門遠行就會寫信給弗拉克，頻繁的程度和弗拉克在部隊時一樣。目前留存的信件除了寫自都柏林，還包括維也納、牛津和綺色佳。（原註）

他接觸到了維根斯坦的《藍皮書》，仔細研讀了一番。

在馬爾康姆家和一群人見過幾次後，維根斯坦開始和鮑斯馬單獨會面，上述那段對話就發生在那時。維根斯坦去找鮑斯馬，主要是想知道對方覺得他們的討論有沒有「任何好處」？鮑斯馬有沒有從中得到收穫？「我這個人很虛榮，」他告訴鮑斯馬：「那場討論並不好。智性上也許不錯，但那不是重點……我的虛榮啊，我的虛榮。」他和鮑斯馬談到自己辭去劍橋教職的原因：

首先我想把書寫完……其次，我為什麼要教書？聽我上課有什麼好處？只有覺得自己從中得到好處的人。

他提了幾位學生是例外，「他們有某種執著，而且很認真。」但大多數學生到他這裡來是因為他聰明。「我是聰明，但這不重要。」

重要的是他的教導必須有好的效果，而在這點上，他最滿意的是那些沒成為職業哲學家的學生，如德魯利和史邁瑟斯，還有那些成為數學家的學生。就專業哲學而言，他覺得自己的教導害處多於好處。他將自己比作佛洛伊德，指出佛洛伊德的教誨像酒一樣令人大醉，人們不曉得該如何清醒使用他的教誨。「你懂嗎？」他問。「我懂，」鮑斯馬說：「他們找到了一套公式。」「沒錯，正是如此。」

那天晚上，鮑斯馬開車帶維根斯坦到俯瞰綺色佳鎮的山上。月亮出來了，「如果讓我設計，」維根斯坦說：「我根本不會造出太陽」：

> 你瞧！多美啊！太陽太亮、太熱了……如果只有月亮，就沒有閱讀和寫作了。

除了上述的聚會，維根斯坦還跟馬爾康姆私下討論過幾回。這些討論價值匪淺，因為維根斯坦人生最後十八個月所寫的東西，主要便出於這些討論的刺激。

維根斯坦將《哲學研究》兩個部份的副本都帶到了綺色佳，以便和馬爾康姆一起詳讀。他告訴馬爾康姆，這本書雖然未完成，但他現在認為自己無法在有生之年為它做最後的修潤。雖然他不想將未完成的書交給出版社，但仍希望朋友能閱讀並理解它，因此考慮將其油印分送給朋友，並將自己的不滿之處註明在括弧裡，寫在需要修改的論述後方，例如「這不全對」或「這裡不牢靠」等等。馬爾康姆不喜歡這個計畫，認為這麼重要的作品不該以油印的方式發表。

另一個更耗時間的做法，是維根斯坦個別和每位朋友逐段詳讀此書，而他也似乎略微嘗試過。一到綺色佳不久，他便邀馬爾康姆和他用這種方式細讀，就像他倆一九四六年在劍橋嘗試過的那樣。然而，馬爾康姆再次覺得這麼做太受限，因此會面幾次後就放棄了，改為討論和馬爾康姆研究主題更直接相關的哲學問題。

兩人討論的焦點擺在摩爾〈外在世界之證明〉（Proof of an External World）與〈為常識辯護〉（A Defence of Common Sense）這兩篇對哲學懷疑論的反駁。懷疑論主張外在世界的一切都無法確知，連「外在世界是外在的」這一點都無法完全確定。摩爾在〈外在世界之證明〉的開頭試圖證明，某些外在事物的存在至少是能確切證明的。他舉自己的雙手存在為例，成了很有名的例子：

比如說，我現在能證明有兩隻手存在。怎麼做呢？只要舉起我的雙手，先用右手做出某個姿勢，說：「這是一隻手。」再用左手做出某個姿勢，說：「這是另一隻手。」

在〈為常識辯護〉裡，摩爾提了幾個常識信念（common-sense belief），並說可以確切知道它們為真。這些信念包括摩爾的身體存在、這個身體存在以來始終未曾遠離地球表面、地球在摩爾出生前很久便已經存在了等等。

馬爾康姆在維根斯坦來美前不久曾發表過一篇文章，批評摩爾主張知道這些事時是誤用了「知道」這個動詞。馬爾康姆認為，舉起手說「我知道這是一隻手」和指著樹說「我知道那裡有一棵樹」都是無意義使用了「知道」。摩爾回信給馬爾康姆，強烈辯護自己對「知道」的用法。現在有機會知道維根斯坦的看法，馬爾康姆自然不會錯過這個機會。

維根斯坦和馬爾康姆討論此事，堅持「一句話唯有在生活之流中（in the stream of life）才有意義」。因此，摩爾的陳述有沒有意義，取決於能否想出一個可以有意義使用它們的場合：「理解一個句子，就是為它的其中一種用法做好準備。想不出一個句子怎麼用，我們就根本不理解它。」於是：

與其說摩爾的陳述「我知道那裡有一棵樹」是語言誤用，不如說這句話沒有清楚的意義，摩爾也不知道自己在如何用它……他甚至不曉得自己對這句陳述的用法不是平常那種。

維根斯坦認為，摩爾的某些陳述比其餘陳述更容易想出平常的用法，例如「不難想出『我知道這是一隻手』的用法，但想出『我知道地球已經存在許多年了』的用法就困難一些。」

摩爾使用這些陳述的方式當然並不「平常」，而是用來提出哲學論點。他不是在告訴讀者他有兩隻手，而是想駁斥懷疑論。在這一點上，維根斯坦清楚表示摩爾失敗了：

> 懷疑論哲學家說「你不知道」，而摩爾回答「我知道」時，他的回答完全沒用，除非他用它來讓他們相信他（摩爾）心裡沒有半點懷疑。但那不是問題所在。

維根斯坦本人對懷疑論的看法，依然是他自己在《邏輯哲學論》扼要提及的那套主張：「懷疑論**無法**駁倒，但顯然沒有意義，因為它試圖在不容置疑處置疑。」正是基於這個看法，讓他在摩爾的「常識命題」裡見到了哲學上有意思的東西：這些命題不是「確實知道」的例子，而是「懷疑是無意義的」的例子。一旦可以認真懷疑摩爾是否舉起了兩隻手，就沒有理由不去懷疑所有其他事情，包括感官可否信賴。但如此一來，我們賴以提出懷疑和給予回應的架構就瓦解了。「某些命題屬於我的『參考架構』，一旦被迫**放棄**，我就無法判斷**任何事情**。」例如，站在一棵樹前說的「這是一棵樹」就是這樣的命題：

> 若我向那棵樹走去，卻什麼也沒摸到，我可能會對自己的感官告訴我的一切失去信心……摩爾說「我知道那裡有一棵樹」，部份是因為他感覺如果那個東西結果**不是**一棵樹，他就不得不「放棄」。

有些判斷（其中包含摩爾的某些常識陳述）屬於我們的參考架構，因此質疑它們沒有意義。赴美之後，維根斯坦用他人生最後十八個月發展這個想法，並且寫了下來。[2]

秋季學期初，馬爾康姆帶著維根斯坦參加了康乃爾大學哲學研究生的一次聚會。尼爾森回憶道，維根斯坦現身引起了極大的轟動。「聚會快開始前，」他寫道：「馬爾康姆走進走廊」——

> 手裡挽著一位身穿風衣和舊軍褲的削瘦長者，要不是這位長者臉上散發著智慧的光彩，大夥兒可能以為他是馬爾康姆路邊遇到決定帶進來避寒的流浪漢。
>
> ……我湊到蓋斯身旁低聲說：「是維根斯坦。」蓋斯以為我在開玩笑，對我說了「別鬧了」之類的話，馬爾康姆和維根斯坦就進來了。主持人布雷克介紹了格雷戈里．弗拉斯托司[3]，讓他發表了論文，接著便起身轉向右邊，出乎眾人意料之外……顯然要對馬爾康姆帶來的那位襤褸長者說話。接著便是那句驚人的發言了。布雷克說：「不知道您是否願意說幾句話，維根斯坦教授……」呃，布雷克一說維根斯坦，學生群裡一陣驚呼。別忘了，在一九四九年，維根斯坦是哲學界一個神秘又崇高的名字，尤其在康乃爾。那陣驚呼就跟布雷克說「不知道您是否願意說幾句話，柏拉圖……」會激起的驚呼沒有兩樣。

這次聚會後不久，維根斯坦就病倒了，還住院檢查。他已經定了十月返回英國的船票，深怕手術的結果讓他必須留在美國。他擔心自己和敏敏一樣檢查出癌症，後半輩子都得臥病在床。住院前一天，他顛狂地對馬爾康姆說：

> 我不想死在美國，我是歐洲人——我想死在歐洲……我來這裡真是蠢透了。

不過，檢查沒查出什麼嚴重的問題，兩週後他已經復原得差不多了，順利按計畫返回英國，十月底到了倫敦。他原本打算先在劍橋和馮．賴特待幾天，之後再回都柏林的羅斯旅館。但他抵達倫敦不久就又病倒了，直到十一月九日才有辦法去劍橋，而且依然病得很重，無法考慮都柏林之行了。

德魯利曾經告訴維根斯坦，如果哪天得在劍橋看病，就去找愛德華．貝文醫師（Dr Edward Bevan）。德魯利是二戰時結識貝文的，兩人隸屬於同一單位，對他的醫術印象深刻，而且貝文碰巧還是馮．賴特的家庭醫師。因此，維根斯坦到了劍橋不久，貝文就為他做了檢查，並於十一月二十五日做出最終診斷：前列腺癌。

得知自己得了癌症，維根斯坦一點也不驚訝，但聽到醫師不是束手無策倒是令他相當詫異。荷爾蒙療法對前列腺癌效果通常不錯，因此醫師立刻為維根斯坦開了雌激素。他得知，藉由雌激素的幫忙，他可以指望自己再活六年。「很遺憾我的生命必須以這方式延續下去，」他寫信給里斯說：「這種半死不活的日子六個月就夠多了。」

---

2 這些論述現已出版，即《論確定性》。（原註）

3 譯註：Gregory Vlastos，1907-1991。哲學家，研究古代哲學。

得知罹患癌症後幾天，他寫信給海倫娜，問姊姊自己是否方便回維也納林蔭街的家裡養病。「我的健康很糟，」他告訴她：「因此沒辦法工作。我希望在維也納能尋得平靜……要是能住在林蔭街我的（有頂燈的）老房間裡，那就好了。」

維根斯坦警告海倫娜會發現他健康很糟，每天都得有一段時間臥床，但絲毫沒有提起自己得了什麼病。他決心不讓家人知道自己罹患癌症。前往維也納前，他在信裡懇求馬爾康姆別向任何人透露他的病情。「這一點對我非常重要。我打算去維也納過耶誕節，而且不讓家人知道我到底得了什麼病。」

十二月二十四日他飛往維也納，住進了林蔭街他的老房間裡。赫爾敏臥病在床，被癌症折磨得奄奄一息，而維根斯坦臉色蒼白，一看就錯不了是同樣的毛病，家人不可能猜不出他真正的病情。但維根斯坦依然極力隱瞞，寄了封言不由衷的電報給馮．賴特：「抵達維也納，神清氣爽。告知朋友們。」

在維也納的頭幾個月，維根斯坦完全沒有寫作，任由自己享受這棟家族寓所令人艷羨的設備所提供的舒適生活。在林蔭街他吃好住好，得到了妥善的照顧，甚至還有娛樂。「我還沒去音樂會，」他寫信給馮．賴特：

> 但聽了許多音樂。我朋友（魯道夫．寇德）為我彈鋼琴，彈得美極了。我姊姊和他彈了鋼琴二重奏。前兩天，他們談了兩首舒曼的弦樂四重奏和一首莫札特的四首連彈奏鳴曲。

「我過得很開心，被人照顧得**很好**，」他在信裡告訴貝文醫師。貝文之前寫信給他提到班恩時，顯然說到了他的怯懦。「與其說他怯懦，」維根斯坦解釋道：「不如說他**非常**害羞、**非常**壓抑，尤其在他和某人**不熟**之前。」

> 我真希望自己當時知道，在聖巴多羅麥醫院[4]找到工作其實對他非常重要。他似乎覺得那很重要，我卻希望他離開倫敦！我感覺聖巴多羅麥對他沒有好處。這話的意思不是說他可能變得膚淺或勢利之類的，那裡沒有那種危險。但我希望他能跟更單純、更和善的人在一起，這樣才能敞開心胸，否則只會變得愈來愈內向。

對於醫師，維根斯坦比較願意透露自己的健康狀況。不難想見（尤其遇到奧地利的冬天。「我們這裡零下十五度」，他告訴貝文），他的狀況並不穩定：

> 我最近得了相當嚴重的感冒，加上腸胃不適，很怕自己得去看醫師了，卻又非常擔心**這件事**。但身體自己好了起來，我又幾乎煥然一新了。

當然，唯有能哲學思考，他才會真的感到「煥然一新」。「顏色能刺激人做哲學思考，或許這就是歌德熱衷於顏色理論的原因。」他一九四八年這麼寫道。正是為了刺激自己哲學思考，讓他一九五〇年一月開始讀歌德的《顏色論》（Farbenlehre）。「這本書有些地方很無聊，令人反感，但有些地方非常有啟發

4 譯註：原文為Barts，指倫敦的聖巴多羅麥醫院（St Bartholomew's Hospital）。創立於一一二三年，是歐洲歷史最久遠的醫院。

性，在哲學上很有意思，」他告訴馮．賴特，而它最主要的好處，他對馬爾康姆說，就是「刺激我思考」。最後，這本書還刺激了他寫作。閱讀《顏色論》所引發的短論裡，有二十則留了下來，應該是他最後一次停留維也納期間寫的，也就是現今出版的《論顏色》的第二部份。

如同先前對待歌德的其他科學著作，維根斯坦也將《顏色論》和自己的哲學思考連在了一起。但歌德認為自己的顏色論是對牛頓光學理論的致命一擊，維根斯坦卻不作此想，歌德的理論不論好處為何，都不會是對物理學的貢獻。它更是一種**概念**探究。對維根斯坦來說，這反而讓它更有意思，而非更無趣：

> 科學問題可能讓我覺得有意思，卻從來不曾讓我廢寢忘食。只有概念或美學問題才會讓我一頭栽進去。說到底，我對解決科學問題漠不關心，對其他種類的問題則否。

的確，歌德的研究和其他科學研究一樣，都基於縝密的觀察，但這些觀察並無法建構解釋事理的法則。不過，它們確實能釐清某些概念。就拿「摻入白色會去掉顏色的有色性（colouredness）」這句話來說吧，這是哪種命題？

> 我就是這個意思：這不可能是物理命題。人在這裡很容易相信現象學，相信一種介於科學與邏輯之間的東西。

這不可能是物理命題，因為它的反命題不為假，而是無意義：「如果有人不這樣認為，那不是他有相反的經驗，而是我們不會了解他。」因此，分析這個（以及這類）命題不是為了釐清某種**事實**，無論是物理事實或現象學的事實，而是為了釐清某些概念，例如顏色、有色性、白色等等。因此——

現象學分析（如歌德會做的那種）是概念分析，既不會與物理學相吻合，也不會與之相矛盾。

二月十一日，赫爾敏過世了。「過去三天我們一直覺得她就快走了，」維根斯坦隔天寫信給馮・賴特：「這不算晴天霹靂。」

而他自己的健康則持續改善，每週能和安斯康姆會面兩三次。安斯康姆當時正在維也納進修德語，預備翻譯他的著作，這也讓維根斯坦更有動力恢復自己的哲學思考能力。在艾普巴赫（Alpbach）舉行的奧地利學院學會會議上，安斯康姆遇到了當時還在維也納大學讀書的費爾阿本德[5]，便給了他一份維根斯坦的手稿，和他討論。費爾阿本德是克拉夫特學派（Kraft Circle）成員，這是由維也納大學一群不滿學校課程的學生所組成的非正式哲學社團。這種非正式社團，恰恰是維根斯坦覺得可以公開討論哲學的地方，因此他最後被說服前往。費爾阿本德回憶道：

5　譯註：Paul Feyerabend，1924-1994。奧地利出身的科學哲學家，其反對普遍的方法論、主張科學的無政府主義，著作有《反對方法》、《告別理性》等。

維根斯坦考慮了很久才決定要來，然後遲到了一個多小時才出現。他表現得精神飽滿，比起他在別的地方得到的奉承讚美，他似乎更喜歡我們的無禮態度。

克拉夫特學派的聚會，可能是維根斯坦在維也納唯一參加過的哲學家公開聚會。但他和安斯康姆定期會面，或許更能「刺激他做哲學思考」。除了針對歌德顏色理論的二十段論述，他還寫了一系列短論，延續自己和安斯康姆所討論的話題，也就是《論確定性》開頭的六十五則論述。其中，維根斯坦堅持摩爾的〈為常識辯護〉和摩爾悖論一樣，是對邏輯的討論，因為「凡是對語言遊戲的描述都屬於邏輯」。

維根斯坦此處的思路和《邏輯哲學論》相似得出奇。他本人後來（《論確定性》頁三二一）也如此承認。他的想法是，若一個命題的反命題有意義，則該命題可以視為經驗假設，其真假取決於世界裡的實際情況。但若該命題的反命題沒意義，則它便不是對世界的描述，而是對我們的概念架構的描述，是邏輯的一部分。

因此「物理對象存在」不是經驗命題，因為反命題不為假，而是不可理解。同樣的道理，若摩爾舉起雙手，而我們的反應是說「摩爾的手不存在」，那麼我們的陳述就不能視為假，而要視為無法理解。但若是如此，「架構命題」就不是描述一組知識，而是描述我們理解世界的方式。這樣一來，像摩爾那樣宣稱自己確切知道那些命題為真就沒有意義了：

若將「我知道……」視為語法命題，那麼這個「我」顯然不可能重要。這句話的真正意思是「這件事上是沒有懷疑的」，或在這個情況下說「我不知道」是沒有意義的。而由此當然就能推出「我知道」也沒有意義。

維根斯坦論摩爾和論歌德有一個重要的相似處，他的關注點是同一個，亦即指出看似經驗命題的東西實際該視為語法命題，並非描述我們的經驗，而是經驗得以被描述的架構。在這點上，他對摩爾和歌德的討論都應用了《哲學研究》所闡述的同一個普遍真理：

如果語言是溝通的工具，那麼我們不但要在定義上一致，也要在（不論這聽起來有多怪）判斷上一致。這看似要廢棄邏輯，其實不然。

諸如「摻入白色會去掉顏色的有色性」或「地球存在了很久」之類的句子都屬於這種判斷。將它們認作如此，並未廢棄邏輯，而是大幅擴展了邏輯，讓邏輯變得更加複雜，將對於諸如歌德《顏色論》和摩爾〈為常識辯護〉的討論納入邏輯的領域中。

維根斯坦在維也納寫成的東西只是這種討論的開端，比起他前一年在都柏林寫的東西枯燥許多，既沒有後者格言般的簡練，也缺乏他頂尖作品裡那種想像力驚人的比喻。不過，這些論述確實顯示了隨著他健康好轉，他的哲學寫作能力也漸漸有了起色。

維根斯坦三月二十三日離開維也納回到了倫敦，在里斯太太珍恩位於戈德赫斯特排房（Goldhurst

Terrace）的家中待了一週。他寫道，回到英國讓他「很悲哀」，這裡的秩序「令人作嘔」，人們看來行屍走肉，沒有半點生命的火光。

四月四日，他回到馮．賴特於劍橋的住處，發現牛津大學寄了一份邀請函，請他主持一九五〇年的洛克講座。這個為期一年的講座聲譽崇隆，酬勞頗豐，傳統上都由著名的訪問學者擔任。儘管報償豐厚（牛津出兩百英鎊），他卻不為所動，因為他得知講座將有兩百多名學生聽眾，而且不會有討論時間，沒有比這兩件事更讓他避之唯恐不及的了。他告訴馬爾康姆：「我不認為自己能對著一大群聽眾做出好的正式演講。」

考慮到維根斯坦的錢就快用完了，馬爾康姆替他聯繫了洛克斐勒基金會。他告訴維根斯坦自己說動了基金會一名董事查德邦．吉爾派屈克（Chadbourne Gilpatrick），有可能提供研究補助給他。維根斯坦感激之餘不忘補上一則令人大開眼界，坦白得要命的自我評估。他說自己當然有理由接受補助：

> 想到能住在自己喜歡的地方，不必成為別人的負擔或麻煩，天性驅使我做哲學時就做哲學，我當然愉快。

然而，他告訴馬爾康姆，除非洛克斐勒基金會「知道我的全部真相」，否則自己不能接受這筆錢：

> 真相如下：a）我從一九四九年三月到現在工作上都無法持續有好的產出，b）就算在那之前，我一年也有六、七個月無法好好工作，c）我愈來愈老，想法也明顯愈來愈無力，愈來愈難沈澱出

精華，比以前容易疲憊得多，d）我的健康由於持續輕微貧血而不穩定，讓我常受感染，更沒有機會在工作上做出好的成果，e）雖然無法確切斷言，但我感覺自己的心靈再也無法和過去一樣活躍，例如十四個月前那樣，f）我無法保證自己有生之年能出版任何東西。

他要馬爾康姆將這封信拿給基金會的董事們看。「憑著欺瞞而得到補助顯然萬萬不可，而你**可能**不自覺地美化了我的情況。」他還說：「我想只要我活著，而且心智狀況允許，我就會思考哲學問題，並試著寫下來。」

我還覺得，自己過去十五或二十年來寫的東西出版後或許會有人感興趣。但很有可能我產出的東西會是平淡乏味，不有趣的。

八個月後，吉爾派屈克去見維根斯坦，維根斯坦告訴對方：「以我目前的健康和心智駑鈍的程度，我不能接受補助。」

他將自己的「心智駑鈍」部份怪罪於為了減輕癌症症狀而服用的雌激素。他發現自己服了雌激素後，很難達到哲學寫作所需要的高度專注。「我有了點進展，」他四月十七日告訴馬爾康姆：「但我卡在簡單的東西上，寫出來的東西幾乎都很枯燥。」

他說的進展乃是《論顏色》的第三部份，延續了他在維也納對歌德《顏色論》的評論。這些進展可以說證實了維根斯坦自己的評價：內容重複，而且寫起來相對吃力，主要在釐清「顏色概念的邏輯」，尤其是原色、透明和亮度等概念。維根斯坦毫不掩飾自己的不滿意：「我現在寫得如此乏味的東西，在心智沒那麼衰老的人眼裡可能了無新意。」不過，對於歌德對顏色的普遍特質的論述，維根斯坦在此確實提出了一個簡潔得精彩的反駁：

> 同一個音樂主題在小調和大調上特質不同，但談論小調模式的普遍特質是錯的。舒伯特的大調通常比小調更悲傷。
>
> 因此我認為，探討個別顏色的特質對理解繪畫毫無價值和用處。這麼做其實想的是特殊用法。桌布用綠色有這個效果，紅色有那個效果，這無法讓我們對這兩個顏色在某幅畫裡的效果得出任何結論。
>
> 想像某人指著林布蘭畫的某張臉上的眼睛虹膜裡的一個點說：「我房間的牆要漆這個顏色。」

維根斯坦最後一次拍照，是一九五〇年四月寄宿在馮·賴特家裡的時候。相片中維根斯坦和馮·賴特坐在床單前的折疊椅上。根據拍照者特拉諾（K. E. Tranøy）回憶，這是維根斯坦的主意：

> 一九五〇年春末，我們在花園裡和馮·賴特一家喝茶。天氣很好，我問維根斯坦能不能替他拍張照，他說可以，我可以拍照，只要我准他背對著鏡頭坐。我沒有反對，便去拿相機了。但維根斯坦卻改變了主意，決定要我用護照大頭照的風格來拍，而且要馮·賴特坐在他旁邊。我還是沒反對，

於是維根斯坦走去他的床邊拿了床單。伊莉莎白・馮・賴特想去櫃子裡拿新的床單給他，但他拒絕了。維根斯坦將床單掛在走廊前，然後拉了兩張椅子過來。

四月二十五日，維根斯坦離開劍橋，搬進安斯康姆位於牛津聖約翰街（St John Street）的家中。他對馬爾康姆說：「我喜歡和馮・賴特一家住在一起，但兩個孩子太吵了，而我需要安靜。」他住在安斯康姆家三樓的房間裡，一樓是古德里奇夫婦，法蘭克和吉莉安（Frank and Gillian Goodrich），二樓則是貝利・平克（Barry Pink）。他搬進去不久就對馮・賴特說：「這房子不是很吵，卻也不大安靜，我不曉得自己會怎樣。房客看來都很不錯，其中一位甚至人特別好。」

「人特別好」的那位是當時就讀藝術學院的貝利・平克。平克興趣廣泛，「就像同時想要坐在六個凳子上，」維根斯坦曾經這麼評論道：「但屁股只有一個。」平克是史邁瑟斯的多年好友，跟史邁瑟斯和安斯康姆一樣皈依了天主教。他發現維根斯坦可以也願意討論他感興趣的所有事情，從藝術、雕塑、砌石到機械製造等等，統統能聊。

平克常和維根斯坦繞著牛津散步，一度成了維根斯坦的心腹友人。兩人可以直率討論自己的想法、感受和生活，例如討論隱藏自己真實本性的傾向。平克問維根斯坦是否認為自己從事哲學工作，甚至成為哲學家，和自己是同性戀有關。這話暗示維根斯坦從事哲學工作或許是一種隱瞞自己性向的手段。維根斯坦語帶怒氣將這個問題一腳踢開：「當然不是！」

維根斯坦原本計畫和班恩一起到挪威避暑，但在聖巴多羅麥醫院習醫最後一年的班恩七月時沒通過資格考，暑假期間不得不待在倫敦為九月的「重考」做準備，兩人的假期只好延到了秋天。於是維根斯坦夏天都待在牛津，繼續撰寫他在劍橋便開始動筆的顏色論述。

在他論顏色的筆記手稿裡還有一系列談論莎士比亞的論述，後來收錄在《文化與價值》中（頁八四至八六）。長久以來，維根斯坦始終苦於自己無法欣賞莎士比亞的偉大，例如一九四六年他曾寫道：

> 值得一提的是，我們發現要相信自己看不出門道的東西有多困難。比如讀到數百年來許多大人物對於莎士比亞推崇備至，我始終免不了感覺這種讚美是不是成了習慣，即使我必須告訴自己並非如此。得靠彌爾頓這樣的權威才能真正說服我，因為我從不懷疑彌爾頓的正直。但我這話當然不表示，過去和未來成千上萬文學教授對莎士比亞的無數溢美之詞是誤解或不懂文學。

維根斯坦之所以難以認可莎翁是大詩人，一個原因是他不喜歡莎翁的許多隱喻和比喻：「**就常理而言**，莎士比亞的比喻很糟，因此若它們仍是好的——我不曉得它們是不是——必然是自行其是。」他和班恩討論過的例子，是《理查二世》裡莫布雷在對白裡用閘門來隱喻牙齒：「您已經把我的舌頭幽禁在我嘴裡，讓我的牙齒和嘴唇成為兩道閘。」[6]

不過，更根本的難題出在維根斯坦就是不喜歡英國文化。「我認為，要喜歡一位作家就得喜歡他所屬的文化。只要對那文化無感或反感，對他的欽佩就淡了。」然而，維根斯坦對布雷克和狄更斯的敬佩並未因此而稍減。差別在於，他在作為作家的莎翁身上看不到一個他能敬仰的偉大人格：

> 我只能讚嘆地望著莎士比亞，無法和他有任何互動……

> 「貝多芬的偉大心靈」——沒有人能說「莎士比亞的偉大心靈」……
> 我不認為莎士比亞能思索「詩人的境遇」。
> 他也不能視自己為先知或人類的導師。
> 人們讚嘆望著他，幾乎像是望著自然奇景。他們不會覺得自己因而接觸到了一個偉大的人，而是覺得自己經歷了一種奇觀。

然而，在狄更斯身上，維根斯坦確實見到了一個能因其「出色的普世藝術性」而敬佩的英國作家。這種藝術是托爾斯泰式的，人人都能理解並且擁護基督教美德的藝術。弗拉克從蘇門答臘返國時，維根斯坦送了他一本綠色皮革裝幀的袖珍版《聖誕頌歌》[7]當作遲來的耶誕禮物，上頭還貼著喜氣洋洋的「耶誕快樂」貼紙。選這本書當然是有含意的。里維斯回憶，維根斯坦幾乎將整本《聖誕頌歌》背得滾瓜爛熟，而且實際上托爾斯泰在《藝術是什麼？》（What is Art?）裡將這本書列為最高等級的作品，「源自上帝之愛」的藝術。因此，選這本書作為禮物非常適合這段友誼，因為這段友誼是維根斯坦一生當中極少數的例子，凸顯了他對「普通人」的托爾斯泰式敬意，體現在對一名普通工人的簡單直率的情誼之中。

6 譯註：此處採用了朱生豪先生的譯文。
7 易助：狄更斯的《聖誕頌歌》（A Christmas Carol；又名《小氣財神》）是一部以道德教化為主題的小品，故事描述主角史古基（Scrooge）遇見精靈，而改過貪婪又吝嗇的個性，體會感恩與助人的真諦。

一九五〇年夏末，維根斯坦又討論起摩爾「常識命題」的哲學意義，也就是現在《論確定性》的第六十五到第兩百九十九段論述。維根斯坦在這些論述裡闡述了摩爾之陳述的奇特，在於其否定不僅為假，而且無法理解：

若摩爾說出那些他確信為真的命題的反命題，那麼我們不僅不該認同他的觀點，還會認為他瘋了。

因此「有些假陳述是這樣的，只要我說出來，就不曉得我是否理解這些陳述。」摩爾已經給了我們一些例子，「知道自己住在哪裡」是另一個可能的例子：

我在地址A處住了幾個月，看到街名和門牌號碼無數次，收到無數次寄來這地址的信，給了無數人這地址。要是我把地址搞錯了，這錯誤幾乎等於我（錯誤地）認為自己寫的是中文，而非德文。

如果我朋友有一天覺得自己在某個地方住了很久很久之類的，我不會說他錯了，而是精神錯亂，也許是暫時的錯亂。

當一個錯誤不僅和我們信以為真的這個或那個命題相矛盾，而且和我們賦予信念以基礎的整個架構相矛盾，這個錯誤對我們而言就成了精神錯亂。維根斯坦想到摩爾能合理宣稱「我知道自己沒有離開地球表面」的唯一情況，就是他碰上一群生活在極為不同的架構裡的人：

我能想像摩爾被某個原始部落的人抓住，他們懷疑他是從地球和月球之間的某個地方來的。摩爾告訴他們自己知道的林林總總，卻給不出自己如此確定的根據，因為他們對於人的飛行能力的看法非常奇特，而且對物理學一無所知。這時就是說那句話的場合。

然而，這個例子顯示了架構不同未必代表精神錯亂。一九五〇年時想像有人去了外太空又回到地球是荒誕不經的，如今我們卻習以為常。架構會改變，不同文化之間如此，同一個文化的不同時代之間亦然。

不過，這一點並不足以駁倒維根斯坦。他反倒藉此強調架構本身無法證成或證明為正確，因為架構恰恰構成了證成和證明的邊界：

我看見和聽見的一切讓我深信沒有人類遠離過地球。在我的**世界圖像**〔picture of the world〕裡頭，沒有任何東西支持相反的情況。

但我會得到如此這般的世界圖像並保有它，不是因為滿意其正確性。不是，它是繼承而來的，是我用以區分真假的背景。

架構會變：曾經被斥為荒謬者變得可以接受，堅實的確定性被動搖與揚棄。儘管如此，沒有架構，我們理解不了任何東西，而任何架構都會區分兩種命題，利用架構來描述世界的命題和描述架構本身的命題，只是這個區分並非永遠固定：

……思想的河床可能會移動，但我會區分水的移動和河床本身的移動，即使兩者沒有截然的劃分。

不過，要找到世界圖像與我們根本不同的人，並不必向原始部落尋找：

我相信人都有父母親，但天主教徒相信耶穌只有母親，還有些人可能相信有些人沒有父母親，而且不接受任何相反的證據。天主教徒還相信無酵餅在某些情形下會徹底轉變性質，但所有證據都是相反。因此，摩爾若說「我知道這是酒，不是寶血」，天主教徒就會反駁他。

這段論述可能出自他和安斯康姆那時期的一次談話，主題是聖餐變體[8]。安斯康姆告訴他，天主教徒真的相信「無酵餅在某些情形下會徹底轉變性質」，這點似乎讓他非常驚訝。有一回他和馬爾康姆談到安斯康姆和史邁瑟斯，心裡可能想到了這件事，因為他說：「我沒辦法讓自己相信他們相信的那些東西。」這類信念在他的世界圖像裡沒有容身之地，但出於對天主教的敬意，他也無法將之視為錯誤或「暫時的精神錯亂」。

「我擁有一幅世界圖像，它是真是假？重點在它是我一切探問與斷言的根基。」沒有理由認為宗教信仰無法提供這種根基，或不屬於「我用以區分真假的背景」的一部分。但要做到這一點，可能需要徹底的宗教教育與指引。「藉由如此這般的教養，塑造某人的生活，或許可以『使他相信上帝存在』。」

但若無這樣的教養，宗教信仰有多少是可理解的？維根斯坦似乎認為，在某些情況下（如他自己這樣），生活可以將上帝的概念灌輸到人心裡：

生活能教會一個人信仰上帝，經驗也可以。但我指的不是顯聖或其他向我們顯示「這對象[9]存在」的經驗，而是比如各式各樣的受苦。這些經驗既未向我們顯示一個對象，也不會激起我們對他的推測。經驗、思想——生活能將這概念[10]灌輸到我們心裡。

因此，這概念或許和「對象」的概念類似。

當然，如此建立的信仰就其形式而言，不大可能接受甚至理解天主教的處女受孕或聖餐變體的學說。這種信仰灌輸給人的，其實是某種態度：

也就是「認真對待某些事物，但超過一定程度就不再對其認真，而是主張別的事情更加重要」的態度。

比如有人會說，某某人竟然做完某件工作之前就死了，真是嚴重。然而在另一個意義上，這不是要緊的事。這種時候，有人會用「在更深的意義上」這個說法，但我其實要說，這種情況下你說的**話**或說話時的想法也不是要緊的事，是那些話在你生活的不同點上造成的差異才要緊。兩個人都

8　譯註：聖餐變體（Transubstantiation）指天主教徒相信聖餐中的無酵餅和葡萄酒在經過祝聖後，會「變體」為耶穌基督的身體與血液。
9　譯註：即上帝。
10　譯註：即上帝。

說自己相信上帝，我怎麼知道他們的意思一樣？相信三位一體也是如此。堅持使用某些**特定**詞語，罷黜另一些詞語，這麼做的神學並沒有讓事情變得更清楚（卡爾．巴特）[11]。就像人們說的，它「用字比手畫腳」，想說點什麼卻不知如何表達。**實踐**〔practice〕才賦予語詞以意義。

第二段的例子維根斯坦當然不是隨便舉的，但若照它暗示的那樣，在他死前完成《哲學研究》並不要緊，那麼「在更深的意義上」「更加重要」的「別的事情」是什麼？

答案似乎是「和上帝和解」。那年秋天，他問安斯康姆能不能介紹他認識「非哲學的」神父。他不想討論天主教義的細緻論點，只想認識一個宗教信仰對其生命確實造成差異的人。於是安斯康姆介紹了康拉德神父（Father Conrad）給他。康拉德神父是道明會修士，曾經在史邁瑟斯皈依天主教時指導過他。康拉德去了兩次安斯康姆家，和維根斯坦談話。「他要的是，」康拉德回憶道：「一名修士作為修士和他談話，不想討論哲學問題」——

> 他知道自己病得很重，想談上帝，我想他是期盼徹底重返信仰。但實際上，我們只是泛泛談了上帝與靈魂，我想只有兩次吧。

不過，安斯康姆並不認為維根斯坦見康拉德是「期盼徹底重返信仰」，除非神父這話的意思不是重返天主教會。加上維根斯坦明說自己無法相信天主教會的某些學說，認同安斯康姆的說法似乎很合理。

九月班恩順利通過了資格考的重考，總算能離開倫敦，和維根斯坦完成兩人推遲的挪威之行了。於是十月的第一週，他們倆開始踏上漫長和艱辛的旅程，前往松恩峽灣邊的偏僻小屋。

在一年的這個時候去到那麼北方，對健康不穩的維根斯坦來說可能是一場莽撞的冒險，但經不起嚴寒的反倒是班恩的身體。兩人抵達挪威不久，班恩便得了支氣管炎，不得不從維根斯坦的小屋住進峽灣上端的療養院。之後兩人搬到了安娜・瑞布尼的農舍，在那兒待到假期結束。

班恩帶了一本新出版的《算術基礎》(Foundations of Arithmetic)，譯者是奧斯汀（J. L. Austin）。他和維根斯坦在挪威花了許多時間閱讀和討論弗雷格的這本書。維根斯坦開始覺得，自己或許又能在挪威獨居做哲學了。

回到牛津後，他寫信給馮・賴特說，雖然班恩生了病，但「我們非常享受這次的停留」：

> 天氣一直很棒，身旁的人都無比友善，我當下決定要回挪威工作。我在牛津這裡得不到真正的安靜。一切順利的話，我十二月三十日會再搭船前往斯寇爾登，但我不認為我能住在自己的小屋，那裡需要的體力活對我太重了。但一位老友說我可以住在她的農舍。當然，我不曉得自己能否再做出得體的成果，但至少我在給自己一個真正的機會。我如果在那裡無法工作，去哪裡都無法工作。

他甚至訂了一張十二月三十日從紐卡斯爾開往卑爾根的汽船船票。但在耶誕節前不久，安娜・瑞

11　譯註：Karl Barth，1886-1968。瑞典籍新教神學家。

布尼說自己還是不能讓他寄宿。無論如何，維根斯坦的狀況已經完全不適合如此遠行。按照計畫出發到挪威前，他去找貝文醫師檢查身體，結果卻在醫師家昏倒了，只好留下來過耶誕。然而，這事絲毫沒有動搖他執行計畫的決心。耶誕節後，他寫信給自己在挪威的另一位朋友艾恩納·伯斯塔德，問對方知不知道什麼地方適合他獨居工作，但也沒有回音。

獨居挪威的計畫受阻後，維根斯坦試了另一個他喜歡的避風港：修道院。康拉德神父替他做了安排，讓他去英格蘭中部地區一所黑衣修士隱修院，在那裡過修士生活，做做洗碗之類的雜務，最重要的是可以獨處。

然而，一九五一年一月，維根斯坦的健康讓一切計畫都成了空想。他需要持續的醫療照護。由於健康惡化，他不得不增加到劍橋去見貝文醫師的次數。除了服用雌激素，他還在艾登布魯克醫院（Addenbrooke's Hospital）接受了X光治療。

維根斯坦深怕自己死在英國的醫院，但貝文向他保證，必要時他可以在他家接受照料，度過臨終的時日。二月初維根斯坦決定接受醫師好意，搬到了劍橋，最終在貝文家離世，一棟名叫「燼頭」[12]的房子。

12 譯註：原文為 Storeys End，和 Story's End（故事的盡頭）諧音，一語雙關，故譯為「燼頭」，以取「盡頭」的諧音。

二十七、燼頭

維根斯坦到了貝文家，認命地接受自己再也無法工作的事實。挪威之行以來他什麼也沒寫，既然被迫打消了在松恩峽灣邊生活工作的念頭，他唯一的願望就是人生最後這不事生產的幾個月愈短愈好。「我現在連**想一想**工作都沒辦法，」他寫信給馬爾康姆說：「這無所謂，只要我別活太久就好！」

貝文夫人起先有點怕維根斯坦，尤其兩人初次見面算是把她折磨到了。維根斯坦住進來之前，貝文醫師曾邀他到家裡吃晚飯，把他介紹給自己的妻子。貝文醫師事先提醒，維根斯感不是喜歡閒聊的人，她要小心別說一些不經大腦的話。貝文夫人害怕惹禍，那天晚上幾乎沒開口，但當維根斯坦提到自己的綺色佳之行時，她興致高昂地插話道：「你真好運，能去美國！」說完立刻發現自己講錯話了。維根斯坦瞪著她說：「妳是什麼意思？**好運**？」

然而，維根斯坦住進來幾天後，她開始習慣有他在身邊，兩人後來更成了密友。不是因為他這個客人特別好相處：

> 雖然他的要求很多、很嚴格，但喜好很簡單。有些事根本**不用說**：他的洗澡水要準備好，三餐

要準時，每天的活動要照規律的模式來。

還有一件事也不用說，就是維根斯坦住在貝文家不用支付分毫，甚至連他寫字條放在桌上要貝文夫人外出採購的物品也不用他付錢。這包括書和食物，當然還有每個月必買的《偵探故事雜誌》。

維根斯坦和貝文夫人成為朋友後，兩人每天傍晚六點都會散步到附近的一家酒吧喝酒。這是日常規律模式的一部份。貝文夫人回憶：「我們總是點兩杯波特酒，一杯我喝，一杯他興沖沖倒進一葉蘭的盆栽裡，這是我唯一知道他做過的不老實的事。」雖然第一次經驗不好，但她沒想到和維根斯坦聊天竟然很輕鬆。「非常特別的是，他從來不跟我討論我不懂的話題，也不會想跟我討論。因此，相處中我從來不曾覺得自己次等或無知。」然而，這不表示他講的話意思總是很明白。其中最令人費解的一句話，或許是他對安斯康姆的先生彼得．基奇（Peter Geach）的評語。貝文夫人問他基奇為人如何，他嚴肅地說：「他讀毛姆[1]。」

維根斯坦二月寫信給弗拉克：

我已經病了一陣子，約莫六週，每天都得在床上躺一段時間。我不曉得自己什麼時候再去倫敦。如果沒機會了，我會讓你知道，你或許能找個週日來這裡看我。

他沒告訴弗拉克自己得了癌症，而且寫完信不久，他的病情便急劇惡化，不可能再去倫敦見弗拉克了。

但即使身體如此，他還是提到想去倫敦，可見和這位蓋斯醫院的前同事見面對他已經變得多麼重要。

二月底，貝文醫師認為繼續雌激素和X光治療已經沒有意義了。雖然這代表維根斯坦頂多能指望再活幾個月，對他卻是莫大的解脫。他告訴貝文夫人：「我打算像我從來沒工作過似地開始工作。」沒想到他這話竟然兌現了。在他人生的最後兩個月，維根斯坦寫出了近四百則論述，亦即現在《論確定性》的編號第三百到第六百七十六段。許多人認為，這是維根斯坦寫過最清楚易懂的論述。

這些論述延續了他先前對摩爾〈為常識辯護〉的討論，但對問題的探討比起過往深入得多，表達得也清楚扼要得多，即使怪自己缺乏專注力，也用了貼切有趣的比喻：「我現在做哲學就像老是把東西放錯地方只好又去找的老婦人，一會兒找眼鏡，一會兒找鑰匙。」儘管如此自責，他卻很有把握自己現在寫的東西是會引人興趣的。「我認為能獨立思考的哲學家會有興趣讀我的筆記，即使我只偶爾命中靶子，他也能看出我不斷瞄準的是哪個點。」

維根斯坦瞄準的是懷疑變得無意義的那個點，他認為摩爾射偏了的那個點。我們不可能懷疑一切，這不僅出於實際的理由，例如時間不夠或有更好的事情可做，還出於本質的、邏輯的理由：「無止盡的懷疑根本不是懷疑。」然而，我們不是靠著「我知道……」開頭的句子到達止盡。這類陳述唯有在「生活之流」裡才能使用，出了生活之流，它們就只顯得荒謬：

> 我和一名哲學家坐在院子裡，他一次次指著我們身旁的一棵樹說：「我知道那是一棵樹。」其他

1 譯註：Maugham，1874-1965。英國現代小說家。

人來了聽到他這麼說，我告訴他們：「這傢伙沒有瘋，我們只是在做哲學。」

我們其實是在實踐裡到達懷疑的止盡。「孩子學的不是書本存在、扶手椅存在，諸如此類，而是拿書、坐在扶手椅上等等。」懷疑是一種頗為特別的實踐，唯有學會了許多不抱懷疑的行為才能學會。「懷疑和不抱懷疑的行為。先有後者才有前者。」維根斯坦的著力點在將哲學家的注意力從語詞和句子上移開，轉向我們使用語詞和句子的場合，擺在賦予語詞和句子意義的語境上：

我不是愈來愈接近於說「邏輯最終是不可描述的」嗎？你必須看著語言的實踐，這樣就會看見邏輯。

維根斯坦的態度可以用《浮士德》的一句話作結：太初有為（Am Anfang war die Tat）。他讚賞地引用了這句話，因此這話或許可以作為《論確定性》的題詞，甚至當成他所有後期哲學的座右銘。

《論確定性》的最後一則論述完成於四月二十七日，維根斯坦隔天便失去了意識。前一天是他六十二歲生日，他知道這是最後一次了。貝文夫人送了一條電熱毯，跟他說：「歲歲年年！」維根斯坦瞪著她說：「不會有了。」隔天晚上，兩人從酒吧散步回來後，他病情急劇惡化，當貝文醫師告訴他只有幾天可活，他高喊：「很好！」二十八日晚上貝文夫人陪著他，跟他說他在英國的好友隔天會來。維根斯坦失去意識前跟她說：「告訴他們我過了極好的一生。」

第二天，班恩、安斯康姆、史邁瑟斯和德魯利齊聚在貝文家中，陪伴臨終的維根斯坦。康拉德神父也跟著史邁瑟斯來了，但沒有人能決定他該不該說臨終禱詞，給予維根斯坦有條件赦免（conditional absolution），直到德魯利想起維根斯坦曾說希望天主教的朋友替他禱告，事情才定了案。所有人走到維根斯坦房間，跪著聆聽康拉德唸誦祈禱文。禱告完不久，貝文醫師便宣佈維根斯坦過世了。

隔天早上，劍橋聖賈爾斯教堂為他舉行了天主教葬禮。這個決定依然來自德魯利的一段記憶。他告訴其他人：

> 我記得維根斯坦跟我說過托爾斯泰的一件事。托爾斯泰的兄長過世了，身為俄國東正教會頭號批評者的托爾斯泰差人去請教區神父過來，將兄長按照東正教儀式安葬了。「這個，」維根斯坦說：「換成是我也會這麼做。」

德魯利說完，所有人都同意由神父在墓旁唸誦常見的羅馬天主教禱詞，但德魯利坦承：「事後我一直很困惑，不曉得我們當時那樣做對不對。」德魯利沒細講，但困惑也許來自托爾斯泰的故事真的適用於維根斯坦嗎？因為故事的重點在於，托爾斯泰本人雖不支持東正教，卻懂得尊重兄長的信仰。然而，維根斯坦的情形正好相反。信奉天主教的是安斯康姆和史邁瑟斯，不是維根斯坦。

維根斯坦不是天主教徒，並且在許多場合（談話或寫作都有）表示自己無法信服天主教徒相信的事，更重要的是他也不持守天主教的儀式。然而，在他的葬禮上舉行宗教儀式似乎又很恰當。因為在某個非常重要卻難以解釋的意義上，他確實過了虔誠的一生。

維根斯坦過世前幾天，德魯利到劍橋看他。維根斯坦對他說：「雖然我知道自己活不了多久了，卻發現自己從來沒思考過『來世』。我所有的興趣仍然在今生和我所能寫的東西上，這不是很有趣嗎？」不過，維根斯坦儘管沒有思考過來世，卻確實想過自己將如何受到審判。他在死前不久寫道：

上帝可能會說：「我用你自己的嘴來審判你。當你看見別人做出同樣的行為時，你自己的行為已經讓你嫌惡得發抖。」

維根斯坦尋求的「與上帝和解」不是重獲接納，回到天主教會的懷抱，而是某種道德上的嚴肅與正直，就算面對最嚴厲的法官也經得起考驗。那法官便是他自己的良心，「那常居我胸臆的上帝。」

附錄：巴特利的《維根斯坦》與加密札記

最近幾年，若論哪本書最能激起大眾對維根斯坦生平的興趣，巴特利三世（W. W. Bartley III）所寫的《維根斯坦》肯定名列其中。這本短論記述了維根斯坦「失落的歲月」，也就是他放棄哲學到奧地利鄉下教書的一九一九到一九二九年。巴特利寫這本書的主要動機似乎在強調這段時期的生活與維根斯坦哲學思考的關聯，尤其是奧地利學校改革運動（塑造了奧地利一戰過後教育政策的運動）的教育理論對維根斯坦後期哲學的影響。

然而，讀者對該書的興趣卻偏離了巴特利的主旨，幾乎完全集中在他於書的開頭對維根斯坦性向的聳動說法上。我認為他這些說法引來的好奇已不成比例，但又覺得自己有必要說點什麼。撰寫本書期間，我最常自問的問題是：「你打算拿巴特利怎麼辦？」意思是：我在書裡要如何回應巴特利三世的說法，維根斯坦愛搞同性濫交？

巴特利說了什麼？據他表示，維根斯坦在維也納接受教師訓練，自個兒住在出租屋裡時，發現附近的普拉特公園（維也納一處大公園，類似倫敦的里奇蒙公園）有一塊地方，那兒許多「粗野的年輕男子樂於滿足他的性需求。」巴特利宣稱，維根斯坦一發現這個地方……

就驚惶地察覺自己幾乎擺脫不了那裡，每週有幾天晚上，他會離開住處匆匆走到普拉特公園，照他對朋友的說法，就像被他無法控制的惡魔支配了一樣。他發現自己喜歡在普拉特公園小徑和步道上遊蕩的那些粗野直接的同性戀青年，遠勝於經常出入於凱特納街的希爾克角和附近市郊酒吧的外表更體面的年輕人（《維根斯坦》頁四〇）

巴特利在《維根斯坦》修訂版裡附上了他一九八五年寫的「後記」，澄清了關於上述段落的一個普遍誤解。看來，他並未暗示自己筆下的「粗野的年輕男人」是男娼。然而，儘管他澄清了這個誤解，卻仍堅持自己所言不假。

不過，他並未澄清自己怎麼知道真有其事，不論該書的原版或修訂版都沒有給出來源，只說消息是「維根斯坦的朋友私下透露」的。

這個段落一面世就成了熱議的焦點，引發了顯然無法解決的爭辯。許多熟識維根斯坦的朋友大為憤慨，在評論裡宣洩怒火或投書期刊痛斥巴特利的書，信誓旦旦表示他對於維根斯坦性向的說法是子虛烏有，一**定是**子虛烏有，因為他們認識的維根斯坦絕不會做這種事。

另一方面，許多不認識維根斯坦，但讀過他出版的書信和他朋友或學生寫的回憶文章的人，則傾向於相信巴特利。事實上，他們覺得他提供了一把切入維根斯坦受難式人格的鑰匙，有少數人（但不包括巴特利本人）甚至認為這些性接觸提供了理解維根斯坦哲學的鑰匙。例如柯林．威爾森（Colin Wilson）在《格格不入：論性的局外人》（The Misfits: A Study of Sexual Outsiders）裡探討天才和性倒錯之間的關聯，他就表示自己讀了巴特利的書才覺得理解了維根斯坦的著作。

看來，許多人都直覺認為維根斯坦是個罪惡感深重的濫交同志，以致於傾向全盤接受巴特利的說法，因為那「符合」他們對於維根斯坦的想像，後來甚至讓維根斯坦滿懷罪疚在普拉特公園裡遊蕩，尋找「粗野直接的同性戀青年」的畫面成為他揮之不去的公眾形象。我一度確信維根斯坦是「哲學界的喬歐頓[1]」。

我想，巴特利的說法廣獲接受還有另一個理由，就是許多人覺得維根斯坦的朋友知道那是真的，卻不肯承認，尤其他的遺稿保管人。他們覺得有人在掩蓋什麼。遺稿保管人之一的安斯康姆教授更是火上加油，在一封寫給恩格曼的信裡（後來收錄於恩格曼《維根斯坦的來信和我的回憶》〔Letters from Ludwig Wittgenstein with a Memoir〕的序言中）說道：

> 如果按下一個按鈕就能保證世人不關心他的個人生活，我一定會按。

遺稿保管人對維根斯坦寫在哲學手稿裡的私人記事（即所謂的加密札記）的態度也幫了倒忙。維根斯坦用童年學會的簡單密碼（如 a=z, b=y, c=x 等等）留下私人記事，以便和哲學論述區隔開來。考慮到密碼如此簡單，而且主要用來指示著作如何出版，顯示維根斯坦加密不是為了對後人隱瞞，而

1 譯註：Joe Orton，1933-1967。英國劇作家、作家和日記作家。曾憑藉同性戀與醜聞題材的黑色喜劇，在六〇年代短暫攫獲大量讀者和觀眾。

是比如防備碰巧探頭過來或碰巧看見他桌上手稿的人。

這些札記裡較不私人的部份已經集結出版，收錄於《文化與價值》中，較私人的部份則沒有出版。在維根斯坦手稿大全的微縮膠片裡，這些較私人的部份都用紙蓋住了。

這些做法不僅加深了世人對加密札記內容的好奇，還證實了他們認為遺稿保管人有所隱瞞的看法。而這又助長了輿論氣氛，讓人更容易接受巴特利那原本離譜的說法。「哈！」世人想：「原來安斯康姆多年來隱瞞的就是這件事！」

面對為了賣書而扯謊的指責，巴特利反過來利用這種輿論氣氛為自己辯護。他在前述提到的「後記」裡（標題為「駁批評者」）宣稱，遺稿保管人對他的書表示憤慨只是虛張聲勢，因為他們手裡一直：

> ……擁有維根斯坦的加密札記，那是他用很簡單的密碼親手寫的，早就被破解和謄寫出來了，裡頭的內容證實了我對他同志生活的說法。

其實不然。維根斯坦**確實**在加密札記裡提到自己的感情生活，從品生特、史金納再到班恩，前後將近三十年，因此確實「證實了」他是同性戀，但壓根沒有證實**巴特利**對維根斯坦同性癖好的說法，也就是札記裡沒有半個字提及去普拉特公園尋找「粗野的年輕男子」，也沒有任何跡象顯示維根斯坦曾有過濫交行為。閱讀這些札記倒是給人一種印象，維根斯坦連表現出一點性慾（無論對異性或同性）都憂心忡忡，完全無法做出濫交的舉動。

很少人讀過加密札記，所以能指出這點的人不多。事實上，巴特利談論加密札記的方式似乎顯示他有的也只是二手消息，他並未讀過自己提到的消息來源。所謂加密札記**根本**不存在。維根斯坦用密碼寫成的記事並非（如巴特利所想）集中在兩冊手稿裡，而是散佈在八十冊左右的筆記中。這些筆記構成了他的文學與哲學**遺產**（Nachlast），所謂「證實」根本站不住腳。

許多人試圖駁斥巴特利，其中最常為人引用的是里斯和史東巴羅發表於《人世》（The Human World）第十四期（一九七二年二月）的兩篇文章。但在我看來，他們並未成功。就指出巴特利所言不實這點上，里斯甚至沒提出反駁。他的論點是巴特利就算沒說錯，也「不該」把這些事說出來，而史東巴羅的文章除去放話、過度嘲諷和道德憤慨之後，只剩一個相當薄弱的論證：如果維根斯坦真的幹過巴特利指控的那種事，肯定會被勒索。但巴特利在「後記」裡輕而易舉就解決了這個說法。我認為里斯和史東巴羅太強調巴特利作品的道德面，而非資料的真實性，這麼做只是遮蔽了問題，在不自覺間讓巴特利輕易脫身。

想徹底駁倒巴特利的說法只有兩種方式，不是證明他取得的資料有誤，就是證明他解讀不正確。而要做到這兩點，必須先知道他手上的資料到底為何，但巴特利堅決不肯透露。

根據書中其他地方透露的跡象，巴特利寫書時讀過維根斯坦一九一九年至二〇年的一份手稿。最顯目的線索來自第二十九頁，他引述了維根斯坦記下的一個夢境和維根斯坦自己對夢境的解釋。我覺得除非假定他讀過維根斯坦的手稿，否則難以解釋這份訊息從何而來。但若不相信維根斯坦的朋友會提供他去普拉特公園尋歡的資料給巴特利，覺得有違常理，那這些朋友會將維根斯坦自己對夢的描述交給巴特利，就更像天方夜譚了。

值得一提的是，維根斯坦確實偶爾會在加密札記裡記下和評論自己的夢境（參見本書第

二七六、二七九和四三六頁）[2]。而巴特利所引述的夢境，雖然比留存下來的其他記載都要詳細，卻完全符合維根斯坦當時多次展現的對佛洛伊德解夢技巧的興趣。

因此，我們很有理由相信巴特利所提到的夢境描述是真的，進而**看來**有理由相信他曾見過一份連遺稿保管人也不知其存在（甚至向他們隱瞞）的維根斯坦手稿。保管人手上沒有一九一九至二〇年的手稿，而這樣的手稿確實有可能存在。

假如這個（我承認極度是臆測的）假設為真，那這份手稿可能也是所謂「普拉特事件」的來源。我曾寫信給巴特利，直接問他是否有這樣一份手稿，他既未承認也未否定我的推想，只說透露消息來源有違信賴，而他不打算做出如此不光彩的行為。因此，我認為這個假設仍有待證偽。

撰寫本書期間，我得到遺稿保管人許可，可以毫無限制閱讀他們手裡的所有加密札記，並任意引用，而我最終引用了所有揭露維根斯坦感情、精神和性的生活的段落。誠如立頓．斯特雷奇所言，代為判斷（discretion）不是傳記的優點。我沒有隱去可能支持「維根斯坦為同性戀所苦」這一流行觀點的材料，只是我本人認為那樣的觀點過度簡化，嚴重曲解了真相。

維根斯坦在加密札記裡顯露的不安，不是源自同性戀，而是性慾本身。愛是他所珍視的，無論對男人或女人的愛，他都視之為禮物，甚至是上天的賜予。但他和魏寧格一樣，將性愛截然二分（我認為，魏寧格的《性與性格》表達了許多隱藏在維根斯坦寫作和言談舉止中的對性和愛的態度）。不論對同性或異性，他極受性慾勃發所苦惱，似乎覺得這不見容於自己想成為的那種人。

加密札記還顯露了維根斯坦的感情與性生活往往只發生在他自己的想像裡，比例高得出奇。這在凱斯・柯爾克身上尤其明顯（維根斯坦曾短暫迷戀過他，並因此認為自己「不忠」於法蘭西斯，參見第四二六至四二八頁），但在維根斯坦幾乎所有的親密關係裡也很明顯。他對一段感情的認定往往和對方的認知無關。如果沒見過柯爾克，我可能因為讀了加密札記而幾乎肯定他和維根斯坦有點「事」。但在見過柯爾克之後，我敢說就算有什麼「事」，也只發生在維根斯坦心裡。

對於巴特利的說法，容我對自己的揣想再做最後一擊：我相信他的訊息來自一份寫於一九一九至二〇年的手稿裡的加密札記，但他太過草率地從中推斷維根斯坦曾經性濫交。以下這一點和我們從別處所認識的維根斯坦完全一致：他覺得自己在普拉特公園見到的「粗野的同性戀青年」非常迷人，一次次回到能見到他們的地點，並在筆記裡以日記寫下了自己的入迷。但另一點也和我們認識的維根斯坦完全一致：那些青年完全不曉得他的入迷，甚至渾然不知他的存在。說維根斯坦和街頭少年「性濫交」，就好比說他迷戀柯爾克是對法蘭西斯「不忠」。

2 譯註：頁碼為原書頁碼。後文同。

in this chapter, are given as they were told to me by Mrs Bevan in a series of conversations I had with her during 1985-7.

p. 576 'He was very demanding': extract from a written statement of her memories of Wittgenstein by Mrs Bevan.

p. 577 'I have been ill': LW to RF, 1.2.51.

p. 578 'I do philosophy': *On Certainty*, p. 532.

p. 578 'I believe': ibid., p. 387.

p. 578 'A doubt without an end': ibid., p. 625.

p. 578 'I am sitting': ibid., p. 467.

p. 578 'Doubting and non-doubting': ibid., p. 354.

p. 579 'Am I not': ibid., p. so1. p. 579 I remember': *Recollections*, p. 171.

p. 580 'Isn't it curious': ibid., p. 169.

p. 580 'God may say to me': *Culture and Value*, p. 87.

p. 558 'Just before the meeting': quoted in McHale, op. cit., pp. 79-80.
p. 559 'I don't want to die in America': Malcolm, op. cit., p. 77.
p. 559 'I am sorry that my life should be prolonged': LW to RR, 4. 12.49.
p. 559 'My health is very bad': LW to Helene, 28. 11.49; quoted in Nedo, op. cit., p. 337.
p. 560 'This is of the greatest importance': LW to NM, 11.12.49.
p. 560 'ARRIVED': LW to GHvW, 26. 12.49.
p. 560 'I haven't been to a concert': LW to GHVW, 19.1. 50.
p. 560 'I'm very happy': LW to Dr Bevan, 7.2. 50.
p. 561 'Colours spur us to philosophise': *Culture and Value*, p. 66.
p. 561 'It's partly boring': LW to GHvW, 19. 1. 50.
p. 561 'I may find': *Culture and Value*, p. 79.
p. 562 'As I mean it': On Colour, II, p. 3.
p. 562 'If someone didn't find': ibid., p. 10.
p. 562 'Phenomenological analysis': ibid., p. 16.
p. 562 'We had expected her end': LW to GHVW, 12.2. 50.
p. 562 'Wittgenstein, who took a long time': Paul Feyerabend, *Science in a Free Society*, p. 109.
p. 563 'everything descriptive': *On Certainty*, p. 56.
p. 563 'If "I know etc."': ibid., p. 58.
p. 564 'If language': *Philosophical Investigations*, I, 242.
p. 564 'woeful': see MS 173, 24.3.50.
p. 564 'I don't think I can give formal lectures': LW to NM, 5.4.50.
p. 565 'The thought': LW to NM, 17.4.50.
p. 566 'in my present state': LW to NM, 12.1.51.
p. 566 'I'm doing some work': LW to NM, 17.4. 50.
p. 566 'That which I am writing about': *On Colour*, III, p. 295.
p. 566 'One and the same': ibid', p. 213.
p. 566 'Imagine someone': ibid., p. 263.
p. 567 'In the late spring': K. E. Tranøj, 'Wittgenstein in Cambridge, 1949-51', *Acta Philosophica Fennica*, XXVII, 1976; quoted in Nedo, op. cit., p. 335.
p. 567 'I like to stay': LW to NM, 17.4.50.
p. 567 'The house isn't very noisy': LW to GHvW, 28.4.50.
p. 567 'Pink wants to sit on six stools': quoted by Barry Pink in conversation with the author (he was perfectly sure that 'arse' was the word Wittgenstein used).
p. 568 'Certainly not!": quoted by Barry Pink in conversation with the author.
p. 568 'It is remarkable': *Culture and Value*, p. 48.
p. 568 'Shakespeare's similes': ibid., p. 49.
p. 568 'I believe': ibid., p. 85.
p. 569 'I could only stare': ibid., p. 84-5.
p. 570 'If Moore were to pronounce': *On Certainty*, p. 155.
p. 570 'For months I have lived': ibid., pp. 70–71.
p. 570 'I could imagine': ibid., p. 264.
p. 571 'Everything that I have seen': ibid., p. 94.
p. 571 'The river-bed': ibid., p 97.
p. 571 'I believe': ibid., p. 239.
p. 572 'I have a world picture': ibid., p. 162.
p. 572 'Perhaps one could: *Culture and Value*, p. 85.
p. 572 'Life can educate one': ibid. p. 86.
p. 572 'The attitude that's in question': ibid., p. 85.
p. 573 'He wanted': Father Conrad to the author, 30.8.86.
p. 574 'we enjoyed our stay': LW to GHvW, 29.1.51.

二十七、燼頭
STOREYS END

p. 576 'I can't even *think* of work': LW to NM, undated.
p. 576 'How lucky': this, and all other remarks of Wittgenstein's to Mrs Bevan quoted

p. 539 'some sort of infection': LW to NM, 28. 1.49.
p. 539 'Drury, I think': MS 138, 29. 1.49.
p. 539 'great weakness and pain': MS 138, 11.2.49.
p. 539 ' [They] contain many excellent things': *Culture and Value*, p. 27.4
p. 540 'for otherwise': MS 138, 2.3.49.
p. 540 'Nice time': MS 138, 15.3.49.
p. 540 'Often it is as though my soul were dead': MS 138, 17.3.49. 4
p. 540 'Of course it was rejected': Recollections, p. 161.
p. 540 'If Christianity is the truth': *Culture and Value*, p. 83.
p. 540 'I can't understand the Fourth Gospel': *Recollections*, p. 164.
p. 541 "The spring which flows gently': *Culture and Value*, p. 30. 4
p. 541 'It is one and the same': *Recollections*, p. 165.
p. 541 'If it is a good and godly picture': *Culture and Value*, p. 32.
p. 541 'Suppose someone were taught': ibid., p. 81.
p. 542 'What happens': LW to NM, 18.2.49.
p. 542 'While I was in Vienna': LW to NM, 17.5.49.
p. 543 'It is so characteristic': *Recollections*, p. 163.
p. 543 'has something to say': ibid., p. 159.
p. 543 'Now that is all I want': ibid., p. 168.
p. 544 'There is one thing that I'm afraid of': LW to GHvW, 1.6. 49.
p. 545 'You have said something': LW to GEM, Oct. 1944.
p. 546 'Don't regard': *Philosophical Investigations*, II, p. 192.
p. 546 'But surely': ibid., p. 190.
p. 547 'We can imagine': ibid., p. 188.
p. 548 'Drury, just look at the expression': *Recollections*, p. 126.
p. 548 'If I see someone': *Philosophical Investigations*, II, p. 223.
p. 548 'It is important': *Culture and Value*, p. 74.
p. 548 'If a lion could talk': *Philosophical Investigations*, II, p. 223.
p. 548 'Is there such a thing': ibid., p. 227.
p. 549 'It was said by many people': Dostoevsky, *The Brothers Karamazov*, p. 30.
p. 549 'Yes, there really have been people like thac': *Recollections*, p. 108.
p. 549 'The confusion and barrenness': *Philosophical Investigations*, II, p. 232.

二十六、無所歸屬的公民
A CITIZEN OF NO COMMUNITY

p. 552 'My mind is tired & stale': LW to NM, 1.4.49.
p. 552 'I know you'd extend your hospitality': LW to NM, 4.6.49.
p. 552 'My anaemia': LW to NM, 7.7.49.
p. 552 'Ordinarily': Stuart Brown; quoted in McHale, op. cit., p. 78.
p. 553 'particularly because': LW to RF, 28.7.49.
p. 553 'probably the most philosophically strenuous': quoted ibid., p. 80.
p. 554 'But then, he added': Bouwsma's notes of his conversations with Wittgenstein have now been published; see *Wittgenstein Conversations* 1949-1951, p. 9.
p. 554 'I am a very vain person': ibid.
p. 555 'If I had planned it': ibid., p. 12.
p. 556 'I can prove now': Moore, 'Proof of an External World', *Philosophical Papers*, p. 146.
p. 556 'To understand a sentence': Malcolm, op. cit., p. 73.
p. 557 'Instead of saying': ibid., p. 72.
p. 557 'When the sceptical philosophers': ibid., p. 73.
p. 557 'Scepticism is *not* irrefutable': *Tractatus*, 6.51.
p. 557 'Certain propositions': Malcolm, op. cit., p. 74.
p. 558 'If I walked over to that tree': ibid., p. 71.

p. 522 'I am in very good bodily health': LW to RR, 5.2.48.
p. 522 'My work's going moderately well': LW to NM, 4.1.48.
p. 522 'Feel unwell': MS 137, 3.2.48.
p. 523 'occasionally queer states': LW to NM, 5.2.48.
p. 523 'My nerves, I'm afraid': LW to RR, 5.2.48.
p. 523 'I often believe': LW to GHvW, 17.3.48.
p. 523 'They are very quiet': LW to GHVW, 22.12.47.
p. 523 'As soon as he had arrived': *Recollections*, pp. 154–s.
p. 524 'I often thought of you': LW to RR, 15.4.48.
p. 525 'quite nice': LW to NM, 5.6.48.
p. 525 'the man upon whom': MS 137, 17.7.48; quoted in Nedo, op. cit., p. 326.
p. 526 'Tinned food': story told to the author by Thomas Mulkerrins.
p. 526 'I thought you had company': ibid.
p. 526 'Nearly all my writings': *Culture and Value*, p. 77.
p. 527 'I've had a bad time': LW to NM, 30.4.48.
p. 528 'it's undoubtedly a great blessing': LW to Lee Malcolm, 5.6.48.
p. 528 'For though as you know': LW to NM, 4.6.48.
p. 528 'As I recall': see footnote to above letter.
p. 529 Davis wrote to Raymond Chandler: see Frank MacShane, ed., *Selected Letters of Raymond Chandler* (Cape, 1981), p. 167.
p. 529 'All this was very boring': Norbert Davis, *Rendezvous with Fear*, p. 9.
p. 529 'Is he hurt?": ibid., p. 86.
p. 529 'Humour is not a mood': *Culture and Value*, p. 78.
p. 530 'So how do we explain': ibid., p. 70.
p. 531 'What would a person be lacking?': *Remarks on the Philosophy of Psychology*, II, p. 508.
p. 532 'What is lacking': ibid., pp. 464-8.
p. 532 'What is it like': *Culture and Value*, p. 83.
p. 533 'What is incomprehensible': *Remarks on the Philosophy of Psychology*, II, p. 474.
p. 533 'leaves everything as it is': *Philosophical Investigations*, I, 124.
p. 533 'Tradition is not something a man can learn': *Culture and Value*, p. 76.
p. 534 'I get tired': LW to GHvW, 26. 5.48.
p. 534 'too soft, too weak': *Culture and Value*, p. 72.
p. 534 'Don't let the grief vex you!': '*Lass dich die Trauer nicht verdriessen! Du solltest sie ins Herz einlassen und auch den Wahnsinn nicht fürchten! Er kommt vielleicht als Freund und nicht als Feind zu dir und nur dein Wehren ist das Übel. Lass die Trauer ins Herz ein, verschliess ihr nicht die Tür. Draussen vor der Tür im Verstand stehend ist sie furchtbar, aber im Herzen ist sie's nicht*': MS 137, 29.6.48.
p. 534 'Think a great deal': MS 137, 11.7.48.
p. 534 'But I have decided to try': MS 137, 17.7.48.
p. 535 'When I look at the faces': *Recollections*, p. 166.
p. 536 'I'm anxious to make hay': LW to NM, 6.11.48.
p. 536 'Just wait a minute': *Recollections*, p. 156.
p. 536 'I hear the words': *Last Writings*, I, p. 47.
p. 536 'Hegel seems to me': *Recollections*, p. I57.
p. 537 'hasn't the necessary multiplicity': ibid., p. 160.
p. 537 'Now you try': ibid., p. 159.
p. 537 "Denken ist schwer": *Culture and Value*, p. 74.
p. 537 'It is impossible for me': *Recollections*, p. 160.
p. 538 'We say that someone has the "eyes of a painter"': *Last Writings*, I, p. 782.
p. 538 'We say that someone doesn't have a musical ear': ibid., p. 783; cf. *Philosophical Investigations*, II, xi, p. 214.
p. 538 'I would like it': *Recollections*, p. 160.
p. 538 'I think he felt': ibid., p. 97.

kommen kann?: MS 134, 13.4.47.

p. 507 'My lectures are going well': '*Meine Vorlesungen gehen gut, sie werden nie besser gehen. Aber welche Wirkung lassen sie zurück? Helfe ich irgendjemand? Gewiss nicht mehr, als wenn ich ein grosser Schauspieler wäre, der ihnen Tragödien vorspielt. Was sie lernen, ist nicht wert gelernt zu werden; und der persönliche Eindruck nützt ihnen nichts. Das gilt für Alle, mit vielleicht einer, oder zwei Ausnahmen*': MS 133, 19.11.46,

p. 507 'Suppose I show it to a child': notes taken by P. T. Geach; see *Wittgenstein's Lectures on Philosophical Psychology*, p. 104 (but sec also reference for p. s00).

p. 508 'It would have made': *Philosophical Investigations*, II, p. 195.

p. 509 'In the German language': Wolfgang Köhler, *Gestalt Psychology*, p. 148.

p. 510 'Here where': Goethe, Italian Journey, pp. 258-9.

p. 510 'The Urpflanze: ibid., p. 310. p. 511'Two uses': *Philosophical Investigations*, II, p. 193.

p. 511 'I explained to him': quoted Heller, op. cit., p. 6.

p. 512 'Well, so much the better': ibid.

p. 513 'When I tell the reader': Köhler, op. cit., p. 153.

p. 513 'Now Köhler said': see *Wittgenstein's Lectures on Philosophical Psychology*, pp. 329-30. M

p. 514 'It makes no sense to ask': see ibid., p. 104.

p. 514 'Now you try': *Recollections*, p. 159.

p. 514 'The expression of a change': *Philosophical Investigations*, II, pp. 196-7.

p. 515 'Köhler says': *Remarks on the Philosophy of Psychology*, I, p. 982.

p. 516 'A philosopher says: *Culture and Value*, p. 61.

p. 516 'In this country': '*Für Leute wie mich liegt in diesem Lande nichts näher als Menschenhass. Gerade dass man sich in all dieser Solidität auch keine Revolution denken kann macht die Lage noch viel hoffnungsloser. Es ist als hätte diese ganze grenzenlose Öde "come to stay". Es ist als könnte man von diesem Land sagen, es habe ein nasskaltes geistiges Klima*': MS 134, 13.4.47.

p. 516 'Cambridge grows more and more hateful': '*Cambridge wird mir mehr und mehr verhasst. The disintegrating and putrefying English civilization. Ein Land, in dem die Politik zwischen einem bösen Zweck und keinem Zweck schwankt*': MS 134, 23.4.47.

p. 516 '[I] feel myself to be an alien': '*fühle mich fremd //als Fremdling// in der Welt, Wenn dich kein Band an Menschen und kein Band an Gott bindet, so bist du ein Fremdling*': MS 135, 28.7.47.

p. 517 'I wouldn't be altogether surprised': *Recollections*, p. 152.

p. 517 'This is an excellent book': ibid.

p. 517 '...go somewhere': LW to GHvW, 27.8.47.

p. 518 'he was reacting': quoted by John Moran, op. cit., p. 92.

p. 518 'It's mostly bad': LW to GHvW, 6.11.47.

二十五、愛爾蘭
IRELAND

p. 520 'cold and uncomfortable': LW to RR, 9.12.47.

p. 520 'Sometimes my ideas': *Recollections*, pp. 153-4.

p. 521 'the prospect of becoming English': LW to GHvW, 22.12.47.

p. 521 'Cambridge is a dangerous place': LW to GHvW, 23.2.48.

p. 521 'There is nothing like the Welsh coast': LW to RR, 5.2.48.

p. 521 'The country here': LW to Helene, 10. 1.48; quoted in Nedo, op. cit., p. 326.

p. 522 'In a letter': *Culture and Value*, pp. 65–6.

p. 522 'Heaven knows if I'll ever publish': LW to GHvW, 22.12.47.

ihr zu erhalten wäre, lebendig, nicht gepresst in einem Buch als Andenken, weiss ich auch nicht Verhältnis mit dieser Aussicht weiterzunähren . Ich weiss nicht, ob und wie ich es aushalten werde, dies Wenn ich mir vorstelle, dass ich es abgebrochen hätte, so fürchte ich mich vor der Einsamkeit': MS 133, 25.10.46.

p. 504 'love is a joy': '*Die Liebe ist ein Glück. Vielleicht ein Glück mit In der Liebe muss ich sicher ruhen können. – Aber kannst du ein warmes Herz zurückweisen; Ist es ein Herz, das warm für mich schlägt; – I'll rather do anything than to hurt 0moi the soul of friendship. - I must know: he won't hurt our friendship. Der Mensch kann aus seiner Haut nicht heraus. Ich kann nicht eine Schmerzen, aber ein Glück . Forderung, die tief in mir, meinem ganzen Leben verankert, liegt, aufgeben. Denn die Liebe ist mit der Natur verbunden; und würde ich unnatürlich, so würde // müsste/ / die Liebe aufhören. – Kann ich sagen: "Ich werde vernünftig sein, und das nicht mehr verlangen."? sagen: Lass ihn gewähren, – es wird einmal anders werden. – Die Liebe, die ist die Perle von grossem Wert, die man am Herzen hält für die man nichts eintauschen will, die man als das wertvollste schätzt. Sie zeigt einem überhaupt – wenn man sie hat was es - was grosser Wert ist. Man lernt, was es heisst: ein Edelmetall von allen andern aussondern … Das Furchtbare ist die Ungewissheit… "Auf Gott vertrauen"… Von da, wo ich bin, zum Gottvertrauen ist ein weiter Weg. Freudevolle Hoffnung und Furcht sind einander verschwistert. Ich kann die eine nicht haben ohne dass sie an die andre grenzt*': MS 133, 26.10. 46.

p. 505 'Trust in God': ibid.

p. 505 'Ask yourself these questions: '*Frag dich diese Frage: Wenn du stirbst, wer wird dir nachtrauern; und wie tief wird die Trauer sein? Wer trauert um F.; wie tief trauere ich um ihn, der mehr Grund zur Trauer hat als irgend jemand? Hat er nicht verdient, dass jemand sein ganzes Leben lang um ihn trauert? Wenn jemand so er. Da möchte man sagen: Gott wird ihn aufheben und ihm geben, was ein schlechter Mensch ihm versagt*': MS 133, 10.11.46.

p. 506 'The fundamental insecurity': MS 133, 12.11.46.

p. 506 'Don't be too cowardly': MS 133, 15.11.46.

p. 506 'Can you not cheer up': '*Kannst du nicht auch ohne seine Liebe fröhlich sein? Musst du ohne diese Liebe in Gram versinken? Kannst du ohne diese Stütze nicht leben? Denn das ist die Frage: kannst du nicht aufrecht gehn, ohne dich auf diesen Stab zu lehnen? Oder kannst du dich nur nicht entschliessen ihn aufzugeben? Oder ist es beides? – Du darfst nicht immer Briefe erwarten, die nicht kommen …Es ist nicht Liebe, was mich zu dieser Stütze zieht, sondern, dass ich auf meinen zwei Beinen allein nicht sicher stehen kann*': MS 133, 27.11.46.

p. 506 'Some men': '*Mancher Mensch ist im ganzen Leben krank und kennt nur das Glück, das der fühlt, der nach langen heftigen Schmerzen ein paar schmerzlose Stunden hat. (Es ist ein seeliges Aufatmen.)*': MS 133, 23.11.46.

p. 506 'Is it so unheard of': '*Ist es so unerhört, dass ein Mensch leidet, dass z.B. ein ältlicher Mensch müde und einsam ist, ja selbst, dass er halb verrückt wird?*': MS 133, 2.12.46.

p. 506 'Only nothing theatrical': MS 133, 12.2.46.

p. 506 'The belief in a benevolent father': MS 134, 4.4.47.

p. 506 'What good does all my talent do me': '*Wozu dient mir all meine Geschicklichkeit, wenn ich im Herzen unglücklich bin? Was hilft es mir, philosophische Probleme zu lösen, wenn ich mit der Hauptsache nicht ins Reine*

122-3.

p. 495 'veneration for Wittgenstein': Ryle in Wood & Pitcher, op. cit., p. 11.

p. 496 'As little philosophy as I have read': MS 135, 27.7.47.

p. 496 'Practically every philosopher': Mary Warnock, diary, 14.5.47. I am very grateful to Lady Warnock, and to Oscar Wood and Sir Isaiah Berlin for their recollections of this meeting. The part of the exchange between Wittgenstein and Pritchard that is quoted comes from *A Wittgenstein Workbook*, p. 6.

p. 497 'For years': Anscombe, Metaphysics and the Philosophy of Mind, Pp. vii-ix.

p. 498 'This man': quoted by Professor Anscombe in conversation with the author.

p. 498 'very unnerving': Iris Murdoch, quoted by Ved Mehta in *The Fly and the Fly Bottle*, p. 55.

p. 498 'More able than Ramsey?': story told to me by Rush Rhees.

p. 499 'were far from the centre': Kreisel, 'Wittgenstein's "*Remarks on the Foundations of Mathematics*" ', *British Journal for the Philosophy of Science*, IX (1958), pp. 135–58.

p. 499 'tense and often incoherent': Kreisel, 'Critical Notice: "*Lectures on the Foundations of Mathematics*"', in *Ludwig Wittgenstein: Critical Assessments*, pp. 98–110.

p. 499 'Wittgenstein's views on mathematical logic': Kreisel, British *Journal for the Philosophy of Science*, op. cit., pp. 143–4.

p. 499 'As an introduction' Kreisel,'Wittgenstein's Theory and Practice of Philosophy', *British Journal for the Philosophy of Science*, XI (1960), Pp. 238-52.

p. 500 'These lectures are on the philosophy of psychology': from the notes taken by A. C. Jackson. These notes (together with those of the same lectures taken by P. T. Geach and K. J. Shah) have now been published as *Wittgenstein's Lectures on Philosophical Psychology: 1946–7*, but at the time of writing this I was dependent on privately circulated copies. There may be some slight variations between the notes as I give them and as they have been published.

p. 501 'Now let us go back to last day': ibid.

p. 501 'What I give is the morphology': Malcolm, op. cit., p. 43.

p. 502 'arose from the fact': Gasking and Jackson, 'Wittgenstein as a Teacher', Fann, op. cit., pp. 49-55.

p. 502 'I am showing my pupils': *Culture and Value*, p. 56.

p. 502 'In teaching you philosophy': Gasking and Jackson, op. cit., p. 51.

p. 503 'I still keep getting entangled': *Culture and Value*, p. 65.

p. 503 'Starting at the beginning': Malcolm, op. cit., p. 44.

p. 503 'All is happiness': '*Alles ist Glück. Ich könnte jetzt so nicht schreiben, wenn ich nicht die letzten 2 Wochen mit B. verbracht hätte. Und ich hätte sie nicht so verbringen können, wenn Krankheit oder irgend ein Unfall dazwischen gekommen wäre*': MS 132, 8.10.46.

p. 504 'In love': '*Ich bin in der Liebe zu wenig gläubig und zu wenig mutig . ich bin leicht verletzt und fürchte mich davor, verletzt zu werden, und sich in dieser Weise selbst schonen ist der Tod aller Liebe. Zur wirklichen Liebe braucht es Mut. Das heisst aber doch, man muss auch den Mut haben, abzubrechen, und zu entsagen, also den Mut eine Todeswunde zu ertragen. Ich aber kann nur hoffen, dass mir das Fürchterlichste erspart bleibt*': MS 132, 22. 10.46.

p. 504 'I do not have the courage': '*Ich habe nicht den Mut und nicht die Kraft und Klarheit den Tatsachen meines Lebens gerade in's Gesicht zu schauen. – B. hat zu mir eine Vor-Liebe. Etwas, was nicht halten kann. Wie diese verwelken wird, weiss ich natürlich nicht. Wie etwas von*

Edwards, op. cit., p. 408. Wittgenstein's reaction was told to me by Rush Rhees.

p. 482 'enjoying my absence from Cambridge': LW to NM, 8.9.45.

p. 482 'My book is gradually': LW to NM, 20.9.45.

p. 484 'It is not without reluctance': *Culture and Value*, p. 66.

p. 484 'They mean to do it': see Britton, op. cit., p. 62.

p. 485 'The hysterical fear: *Culture and Value*, p. 49.

p. 485 'The truly apocalyptic view': ibid., p. 56.

p. 485 'Science and industry': ibid., p. 63.

p. 486 'My type of thinking': quoted Drury, *Recollections*, p. 160.

p. 486 'In fact, nothing is more conservative'; quoted Rhees, *Recollections*, p. 202.

p. 486 'I find more and more'; see *Recollections*, pp. 207–8.

p. 487 'I'll talk about anything': told to the author by Rush Rhees.

p. 487 'One day in July': Britton, op. cit., p. 62.

p. 488 'the disintegrating and putrefying English civilization': MS 134; quoted in Nedo, op. cit., p. 321.

二十四、面相轉變
A CHANGE OF ASPECT

p. 489 'cheaply wrapped': *Culture and Value*, p. so.

p. 490 'I am by no means sure': ibid., p. 61.

p. 490 'Wisdom is cold': ibid., p. 56.

p. 490 "Wisdom is grey"': ibid., p. 62.

p. 490 'I believe': ibid., p. 53.

p. 491 'it's as though my knees were stiff": ibid., p. 56.

p. 491 'I am very sad': '*Ich bin sehr traurig, sehr oft traurig. Ich fühle mich so, als sei das jetzt das Ende meines Lebens…Das eine, was die Liebe zu B. für mich getan hat ist: sie hat die übrigen kleinlichen Sorgen meine Stellung und Arbeit betreffend in den Hintergrund gejagt*": MS 130, P. 144, 8.8.46.

p. 491 'just as a boy': MS 131, 12.8.46.

p. 491 'I feel as though': MS 131, 14.8.46.

p. 492 'It is the mark of a true love': MS 131, 14.8.46; quoted in Nedo, op. cit., p. 325.

p. 492 'I feel that my mental health': '*Ich fühle, meine geistige Gesundheit hängt an einem dünnen Faden, Es ist natürlich die Sorge und Angst wegen B., die mich so abgenützt hat. Und doch könnte auch das nicht geschehen, wenn ich nicht eben leicht entzündbar wäre, "highly inflammable"*': MS 131, 18.8.46.

p. 492 'Were they stupid': MS 131, 20,8.46; *Culture and Value*, p. 49.

p. 492 'if a light shines on it': *Culture and Value*, pp. 57–8.

p. 492 '"For our desires shield us"': '"*Denn die Wünsche verhüllen uns selbst das Gewünschte. Die Gaben kommen herunter in ihren eignen Gestalten etc." Das sage ich mir wenn ich die Liebe B's empfange. Denn dass sie das grosse, seltene Geschenk ist, weiss ich wohl; dass sie ein seltener Edelstein ist, weiss ich wohl, – und auch, dass sie nicht ganz von der Art ist, von der ich geträumt hatte*': MS 132, 29.9.46. 11

p. 493 'Everything about the place': '*Alles an dem Ort stösst mich ab. Das Steife, Künstliche, Selbstgefällige der Leute. Die Universitätsatmosphäre ist mir ekelhaft*': MS 132, 30.9.46.

p. 493 'What I miss most': LW to RF, 9. 11.46.

p. 493 'So when you'll come back': LW to RF, Aug. 1946.

p. 493 'Sorry you don't get post': LW to RF, 7.10.46.

p. 493 'Why in hell': LW to RF, 21.10.46. p. 494 I'm feeling far better': LW to RF, 9. 11.46.

p. 494 'I'm thinking every day': LW to RF, 21.10.46.

p. 495 'Not to threaten visiting lecturers': Popper's account is given in *Unended Quest: An Intellectual Autobiography*, pp.

24.3.44.
p. 462 'It seems to me': LW to RH, 20.4.44.
p. 463 'I wish you *luck*': LW to RH, 8.6.44.
p. 463 'Yes I do': quoted by Rush Rhees in conversation with the author.
p. 464 'If someone tells me': quoted in Drury, *Recollections*, p. 88.
p. 464 'An honest religious thinker': *Culture and Value*, p. 73.
p. 464 'A miracle is, as it were': ibid., p. 45.
p. 464 'I am not a religious man': *Recollections*, p. 79.
p. 464 'Isn't she an angel': quoted by Mrs Clement in conversation with the author.
p. 466 'Wittgenstein's chief contribution': quoted by Rush Rhees in conversation with the author. (Rhees had no doubt that his memory was correct, but it must be pointed out that Professor John Wisdom had, when I asked him, no recollection of the episode.)
p. 466 'What about your work on mathematics?': quoted by Rush Rhees in conversation with the author.
p. 467 'I want to call': MS 169, p. 37.
p. 469 The application of the concept': *Remarks on the Foundations of T Mathematics*, VI, p. 21.
p. 469 'I may give a new rule': ibid., p. 32.
p. 470 T'll probably take on a war-job': LW to RH, 3.8.44.
p. 470 'What I'll do': LW to RH, 3.9.44.

二十三、這個時代的黑暗
THE DARKNESS OF THIS TIME

p. 471 'Russell's books': quoted in *Recollections*, p. 112.
p. 472 'Russell isn't going to kill himself': see *Malcolm*, op. cit., p. 57.
p. 472 'The earlier Wittgenstein': Russell, *My Philosophical Development*, p. 161.
p. 472 'I've seen Russell': LW to RR, 17.10.44.
p. 472 'It is not an altogether pleasant experience': Russell, op. cit., p. 159.
p. 473 'Moore is as nice as always': LW to RR, 17.10.44.
p. 473 'I fear: LW to GEM, 7.3.41; see *Briefe*, p. 254.
p. 474 'He did not realise': quoted in Sister Mary Elwyn McHale, op. cit., p. 77.
p. 474 'with his great love for truth': Malcolm, op. cit., p. 56.
p. 474 'Thinking is sometimes easy': LW to RR, 17.10.44.
p. 474 'I then thought': LW to NM, 16.11.44.
p. 475 'We sat in silence': Malcolm, op. cit., p. 36.
p. 475 'Had I had it before': LW to NM, 22. 5.45.
p. 476 'This war': LW to RH, dated only 'Thursday', but probably autumn 1944.
p. 476 'I'm sorry to hear': LW to RR, 28.11.44.
p. 476 'you were right': ibid.
p. 477 'How does the philosophical problem': *Philosophical Investigations*, I, 308.
p. 478 'The "Self of selves"': William James, *Principles of Psychology*, I, 301.
p. 478 'not the meaning of the word': *Philosophical Investigations*, I, 410.
p. 478 'I always enjoy reading anything of William James': *Recollections*, p. 106.
p. 479 'The Term's over': LW to RR, 13.6.45.
p. 479 'going damn slowly': LW to NM, 26.6.45.
p. 479 'I might publish by Christmas': LW to NM, 17.8.45.
p. 480 'The last 6 months': LW to RH, 14.5.45.
p. 480 'this peace is only a truce': LW to NM, undated.
p. 480 'lots of luck': LW to RH, 8.9.45.
p. 480 'self-righteousness in international affairs': quoted in Ruth Dudley Edwards, *Victor Gollancz: A Biography*, p. 406.
p. 481 'glad to see that someone': LW to Victor Gollancz, 4.9.4s; reproduced in full, ibid., pp. 406–7.
p. 482 'Polemic, or the art of throwing eggs': *Recollections*, p. 203.
p. 482 'L. Wiltgenstein, Esq.': quoted in

p. 442 'My unhappiness is so complex': '*Mein Unglück ist so komplex, dass es schwer zu beschreiben ist. Aber wahrscheinlich ist doch Vereinsamung die Hauptsache*': MS 125, 26. 5.42.

p. 442 'For ten days': '*Höre seit 10 Tagen nichts mehr von K, obwohl ich ihn vor einer Woche um dringende Nachricht gebeten habe. Ich denke, dass er vielleicht mit mir gebrochen hat. Ein tragischer Gedanke!*': MS 125, 27.5.42.

p. 443 'I have suffered much': '*Ich habe viel gelitten, aber ich bin scheinbar unfähig aus meinem Leben zu lernen. Ich leide noch immer so wie vor vielen Jahren. Ich bin nicht stärker und nicht weiser geworden*': ibid.

p. 444 'He could be cheerful': *Recollections*, p. 24.

p. 444 'I'm sorry to hear': LW to RF, 8.6.49.

p. 444 'I wonder': LW to RF, 15.12.50.

p. 444 'I'm glad to hear': LW to RF, 1.2.51

p. 445 'Recent experience': Dr R. T. Grant, 'Memorandum on the Observations Required in Cases of Wound Shock', MRC Archives.

p. 446 'In my way of doing philosophy': MS 213 (The 'Big Typescript'), p. 421.

p. 446 'Quite a lot of the preamble': Colonel Whitby to Dr Landsborough Thomson, 5.7.41, MRC Archives.

p. 447 'Professor Ludwig Wittgenstein': Dr Grant to Dr Herrald, 30.4.43, MRC Archives.

p. 448 'He is proving very useful': Dr Grant to Dr Herrald, 1.6.43.

p. 448 'I *imagine*': LW to RH, 17.3.43.

p. 448 'On each of these': *Lectures and Conversations*, p. 45.

p. 449 'points to the sort of explanation: ibid., p. 47.

p. 449 'Freud very commonly': ibid. p. 449 'Obviously': ibid., p. 48.

p. 449 There was a vacant room': Miss Helen Andrews to the author, 12.11.85.

p. 450 'You think philosophy is difficult': *Recollections*, p. 106.

p. 451 'You do *decent* work': quoted by Dr Basil Reeve in conversation with the author.

p. 452 'In practice': introduction to *Observations on the General Effects of Injury in Man* (HMSO, 1951).

p. 452 '[It] threw grave doubt': *Medical Research in War*, Report of the MRC for the years 1939-45, P. 53.

p. 453 'After the end': *Recollections*, p. 147.

p. 454 'Why in the world': quoted in Drury, *Recollections*, p. 148.

p. 454 'It is obvious to me': quoted ibid., p. 147.

p. 454 'I haven't heard from Smythies': LW to NM, 11.9.43.

p. 454 'I am feeling lonely: LW to NM, 7.12.43.

p. 455 'I too regret': LW to NM, 11.9.43.

p. 456 'Wittgenstein has agreed': Dr Grant to Dr Landsborough Thomson.

p. 456 'He was reserved': Dr E. G. Bywaters to the author, 9. I1.85.

p. 457 'Professor Wittgenstein has been doing': Bywaters to Cuthbertson. 13.12.43. 8.2.44.

p. 457 'Professor Wittgenstein left us today': Bywaters to Herrald, 16.2.44.

二十二、斯旺西
SWANSEA

p. 458 'I don't know if you remember Rhees': NM to LW, 7.12.43.

p. 458 'If, e.g., I leave here': LW to RR, 9.2.44.

p. 459 'The weather's foul': LW to NM, 15.12.45.

p. 459 'his remedies would be all too drastic': *Recollections*, p. 32.

p. 460 'I hadn't a good impression': LW to RH, 17.3.44.

p. 460 'If it ever happens': *Recollections*, p. 149.

p. 461 'is that you can read it': LW to NM, 24. I1.42.

p. 461 'I think you must stop creeping': LW to RH, 17.3.44.

p. 461 'I wish I knew more': LW to RH,

an Francis, aber immer nur mit Reue wegen meiner Lieblosigkeit; nicht mit Dankbarkeit. Sein Leben und Tod scheint mich nur anzuklagen, denn ich war in den letzten 2 Jahren seines Lebens sehr oft lieblos und im Herzen untreu gegen ihn. Wäre er nicht so unendlich sanftmütig und treu gewesen, so wäre ich gänzlich lieblos gegen ihn geworden . . . Keit(h?) sehe ich oft, und was das eigentlich heisst, weiss ich nicht. Verdiente Enttäuschung, Bangen, Sorge, Unfähigkeit mich in eine Lebensweise niederzulassen': MS 125, 28.12.41.

p. 428 'Think a great deal about the last time I was with Francis': 'Denke viel an die letzte Zeit mit Francis: an meine Abscheulichkeit mit ihm Ich kann nicht sehen, wie ich je im Leben von dieser Schuld befreit werden kann': MS 137, 11.7.48.

二十一、戰時工作
WAR WORK

p. 431 'He is one of the world's famousest philosophers': John Ryle, letter to Miriam Ryle, 29.9.41.

p. 432 'Good God!' story told to me by Dr R. L. Waterfield.

p. 433 'Yes, very well': quoted by Rosnald MacKeith in a letter to *Guy's Hospital Gazette*, XC (1976), p. 215.

p. 433 'One word that comes from your heart': LW to RH, 20.8.41.

p. 433 'I can't write about Francis': LW to RH, 27.11.41.

p. 433 'If, however': LW to RH, dated 'Sunday'.

p. 433 'It is on the whole': LW to RH, 'Wednesday'.

p. 434 'As long as you find it difficult': LW to RH, 26.1.42.

p. 434 'I feel, on the whole, lonely': LW to RH, 31.12.41.

p. 434 'Daddy and another Austrian': This diary is still in the possession of its author, Dr Anthony Ryle.

p. 435 'The hospital had scores of firebombs': letter from Dr H. Osmond to the author, 4.2.86.

p. 436 'Two – and one of them is Gilbert Ryle': told to the author by Miss Wilkinson.

p. 436 'Tonight I dreamt': MS 125, 16.10.42; quoted in Nedo, op. cit., p. 305.

p. 437 'we may then refer': *Lectures and Conversations*, p. 44.

p. 437 'and to me': ibid., p. 42. p. 438 'it is an idea': ibid., p. 43.

p. 438 '. . . something which people are inclined to accept': ibid., p. 44.

p. 438 'One of the chief triumphs': Russell, 'Mathematics and the Metaphysicians', *Mysticism and Logic*, pp. 59–74.

p. 439 'Why do I want to take': *Remarks on the Foundations of Mathematics*, VII, p. 19.

p. 439 'is almost as if'': ibid., V, p. 25.

p. 439 'completely deformed the thinking': ibid., VII, p. 11.

p. 442 'I no longer feel any hope': '*Ich fühle keine Hoffnung mehr für die Zukunft in meinem Leben. Es ist als hätte ich nur mehr eine lange Strecke lebendigen Todes vor mir. Ich kann mir für mich keine Zukunft als eine grässliche vorstellen. Freundlos und freudlos*': MS 125, 1.4.42.

p. 442 'I suffer greatly': '*Ich leide sehr unter Furcht vor der gänzlichen Vereinsamung, die mir jetzt droht. Ich kann nicht sehen, wie ich dieses Leben ertragen kann, Ich sehe es als ein Leben, in dem ich mich jeden Tag werde vor dem Abend fürchten müssen, der mir nur dumpfe Traurigkeit bringt*': MS 125, 9.4.42.

p. 442 'If you can't find happiness': '"*Wenn du das Glück nicht in der Ruhe finden kannst, finde es im Laufen!" Wenn ich aber müde werde, zu laufen? "Sprich nicht vom Zusammenbrechen, ehe du zusammenbrichst. "*
Wie ein Radfahrer muss ich nun beständig treten, mich beständig bewegen, um nicht umzufallen': MS 125, 9.4.42.

102.

p. 411 'Suppose someone said: "This is poor evidence": Lectures and Conversations, p. 61.

p. 411 'Suppose someone said: "What do you believe"': ibid., p. 70.

p. 412 'You are not beautiful': Tagore, King of the Dark Chamber, p. 199.

p. 412 'Dear Mrs Stewart': LW to Mrs Stewart, 28. 10.38, now in the possession of Mrs Katherine Thomson.

p. 414 'I needn't say': LW to GEM, 2.2.39.

p. 415 'To refuse the chair': quoted in Recollections, p. 141.

p. 415 'Having got the professorship': LW to WE, 27.3.39.

p. 415 'I would do my utmost': Lectures and Conversations, p. 28.

p. 416 'I would say': Wittgenstein's Lectures on the Foundations of Mathematics: Cambridge, 1939, p. 103.

p. 416 'There is no religious denomination': Culture and Value, p. 1.

p. 416 'Take Russell's contradiction': Lectures on the Foundations of Mathematics, p. 222.

p. 417 'All the puzzles': ibid., p. 14.

p. 417 'Another idea': ibid.

p. 417 'The mathematical problems': Remarks on the Foundations of Mathematics, VII, p. 16.

p. 418 'somewhat parenthetical': Lectures on the Foundations of Mathematics, p. 67.

p. 418 'I shall try': ibid., p. 22.

p. 418 'I understand, but I don't agree': Lectures on the Foundations of Mathematics, p. 67.

p. 419 'I see your point': ibid., p. 95.

p. 419 'Turing thinks': ibid., p. 102.

p. 420 'Obviously': ibid., p. 55.

p. 420 'introducing Bolshevism': ibid., p. 67.

p. 420 'It is very queer': ibid., pp. 206-7. 30

p. 421 'will not come in': ibid., p. 211.

p. 421 Turing: 'You cannot be confident': ibid., pp. 217–18.

p. 421 'You seem to be saying': ibid., p. 219.

p. 422 Andrew Hodges: see The Enigma of Intelligence, note (3.39), pp. 547-8.

p. 422 'Wittgenstein was doing something important': Malcolm, Memoir, p. 23.

p. 423 'I am not the deducting, deducing book type': Street & Smith's Detective Story Magazine, Jan. 1945. Race Williams was the creation of Carroll John Daly, the writer credited with having invented the 'hard-boiled' detective story.

p. 424 'what is the use of studying philosophy': this is Wittgenstein's reaction as it was remembered by him in a later letter, LW to NM, 16.11.44. See Memoir, pp. 93–4.

p. 424 'how should I find the strength': MS 118, 12.9.37; quoted in Baker and Hacker, An Analytical Commentary, p. 11.

p. 425 'I feel I will die slowly': quoted in a letter from John Ryle to his wife, Miriam. Letter now in the possession of Dr Anthony Ryle.

p. 425 'Because, unless I'm very much mistaken': LW to NM, 22.6.40.

p. 425 'Only by a miracle: LW to NM, 3.10.40.

p. 425 'I feel very unhappy': FS to LW, 11.10.39.

p. 426 'See K once or twice a week': 'Sehe K ein – bis zweimal die Woche; bin aber zweifelhaft darüber, inwieweit das Verhältnis das richtige ist. Möge es wirklich gut sein': MS 117, 13.6.40.

p. 426 'Occupied myself the whole day': 'Habe den ganzen Tag mich mit Gedanken über mein Verhältnis zu Kirk beschäftigt. Grösstenteils sehr falsch und fruchtlos. Wenn ich diese Gedanken aufschriebe, so sähe man wie tiefstehend und ungerade //schlüpferig // meine Gedanken sind': MS 123, 7.10.40.

p. 427 'My dear Ro[w]land': LW to RH, 12.10.41.

p. 427 'frightened wild animal': quoted in Pascal, Recollections, p. 26.

p. 428 'Think a lot about Francis': 'Denke viel

George Clare, *Last Waltz n Vienna*, p. 166.
p. 390 'That the first act': quoted ibid.
p. 390 'That is a ridiculous rumour': *Recollections*, p. 139.
p. 391 'What I hear about Austria': '*Was ich von Österreich höre, beunruhigt mich. Bin im Unklaren darüber, was ich tun soll, nach Wien fahren oder nicht. Denke hauptsächlich an Francis und dass ich ihn nicht verlassen will*': MS 120, 12.3.38.
p. 392 'Before trying to discuss': Piero Sraffa to LW, 14.3.38.
p. 394 'I am now in an extraordinarily difficult situation': MS 120, 14.3.38; quoted in Nedo, op. cit., p. 296.
p. 394 'In my *head*: MS 120, 16.3.38; quoted ibid.
p. 394 'Sraffa advised me': '*In Cambridge: Sraffa riet mir gestèrn vorläufig auf keinen Fall nach Wien zu gehen, da ich meinen Leuten jetzt nicht helfen könnte und aller Wahrscheinlichkeit nach nicht mehr aus Österreich herausgelassen würde, Ich bin nicht völlig klar darüber, was ich tun soll, aber ich glaube vorläufig, Sraffa hat recht*': MS 120, 18.3.38.
p. 394 'The same, of course': LW to JMK, 18.3.38. The letter is given in full in *Briefe*, pp. 278-9.
p. 396 'is a body who helps people': LW to GP, 26.3.38.
p. 396 'My dear Ludwig'; reproduced in Nedo, op. cit., p. 300.
p. 396 'reassuring *sounding* news': MS 120, 25.3.38.
p. 396 Hermine recalls: see Hermine Wittgenstein, op. cit., pp. 154-81.
p. 397 'That these children: Brigitte Zwiauer,'An die Reichstelle für Sippenforschung', 29 Sept. 1938.
p. 399 'the great nervous strain': LW to GEM, 19.10. 38.
p. 399 'In case you want an Emetic': LW to GP, Sept. 1938.
p. 400 'And if': Hermine Wittgenstein, op. cit., p. 120.
p. 400 received certificates: these were issued from Berlin, and still survive. Hermine's is dated 30.8.39, and states: 'Hermine Maria Franziska Wittgenstein of 16 Argentinierstrasse, Vienna IV, born in Eichwald, Teplich on 1.12.1874, is of mixed Jewish blood, having two racially Jewish grandparents as defined by the first Reich Citizenship Law of 14 Nov. 1935'.
p. 400 'their racial classification: this document, dated 10 Feb. 1940, is reproduced in Nedo, op. cit., p. 303.

二十、不情願的教授
THE RELUCTANT PROFESSOR

p. 403 'If you write': Recollections, p. 141.
p. 404 'persuading people': Lectures and Conversations on Aesthetics, Psychology & Religious Belief, p. 28. P. 404 Jeans has written a book': ibid., p. 27.
p. 405 'You might think': ibid., p. 11.
P. 405 'Do you think I have a theory?': ibid., p. 10.
p. 405 'It is not only difficult': ibid., p. 7.
p. 406 'She was descending from a height': Freud, The Interpretation of Dreams, pp. 463-5.
p. 406 'I would say': Lectures and Conversations, p. 24.
p. 406 'he treated me quite as his equal': see Freud, Jokes and their Relation to the Unconscious, pp. 47-52.
p. 407 'If it is not causal': Lectures and Conversations, p. 18.
p. 407 'When I read his poems': ibid, p. 4.
p. 408 'It seems to me': LW to PE, 23.10.21.
p. 408 'I now believe': LW to LH, Nov. 1921.
p. 408 'THE KING OF THE DARK CHAMBER': This fragment is now in the possession of Mrs Peg Rhees; it was shown to me by Rush Rhees, who very kindly supplied me with a copy of it.
p. 410 'Russell and the parsons: Recollections, p.

ein Unterschied; aber meine Herzenskälte besteht. Möge mir vergeben werden; d.h. aber: möge es mir möglich sein, aufrichtig und liebevoll zu sein': MS 120, 1.12.37.

p. 380 'Masturbated tonight': '*Heute nacht onaniert. Gewissensbisse, aber auch die Überzeugung, dass ich zu schwach bin, dem Drang und der Versuchung zu widerstehen, wenn die und die Vorstellungen sich mir darbieten, ohne dass ich mich in andere flüchten kann. Gestern abend noch hatte ich Gedanken über die Notwendigkeit der Reinheit meines Wandels. (Ich dachte an Marguerite und Francis.)*': MS 120, 2.12.37.

p. 380 'the bewitchment of our intelligence': *Philosophical Investigations*, I, 109.

p. 381 'Isn't there a truth': *Remarks on the Foundations of Mathematics*, I, p. s.

p. 381 'I am merely': ibid., I, p. I10.

p. 382 'I am nervous': '*Ich bin beim Schreiben nervös und alle meine Gedanken kurz von Atem. Und ich fühle immer, dass ich den Ausdruck nicht ganz verteidigen kann. Dass er schlecht schmeckt*': MS 119, 11.11.37.

p. 382 'I would like to run away': '*Ich möchte fliehen, aber es wäre unrecht und ich kann es gar nicht. Vielleicht aber könnte ich es auch - ich könnte morgen packen und den nächsten Tag abfahren. Aber möchte ich es? Wäre es richtig? Ist es nicht richtig, hier noch auszuhalten? Gewiss. Ich würde mit einem schlechten Gefühl morgen abfahren. "Halt es aus", sagt mir eine Stimme. Es ist aber auch Eitelkeit dabei, dass ich aushalten will: und auch etwas Besseres. – Der einzige triftige Grund hier früher oder gleich abzureisen wäre, dass ich anderswo jetzt vielleicht besser arbeiten könnte Denn es ist Tatsache, dass der Druck, der jetzt auf mir liegt, mir das Arbeiten beinahe unmöglich macht und vielleicht in einigen Tagen wirklich unmöglich*': MS 120, 22.11.37.

p. 382 'It is the opposite of piety': MS 120, 28.11.37.

p. 382 'You must *strive*': ibid.

p. 382 'The ever-changing, difficult weather'; MS 120, 30.11.37.

p. 383 'I'm sorry you are having storms': FS to LW, 1.11.37.

p. 383 '*He is dead and decomposed*': MS 120, 12.12.37. This long diary entry given in full in *Culture and Value*, p. 33.

十九、奧地利終結
FINIS AUSTRIAE

p. 385 'German-Austria must return': Hitler, *Mein Kampf*, p. 3.

p. 385 'in my earliest youth': ibid., p. 15.

p. 386 'but cleverer people than I': Hermine Wittgenstein, *Familienerinnerungen*, p. 148.

p. 386 'When, at midnight': ibid.

p. 387 'Freud's idea': MS 120, 2.1.38, *Culture and Value*, p. 33.

p. 387 'and that is bad': MS 120, 5.1.38.

p. 387 'Thought: it would be good': MS 120, 4.1.38.

p. 387 'I am cold': ibid.

p. 388 'irreligious': MS 120, 10.2.38.

p. 388 'on the other hand': MS 120, 14.2.38.

p. 388 'It is entirely as though': MS 120, 15.2.38.

p. 389 'You didn't make a mistake': the letter is reproduced in full in *Recollections*, pp. 95-6.

p. 389 'Can't work': '*Kann nicht arbeiten. Denke viel über einen eventuellen Wechsel meiner Nationalität nach, Lese in der heutigen Zeitung, dass eine weitere zwangsweise Annäherung Österreichs an Deutschland erfolgt ist. - Aber ich weiss nicht, was ich eigentlich machen soll*': MS 120, 16.2.38.

p. 390 'You will either fulfil my demands': quoted in Roger Manvell and Heinrich Fraenkel, *Hitler: The Man and the Myth*, p. 142.

p. 390 'If Herr Hitler's suggestion': quoted in

werde können. Ich fürchte mich, dass in meinem Haus alle meine Gedanken werden getötet werden. Dass dort ein Geist der Niedergeschlagenheit von mir ganz Besitz ergreifen wird': MS 118, 16.8.37.

p. 374 'unhappy, helpless and thoughtless': '*Unglücklich, ratlos und . Und da kam mir wieder zum Bewusstsein, wie einzig gedankenlos . Francis ist und unersetzlich. Und wie wenig ich doch das weiss, wenn ich mit ihm bin. Bin ganz in Kleinlichkeit verstrickt. Bin irritiert, denke nur an mich und fühle, dass mein Leben elend ist, und dabei habe ich auch gar keine Ahnung, wie elend es ist*': MS 118, 17.8.37.

p. 374 'I am ashamed': MS 118, 18.8.37.

p. 374 'I do not know whether I have either a right': MS 118, 19.8.37.

p. 374 'Am now really ill': MS 118, 22.8.37.

p. 375 'showered with gifts': MS 118, 26.8.37.

p. 375 'You said in one of your letters': FS to LW, 23.8.37.

p. 375 'I would love very much to come': FS to LW, 30.8.37.

p. 375 'The way to solve the problem': MS 118, 27.8. 37.

p. 375 'I conduct myself badly': MS 118, 26.8. 37.

p. 375 'I am a coward': MS 18, 2.9. 37.

p. 375 'Am irreligious': MS 118, 7.9.37.

p. 376 'Christianity is not a doctrine': MS 118, 4.9.37; see *Culture and Value*, p. 28.

p. 376 'just wicked and superstitious': MS 118, 7.9.37.

p. 376 'It's as though my work had been drained': MS 118, 17.9.37.

p. 376 'sensual, susceptible, indecent': MS 118, 22.9.37.

p. 376 'Lay with him two or three times': '*Zwei oder dreimal mit ihm gelegen. Immer zuerst mit dem Gefühl, es sei nichts Schlechtes, dann mit Scham. Bin auch ungerecht, auffahrend und auch falsch gegen ihn gewesen und quälerisch*': ibid.

p. 377 'Am very impatient!": MS 119, 25.9.37.

p. 377 'The last 5 days': '*Die letzten 5 Tage waren schön: er hatte sich in das Leben hier hineingefunden und tat alles mit Liebe und Güte, und ich war, Gott sei Dank, nicht ungeduldig, und hatte auch wahrhaftig keinen Grund, ausser meine eigene böse Natur. Begleitete ihn gestern bis Sogndal; heute in meine Hütte zurück. Etwas bedrückt, auch müde*': MS 119, 1.10.37.

p. 377 '1 often remember': FS to LW, undated.

p. 377 'I think *constantly* of you': FS to LW, undated.

p. 377 'l am often thinking': FS to LW, 14.10.37.

p. 378 'I'm thinking of you a lot': FS to LW, 26..10.37.

p. 378 'Prof. Moore wasn't present': FS to LW, 22.10.37.

p. 378 'lovely letter from Fr.': '*Lieben Brief von Fr., er schreibt über eine Sitzung des Mor.Sc.Cl. und wie elend schlecht die Diskussion unter Braithwaits Vorsitz war. Es ist scheusslich. Aber ich wüsste nicht, was dagegen zu machen wäre, denn die andern Leute sind auch zu wenig ernst. Ich wäre auch zu feig, etwas Entscheidendes zu tun*': MS 119, 27.10.37.

p. 378 'harsh and hectoring' letter: see *Recollections*, p. 32.

p. 379 'Have not heard from Francis': MS 119, 16.10.37.

p. 379 'Am relieved': MS 119, 17.10. 37.

p. 379 'He made a good impression': MS 119, 10.10.37.

p. 379 '[I] just took some apples': *Culture and Value*, p. 31.

p. 380 'How bad is it?": '*Heute Nacht onaniert. Wie schlecht ist es? Ich weiss es nicht. Ich denke mir, es ist schlecht, aber habe keinen Grund*': MS 120, 21.11.37.

p. 380 'Think of my earlier love': '*Denke an meine frühere Liebe, oder Verliebtheit, in Marguerite und an meine Liebe für Francis. Es ist ein schlimmes Zeichen für mich, dass meine Gefühle für M. so gänzlich erkalten konnten! Freilich ist hier*

p. 354 'perhaps I shall go to Russia': LW to PE, 21.6. 37.

p. 354 'according to Piero Sraffa: see John Moran, 'Wittgenstein and Russia', *New Left Review*, LXXIII (May-June 1972), pp. 83-96.

p. 354 'People have accused Stalin': Recollections, p. 144.

p. 355 'in a silly detective story': The Language of Sense Data and Private Experience - I (Notes taken by Rush Rhees of Wittgenstein's Lectures, 1936)', *Philosophical Investigations*, VII, no. 1 (Jan. 1984), pp. 1-45.

p. 356 'We have the feeling': ibid., no. 2 (April 1984), p. 139.

p. 356 'Here at last': *Recollections*, p. 136.

p. 357 'It's all excellent similes': Moore, 'Wittgenstein's Lectures', op. cit., p. 316.

p. 357 'What I invent': *Culture and Value*, p. 19.

p. 357 'I still have a little money: *Recollections*, p. 209.

p. 359 'Sometimes his silence infuriates me': *Recollections*, p. 127.

p. 360 'I don't see how you *can* win!': quoted by Gilbert Pattisson in conversation with the author.

十八、懺悔
CONFESSIONS

p. 361 'When I got your letter': FS to LW, 6.9.36.

p. 362 'I don't feel clear': FS to LW, 1.11.36.

p. 362 'My feelings for you': FS to LW, 26.10.36.

p. 363 'I do believe': LW to GEM, Oct. 1936.

p. 363 'The weather has changed': LW to GP, Oct. 1936.

p. 363 '"Both fit and style are perfect"': LW to GP, 2.2.37.

p. 363 'or nearly all': LW to GEM, 20.11.36.

p. 364 'These words': *Philosophical Investigations*, I, 1.

p. 364 'A simile that has been': ibid., 112.

p. 365 'A picture held us': ibid., 115.

p. 365 'Our clear and simple': ibid., 130.

p. 365 'It is not our aim': ibid., 133.

p. 365 'The results of philosophy': ibid., 119

p. 366 'The edifice of your pride': *Culture and Value*, p. 26.

p. 366 'If anyone is unwilling': quoted in Rhees, *Recollections*, p. 174.

p. 367 'all sorts of things': LW to GEM, 20. 11.36.

p. 367 'Whatever you say': FS to LW, 6. 12. 36.

p. 368 'Whatever you have to tell me': FS to LW, 9.12. 36.

p. 368 'listened patiently': *Recollections*, p. 38.

p. 368 'He would have sat transfixed': ibid.

p. 368 'If ever a thing could wait': ibid., p. 35.

p. 369 remembered by Rowland Hutt: and told to me in the course of several conversations.

p. 369 'he had to keep a firmer control': *Recollections*, p. 37.

p. 371 'I myself was not a pupil': Georg Stangel, interview with Adolf Hübner, 19.2.75.

p. 371 'Ja, ja': Leopold Piribauer, interview with Adolf Hübner, 3.12.74.

p. 372 'Last year': quoted in Rhees, *Recollections*, p. 173.

p. 372 'I thought of having it removed': LW to GB, 18.11.37.

p. 372 'I feel it is wrong': FS to LW, 1.3.37.

p. 373 'I don't think I have ever understood': FS to LW, 27. 5. 37.

p. 373 'partly because I've been troubled': LW to GEM, 4.3.37.

p. 373 'vain, thoughtless, frightened': '*Eitel, gedankenlos, ängstlich…Ich möchte jetzt bei jemandem wohnen. In der Früh ein menschliches Gesicht sehen. Anderseits bin ich jetzt wieder so verweichlicht, dass es vielleicht gut wäre allein sein zu müssen. Bin jetzt ausserordentlich verächtlich habe das Gefühl, dass ich jetzt nicht ganz ohne Ideen wäre, aber dass mich die Einsamkeit bedrücken wird, dass ich nicht arbeiten*

Lectures Cambridge 1932–1935, p. 205.
p. 329 'no philosophy can possibly': Hardy, 'Mathematical Proof", *Mind*, Jan. 1929, pp. 1-25.
p. 329 'The talk of mathematicians': *Lectures: 1932-5*, p. 225.
p. 330 'Russell and I': ibid., p. 11.
p. 331 'I have wanted to show': ibid., pp. 12-13.
p. 332 'In the event of my death': MS 114.
p. 332 'I am glad': FS to LW, 28.12.32.
p. 332 'Dear Ludwig': FS to LW, 25.3.33.
p. 333 'I'm busy': quoted Pascal, *Recollections*, p. 23.
p. 333 'I feel much further': FS to LW, 2. 10. 33.
p. 335 'Come to Cambridge at once': *Recollections*, p. 124.
p. 335 'Part of [Braithwaite's] statements', *Mind*, 42 (1933). pp. 415–16.
p. 335 'The extent to which': ibid.

十六、語言遊戲：《藍皮書》和《棕皮書》
LANGUAGE-GAMES: THE BLUE AND BROWN BOOKS

p. 337 'I shall in the future': Blue Book, p. 17.
p. 338 'We are inclined': ibid.
p. 338 'Philosophers constantly see': ibid., p. 18.
p. 338 'What we say will be easy': Lectures: 1932–5, p. 77.
p. 338 'After I stopped': FS to LW, 17.12.33.
p. 339 'My despair': Sjögren, op. cit., p. 137.
p. 340 'He has the great gift: FW to MS, 9.8.34.
p. 340 'IfI am with you': FS to LW, 25.3.34-
p. 340 'I thought of you a lot': ibid.
p. 341 'I long to be with you: FS to LW, 4.4.34.
p. 341 'I started off again': FS to LW, 24.7.34.
p. 342 'When I read this': FS to LW, 11.8.34
p. 343 'growing political awarencss': George Thomson, 'Wittgenstein: Some Personal Recollections', Revolutionary World, XXXVII, no. 9, pp. 86-8.
P. 343 'I am a communist': quoted by Rowland Hutt in conversation with the author.
p. 343 'I think Francis means': Recollections, pp. 125-6.
p. 344 'Imagine a people': Brown Book, p. 100.
p. 344 'Imagine a tribe': ibid., p. 103.
p. 344 'Imagine that human beings': ibid., p. 120.
p. 345 'Here is one of the most fertile sources': ibid., p. 108.
p. 345 'We are inclined to say: ibid. p. 346'Our answer is': ibid.
p. 346 'the way in which': LW to MS, 31.7.35.

十七、投身行伍
JOINING THE RANKS

p. 347 'At the beginning of September': LW to MS, 31.7.35.
p. 348 'I am sure that you partly understand': LW to JMK, 6.7.35.
p. 348 'exceedingly careful': ibid.
p. 349 'May I venture': Keynes's introduction is reproduced in full in *Letters to Russell, Keynes and Moore*, pp. 135-6.
p. 349 'definitely nice': LW to JMK, July 1935.
p. 350 'My interview with Miss B': LW to GP, dated simply 'Tuesday', which is consistent with its being 20.8.35.
p. 350 'If you were a qualified technician': JKM to LW, 10.7.35.
p. 351 'Wittgenstein!": this story is told by George Sacks in *A Thinking Man as Hero*, a television play by Hugh Whitemore, first broadcast on BBC 2, April 1973. I am very grateful to Mr Whitemore for drawing my attention to this source.
p. 351 'we heard that Wittgenstein': ibid.
p. 351 'I wish I could be with you': FS to LW, 17.9.35.
p. 352 'My dear Gilbert!": LW to GP, Sept. 1935.
p. 353 'He had taken no decisions': Recollections, p. 29.
p. 353 'The important thing': ibid., p. 205.
p. 353 'Tyranny': ibid. p. 353 'If anything': ibid.

nebensächliche Angelegenheit. Im ersten Falle lügt er, im zweiten ahmt er eine nur dem Naturadel natürliche Eigenschaft, den Stolz, nach, der ein vitium splendidum ist, das er ebensowenig wirklich besitzen kann, wie ein krüppelhafter Körper natürliche Gracie. Im dritten Fall macht er gleichsam die sozialdemokratische Geste, die die Bildung über die rohen Eigenschaften des Körpers stellt, aber auch das ist ein Betrug. Er ist was er ist und das ist zugleich wichtig und bedeutsam, aber kein Grund zum Stolz, andererseits immer Gegenstand der Selbstachtung. Ja ich kann den Adelsstolz des Andern und siene Verachtung meiner Natur anerkennen, denn ich erkenne: ja dadurch nur meine Natur an und den andern der zur Umgebung meiner Natur, die Welt, deren Mittelpunkt dieser vielleicht hässliche Gegenstand, meine Person, ist' : MS 110. pp. 252–3, 1.7.31.

p. 312 'Putting together a complete autobiography': quoted in Rhees, *Recollections*, p. 182.

p. 312 'I can quite imagine': LW to GEM, 23.8.31.

p. 313 'How wrong he was': *Recollections*, p. 91.

p. 313 'has something Jewish': *Culture and Value*, p. 20.

p. 313 'Mendelssohn is not a peak': ibid., p. 2.

p. 313 'Tragedy is something un-Jewish: ibid., p. I.

p. 313 'who like a noxious bacillus': Hitler, *Mein Kampf*, p. 277.

p. 314 'the Jew lacks those qualities': ibid., p. 275.

p. 314 'since the Jew': ibid., p. 273.

p. 314 'It has sometimes been said': *Culture and Value*, p. 22.

p. 314 'Look on this tumour': ibid., p. 20.

p. 316 *Untergangsters*: quoted in Field, op. cit., p. 207.

p. 316 'a confession': *Culture and Value*, p. 18.

p. 316 'It is typical': ibid., p. 19.

p. 316 'Amongst Jews': ibid., pp. 18-19.

p. 317 'Often, when I have': ibid., p. 19.

p. 317 'The Jew must sec to it': ibid.

p. 319 'My presence': Sjögren, op. cit., p. 122.

p. 319 'but that doesn't matter': see *Philosophical Grammar*, p. 487.

p. 320 'For the thing itself": LW to MS, 20. 11.31.

p. 320 'There are *very*, *very* many statements': ibid.

p. 320 'If there were theses': *Luduwig Wittgenstein and the Vienna Circle*, p. 183.

p. 321 'still proceeded dogmatically': ibid., p. 184.

p. 321 'make head or tail': LW to MS, 4.3.32.

p. 322 'This is the right sort of approach': *Lectures: 1930–1932*, P- 73.

p. 322 '...the dialectical method': ibid., p. 74.

p. 322 'Philosophy is not a choice': ibid., p. 75.

p. 322 'The right expression is': ibid., p. 97.

p. 323 'Grammatical rules': ibid., p. 98.

p. 323 'You owe a great debt: see *Recollections*, p. 123.

p. 324 '···from the bottom of my heart': LW to MS, 8.8.32.

p. 324 'That I had not dealt': ibid. (I am indebted to Dr P.M.S. Hacker for this translation.)

p. 325 'All that philosophy can do': MS 213, p. 413; quoted by Anthony Kenny in 'Wittgenstein on the Nature of Philosophy', *The Legacy of Wittgenstein*, pp. 38-60. See also, in the same collection of essays, 'From the Big Typescript to the "*Philosophical Grammar*"', pp. 24-37.

p. 326 'Confusions in these matters': Philosophical Grammar, p. 375.

p. 327 'Philosophical clarity': ibid., p. 381.

p. 327 'Nothing seems to me less likely": Culture and Value, p. 62.

十五、法蘭西斯
FRANCIS

p. 328 'Is there a substratum': *Wittgenstein's*

p. 294 'If a person tells me': *Recollections*, p. 112.

p. 294 'Arrived back in Cambridge': '*Nach den Osterferien wieder in Cambridge angekommen. In Wien oft mit Marguerite. Ostersonntag mit ihr in Neuwaldegg. Wir haben uns viel geküsst drei Stunden lang und es war sehr schön*': MS 108, p. 133, 25.4.30.

p. 294 'My life is now very economical': LW to GEM, 26.7.30.

p. 294 'Dear Gil (old beast)': LW to GP, summer 1930.

p. 296 'A proposition cannot say more': see *Ludwig Wittgenstein and the Vienna Circle*, p. 244.

p. 296 'If one tried to advance': *Philosophical Investigations*, I, 128.

p. 297 'I know that my method is right': *Recollections*, p. 110.

十三、迷霧散去
THE FOG CLEARS

p. 298 'The nimbus of philosophy': *Lectures: 1930–1932*, p. 21.

p. 298 'What we find out': ibid., p. 26.

p. 299 '. . . once a method has been found': ibid., p. 21.

p. 299 'I was walking about': *Recollections*, p. 112.

p. 300 'Telling someone something': *Culture and Value*, p. 7.

p. 300 'It is all one to me': ibid.

p. 301 'I would like to say': *Philosophical Remarks*, preface.

p. 301 'Philosophical analysis': *Lectures: 1930–1932*, p. 35.

p. 301 'We never arrive': ibid., p. 34.

p. 302 'The means whereby': Oswald Spengler, *The Decline of the West*, p. 4.

p. 302 'taking of spiritual-political events'; ibid., p. 6.

p. 303 'so here we shall develop': ibid., p. 26.

p. 303 'recognize living forms': quoted by Erich Heller in 'Goethe and the Scientific Truth', *The Disinherited Mind*, pp. 4-34.

p. 303 'What I give': see Malcolm, op. cit., p. 43.

p. 303 'Our thought here': Waismann, *Principles of Linguistic Philosophy*, pp. 80-81.

p. 304 'Yes, this fellowship business': LW to JMK, Dec. 1930.

p. 304 '*For me*': *Ludwig Wittgenstein and the Vienna Circle*, p. 117.

p. 305 'For it cuts off': ibid., p. 115.

p. 305 'I would reply': ibid., p. 116.

p. 305 'I can well imagine a religion': ibid., p. 117.

p. 305 'If you and I': *Recollections*, p. 114.

p. 306 'As long as I can play the game': *Ludwig Wittgenstein and the Vienna Circle*, p. 120.

p. 306 'The following is a question': ibid., pp. 129-30.

p. 307 'What do we do': ibid., p. 120.

p. 307 'It is another calculus': ibid., pp. 121-2.

p. 307 '*You cannot*': ibid., p. 129.

p. 308 'A rule of syntax': ibid., p. 126.

p. 308 'If, then': ibid., p. 133.

p. 308 'the demonstration': ibid.

p. 308 'Things must connect directly': ibid., p. 155.

p. 308 'Here *seeing* matters': ibid., p. 123.

十四、新的開始
A NEW BEGINNING

p. 309 'I think now': *Remarks on Frazer's Golden Bough*, p. vi.

p. 310 'even those': *Recollections*, p. 102.

p. 310 'What narrowness': *Remarks on Frazer*, p. 5.

p. 311 'I can set out this law': ibid., pp. 8-9.

p. 311 'If I may explain': '*Wenn ich es durch einen Vergleich klar machen darf: Wenn ein "Strassenköter" seine Biographie schriebe, so bestünde die Gefahr a) dass er entweder seine Natur verleugnen, oder b) einen Grund ausfindig machen würde, auf sie stolz zu sein, oder c) die Sache so darstellen, als sei diese seine Natur eine*

Abhang und eine Strasse im Tal vor wie ich es in einem anderen Traum gesehen habe. Ähnlich einem Stück der Strasse von Gloggnitz nach Schlagl. Als ich das arme Mädchen bedauere sehe ich undeutlich ein altes Weib, welches sie bedauert aber sie nicht zu sich nimmt und ihr hilft. Das Blockhaus auf der Hochreit ist auch nicht deutlich, wohl aber die Strasse und was auf ihr vorgeht. Ich glaube ich hatte eine Idee dass der Name wie ich ihn im Traume ausspreche "Vért-sagt" ungarisch ist. Der Name hatte für mich etwas böses, boshaftes, und sehr männliches': MS 107, p. 219, 1.12.29.

十二、「檢證主義階段」 THE 'VERIFICATIONIST PHASE'

p. 281 'For if the spirit': MS 108, p. 24, 19.12.29.

p. 281 'I am a beast': MS 108, p. 38, 25.12.29.

p. 281 'The spirit in which one can write the truth': 'Die Wahrheit über sich selbst kann man in dem verschiedensten Geiste schreiben. Im anständigsten und unanständigsten. Und danach ist es sehr wünschenswert oder sehr unrichtig, dass sie geschrieben werde. Ja, es gibt unter den wahrhaften Autobiographien die man schreiben könnte, alle Stufen vom Höchsten zum b ls Niedrigsten. Ich zum Beispiel kann meine Biographie nicht höher schreiben als ich bin. Und durch die blosse Tatsache, dass ich sie schreibe, hebe ich mich nicht notwendigerweise, ich kann mich dadurch sogar schmutziger machen als ich schon war. Etwas in mir spricht dafür, meine Biographie zu schreiben und zwar möchte (m)ich mein Leben einmal klar ausbreiten, um es klar vor mir Zu haben und auch für andere. Nicht so sehr, um darüber Gericht zu halten, als um jedenfalls Klarheit und Wahrheit zu schaffen': MS 108, pp. 46-7, 28.12.29.

p. 282 'the most serious book': *Recollections*, p. 90.

p. 282 'And woe to those: ibid. 0 E P. 282'What, you swine': *Ludwig Wittgenstein and the Vienna Circle*, p. 69.

p. 282 'I think it is definitely important': ibid.

p. 283 'Just because Schlick: quoted ibid., p.18.

p. 284 '... at that time': ibid., p. 64.

p. 285 'Indeed!': ibid., p. 78.

p. 285 'Once I wrote': ibid., pp. 63-4.

p. 286 'Physics does not yield': ibid., p. 63.

p. 286 'I would reply': ibid., p. 68.

p. 286 'explains – I believe': *Philosophical Remarks*, p. 129.

p. 287 'If I say, for example': *Ludwig Wittgenstein and the Vienna Circle*, p. 47.

p. 287 'I used at one time to say': quoted in Gasking and Jackson, 'Wittgenstein as a Teacher'; see Fann, op. cit., pp. 49-55.

p. 288 'Imagine that there is a town': quoted Malcolm, op. cit., p. 55.

p. 289 'Wittgenstein's kindness': Partridge, op. cit., p. 170.

p. 289 'The subject of the lectures': recalled by S. K. Bose in the letter to John King of 5.4.78.

p. 290 'Your voice and his': I. A. Richards, 'The Strayed Poet', in *Internal Colloquies*, Routledge, 1972, pp. 183–6.

p. 291 'I think I summed up': *Culture and Value*, p. 24.

p. 291 'the attempt to be rid': *Lectures 1930–1932*, p. 1.

p. 291 'when the average hearer': Russell, *The Analysis of Mind*, p. 198.

p. 291 'If I wanted to eat an apple': *Philosophical Remarks*, p. 64.

p. 291 'for there seems': GEM to BR, 9.3.30. p. 292 'I do not see how I can refuse': BR to GEM, 11.3.30.

p. 292 'Of course, we couldn't get very far': LW to GEM, March or April 1930.

p. 293 'Unfortunately I have been ill': BR to GEM, 5.5.30.

p. 294 'I find I can only understand Wittgenstein': BR to GEM, 8. 5.30.

p. 274 'It is, of course': 'Some Remarks on Logical Form', reprinted in Copi and Beard, op. cit., pp. 31-7.

p. 275 'as your presence': LW to BR, July 1929.

p. 275 'I'm afraid there is a gathering': John Mabbott, Oxford Memories, p. 79.

p. 275 'for some time': Ryle, 'Autobiographical', in Oscar P. Wood and George Pitcher, ed., *Ryle*.

p. 276 'This morning I dreamt': MS 107, p. 153. p. 277, 'My whole tendency': the 'Lecture on Ethics' is published in *Philosophical Review*, Jan. 1965, pp. 3-26.

p. 278 'What is good is also divine': *Culture and Value*, p. 3.

p. 278 'What others think of me': '*Was die anderen von mir halten beschäftigt mich immer ausserordentlich viel. Es ist mir sehr oft darum zu tun, einen guten Eindruck zu machen. D.h. ich denke sehr häufig über den Eindruck den ich auf andere mache und es ist mir angenehm, wenn ich denke, dass er gut ist und unangenehm im anderen Fall*': MS 107, p. 76.

p. 278 'In my father's house': *Recollections*, p. 54.

p. 279 'A strange dream': '*Ein seltsamer Traum: Ich sehe in einer Illustrierten Zeitschrift eine Photographie von Evighztg (Vertsagt), der ein viel besprochener Tagesheld ist. Das Bild stellt ihn in seinem Auto dar. Es ist von seinen Schandtaten die Rede; Hänsel steht bei mir und noch jemand anderer ähnlich meinem Bruder Kurt. Dieser sagt, dass Vertsag ein Jude sei aber die Erziehung eines reichen schottischen Lords genossen habe. Jetzt ist er Arbeiterführer. Seinen Namen habe er nicht geändert weil das dort nicht Sitte sei. Es ist mir neu dass Vertsagt den ich mit der Betonung auf der ersten Silbe ausspreche, ein Jude ist, und ich erkenne dass ja sein Name einfach verzagt heisst. Es fällt mir nicht auf, dass es mit "ts" geschrieben ist was ich ein wenig fetter als das übrige gedruckt sehe. Ich denke: muss denn hinter jeder Unanständigkeit ein Jude stecken. Nun bin ich und Hänsel auf der Terrasse eines Hauses etwa des grossen Blockhauses auf der Hochreit und auf der Strasse kommt in seinem Automobil Vertsag; er hat ein böses Gesicht ein wenig rötlich blondes Haar und einen solchen Schnauzbart (er sieht nicht jüdisch aus). Er feuert nach rückwärts mit einem Maschinengewehr auf einen Radfahrer, der hinter ihm fährt und sich vor Schmerzen krümmt und der unbarmherzig durch viele Schüsse zu Boden geschossen wird. Vertsag ist vorbei und nun kommt ein junges Mädchen ärmlich aussehend auf einem Rade daher und auch sie empfängt die Schüsse von dem weiterfahrenden Vertsag. Und diese Schüsse die ihre Brust treffen machen ein brodelndes Geräusch wie ein Kessel in dem sehr wenig Wasser ist über einer Flamme. Ich hatte Mitleid mit dem Mädchen und dachte nur in Österreich kann es geschehen dass dieses Mädchen kein hilfreiches Mitleid findet und die Leute zusehen wie sie leidet und umgebracht wird. Ich selbst fürchte mich auch davor ihr zu helfen weil ich die Schüsse Vertsags fürchte. Ich nähere mich ihr, suche aber Deckung hinter einer Planke. Dann erwache ich. Ich muss nachtragen, dass in dem Gespräch ob Hänsel erst in Anwesenheit des anderen dann nachdem er uns verlassen hat ich mich geniere und nicht sagen will dass ich ja selbst von Juden abstamme oder dass der Fall Vertsags ja auch mein Fall ist. Nach dem Erwachen komme ich darauf dass ja verzagt nicht mit "ts" geschrieben wird, glaube aber sonderbarerweise dass es mit "pf" geschrieben wird "pferzagt". Ich habe den Traum gleich nach dem Erwachen notiert. Die Gegend die in dem Traum etwa der Gegend hinter der Hochreiter Kapelle entspricht (die Seite gegen den Windhut) stelle ich mir im Traum als einen steilen bewaldeten*

Autobiography, II: 1911–1969, p. 406.
p. 256 'in mixed company': Frances Partridge, *Memories*, p. 160.
p. 257 '. . . Julian, Maynard says': Virginia Woolf, *A Reflection of the Other Person: Letters 1929–31*, p. 51.
p. 257 'For he talks nonsense': Julian Bell, 'An Epistle On the Subject of the Ethical and Aesthetic Beliefs of Herr Ludwig Wittgenstein', first published in *The Venture*, No. 5, Feb. 1930, pp. 208–15; reprinted in Irving M. Copi and Robert W. Beard, ed., *Essays on Wittgenstein's Tractatus*.
p. 258 'the kindest people': *Recollections*, p. 17.
p. 258 'at last has succeeded': JMK to LL, 25.2.29.
p. 258 'We have seen a lot of Wittgenstein': Partridge, op. cit., p. 159.
p. 259 'delightful discussions': MS 105; quoted in Nedo, op. cit., p. 225.
p. 259 'A good objection': '*Ein guter Einwand hilft vorwärts, ein flacher Einwand, selbst wenn er recht hat, wirkt ermattend. Ramseys Einwände sind von dieser Art. Der Einwand fasst die Sache nicht an ihrer Wurzel, wo das Leben ist, sondern schon so weit aussen wo sich nichts mehr rectifizieren lässt, selbst wenn es falsch ist. Ein guter Einwand hilft unmittelbar zur Lösung, ein flacher muss erst überwunden werden und kann dann von weiter unten herauf (wie eine überwundene abgestorbene Stelle) zur Seite liegengelassen werden. Wie wenn sich der Baum an der vernarbten Stelle vorbei krümmt um weiter zu wachsen*': MS 107, p. 81.
p. 260 'I don't like your method': quoted in Moore, 'Wittgenstein's Lectures in 1930-33', *Philosophical Papers*, pp. 252–324.
p. 261 'What is the logical form of that?': see Malcolm, *Memoir*, p. 58.
p. 262 'Moore? he shows you': *Recollections*, p. 51.
p. 262 'a disaster for Cambridge': ibid., p. 103.
p. 262 'The mind gets stiff': ibid., p. 105.
p. 263 'My first encounter with Wittgenstein': this recollection is contained in a letter from S. K. Bose to John King, 5.4.78, a copy of which Mr King very kindly sent me.
p. 264 'Don't think I ridicule this': *Recollections*, p. 101.
p. 264 'well-meaning commentators': ibid., p. xi.
p. 266 'I would have known': LW to GP, summer 1931.
p. 266 'Somehow or other': LW to GP, summer 1930.
p. 267 'You may through my generosity': LW to GP, Oct. 1931.
p. 267 'If I remember rightly': LW to GP, 16.2.38.
p. 267 'that for so many years': MS 107, pp. 74-5.
p. 268 'What a statement seems to imply': LW to FR, undated; see *Briefe*, p. 261.
p. 268 'Please try to understand': LW to JMK, May 1929.
p. 269 'What a maniac you are!': JMK to LW, 26.5.29.
p. 270 'Now as it somehow appears': LW to GEM, 18.6.29.
p. 270 'I propose to do some work': LW to GEM, 15.6.29.
p. 270 'In my opinion': FR to GEM, 14.7.29; quoted in Nedo, op. cit., p. 227.
p. 271 'I think that unless Wittgenstein': BR to GEM, 27. S. 29.
p. 271 'I have never known anything so absurd': quoted in Rhees; see Nedo, op, cit., p. 227.
p. 271 Then Russell: the account of the viva that follows is based on that given by Alan Wood in his biography of Russell, *The Passionate Sceptic*, p. 156.
p. 272 'Give up literary criticism!': *Recollections*, p. 59.
p. 272 'You don't understand': ibid., p. 61.
p. 273 'even supposing': Ramsey, review of *Tractatus*, Copi and Beard, op. cit., p. 18.

sun': Franz Piribauer, interview with Adolf Hübner, 20.4.75.

p. 233 'I can only advise you': quoted by August Wolf in an interview with Adolf Hübner, 10.4.75.

十、走出荒野
OUT OF THE WILDERNESS

p. 236 'he and not I was the architect': Engelmann in a letter to F. A. von Hayek; quoted in Nedo, op. cit., p. 206.

p. 236 'Tell me, Herr Ingenieur': *Recollections*, pp. 6-7.

p. 237 'Perhaps the most telling proof': ibid., p. 8.

p. 237 . . . even though I admired the house': quoted in Leitner, *The Architecture of Ludwig Wittgenstein*, p. 23.

p. 238 'I felt again at home': Marguerite Sjögren (née Respinger, now de Chambrier), *Granny et son temps*, p. 101.

p. 239 'It doesn't matter': quoted by Marguerite de Chambrier in conversation with the author.

p. 239 'Why do you want': ibid.

p. 239 'the sort of Jew one didn't like': ibid.

p. 240 'Love of a woman': Sex and Character, p. 249.

p. 240 '. . . the house I built for Gretl': *Culture and Value*, p. 38.

p. 240 'Within all great art': ibid., p. 37.

p. 241 'As an admirer': MS to LW, 25.12.24; quoted in *Ludwig Wittgenstein and the Vienna Circle*, p. 13.

p. 242 'It was as if': Mrs Blanche Schlick to F. A. von Hayek, quoted in Nedo, op. cit.

p. 242 'Again': ibid.

p. 242 'He asks me': Gretl to MS, 19.2.27; quoted in *Ludwig Wittgenstein and the Vienna Circle*, p. 14.

p. 242 'returned in an ecstatic state': Mrs Schlick, ibid.

p. 242 'Wittgenstein found Schlick': Engelmann, op. cit., p. 118.

p. 243 'Before the first meeting': Carnap's recollections of Wittgenstein appeared first in his 'Autobiography' in Paul Schlipp, ed., *The Philosophy of Rudolf Carnap*, and are reprinted in K. T. Fann, *Ludwig Wittgenstein: The Man and His Philosophy*, pp. 33-9.

p. 244 'His point of view': ibid.

p. 245 'Onlys hopp so can we preserve it': Ramsey, The Foundations of Mathematics', reprinted in *Essays in Philosophy, Logic, Mathematics and Economics*, pp. 152–212.

p. 246 'The way out of all these troubles': LW to FR, 2.7.27.

p. 246 '. . . he thought with the aim': *Culture and Value*, p. 17.

p. 247 'The philosopher is not a citizen': *Zettel*, p. 455.

p. 247 'I couldn't stand the hot-water bottle': LW to JMK, summer 1927.

p. 247 'a doctrine which sets up as its bible': Keynes, *A Short View of Russia*, p. 14.

p. 247 '. . . many, in this age without religion': ibid., p. 13.

p. 248 '. . . which may, in a changed form': ibid., p. 15.

p. 248 'One who believes as I do': Russell, *Practice and Theory of Bolshevism*, p. 18.

p. 249 'it was fascinating': Feigl; quoted in Nedo, op. cit., p. 223.

p. 249 '. . . he has a lot of stuff about infinity': BR to GEM, 5. 5.30.

p. 250 'Intuitionism is all bosh': *Lectures on the Foundations of Mathematics*, p. 237.

p. 251 'à la Corbusier': JMK to his wife, 18. 11.28; quoted in Nedo, op. cit., p. 222.

十一、再臨
THE SECOND COMING

p. 255 'Well, God has arrived': JMK to LL, 18.1.29.

p. 255 'as though time had gone backwards': MS 105; quoted in Nedo, op. cit., p. 225.

p. 256 'brutally rude': Leonard Woolf, *An*

Ogden, pp. 83-5.

p. 214 'To my great shame': LW to PE, 10.8.22.

p. 215 'I should have preferred': LW to JMK, 1923.

p. 215 'Did Keynes write to me?': LW to CKO, 27.3.23.

p. 215 'This is a most important book': Ramsey, 'Critical Notice of L. Wittgenstein's "Tractatus Logico-Philosophicus",' *Mind*, Oct. 1923, pp. 456-78.

p. 216 'It is most illuminating': FR to CKO, undated.

p. 216 'It's terrible': FR to his mother, 20.9.23.

p. 216 'I shall try': ibid.

p. 217 'He is very poor': ibid.

p. 218 'the £5o belong to Keynes': FR to LW, 20.12.23.

p. 218 'Keynes very much wants to see L. W.': FR to Thomas Stonborough, Nov. or Dec. 1923; letter now in the Brenner Archive.

p. 218 'but you mustn't give it any weight': FR to LW, 20.12.23.

p. 219 'You are quite right': FR to LW, 20.2.24.

p. 220 'looked just a prosperous American': FR to his mother, dated March 1924 ('In the train Innsbruck-Vienna Sunday').

p. 220 'As far as I could make out': FR to his mother, dated simply 'Sunday', but certainly written from Vienna, March 1924.

p. 220 'trying to get him': FR to JMK, 24.3.24; quoted in Nedo, op. cit., p. 191.

p. 221 'Wittgenstein seemed to me tired': FR to his mother, 30.3.24.

p. 221 '. . . if he were got away': FR to JMK, 24.3.24.

p. 222 'I'm afraid I think': ibid.

p. 222 'yet my mind': JMK to LW, 29.3.24.

p. 223 '. . . because I myself no longer': LW to JMK, 4.7.24.

p. 223 'he has spent weeks': FR to his mother; quoted in Letters to *C. K. Ogden*, p. 85.

p. 224 'We really live in a great time for thinking': FR to his mother, 22.7.24; quoted in Nedo, op. cit., p. 188.

p. 224 'I'm sorry so few have sold': FR to CKO, 2.7.24.

p. 224 I don't much want to talk about mathematics': FR to LW, 15.9.24.

p. 224 'I would, naturally': Hermine to LH, autumn 1924.

p. 225 'People kiss each other': quoted in Josef Putre, 'Meine Erinnerungen an den Philosophen Ludwig Wittgenstein', 7 May 1953.

p. 225 'It's not going well': LW to LH, Oct. 1924.

p. 226 'He who works': Wittgenstein, preface to the *Wörterbuch für Volksschulen*, trans. into English in the edition prepared by Adolf Hübner, together with Werner and Elizabeth Leinfellner, Hölder-Pichler-Tempsky, 1977.

p. 227 'No word is too common'; ibid., p. xxxiii.

p. 227 'the most pressing question': Buxbaum's report is quoted in full by Adolf Hübner in his editor's introduction to the *Wörterbuch*.

p. 228 'I suffer much': LW to PE, 24.2.25.

p. 229 'That you want to go to Palestine': ibid.

p. 229 'I was more than pleased': LW to WE, 10.3.25.

p. 230 'England may not have changed': LW to WE, 7.5.25.

p. 230 'I should rather like to': LW to JMK, 8.7.25.

p. 230 'I'm awfully curious': LW to JMK, July or Aug. 1925.

p. 231 'I know that brilliance': L W to PE, 19.8.25.

p. 231 'It was during this period': Eccles, op. cit., p. 63.

p. 231 'Tell Wittgenstein': W. E. Johnson to JMK, 24.8.25.

p. 231 'In case of need': LW to PE, 9.9.25.

p. 231 'as long as I feel': LW to JMK, 18.10.25.

p. 232 'It cannot be said' August Riegler, interviewed with Adolf Hübner, 3.6.76.

p. 233 'I called him all the names under the

29.

p. 199 'It puzzled Wittgenstein': ibid., p. 30.

p. 200 'I wonder how you like being an elementary school-teacher': BR to LW, 11.2.21I.

p. 201 'I am sorry you find': BR to LW, 3.6.21.

p. 201 'here they are much more good-for-nothing': LW to BR, 23.10.21.

p. 201 'I am very sorry': BR to LW, 5.11.21.

p. 201 'You are right': LW to BR, 28.11.21.

p. 201 'a good mathematician': BR to LW, 3.6.21.

p. 202 'I could not grasp': Karl Gruber, interview with Adolf Hübner, 16.1.75; quoted in Wünsche, *Der Volkschullehrer Ludwig Wittgenstein*, p. 150.

p. 202 'It would in my opinion': LW to LH, 5.7.21.

p. 202 'I work from early in the morning': LW to LH, 23.8.21.

p. 202 'because I was living in open sin': Russell, note on a letter from Littlewood, 30.1.21; quoted in Clark, op. cit., p. 485.

p. 203 'As they can't drop less than ₤50': CKO to BR, 5.11.21; full text of the letter reproduced in Russell, *Autobiography*, pp. 353-4.

p. 203 'In any other case': Ostwald to Dorothy Wrinch, 21.2.21; quoted by G. H. von Wright in 'The Origin of the "*Tractatus*", *Wittgenstein*, pp. 63-109.

p. 204 'I am sorry, as I am afraid you won't like that': BR to LW, 5.11.21.

p. 204 'I must admit': LW to BR, 28. 11.21.

p. 205 'Enclosed from Wittgenstein': BR to CKO, 28.11.21.

p. 206 'As a selling title': CKO to BR, 5.11.21.

p. 206 'I think the Latin one is better': LW to CKO, 23.4.22.

p. 207 'What is this?": CKO to LW, 20. 3.22.

p. 207 'There can be no thought': LW to CKO, 5.5.22.

p. 207 'in consideration of their issuing it': the declaration was enclosed by Ogden in a letter to Wittgenstein dated 18.6.22.

p. 208 'As to your note': LW to CKO, 4.8. 22.

p. 208 'because I don't get on': LW to BR, 23.10.21.

p. 208 'I would have felt it as a humiliation': Gruber, op. cit.

p. 209 'Today I had a conversation': LW to LH, 16.2.22.

p. 209 'I wish': BR to LW. 7.2.22. D. 209 'On the contrary!': LW to BR, undated, but no doubt Feb. 1922. The letter is not included in Letters to Russell, Keynes and Moore, but will, I believe, be published in a forthcoming edition of Wittgenstein's correspondence. It is among the collection held by the Brenner Archive.

p. 210 'The little boy is lovely: BR to LW, 9.5.22.

p. 210 'circumstances of the time': Dora Russell, op. cit., p. 160.

p. 210 'much pained by the fact': BR to GEM, 27. 5.29.

p. 210 'at the height of his mystic ardour': Russell, *Autobiography*, p. 332.

p. 210 'assured me with great earnestness': ibid.

p. 211 wrote at least two letters: these are now in the Brenner Archive.

p. 211 'When, in the twenties': Engelmann, quoted in Nedo, op. cit.

p. 212 'a very disagreeable impression': LW to PE, 14.9.22.

p. 212 he told Russell: in a letter now in the possession of the Brenner Archive; undated, but probably Nov. or Dec. 1922.

p. 212 'They really look nice': LW to CKO, 15.11.22.

p. 213 'Just improve yourself": quoted by Postl in an interview with Adolf Hübner, 10.4.75.

p. 214 'I think I ought to confess': LW to CKO, March 1923.

P. 214 'A short time ago': LW to BR, 7.4.23; letter now in the possession of the Brenner Archive.

p. 214 'does not really think': FR to LW, 20.2.24; reproduced in *Letters to C. K.*

The Tamarisk Tree, 1, p. 79.
p. 182 'so full of logic': BR to Colette, 12.12.19.
p. 182 'I besought him to admit: Russell, *My Philosophical Development*, p. 86.
p. 182 'He has penetrated deep into mystical ways': BR to OM, 20.12.19.
p. 183 'I enjoyed our time together': LW to BR, 8.1.20.
p. 183 The book is now a much smaller risk': LW to LF, 28.12.19.
p. 183 'With or without Russell': LF to LW, 16.1.20.
p. 183 There's so much of it': LW to BR, 9.4.20.
p. 183 'All the refinement': LW to BR, 6.5.20.
p. 184 'I don't care twopence: BR to LW, 1.7.20.
p. 184 'you can do what you like': LW to BR, 7.7.20.
p. 184 'I have continually thought': LW to PE, 30.5.20.
p. 184 'This change of home': LW to PE, 24.4.20.
p. 185 'If I am unhappy': Engelmann, op. cit., pp. 76–7.
p. 185 'Before Christ': PE to LW, 31.12.19.
p. 186 'They are still not clear: LW to PE, 9.1.20.
p. 186 'But then I did something': PE to LW, 19.6.20.
p. 187 'Many thanks for your kind letter': LW to PE, 21.6.20.
p. 188 'The best for me': LW to BR, 7.7.20.
p. 188 'It pleases them': LW to PE, 19.2.20.
p. 188 'There is no wall': LH to LW, 17.1.20.
p. 188 'The professor of psychology': LH to LW, 5.3.20.
p. 190 'Of course I don't take exception': '*Natürlich nehme ich Ihnen Ihre Offenheit nicht übel. Aber ich möchte gerne wissen, welche tiefen Gründe des Idealismus Sie meinen, die ich nicht erfasst hätte. Ich glaube verstanden zu haben, dass Sie selbst den erkenntnistheoretischen Idealismus nicht für wahr halten. Damit erkennen Sie, meine ich, an, dass es tiefere Gründe für diesen Idealismus überhaupt nicht gibt. Die Gründe dafür können dann nur Scheingründe sein, nicht logische*': GF to LW, 3.4.20.
p. 191 'In the evening': LW to PE, 20.8.20.
p. 191 'So I see that intelligence counts': see *Recollections*, p. 123.
p. 191 'He took half my life: LW to BR, 6.8.20.
p. 191 'For unless all the devils in hell': LW to LF, 20.8.20.

九、「完全鄉下的地方」
AN ENTIRELY RURAL AFFAIR

p. 193 'That is not for me': recalled by Leopold Baumrucker in an interview with Adolf Hübner, 18.4.75.
p. 193 'I am to be an elementary-school teacher': LW to BR, 20.9.20.
p. 193 'a beautiful and tiny place': LW to PE, 11.10.20.
p. 194 'the villagers take you': see Luise Hausmann, 'Wittgenstein als Volkschullehrer', *Club Voltaire*, IV, pp. 391-6.
p. 194 'He is interested in everything himself": *Recollections*, p. 5.
p. 195 'During the arithmetic lesson': Anna Brenner, interview with Adolf Hübner, 23.1.75.
p. 196 'Again and again': Berger in Hausmann, op. cit., p. 393.
p. 197 'I was in the office': Frau Bichlmayer, quoted in Nedo, op. cit., p. 164-5
p. 198 'I am indeed very grateful': Hermine to LH, 13.12.20.
p. 198 I was sorry': LW to PE, 2.1.21.
p. 198 In the event, Engelmann did not understand: what follows is a summary of a letter from Engelmann to Wittgenstein, undated, but almost certainly Jan. 1921.
p. 198 'I cannot at present analyse my state in a letter': LW to PE, 7.2.21.
p. 199 'One night': Hänsel, 'Ludwig Wittgenstein (1889-1951)', *Wissenschaft und Weltbild*, Oct. 1951, pp. 272–8.
p. 199 'I was a priest: see Bartley, *Wittgenstein*, p.

p. 165 '. . . Just think': ibid.
p. 166 'If you said': BR to LW, 13.8.19.
p. 166 'you know how difficult': LW to BR, 19.8.19.
p. 166 'I agree with what you say': BR to LW, 13.8.19.
p. 166 'I should like to come to England': LW to BR, 19.8.19.

八、印不出的真理
THE UNPRINTABLE TRUTH

p. 170 'You remind me of somebody': *Recollections*, p. 4.
p. 171 'A hundred times': ibid.
P. 171 'So you want to commit financial suicide': quoted by Rush Rhees, *Recollections*, p. 215.
P. 172 'I'm not quite normal yet': LW to BR, 30.8.19.
P. 172 'I am not very well': LW to PE, 25.8.19.
P. 172 'for as you may know: BR to LW, 8.9.19.
P. 172 'horrified and nauseated': LW to PE, 2.9.19.
p. 172 'I can no longer behave like a grammar-school boy': LW to PE, 23.9.19.
p. 172 'The benches are full of boys': LW to BR, 6.10.19.
p. 173 'to find something of myself": LW to PE, 2.9. 19.
p. 173 'Not very': LW to LH, Sept. 1919.
p. 173 'My book will be published': LW to FP, 24.3.19.
p. 173 'naturally neither knows my name': LW to BR, 30.8.19.
p. 174 'I consider it indecent': LW to LF, undated, but probably Nov. 1919.
p. 174 'You now write': '*Sie schreiben nun: "Was einem Elementarsatze entspricht, wenn er wahr ist, ist das Bestehen eines Sachverhaltes", Hiermit erklären Sie nicht den Ausdruck "Sachverhalt", sondern den ganzen Ausdruck, "das Bestehen eines Sachverhaltes". Die Freude beim Lesen Ihres Buches kann also nicht mehr durch den schon bekannten Inhalt, sondern nur durch die Form erregt werden, in der sich etwa die Eigenart des Verfassers ausprägt. Dadurch wird das Buch eher eine künstlerische als eine wissenschaftliche Leistung; das, was darin gesagt wird, tritt zurück hinter das, wie es gesagt wird*': GF to LW, 16.9.19.
p. 175 "The sense of both propositions': quoted Frege, ibid.
p. 175 'The actual sense of a proposition': '*Der eigentliche Sinn des Satzes ist für alle derselbe; die Vorstellungen aber, die jemand mit dem Satze verbindet, gehören ihm allein an; er ist ihr Träger. Niemand kann die Vorstellungen eines Andern haben*': ibid.
p. 175 'He doesn't understand': LW to BR, 6.10.19.
p. 175 'that I have learnt to know you': GF to LW, 30.9.19.
p. 176 'mutilate it from beginning to end': LW to LF, op. cit.
p. 176 'About a year ago': ibid.
p. 177 'Why hadn't you thought of me': LF to LW, 19.10.19.
p. 178 'I am pinning my hopes on you': LW to LF, undated, but almost certainly Nov. 1919.
p. 179 'Do you remember': LW to BR, 27. 11.19.
p. 179 'Your letter, naturally, wasn't pleasant': LW to LF, 22.11.19.
p. 179 'Don't worry': LF to LW, 28.11.19.
p. 179 'I think I can say': LW to LF, 4.12.19.
p. 179 Ficker wrote that he was still hoping: LF to LW, 29.11.19.
p. 180 'I couldn't accept': LW to LF, 5.12.19.
p. 180 Rilke's letter to Ficker: reproduced in full in Ficker, op. cit., pp. 212-14.
p. 180 'Is there a *Krampus*': LW to LF, 5.12.19.
p. 180 'Just how far': LW to PE, 16.11.19.
p. 181 'Normal human beings': ibid.
p. 181 'It is terrible': BR to LW, 14.10.19.
p. 182 'Come here as quick as you can': BR to LW, undated, but certainly Dec. 1919.
p. 182 'a vague, shadowy figure': Dora Russell,

31.3.17.

p. 148 '. . . enabled me to understand': Engelmann, op. cit., p. 72.

p. 148 'If I can't manage': ibid., p. 94.

p. 149 'In me': ibid., p. 74.

p. 149 '[it] may be considered': ibid., p. 117.

p. 150 'the poem as a whole': PE to LW, 4.4.17.

p. 151 'really magnificent': LW to PE, 9.4.17,

p. 151 'Let's hope for the best': GF to LW, 26.4.17.

p. 151 'The journey to Vienna': GF to LW, 30.6.17.

p. 152 'If in saying it': PE to LW, 8.1.18.

p. 152 'It is true': LW to PE, 16.1.18.

p. 153 'Each of us': GF to LW, 9.4.18.

p. 153 'which you don't deserve': LW to PE, 1.6.18.

p. 154 'so that it doesn't get lost': GF to LW, 1.6.18.

p. 154 'His exceptionally courageous behaviour': quoted in McGuinness, op. cit., p. 263.

p. 154 'I want to tell you': FP to LW, 6.7.18.

p. 154 'My first and my only friend': LW to FP; quoted in Nedo, op. cit.

p. 156 'as if it were a Czar's ukase': Russell, *My Philosophical Development*, p. 88

p. 156 'There is indeed the inexpressible': TLP 6.522.

p. 157 'May it be granted': GF to LW, 15.10.18

p. 157 'and it gives me more and more joy': PE to LW, 7.11.18.

p. 157 'Still no reply': LW to PE, 22.10,18.

p. 157 'for technical reasons': LW to PE, 25.10.18.

p. 158 'the portrait of my sister': see *Recollections*, p. 9.

p. 159 'and to have read': Parak, *Am anderen Ufer*.

p. 159 'I am prisoner in Italy: LW to BR, 9.2.19.

p. 160 'Most thankful to hear': BR to LW, 2.3.19.

p. 160 'Very glad to hear from you': BR to LW, 3.3.19.

p. 160 'You can't imagine': LW to BR, 10.3.19.

p. 160 'I've written a book': LW to BR, 13.3.19.

p. 161 'I should never have believed': LW to BR, 12.6. 19.

p. 161 'It is true': BR to LW, 21.6.19.

p. 162 'No writing between the lines!': PE to LW, 6.4.19.

p. 163 'Right at the beginning': '*Gleich zu Anfang treffe ich die Ausdrücke "der Fall sein" und "Tatsache" und ich vermute, dass der Fall sein und eine Tatsache sein dasselbe ist. Die Welt ist alles, was der Fall ist und die Welt ist die Gesamtheit der Tatsachen. Ist nicht jede Tatsache der Fall und ist nicht, was der Fall ist, eine Tatsache? Ist nicht dasselbe, wenn ich sage, A sei eine Tatsache wie wenn ich sage, A sei der Fall? Wozu dieser doppelte Ausdruck? , . . Nun kommt aber noch ein dritter Ausdruck: "Was der Fall ist, die Tatsache, ist das Bestehen von Sachverhalten". Ich verstehe das so, dass jede Tatsache das Bestehen eines Sachverhaltes ist, so dass eine andre Tatsache das Bestehen eines andern Sachverhaltes ist. Könnte man nun nicht die Worte "das Bestehen" streichen und sagen: "Jede Tatsache ist ein Sachverhalt, jede andre Tatsache ist ein anderer Sachverhalt. Könnte man vielleicht auch sagen "Jeder Sachverhalt ist das Bestehen einer Tatsache"? Sie sehen: ich verfange mich gleich anfangs in Zweifel über das, was Sie sagen wollen, und komme so nicht recht vorwärts*': GF to LW, 28.6.19.

p. 164 'I gather he doesn't understand a word': LW to BR, 19.8.19.

p. 164 'I am convinced': BR to LW, 13.8.19.

p. 164 'The main point': LW to BR, 19.8.19.

p. 165 'a curious kind of logical mysticism': Russell, *My Philosophical Development*, pp. 84-5.

p. 165 'Sachverhalt is': LW to BR, 19.8.19.

p. 165 'The theory of types': BR to LW, 13.8.19.

p. 165 'That's exactly what one can't say': LW to BR, 19.8.19.

p. 138 'From time to time': MS 103, 6.5.16.
p. 139 'Only death gives life its meaning': MS 103, 9. 5.16.
p. 139 'The men, with few exceptions': MS 103, 27.4.16; quoted in Rhees, op, cit., p. 197.
p. 139 'The heart of a true believer': MS 103, 8.5.16.
p. 139 'Whenever you feel like hating them': MS 103, 6.5.16; quoted in Rhees, op. cit., p. 198.
p. 139 'The people around me: MS 103, 8.5.16; quoted in Rhees, op. cit., p. 198.
p. 139 'The whole modern conception of the world': see *Notebooks*, p. 72. I have here adopted the translation published in the Pear/McGuinness edition of the *Tractatus*.
p. 140 'Your desire not to allow': GF to LW, 21.4.16.
p. 140 'What do I know about God and the purpose of life?": *Notebooks*, p. 72.
p. 141 'Fear in the face of death'; ibid., p. 75.
p. 141 'How terrible!": MS 10I, 28.10.14.
p. 141 'To believe in a God': *Notebooks*, p. 74.
p. 142 'How things stand, is God': ibid., p. 79.
p. 142 'Colossal exertions': MS 103, 6.7.16.
p. 142 'broadened out': MS 103, 2.8.16.
p. 142 'The solution to the problem of life': 6 and 7.7.16; *Notebooks*, p. 74; see *Tractatus*, 6.521.
p. 142 'Ethics does not treat of the world': 24.7.16; *Notebooks*, p. 77.
p. 143 'I am aware of the complete unclarity': ibid., p. 79.
p. 143 'There are, indeed': *Tractatus*, 6.522.
p. 143 'The work of art': 7.10.16; *Notebooks*, p. 83.
p. 143 'no longer consider the where': Schopenhauer, *The World as Will and Representation*, I, p. 179.
p. 144 'As my idea is the world: 17.10.16; *Notebooks*, p. 85.
p. 144 'a merely "inner" world': Nietzsche, *The Anti-Christ*, p. 141.
p. 144 'It is true': 12.10.16; *Notebooks*, p. 84.
p. 144 'What the solipsist means': *Tractatus*, 5.62.
p. 144 "This is the way I have travelled': 15.10.16; *Notebooks*, p. 85.
p. 145 'I can hardly say the same': GF to LW, 24.6.16.
p. 145 'I am always pleased': GF to LW, 29.7.16.
p. 145 'The war cannot change our personal relationships': DP to Lw, 31.5.16.
p. 145 'This kind, lovely letter': MS 103, 26.7.16.
p. 145 'icy cold, rain and fog': '*eisige Kälte, Regen und Nebel. Qualvolles Leben. Furchtbar schwierig sich nicht zu verlieren. Denn ich bin ja ein schwacher Mensch. Aber der Geist hilft mir. Am besten wärs ich wäre schon krank, dann hätte ich wenigstens ein bisschen Ruhe*'; MS 103, 16.7.16.
p. 146 'Was shot at': MS 103, 24.7.16.
p. 146 'Yesterday I was shot at': '*Wurde gestern beschossen. War verzagt! Ich hatte Angst vor dem Tode. Solch einen Wunsch habe ich jetzt zu leben. Und es ist schwer, auf das Leben zu verzichten, wenn man es einmal gern hat. Das ist eben "Sünde", unvernünftiges Leben, falsche Lebensauffassung. Ich werde von Zeit zu Zeit zum Tie. Dann kann ich an nichts denken als an essen, trinken, schlafen. Furchtbar! Und dann leide ich auch wie ein Tier, ohne die Möglichkeit innerer Rettung. Ich bin dann meinen Gelüsten und Abneigungen preisgegeben. Dann ist an ein wahres. Leben nicht zu denken*': MS 103, 29.7.16.
p. 146 'You know what you have to do': MS 103, 12.8.16.
p. 146 'By this distinctive behaviour': quoted McGuinness, op. cit., p. 242.
p. 147 'In this way': GF to LW, 28.8.16.
p. 147 'one of the wittiest men': Engelmann, op. cit., p. 65.
p. 148 'My dear friend': ibid., p. 68.
p. 148 'I often think of you': LW to PE,

p. 127 'I am so sorry': DP to LW, 6.4.15.

p. 127 'Dream of Wittgenstein': quoted in Levy, op. cit., p. 274.

p. 128 'I have been writing a paper on Philosophy': DP to LW, 2.3.15.

p. 129 'The great problem': 1.6.15; *Notebooks*, p. 53.

p. 129 'It does not go against our feeling': 17.6.15; ibid., p. 62.

p. 129 'The demand for simple things': ibid., p. 63.

p. 129 'i hope with all my heart': BR to LW, 10.5.15.

p. 130 'I'm extremely sorry': LW to BR, 22.5.15.

p. 131 'It looks as if the Russian offensive': SJ to LW, 16.4.15.

p. 131 'My poor Galicia': SJ to LW, 4.5.15.

p. 131 'I write rarely': AJ to LW, 8.4.15.

p. 131 'What kind of unpleasantness?': ibid.

p. 131 'Sometimes, dear friend': LF to LW, 11.7.15.

p. 132 'I understand your sad news': LW to LF, 24.7.15.

p. 132 'God protect you': LF to LW, 14.11.15.

p. 132 'Three weeks' holiday': AJ to LW, 12.8.15.

p. 132 'Already during the first meal': Dr Max Bieler, letter to G. Pitcher, quoted by Sister Mary Elwyn McHale in her MA dissertation: 'Ludwig Wittgenstein: A Survey of Source Material for a Philosophical Biography', p. 48. I have here preserved Dr. Bieler's own English.

p. 133 'Whatever happens': LW to BR, 22.10.15.

p. 134 'I am enormously pleased': BR to LW, 25.11.15.

p. 134 'I am pleased that you still have time': GF to LW, 28.11.15.

p. 134 'The importance of "tautology"': Russell, *Introduction to Mathematical Philosophy*, p. 205.

p. 135 'sometimes absorbed us to completely': Dr Bieler, letter to G. Pitcher, 30.9.61; quoted in McGuinness, op. cit., pp. 234-5. The translation, one assumes, is either by McGuinness or Pitcher - it is certainly not Dr Bielers English (compare previous extract).

p. 136 'Constantin was a good boy': Bieler, op. cit.

p. 136 'The decision came as a heavy blow': ibid.

七、在前線
AT THE FRONT

p. 121 'God enlighten me': MS 103, 29.3. 16. 130.

p. 121 'Do your best. You cannot do more': '*Tu du dein bestes. Mehr kannst du nicht tun: und sei heiter. Lass dir an dir selbst genügen. Denn andere werden dich nicht stützen oder doch nur für kurze Zeit. (Dann wirst du diesen lästig werden.) Hilf dir selbst und hilf andern mit deiner ganzen Kraft. Und dabei sei heiter! Aber wieviel Kraft soll man für sich und wieviel für die anderen brauchen? Schwer ist es gut zu leben!! Aber das gute Leben ist schön. Aber nicht mein, sondern dein Wille geschehe*': MS 103, 30.3.16.

p. 138 'If that happens': MS 103, 2.4. 16.

p. 138 'If only I may be allowed': MS 103, 15.4.16.

p. 138 'Was shot at': MS 103, 29. 4.16.

p. 138 'Only then': '*Dann wird für mich erst der Krieg anfangen. Und – kann sein – auch das Leben. Vielleicht bringt mir die Nähe des Todes das Licht des Lebens. Möchte Gott mich erleuchten. Ich bin ein Wurm, aber durch Gott werde ich zum Menschen. Gott stehe mir bei. Amen*': MS 103, 4.5.16.

p. 138 'like the prince': '*Bin wie der Prinz im verwünschten Schloss auf dem Aufklärerstand. Jetzt bei Tag ist alles ruhig aber in der Nacht da muss es fürchterlich zugehen! Ob ich es aushalten werde?? Die heutige Nacht wird es zeigen. Gott stehe mir bei!!*': MS 103, 5.5.16.

dieser Festung lassen, ehe ich unverrichteter Dingo abziehe. Die grösste Schwierigkeit ist die einmal eroberten Forts zu halten bis man ruhig in ihnen sitzen kann. Und bis nicht die Stadt gefallen ist, kann man nicht fur immer ruhig in einem der Forts sitzen': MS 102, 31.10.14.

p. 119 'I would be greatly obliged': Trakl to LW, Nov. 1914.

p. 119 'How happy I would be': '*Wie gerne möchte ich ihn kennen lernen! Höffentlich treffe ich ihn, wenn ich nach Krakau komme! Vielleicht wäre es mir eine grosse Stärkung*': MS 102, 1.11.14.

p. 119 'I miss greatly': '*Ich vermisse sehr einen Menschen, mit dem ich mich ein wenig ausreden kann...es würde mich sehr stärken...In Krakau. Es ist schon zu spät, Trakl heute noch zu besuchen*': MS 102, 5.11.14.

p. 120 'How often I think of him!': MS 102, 11.11.14.

p. 120 'When this war is over': DP to LW, 1.12.14.

p. 120 'For the first time in 4 months': MS 102, 10.12.14.

p. 121 'Perhaps they will have a good influence': MS 102, 15.11.14.

p. 121 'We recognize a condition of morbid susceptibility': Nietzsche, *The Anti-Christ*, p. 141.

p. 122 'An extreme capacity for suffering': ibid., p. 142.

p. 122 'Christianity is indeed the only sure way to happiness': '*Gewiss, das Christentum ist der einzige sichere Weg zum Glük; aber wie wenn einer dies Glück verschmähte?! Könnte es nicht besser sien, unglücklich im hoffnungslosen Kampf gegen die äussere Welt zu Grunde zu gehen? Aber ein solches Leben ist sinnlos. Aber warum nicht ein sinnloses Leben führen? Ist es unwürdig?*': MS 102, 8.12.14.

p. 122 'it is false to the point of absurdity': Nietzsche, op. cit., p. 151.

p. 123 'Let us hope': GD to LW, 8.12.14.

p. 123 'I wish to note': '*Notieren will ich mir, dass mein moralischer Stand jetzt viel tiefer ist als etwa zu Ostern*': MS 102, 2.1.15.

p. 124 'spent many pleasant hours': MS 102, 10.1.15.

p. 124 'My thoughts are tired': '*Meine Gedanken sind müde. Ich sehe die Sachen nicht frisch, sondern alltäglich, ohne Leben. Es ist als ob eine Flamme erloschen wäre und ich muss warten, bis sie von selbst wieder zu brennen anfängt*': MS 102, 13.1.15.

p. 124 'Only through a miracle': '*Nur durch Wunder kann sie gelingen. Nur dadurch, indem von ausserhalb mir der Schleier von meinen Augen weggenommen wird. Ich muss mich ganz in mein Schicksal ergeben. Wie es über mich verhängt ist, so wird es werden. Ich lebe in der Hand des Schicksals*': MS 102, 25.1.15.

p. 124 'When will I hear something from David?': MS 102, 19.1.15.

p. 124 'I hope you have been safely taken prisoner': JMK to LW, 10.1.15.

p. 125 'Lovely letter from David!': MS 102, 6.2.15.

p. 125 'except that I hope to God': DP to LW, 14.1.15.

p. 125 'We all hope': Klingenberg to LW, 26.2.15.

p. 125 'Of one wants to build solidly': Halvard Draegni to LW, 4.2.15.

p. 126 'comical misunderstandings': *Recollections*, p. 3.

p. 126 'probably very good': MS 102, 8.2.15.

p. 126 'no desire to assimilate foreign thoughts': LW to LF, 9.2.15.

p. 127 'If I were to write what I think': AJ to LW, 12.2.15.

p. 127 'in any case': SJ to LW, 20.2.15.

p. 127 'A draft of a reply': this draft (written in English) is now in the Brenner Archive, Innsbruck.

p. 127 'I hop he will write to you': DP to LW, 27.1.15.

Unbekannte Freund', first published in *Der Brenner*, 1954, and reprinted in *Denkzettel und Danksagungen*, 1967.

p. 108 'It makes me *very* happy': LW to LF, 1.8.14.

p. 108 'You are me!': reported by Eaglemann, op. cit., p. 127.

p. 109 'Once I helped him': LW to PE, 31.3.17.

p. 109 'I do not know': LW to LF, 1.8.14.

p. 109 'as thanks they were': LW to LF, 13.2.15.

p. 109 'but a gift': see Methlagl, op. cit., p. 57.

p. 110 '[It] both moved and deeply gladdened me': LW to LF, 13.2.15.

p. 110 'I suppose Madeira wouldn't suit you': DP to LW, 29.7.14.

p. 111 'an intense desire': *Recollections*, p. 3.

p. 111 'average men and women': Russell, *Autobiography*, p. 239.

p. 112 'No matter what a man's frailties': James, *Varieties of Religious Experience*, p. 364.

p. 112 'Now I have the chance': this and the following extra from Wittgenstein's diaries are quoted by Rush Rhees in his 'Postscript' to *Recollections*, pp. 172-209.

p. 112 'People to whom thousands come': '*Leute, die von Tausensen täglich um Rat gefragt werden, gaben freundliche und ausführliche Antworten*': MS 101, 9.8.14.

p. 113 'Will I be able to work now??!': '*Werde ice jetzt arbeite können??! Bin gespannt auf mein kommendes Leben!*': ibid.

p. 113 'Such incredible news': '*Solche unmogliche Nachrichten sind immer ein sehr schlechtes Zeichen. Wenn wirklich etwas für uns Günstiges vorfällt, dann wird das berichtet und niemand verfällt auf solche Absurditäten. Fühle darum heute mehr als je die furchtbare Traurigkeit unserer - der deutschen Rasse - Lage. Denn dass wir gegen England nicht aufkommen können, scheint mir so gut wie gewiss. Die Engländer - die beste Rasse der Welt - können nicht verlieren. Wir aber können verlieren und werden verlieren, wenn nicht in diesem Jahr so im nächsten. Der Gedanke, dass unsere Rasse geschlagen werden soll, deprimiert mich furchtbar, denn ich bin ganz und gar deutsch*': MS 101, 20.10.14.

p. 114 'a bunch of delinquents': quoted by Rhees, op. cit., p. 196.

p. 114 'When we hear a Chinese talk': MS 101, 21.8.14; this translation is taken from *Culture and Value*, p. 1.

p. 114 'Today, when I woke up': MS 101, 10.8.14; quoted in Nedo, op. cit., p. 161.

p. 114 'It was terrible': MS 101, 25.8.14; quoted ibid., p.70.

p. 114 'There is an enormously difficult time': ibid.; quoted in Rhees, op. cit., p. 196

p. 115 'No news from David': '*Keine Nachricht von David. Bin ganz verlassen. Denke an Selbstmord*': MS 102, 26.2.15.

p. 115 'I have never thought of you': SJ to LW, 25.10.14.

p. 115 'That you have enlisted': GF to LW, 11.10.14.

p. 116 'If you are not acquainted with it': LW to LF, 24.7.15.

p. 116 'If I should reach my end now': MS 101, 13.9.14; quoted (but translated slightly differently) in Rhees, op. cit., p. 194.

p. 116 'Don't be dependent on the external world': MS 102, Nov. 1914; quoted in Rhees, op. cit., p. 196.

p. 117 'All the concepts of my work': '*Ich bin mit allen den Begriffen meiner Arbeit ganz und gar "unfamiliar". Ich SEHE gar nichts!!!*': MS 101, 21.8.14.

p. 117 'I am on the path': MS 101, 5.9.14; quoted in Nedo, op. cit., p. 168.

p. 117 'I feel more sensual': '*Bin sinnlicher als früher. Heute wieder o…*': MS 101, 5.9.14.

p. 118 told by Wittgenstein to G. H. von Wright: see Biographical Sketch, p. 8.

p. 118 'In the proposition': *Notebooks*, p.7.

p. 118 'We can say': *Notebooks*, p. 8.

p. 118 'Worked the whole day': '*Den ganzen Tag gearbeitet. Habe das Problem verzeifelt gestürmt! Aber ich will eher mein Blut von*

Diary, 24.9.13.

p. 89 'He has settled many difficulties': Pinsent, Diary,1.10.13.

p. 90 'sexual desire increases with physical proximity': Weininger, *Sex and Character*, p. 239.

五、挪威
NORWAY

p. 91 'I said it would be dark': BR to Lucy Donnelly, 19.10.13.

p. 92 'After much groaning': BR to OM, 9.10.13.

p. 92 'In philosophy there are no deductions': *Notes on Logic*; printed as Appendix I in *Notebooks 1914-16*, pp. 93-107.

p. 93 'It was sad': Pinsent, Diary, 8.10.13.

p. 93 'As I hardly meet a soul': LW to BR, 29.10.13.

p. 94 'Then my mind was on fire!': quoted by Basil Reeve in conversation with the author.

p. 94 'that the whole of Logic': LW to BR, 29.10.13.

p. 94 'In pure logic': Russell, *Our Knowledge of the External World*, preface, pp. 8-9.

p. 94 'An account of general indefinables?': LW to BR, Nov. 1913.

p. 95 'I beg you': LW to BR, Nov. or Dec. 1913.

p. 95 'All the propositions of logic': ibid.

p. 96 'My day passes': Lw to BR, 15.12.13.

p. 97 'But deep inside me': LW to BR, Dec. 1913 or Jan. 1914. In *Letters to Russell, Keynes and Moore* this letter is dated June/July 1914, but, as Brian McGuinness argues in *Wittgenstein: A Life*, p. 192, it seems more plausible to assume that it was written during the Christmas period.

p. 97 'It's VERY sad': LW to BR, Jan. 1914.

p. 98 'come to the conclusion': LW to BR, Jan. or Feb. 1914.

p. 99 'I dare say': BR to OM, 19.2.14.

p. 99 '*so* full of kindness and friendship': LW to BR, 3.3.14.

p. 101 'who is not yet stale': LW to GEM, 18.2.14.

p. 101 '*You must come*': LW to GEM, 18.2.14.

p. 101 'I *think, now*': LW to GEM, March 1914.

p. 102 'Logical so-called propositions': 'Notes Dictated to G. E. Moore in Norway'; printed as Appendix II in *Notebooks 1914-16*.

p. 102 'I have now relapse': LW to BR, early summer 1914.

p. 103 'Your letter annoyed me': LW to GEM, 7.5.14.

p. 104 'Upon clearing up some papers': LW to GEM, 3.7.14.

p. 104 'Think I won't answer it': Moore, Diary, 13.7.14; quoted on p. 273 of Paul Levy, *G. E. Moore and the Cambridge Apostles*.

六、火線之後
BEHIND THE LINES

p. 105 'I hope the little stranger': LW to WE, July 1914.

p. 106 'The effect is greatly admired': WE to LW, 28.6.14.

p. 106 'I am turning to you in this matter': LW to LF, 14.7.14.

p. 107 'In order to convince you': LW to LF, 19.7.14.

p. 107 'That Austria's only honest review': quoted in the notes to *Brief an Ludwig von Ficker*, and translated by Allan Janik in 'Wittgenstein, Ficker and "*Der Brenner*"', C. G. Luckhardt, *Wittgenstein: Sources and Perspectives*, pp. 161-89.

p. 107 From the painter Max von Esterle: see Walter Methlagl, 'Erläuerungen zur Beziehung zwischen Ludwig Wittgenstein und Ludwig von Ficker', *Brief an Ludwig von Ficker*, pp. 45-69.

p. 107 'a picture of stirring loneliness': quoted by Janik, op cit., p. 166. The quotation comes from Ficker, 'Rilke und der

'Matter', unpublished MS; quoted by Kenneth Blackwell in 'The Early Wittgenstein and the Middle Russell', in *Perspective on the Philosophy of Wittgenstein*, ed. Irving Block.

p. 71 'I am sure I have hit upon a real thing': BR to OM, 9.11.12.

p. 72 'Then Russell appeared': Pinsent, Diary, 4.2.13.

p. 72 'fortunately it is his business': BR to OM, 23.2.13.

p. 72 'My dear father died': LW to BR, 21.1.13.

p. 72 'very much against it': Pinsent, Diary, 7.2.13.

p. 73 'terrific contest': BR to OM, 6.3.13.

p. 73 'I find I no longer talk to him about *my* work': BR to OM, 23.4.13.

p. 75 'I believe a certain sort of mathematicians': BR to OM, 29.12.12.

p. 76 'Whenever I try to think about Logic': LW to BR, 25.3.13.

p. 76 'Poor wretch!': BR to OM, 29.3.13.

p. 76 'Do you mean': PEJ, to GF, 29.3.13

p. 76 'shocking state': BR to OM, 2.5.13.

p. 76 'I played tennis with Wittgenstein': Pinsent, Diary, 29.4.13.

p. 76 'I had tea chez: Wittgenstein': Pinsent, Diary 5.5.13.

p. 77 'The idea is this': Pinsent, Diary, 15.5.13.

p. 77 'talking to each other': BR to OM, 16.5.13.

p. 77 'went on the river: Pinsent, Diary, 4.6.13.

p. 78 '…we went to the C.U.M.C.': Pinsent, Diary, 30.11.12.

p. 78 'Wittgenstein and Lindley came to tea': Pinsent, Diary, 28.2.13.

p. 78 'I came with him': Pinsent, Diary, 24.5.13.

p. 79 'because ordinary crockery is too ugly': Pinsent, Diary, 16.6.13.

p. 79 'He affects me': BR to OM, 1.6.13.

p. 80 'His faults are exactly mine': BR to OM, 5.6.13.

p. 80 'an event of first-rate importance': BR to OM, 1916; the letter is reproduced in Russell, *Autobiography*, pp. 281-2.

p. 81 'It all flows out': BR to OM, 8.5.13.

p. 81 'He thinks it will be like the shilling shocker': BR to OM, 13.5.13.

p. 81 'He was right': BR to OM, 21.5.13.

p. 81 'We were both cross from the heat': BR to OM, 27.5.13.

p. 82 'But even if they are': BR to OM, undated.

p. 82 'I am very sorry': LW to BR, 22.7.13.

p. 82 'I must be much sunk': BR to OM, 20.6.13.

p. 82 'Ten years ago': BR to OM, 23.2.13.

p. 83 'Wittgenstein would like the work': BR to OM, 18.1.14.

p. 83 'You can hardly believe': BR to OM, 29.8.13.

p. 83 'latest discoveries': Pinsent, Diary, 25.8.13.

p. 84 'There are still some *very* difficult problems': LW to BR, 5.9.13.

p. 84 'He was very anxious': Pinsent, Diary, 25.8.13

p. 84 'That is a splendid triumph': Pinsent, Diary, 29.8.13.

p. 84 'Soon after we had sailed': Pinsent, Diary,30.8.13.

p. 85 'We have got on splendidly': Pinsent, Diary, 2.9.13.

p. 85 'absolute sulky': ibid.

p. 86 'When he is working': Pinsent, Diary, 3.9.13.

p. 86 'which was the cause of another scene': Pinsent, Diary, 4.9.13.

p. 86 'just enough to do to keep one from being bored': Pinsent, Diary, 23.9.13.

p. 87 'I am sitting here': LW to BR, 5.9.13.

p. 87 'During all the morning': Pinsent, Diary, 17.9.13.

p. 88 '*as soon as possible*': LW to BR, 20.9.13.

p. 88 'but yet frightfully worried': Pinsent, Diary, 20.9.13.

p. 88 'I am enjoying myself pretty fairly': Pinsent, Diary, 23.9.13.

p. 89 'suddenly announced a scheme': Pinsent,

OM, 5.9.12.
p. 58 'Wittgenstein, or rather his father': Pinsent, Diary, 5.9.12.
p. 58 '…he is being very fussy': Pinsent, Diary, 12.9.12.
p. 58 'He has an enormous horror': Pinsent, Diary, 12.9.12.
p. 59 'Wittgenstein has been talking a lot': Pinsent, Diary, 19.9.12.
p. 59 'Wittgenstein however got terribly fussy': Pinsent, Diary, 13.9.12.
p. 59 'Wittgenstein was a bit sulky all the evening': Pinsent, Diary, 21.9.12.
p. 60 'His fussiness comes: Pinsent, Diary, 15.9.12.
p. 60 'I am learning a lot': Pinsent, Diary, 18.9.12.
p. 60 'he simply won't speak to them': Pinsent, Diary, 24.9.12.
p. 61 'still fairy sulky': Pinsent, Diary, 25.9.12
p. 61 'I really believe': Pinsent, Diary, 29.9.12.
p. 61 'I think father was interested': 4.10. 12.
p. 61 'the most glorious holiday': Pinsent, Diary, 5.10.12.

四、羅素的導師
RUSSELL' S MASTER

p. 62 'the infinite part of our life': Russell, 'The Essence of Religion', *Hibbert Journal*, XI (Oct. 1912), pp. 42-62.
p. 63 'Here is Wittgenstein': BR to OM, early Oct. 1912.
p. 63 'He felt I had been a traitor': BR to OM, 11.10.12
p. 63 'Wittgenstein's criticisms': BR to OM, 13.10.12.
p. 63 'very much inclined': BR to OM, 14.10.12.
p. 63 'He was very displeased with them': Moore, undated letter to Hayek; quoted in Nedo, op. cit., p. 79.
p. 64 'pace up and down': Russell, *Autobiography*, p. 330.
p. 64 'not far removed from suicide': BR to OM, 31.10.12.
p. 64 'he strains his mind: BR to OM, 5.11.12.
p. 64 'I will remember the directions': BR to OM, 4.11.12.
p. 64 'passionate afternoon': BR to OM, 5.11.12.
p. 65 'I told Wittgenstein': BR to OM, 12.11.12.
p. 65 'I got into talking about his faults': BR to OM, 30.11.12.
p. 65 'a man Wittgenstein dislikes': Pinsent, Diary, 9.11.12.
p. 66 'but it was a failure': BR to OM, 31.10.12.
p. 66 'Wittgenstein is a most wonderful character': JMK to Duncan Grant, 12.11.12.
p. 66 'Have you heard': JMK to LS, 13.11.12.
p. 66 'Obviously from his point of view': BR to JMK, 11.11.12.
p. 67 'take him': James Strachey to Rupert Brooke, 29.1.12; see Paul Delany, *The Neo-pagans*, p. 142.
p. 67 'He can't stand him': BR to OM, 10.11.12.
p. 67 'Our brothers B and Wittgenstein': LS to JMK, 20.11.12/
p. 67 'The poor man sin a sad state': LS to Sydney Saxon Turner, 20.11.12.
p. 68 'The Witter-Gitter man': JS to LS, early Dec. 1912.
p. 68 'Wittgenstein has left the Society': BR to OM, undated, but either 6 or 13 Dec. 1912.
p. 69 'He is much the most apostolic': BR to 'Goldie' Lowes Dickenson, 13.2.13.
p. 69 'His latest': Pinsent, Diary, 25.10.12.
p. 70 'Mr Wittgenstein read a paper': minutes of the Moral Science Club, 29.11.12.
p. 70 'about our Theory of Symbolism': LW to BR, 26.12.12.
p. 70 'I think that there cannot be different Types of things!': LW to BR, Jan. 1913.
p. 71 'No good argument': see Roland W. Clark, *The Life of Bertrand Russell*, p. 241.
p. 71 'Physics exhibits sensations': Russell,

p. 42 'I found in the first hour: *Recollections*, p. 61.
p. 42 'At our first meeting': ibid.
p. 42 'While I was preparing my speech': BR to OM, 2.3.12.
p. 42 'Moore thinks enormously highly': BR to OM, 5.3.12.
p. 43 'ideal pupil': BR to OM, 17.3.12.
p. 43 'practically certain to do a good deal': BR to OM, 15.3.12.
p. 43 'full of boiling passion': ibid.
p. 43 'It is a rare passion': BR to OM, 8.3.12.
p. 43 'he has more passion': BR to OM, 16.3.12.
p. 43 'His disposition is that of an artist': BR to OM, 16.3.12.
p. 43 'I have the most perfect intellectual sympathy with him': BR to OM, 17.3.12.
p. 43 '…he even has the same similes': BR to OM, 22.3.12.
p. 43 'in arguments he forgets': BR to OM, 10.3.12.
p. 44 'far more terrible with Christians': BR to OM, 17.3.12.
p. 45 'he says people who like philosophy': BR to OM, 17.3.12.
p. 45 'wears well': BR to OM, 23.4.12.
p. 46 'perhaps the most perfect example': Russell, *Autobiography*, p. 329.
p. 46 'I don't feel the subject neglected': BR to OM, 23.4.12.
p. 46 'He seemed surprised': ibid.
p. 47 'a model of cold passionate analysis': BR to OM, 24.4.12.
p. 47 'a trivial problem': BR to OM, 23.4.12.
p. 47 'but only because of dissagreement': BR to OM, 26.5.12.
p. 48 'Everybody has just begun to discover him': BR to OM, 2.5.12.
p. 48 'Somebody had been telling them': ibid.
p. 48 'Herr Sinckel-Winckel lunches with me': LS to JMK, 5.5.12
p. 48 'Herr Sinckel-Winckel hard at it': LS to JMK, 17.5.12.
p. 49 'interesting and pleasant': Pinsent, Diary, 13.5.12.
p. 49 'I really don't know what to think': Pinsent, Diary, 31.5.12.
p. 50 '…he is reading philosophy up here': Pinsent, Diary, 30.5.12.
p. 50 'very communicative': Pinsent, Diary, 1.6.12.
p. 51 '…then went on to say': BR to OM, 30.5.12
p. 51 'This book does me a lot of good': LW to BR, 22.6.12/
p. 52 'much pained, and refused to believe it': BR to OM, 1.6.12.
p. 52 '[Wittgenstein]said (and I believe him)': ibid.
p. 53 'since good taste is genuine taste': BR to OM, 17.5.12.
p. 53 'I am seriously afraid': BR to OM, 27.5.12.
p. 54 'I told him': ibid.
p. 54 'It is really amazing': BR to OM, 24.7.12.
p. 54 'I did seriously mean to go back to it': BR to OM21.5.12.
p. 54 'I do *wish* I were more creative': BR to OM, 7.9.12.
p. 55 '…the second part represented my opinions': BR to Anton Felton, 6.4.68.
p. 55 'Wittgenstein brought me the most lovely roses': BR to OM, 23.4.68.
p. 55 'I love him as if he were my son': BR to OM, 22.8.12.
p. 55 'We expect the next big step': *Recollections*, p. 2.
p. 55 'I went out': Pinsent, Diary, 12.7.12.
p. 56 'He is *very* fussy': BR to OM, 5.9.12.
p. 56 'rather quaint but not bad': Pinsent, Diary, 14.10.12.
p. 56 'arrogated base culture': Engelmann, *Memoir*, p. 130.
p. 56 'I am quite well again': LW to BR, summer 1912.
p. 57 'I am glad you read the lives of Mozart and Beethoven': LW to BR, 16.8.12.
p. 57 'a great contrast': BR to OM, 4.9.12.
p. 57 'This produced a wild outburst': BR to

183.

p. 24 'many man first come to know of their own real nature': ibid., p. 244

p. 24 'In love, man is only loving himself': ibid., p. 243.

p. 24 'what all the travels in the world: ibid., p. 239.

p. 24 'attached to the absolute': ibid., p. 247.

p. 25 'no one who is honest with himself': ibid., p. 346.

p. 26 'When these painful contradictions are removed': Hertz, *Principles of Mechanics*, p. 9.

二、曼徹斯特
MANCHESTER

p. 29 'I'm having a few problems': LW to Hermine Wittgenstein, 17.5.08.

p. 29 'Because I am so cut off': ibid.

p. 30 '…will try to solve': LW to Hermine Wittgenstein, Oct. 1908.

p. 32 'What the complete solution': Russell, *Principles of Mathematics*, p. 528.

p. 33 'Russell said': Jourdain, correspondence book, 20.4.09.

p. 34 'one of the very few people': LW to WE, 30.10.31.

p. 34 'his nervous temperament': J. Bamber to C. M. Mason, 8.3.54; printed as an appendix to Wolfe Mays, 'Wittgenstein in Manchester'.

p. 34 'He used to brag': ibid.

p. 34 'he used to sit through the concert': ibid.

p. 35 'in a constant, indescribable, almost pathological state': *Recollections*, p. 2.

三、羅素的高徒
RUSSELL' S PROTÉGÉ

p.36 維根斯坦先認識弗雷格還是先見到羅素，目前仍有爭議。本書的說法和麥吉尼斯《維根斯坦的一生》相同，也跟赫爾敏的回憶〈我弟弟路德維希〉（My Brother Ludwig）吻合（《回憶》pp.1-11），並和馮．賴特的說法相呼應。馮．賴特於〈自傳草稿〉（Biographical Sketch）回憶維根斯坦曾經跟他說，他先去耶拿見了弗雷格，之後（在弗雷格的建議下）去劍橋找羅素。然而，羅素認為維根斯坦來劍橋之前並未去見弗雷格，維根斯坦的一些友人也如此認為，包括安斯康姆和里斯（他在赫爾敏的回憶錄裡加了編者註，提到自己的看法）。安斯康姆教授告訴我，赫爾敏撰寫回憶錄時年事已高，記憶可能有誤，但由於證據不足，我選擇相信赫爾敏的回憶。

p. 36 'My intellect never recovered': Russell, *Autobiography*, p. 155.

p. 37 'I did think': BR to OM, 13.12.11.

p. 38 'What you call God': BR to OM, 29.12.11.

p. 38 '…now there is no prison': BR to OM, July 1911.

p. 38 '…an unknown German': BR to OM, 18.10.11.

p. 39 'I am much interested': ibid.

p. 39 'My German friend': ibid.

p. 39 'My German engineer very augmentative': BR to OM, 1.11.11.

p. 39 'My German engineer, I think, is a fool': BR to OM, 2.11.11.

p. 40 '…was refusing to admit': BR to OM, 7.11.11.

p. 40 'My lecture went off all right': BR to OM, 13.11.11.

p. 40 'My ferocious German': BR to OM, 16.11.11.

p. 40 'My German is hesitating': BR to OM, 27.11.11.

p. 41 'literary, very musical, pleasant-mannered': BR to OM, 29.11.11.

p. 41 'very good, much better than my English pupils': BR to OM, 23.1.12.

p. 41 'Wittgenstein has been a great event in my life': BR to OM, 22.3.12.

p. 41 'a definition of logical *form*': BR to OM, 26.1.12.

p. 42 'brought a very good original suggestion': BR to OM, 27.2.12

OM	奧特琳	RR	里斯
CKO	奧格登	FS	法蘭西斯・史金納
DP	大衛・品生特	LS	斯特拉齊
FP	芬妮・品生特	MS	石里克
GP	帕特森	FW	魏斯曼
BR	羅素	GHvW	馮・賴特
FR	拉姆齊		

〔編按：以下所列頁數為原文頁數，請參照每頁底緣所附之原文頁數。〕

一、自我毀滅的試驗場
THE LABORATORY FOR SELF-DESTRUCTION

p. 3 'Why should one tell the truth': Wittgenstein's recollection of this episode is contained in a document found among Wittgenstein's papers; quoted by Brian McGuinness in *Wittgenstein: A Life*, pp.47-8.

p. 3 'Call me a truth-seeker': LW to Helene Salzer (née Wittgenstein); quoted in Michael Nedo and Michele Ranchetti, *Wittgenstein: Sein Leben in Bildern und Texten*, p. 292.

p. 4 'I can't understand that': Malcom, *Memoir*, p. 116.

p. 6 'There is no oxygen in Cambridge': *Recollections*, p. 121

p. 12 'our influence did not reach far enough': *Jahrbuch für sexuelle Zwischenstufen*, VI, p. 724; quoted by W. W. Bartley in *Wittgenstein*, p. 36.

p. 13 woken at three: this account was given by Wittgenstein to Rush Rhees, who mentioned it to the author in conversation.

p.13 'I can begin to hear the sound of machinery': *Recollections*, p. 112.

p. 14 '*Du hast aber kein Rhythmus!*': quoted by Rush Rhees, in conversation with the author.

p. 14 'Whereas I in the same circumstances': from the document referred to on p.3.

p. 16 '*Wittgenstein wandelt wehmütig*': recalled in a letter (12.4.76) from a fellow pupil of Wittgenstein's at Linz, J. H. Stiegler, to Adolf Hübner; quoted by Konrad Wüsche in *Der Volksschullehrer Ludwig Wittgenstein*, p. 35. I am indebted to Paul Wijdeveld for the translation.

p. 17 'A trial involving sexual morality': quoted by Frank Field in *Karl Kraus and his Vienna*, p. 56

p. 17 'If I must choose': ibid., p.51

p. 17 Politics 'is what a man does': ibid., p. 75.

p. 20 'a time when art is content': Weininger, *Sex and Character*, pp. 329-30.

p. 21 'her sexual organs possess women': ibid., p. 92.

p. 22 'the male lives conciously': ibid., p. 75.

p. 22 'disposition for and inclination to prostitution': ibid., p. 217.

p. 22 'a characteristic which is really and exclusively feminine': ibid., p. 255.

p. 22 'the interest that sexual unions shall take place': ibid., p. 258.

p. 22 'but which has become actual': ibid., p. 303.

p. 23 'the most manly Jew': ibid., p. 306.

p. 23 'the extreme of cowardliness': ibid., p. 325.

p. 23 'conquered in himself Judaism': ibid. pp. 327-8.

p. 24 'it has the greatest, most limpid clearness and distinctness': ibid., p. 111.

p. 24 'they are no more that duty to oneself': ibid., p.159.

p. 24 'Genius is the highest morality': ibid., p.

引用文獻

587 維根斯坦的手稿保存於劍橋大三一學院倫恩圖書館（Wren Library），本書引用時按照馮・賴特教授〈維根斯坦文集〉（The Wittgenstein Papers）（見《維根斯坦》〔*Wittgenstein*, Blackwell, 1982〕）所用的編號，於正文裡引用時一概使用英文。其中照錄已有的譯文者，這裡只提供出處；之前只以德文出版或引用過而由我翻譯者，會附上手稿索引和德語原文出處；之前未出版的德語文句而由我翻譯者，除了給出手稿索引，還附上德語原文。弗雷格寫給維根斯坦的信裡比較重要的幾封，我也比照辦理。

維根斯坦寫給羅素、摩爾、凱因斯、埃克萊斯、恩格曼、馮費克、奧格登和馮・賴特的信，收錄在參考書目所列的書信集裡。他寫給亨澤爾的信收錄在康拉德・溫許（Konrad Wünsche）《小學教師維根斯坦》（Der Volksschullehrer Ludwig Wittgenstein）的附錄中，而寫給姊姊赫爾敏和海倫娜的信，以及寫給朋友弗拉克、魏斯曼、帕特森、石里克、里斯和赫特的信，除非另有說明，否則迄今都未曾出版，尚在私人手裡。

恩格曼、埃克萊斯、弗雷格、馮費克、亨澤爾、約勒斯夫婦、奧格登、品生特以及羅素寫給維根斯坦的信，保存在因斯布魯克大學布倫納檔案館裡，法蘭西斯・史金納寫給維根斯坦的信則在私人手中。

羅素寫給奧特琳的信保存在德州大學人文研究中心，之前至少有三個出版品大量引用這些信，包括克拉克的《羅素生平》（*The Life of Bertrand Russell*, by Ronald W. Clark）、麥吉尼斯的《維根斯坦的一生》（*A Life*, by Brian McGuinness）和布雷克威的〈早期維根斯坦和
588 中期羅素〉（'The Early Wittgenstein and the Middle Russell', by Kenneth Blackwell）（收錄於布洛克編輯的《維根斯坦哲學面面觀》〔*Perspectives on the Philosophy of Wittgenstein*, ed. Irving Block〕）。

本書第二十一章引用的格蘭特醫師、拜沃特斯醫師、哈洛德醫師和湯姆森醫師間的通信，保存於倫敦醫學研究委員會圖書館（Medical Research Council (MRC) Library, London）。第九章引用的阿道夫・胥布納（Adolf Hübner）訪談資料收錄在下奧地利奇爾希貝格的維根斯坦檔案中心（Wittgenstein Documentation Center in Kirchberg, Lower Austria）。

以下提到里斯編輯的《回憶維根斯坦》（Recollections of Wittgenstein）時，將簡寫為《回憶》（Recollections），維根斯坦簡寫為 LW，他的通信對象分別簡寫如下：

PE	恩格曼
WE	埃克萊斯
GF	弗雷格
LF	馮費克
RF	弗拉克
LH	亨澤爾
RH	赫特
AJ	艾黛兒・約勒斯（約勒斯夫人）
SJ	史丹尼士勞斯・約勒斯
PEJ	約丹
LMK	凱因斯
LL	洛普科娃
GEM	摩爾
NM	馬爾康姆

書信
CORRESPONDENCE

Briefe, Briefwechsel mit B. Russell, G. E. Moore. J. M. Keynes, F. P. Ramsey, W. Eccles, P. Engelmann und L. von Ficker, ed. B. F, McGuinness and G. H. von Wright (Suhrkamp, 1980)

Letters to Russell, Keynes and Moore, ed. G. H. von Wright assisted by B. F. McGuinness (Blackwell, 1974)

Letters to C. K. Ogden with Comments on the English Translation of the Tractatus Logico-Philosophicus, ed. G. H. von Wright (Blackwell/Routledge, 1973)

Letters from Ludwig Wittgenstein with a Memoir by Paul Engelmann, ed. B. F. McGuinness (Blackwell, 1967)

Briefe an Ludwig von Ficker, ed. G. H. von Wright with Walter Methlagl (Otto Müller, 1969)

'Letters to Ludwig von Ficker', ed. Allan Janik, in *Wittgenstein: Sources and Perspectives*, ed. C. G. Luckhardt (Harvester, 1979), pp. 82-98

'Some Letters of Ludwig Wittgenstein', in W. Eccles, *Hermathena*, XCVII (1963), pp. 57–65

Letter to the Editor, *Mind*, XLII, no. 167 (1933), pp. 415-16

'Some Hitherto Unpublished Letters from Ludwig Wittgenstein to Georg Henrik von Wright', *The Cambridge Review* (28 February 1983)

Wörterbuch für Volksschulen, ed. Werner and Elizabeth Leinfelner and Adolf Hübner (Hölder-Pichler-Tempsky, 1977)

'Some Remarks on Logical Form', *Proceedings of the Aristotelian Society*, IX (1929), pp. 162-71; reprinted in *Essays on Wittgenstein's Tractatus*, ed. I. M. Copi and R. W. Beard (Routledge, 1966)

'A Lecture on Ethics', *Philosophical Review*, LXXIV, no. 1 (1968), pp. 4-14

Philosophical Remarks, ed. Rush Rhees (Blackwell, 1975)

Philosophical Grammar, ed. Rush Rhees (Blackwell, 1974)

Remarks on Frazer's Golden Bough, ed. Rush Rhees (Brynmill, 1979)

The Blue and Brown Books (Blackwell, 1975)

'Notes for Lectures on "Private Experience" and "Sense Data"', ed. Rush Rhees, *Philosophical Review*, LXXVII, no. 3 (1968), pp. 275–320; reprinted in *The Private Language Argument*, ed. O. R. Jones (Macmillan, 1971), pp. 232-75

'Cause and Effect: Intuitive Awareness', ed. Rush Rhees, *Philosophia*, VI, nos. 3–4 (1976)

Remarks on the Foundations of Mathematics, ed. R. Rhees, G. H. von Wright and G. E. M. Anscombe (Blackwell, 1967)

Philosophical Investigations, ed. G. E. M. Anscombe and R. Rhees (Blackwell, 1953)

Zettel, ed. G. E. M. Anscombe and G. H. von Wright (Blackwell, 1981)

Remarks on the Philosophy of Psychology, I, ed. G. E. M Anscombe and G. H. von Wright (Blackwell, 1980)

Remarks on the Philosophy of Psychology, II, ed. G. H. von Wright and Heikki Nyman (Blackwell, 1980)

Last Writings on the Philosophy of Psychology, I: *Preliminary Studies for Part II of Philosophical Investigations*, ed. G. H. von Wright and Heikki Nyman (Blackwell, 1982)

Remarks on Colour, ed. G. E. M. Anscombe (Blackwell, 1977)

On Certainty, ed. G. E. M. Anscombe and G. H. von Wright (Blackwell, 1969)

Culture and Value, ed. G. H. von Wright in collaboration with Heikki Nyman (Blackwell, 1980)

講課與對話錄
NOTES OF LECTURES AND CONVERSATIONS

Ludwig Wittgenstein and the Vienna Circle: Conversations Recorded by Friedrich Waismann ed. B. F. McGuinness (Blackwell, 1979)

'Wittgenstein's Lectures in 1930-33', in G. E. Moore, *Philosophical Papers* (Unwin, 1959), pp. 252-324

Wittgenstein's Lectures: Cambridge, 1930–1932, ed. Desmond Lee (Blackwell, 1980)

Wittgenstein's Lectures: Cambridge, 1932–1935, ed. Alice Ambrose (Blackwell, 1979)

'The Language of Sense Data and Private Experience — Notes taken by Rush Rhees of Wittgenstein's Lectures, 1936', *Philosophical Investigations*, VII, no. 1 (1984), pp. 1–45; continued in *Philosophical Investigations*, VII, no. 2 (1984), pp. 101-40

Lectures and Conversations on Aesthetics, Psychology and Religious Belief, ed. Cyril Barrett (Blackwell, 1978)

Wittgenstein's Lectures on the Foundations of Mathematics: Cambridge, 1939, ed. Cora Diamond (Harvester, 1976)

Wittgenstein's Lectures on Philosophical Psychology 1946–47, ed. P. T. Geach (Harvester, 1988)

—— *An Inquiry into Meaning and Truth* (Unwin, 1940)
—— *History of Western Philosophy* (Unwin, 1945)
—— *Human Knowledge: Its Scope and Limits* (Unwin, 1948)
Russell, Bertrand *Logic and Knowledge*, ed. R. C. March (Unwin, 1956)
—— *My Philosophical Development* (Unwin, 1959)
—— *Autobiography* (Unwin, 1975)
Russell, Dora *The Tamarisk Tree, I: My Quest for Liberty and Love* (Virago, 1977)
Ryan, Alan *Bertrand Russell: A Political Life* (Allen Lane, 1988)
Schopenhauer, Arthur *Essays and Aphorisms* (Penguin, 1970)
—— *The World as Will and Representation*, 2 vols (Dover, 1969)
Shanker, S. G. *Wittgenstein and the Turning Point in the Philosophy of Mathematics* (Croom Helm, 1987)
Sjögren, Marguerite *Granny et son temps* (privately printed in Switzerland, 1982)
Skidelsky, Robert *John Maynard Keynes*, I: *Hopes Betrayed 1883–1920* (Macmillan, 1983)
Spengler, Oswald *The Decline of the West* (Unwin, 1928)
Sraffa, Piero *Production of Commodities By Means of Commodities* (Cambridge, 1960)
Steiner, G. A *Reading Against Shakespeare*, W. P. Ker Lecture for 1986 (University of Glasgow, 1986)
Tagore, Rabindranath *The King of the Dark Chamber* (Macmillan, 1918)
Thomson, George 'Wittgenstein: Some Personal Recollections', *The Revolutionary World*, XXXVII–IX (1979), pp. 87–8
Tolstoy, Leo *A Confession and Other Religious Writings* (Penguin, 1987)
—— *Master and Man and Other Stories* (Penguin, 1977)
—— *The Kreutzer Sonata and Other Stories* (Penguin, 1985)
—— *The Raid and Other Stories* (Oxford, 1982)
Waismann, F. *The Principles of Linguistic Philosophy*, ed. R. Harré (Macmillan, 1965)
Walter, Bruno *Theme and Variations: An Autobiography* (Hamish Hamilton, 1947)
Weininger, Otto *Sex and Character* (Heinemann, 1906)
Wittgenstein, Hermine, *Familienerinnerungen* (unpublished)
Wood, Oscar P. and Pitcher, George, ed., *Ryle* (Macmillan, 1971)
Wright, G. H. von *Wittgenstein* (Blackwell, 1982)
—— 'Ludwig Wittgenstein, A Biographical Sketch', in Malcolm, op. cit.
Wuchterl, Kurt and Hübner Adolf *Ludwig Wittgenstein in Selbstzeugnissen und Bilddokumenten* (Rowohlt, 1979)
Wünsche, Konrad, *Der Volksschullehrer Ludwig Wittgenstein* (Suhrkamp, 1985)

文稿
TEXTS

Review of P. Coffey *The Science of Logic*, *The Cambridge Review*, XXXIV (1913), p. 351
'Notes on Logic', in *Notebooks 1914–16*, pp. 93–107
'Notes Dictated to G. E. Moore in Norway', in *Notebooks 1914–16*, pp. 108-19
Notebooks 1914–16, ed. G. E. M. Anscombe and G. H. von Wright (Blackwell, 1961)
Prototractatus – An Early Version of Tractatus Logico-Philosophicus, ed. B. F. McGuinness, T. Nyberg and G. H. von Wright (Routledge, 1971)
Tractatus Logico-Philosophicus, trans. C. K. Ogden and F. P. Ramsey (Routledge, 1922)
Tractatus Logico-Philosophicus, trans. D. F. Pears and B. F. McGuinness (Routledge, 1961)

—— 'Critical Notice: "*Lectures on the Foundations of Mathematics*"', in *Ludwig Wittgenstein: Critical Assessments*, ed. S. G. Shanker (Croom Helm, 1986), pp. 98–110
Leitner, Bernhard *The Architecture of Ludwig Wittgenstein: A Documentation* (Studio International, 1973)
Levy, Paul *G. E. Moore and the Cambridge Apostles* (Oxford, 1981)
Luckhardt, C. G. *Wittgenstein: Sources and Perspectives* (Harvester, 1979)
Mabbott, John *Oxford Memories* (Thornton's, 1986)
Mahon, J. The great philosopher who came to Ireland' *Irish Medical Times*, (February 14, 1986)
McGuinness, Brian *Wittgenstein: A Life. Young Ludwig 1889–1921* (Duckworth, 1988)
, ed., Wittgenstein and His Times (Blackwell, 1982)
McHale, Sister Mary Elwyn *Ludwig Wittgenstein: A Survey of Source Material for a Philosophical Biography* (MA thesis for the Catholic University of America, 1966)
Malcolm, Norman *Ludwig Wittgenstein: A Memoir* (with a Biographical Sketch by G. H. von Wright) (Oxford, rev. 2/1984)
Manvell, Roger and Fraenkel, Heinrich *Hitler: The Man and the Myth* (Grafton, 1978)
Mays, W. 'Wittgenstein's Manchester Period', *Guardian* (24 March 1961)
—— Wittgenstein in Manchester', in *'Language, Logic, and Philosophy': Proceedings of the 4th International Wittgenstein Symposium* (1979), PP. 171-8
Mehta, Ved *The Fly and the Fly-Bottle* (Wëidenfeld & Nicolson, 1963)
Moore, G. E. *Philosophical Papers* (Unwin, 1959)
Moran, John 'Wittgenstein and Russia', *New Left Review*, LXXIII (May-June 1972)
Morton, Frederic *A Nervous Splendour* (Weidenfeld & Nicolson, 1979)
Nedo, Michael and Ranchetti, Michele *Wittgenstein: Sein Leben in Bildern und Texten* (Suhrkamp, 1983)
Nietzsche, Friedrich *Twilight of the Idols* and *The Anti-Christ* (Penguin, 1968)
Ogden, C. K. and Richards, I. A. *The Meaning of Meaning* (Kegan Paul, 1923)
Parak, Franz *Am anderen Ufer* (Europäischer Verlag, 1969)
Partridge, Frances *Memories* (Robin Clark, 1982)
Popper, Karl *Unended Quest: An Intellectual Autobiography* (Fontana, 1976)
Ramsey, F. P. 'Critical Notice of L. Wittgenstein's "Tractatus Logico Philosophicus"', *Mind*, XXXII, no. 128 (October 1923), pp. 465–78
—— *Foundations: Essays in Philosophy, Logic, Mathematics and Economics* (Routledge, 1978)
Rhees, Rush 'Wittgenstein' [review of Bartley, op. cit.] *The Human Word*, XIV (February 1974)
—— *Discussions of Wittgenstein* (Routledge, 1970)
—— *Without Answers* (Routledge, 1969)
—— , ed., *Recollections of Wittgenstein* (Oxford, 1984)
Russell, Bertrand *The Principles of Mathematics* (Unwin, 1903)
—— *The Problems of Philosophy* (Home University Library, 1912)
—— *Our Knowledge of the External World* (Unwin, 1914)
—— *Mysticism and Logic* (Unwin, 1918)
—— *Introduction to Mathematical Philosophy* (Unwin, 1919)
—— *The Analysis of Mind* (Unwin, 1921)
—— *The Practice and Theory of Bolshevism* (Unwin, 1920)
—— *Marriage and Morals* (Unwin, 1929)
—— *The Conquest of Happiness* (Unwin, 1930)
—— *In Praise of Idleness* (Unwin, 1935)

Fann, K. T., ed., *Ludwig Wittgenstein: The Man and His Philosophy* (Harvester, 1967)
Feyerabend, Paul *Science in a Free Society* (Verso, 1978)
Ficker, Ludwig von *Denkzettel und Danksagungen* (Kösel, 1967)
Field, Frank *The Last Days of Mankind: Karl Kraus and His Vienna* (Macmillan, 1967)
Frege, Gottlob *The Foundations of Arithmetic* (Blackwell, 1950)
—— *Philosophical Writings* (Blackwell, 1952)
—— *Philosophical and Mathematical Correspondence* (Blackwell, 1980)
—— *The Basic Laws of Arithmetic* (University of California Press, 1967)
Freud, Sigmund *The Interpretation of Dreams* (Penguin, 1976)
—— *Jokes and Their Relation to the Unconscious* (Penguin, 1976)
Gay, Peter *Freud: A Life for Our Time* (Dent, 1988)
Goethe, J. W. *Italian Journey* (Penguin, 1970)
—— *Selected Verse* (Penguin, 1964)
Grant, R. T. and Reeve, E. B. *Observations on the General Effects of Injury in Man* (HMSO, 1951)
Hacker, P. M. S. *Insight and Illusion: Themes in the Philosophy of Wittgenstein* (Oxford, rev. 2/1986)
Hänsel, Ludwig 'Ludwig Wittgenstein (1889–1951)', *Wissenschaft und Weltbild* (October 1951), p. 272–8
Haller, Rudolf *Questions on Wittgenstein* (Routledge, 1988)
Hayek, F. A. von 'Ludwig Wittgenstein' (unpublished, 1953)
Heller, Erich *The Disinherited Mind: Essays in Modern German Literature and Thought* (Bowes & Bowes, 1975)
Henderson, J. R. 'Ludwig Wittgenstein and Guy's Hospital', *Guy's Hospital Reports*, CXXII (1973), pp. 185–93
Hertz, Heinrich *The Principles of Mechanics* (Macmillan, 1899)
Hilmy, S. Stephen *The Later Wittgenstein: The Emergence of a New Philosophical Method* (Blackwell, 1987)
Hitler, Adolf *Mein Kampf* (Hutchinson, 1969)
Hodges, Andrew *Alan Turing: The Enigma of Intelligence* (Burnett, 1983)
Iggers, Wilma Abeles *Karl Kraus: A Viennese Critic of the Twentieth Century* (Nijhoff, 1967)
James, William *The Varieties of Religious Experience* (Penguin, 1982)
—— *The Principles of Psychology*, 2 vols (Dover, 1950)
Janik, Allan and Toulmin, Stephen *Wittgenstein's Vienna* (Simon & Schuster, 1973)
Jones, Ernest *The Life and Work of Sigmund Freud* (Hogarth, 1962)
Kapfinger, Otto *Haus Wittgenstein: Eine Dokumentation* (The Cultural Department of the People's Republic of Bulgaria, 1984)
Kenny, Anthony *Wittgenstein* (Allen Lane, 1973)
—— *The Legacy of Wittgenstein* (Blackwell, 1984)
Keynes, J. M. *A Short View of Russia* (Hogarth, 1925)
Köhler, Wolfgang *Gestalt Psychology* (G. Bell & Sons, 1930)
Kraus, Karl *Die Letzten Tage der Menschenheit*, 2 vols (Deutscher Taschenbuch, 1964)
—— *No Compromise: Selected Writings*, ed. Frederick Ungar (Ungar Publishing, 1984)
—— *In These Great Times: A Karl Kraus Reader*, ed. Harry Zohn (Carcanet, 1984)
Kreisel, G. 'Wittgenstein's "*Remarks on the Foundations of Mathematics*"', British Journal for the Philosophy of Science, IX (1958), pp. 135-58
——'Wittgenstein's Theory and Practice of Philosophy', *British Journal for the Philosophy of Science*, XI (1960), PP. 238–52

參考書目選

640 以下列出撰寫本傳記時用到的主要出版資料，如需要維根斯坦的著作和談論維根斯坦的著作的詳盡書目，請見 V. A. 山克與 S. G. 山克合編的《維根斯坦：批判評價》卷五：維根斯坦書目（V. A. and S. G. Shanker, ed., *Ludwig Wittgenstein: Critical Assessments*, V: *A Wittgenstein Bibliography* (Croom Helm, 1986)）。

Anscombe, G. E. M. *Metaphysics and the Philosophy of Mind*, Collected Philosophical Papers, II (Blackwell, 1981)
Augustine, Saint *Confessions* (Penguin, 1961)
Ayer, A. J. *Wittgenstein* (Weidenfeld & Nicolson, 1985)
—— Part of My Life (Collins, 1977)
—— More of My Life (Collins, 1984)
Baker, G. P. Wittgenstein, *Frege and the Vienna Circle* (Blackwell, 1988)
Baker, G. P. and Hacker, P. M. S. *Wittgenstein: Meaning and Understanding* (Blackwell, 1983)
—— *An Analytical Commentary on Wittgenstein's Philosophical Investigations*, I (Blackwell, 1983)
—— *Wittgenstein: Rules, Grammar and Necessity: An Analytical Commentary on the Philosophical Investigations*, II (Blackwell, 1985)
—— *Scepticism, Rules and Language* (Blackwell, 1984)
Bartley, W. W. *Wittgenstein* (Open Court, rev. 2/1985)
Bernhard, Thomas *Wittgenstein's Nephew* (Quartet, 1986)
Block, Irving, ed., *Perspectives on the Philosophy of Wittgenstein* (Blackwell, 1981)
Bouwsma, O. K. *Philosophical Essays* (University of Nebraska Press, 1965)
—— *Wittgenstein: Conversations 1949–1951*, ed. J. L. Craft and Ronald E. Hustwit (Hackett, 1986)
Clare, George *Last Waltz in Vienna* (Pan, 1982)
Clark, Ronald W. *The Life of Bertrand Russell* (Jonathan Cape and Weidenfeld & Nicolson, 1975)
Coope, Christopher, et al. *A Wittgenstein Workbook* (Blackwell, 1971)
Copi, Irving M. and Beard, Robert W., ed., *Essays on Wittgenstein's Tractatus* (Routledge, 1966)
Dawidowicz, Lucy S. *The War Against the Jews 1933–45* (Weidenfeld & Nicolson, 1975)
Deacon, Richard *The Cambridge Apostles: A History of Cambridge University's Elite Intellectual Secret Society* (Robert Royce, 1985)
Delany, Paul *The Neo-pagans: Rupert Brooke and the Ordeal of Youth* (The Free Press, 1987)
Dostoevsky, Fyodor *The Brothers Karamazov* (Penguin, 1982)
Drury, M. O'C. *The Danger of Words* (Routledge, 1973)
Duffy, Bruce *The World As I Found It* (Ticknor & Fields, 1987)
Eagleton, Terry 'Wittgenstein's Friends', *New Left Review*, CXXXV (September-October 1982); reprinted in *Against the Grain* (Verso, 1986)

學】328, 330-1, 336; on the philosophy of mathematics【論數學哲學】328-30, 336, 415-22; on the philosophy of psychology【論心理學哲學】500-1; on religious belief【論宗教信仰】410-12 WORKS BY L. W. 【L. W. 的著作】*see under* titles of individual works 【參見個別著作書名項】

Wittgenstein, Margarete ('Gretl', L. W.'s sister)【瑪格莉特・維根斯坦（葛蕾塔，L. W. 的姊姊）】9, 11, 13-14, 16-17, 18, 26, 56; and the Kundmanngasse house【她與庫德曼街的房子】235-8, 240; and Marguerite Respinger【她與瑪格麗特・芮斯賓格】238, 239, 319; and the Nazi takeover of Austria【納粹併吞奧地利與她】397-400; and Ramsey【她與拉姆齊】220; and Schlick【她與石里克】241, 242

Wittgenstein, Paul (L. W. 's brother)【保羅・維根斯坦（L. W. 的哥哥）】11, 12, 13, 14, 15, 141, 220; and the Nazi takeover of Austria【納粹併吞奧地利與他】396-7, 398, 399-400

Wittgenstein, Rudolf (L. W.'s brother)【魯道夫・維根斯坦】11, 12, 20

Wolf, August【奧古斯特・沃爾夫】233

Wood, Oscar【奧斯卡・伍德】496, 497

Woolf, Leonard【李奧納德・吳爾芙】256

Woolf, Virginia【維吉尼亞・吳爾芙】256-7, 276

Woolrich, Cornell【康奈爾・伍里奇】423

Wright, Georg von【馮・賴特】118, 507; L. W. stays with, in Cambridge【L. W. 住在他劍橋的家】543-4, 551, 564, 566-7; L. W.'s correspondence with【L. W. 與他通信】517, 518, 521, 522, 523, 534, 560, 574; replaces L. W. at Cambridge【接替 L. W. 在劍橋的位置】521

Wright, Orville and Wilbur【萊特兄弟】28

Wrinch, Dorothy【多蘿西・溫奇】201, 203

Zweig, Fritz【法蘭茲・茨威格】147, 148

Zweig, Max【馬克士・茨威格】147

Zwiauer, Brigitte【布莉吉特・茨威奧爾】397, 399

498; *Sex and Character*【《性與性格》】19-23, 62, 173, 240, 312-13, 498
Weiss, Richard【理查德·衛斯】108
Wells, H. G.【威爾斯】276
Weyl, Hermann【赫爾曼 · 魏爾】245, 326, 420
Whitby, Colonel (Army Blood Transfusion Service)【惠特比上校（陸軍輸血服務處）】446-7
Whitehead, Alfred North【懷德海】76, 111, 219
Wilkinson, Naomi【娜歐米·威金森】436
Wisdom, John【約翰·威斯頓】402, 414, 466
Wittgenstein, Fanny (L. W. 's grandmother)【芬妮 · 維根斯坦（L. W. 的祖母）】5, 6, 397
Wittgenstein, Hans (L. W.'s brother)【漢斯 · 維根斯坦（L. W. 的哥哥）】11-12, 13, 14, 30-1, 45
Wittgenstein, Helene (L. W.'s sister)【海倫娜 · 維根斯坦（L. W. 的姐姐）】11, 13; and the Nazi takeover of Austria【納粹併吞奧地利與她】386, 396, 397-400
Wittgenstein, Hermann Christian (L. W.'s grandfather)【赫曼·克里斯提安·維根斯坦（L. W. 的祖父）】4-5, 6, 397-8, 400
Wittgenstein, Hermine (L. W.'s sister)【赫爾敏 · 維根斯坦（L. W. 的姊姊）】8, 18, 33, 36, 55, 158, 200; death【赫爾敏之死】562; on her sister Gretl's house【她談妹妹葛蕾塔的房子】236-7, 238; ill with cancer【身患癌症】535, 539, 542, 560; L. W.'s letters to【L. W. 寫信給她】29, 30; on L. W. in the First World War【她談一戰中的L. W.】111, 126; and L. W. as teacher【L. W. 成為老師與她】194, 197-8, 224-5; and the Nazi takeover of Austria【納粹併吞奧地利與她】386, 396, 397-400
Wittgenstein, Karl (L. W.'s father)【卡爾 · 維根斯坦（L. W. 的父親）】6-7, 8, 10, 11, 12, 14; death【卡爾之死】72
Wittgenstein, Kurt (L. W.'s brother)【庫爾特 · 維根斯坦（L. W. 的哥哥）】11, 158
Wittgenstein, Leopoldine (L. W.'s mother)【莉歐波汀·維根斯坦（L. W. 的母親）】7-8, 9, 13-14, 123
Wittgenstein, Ludwig: appearance【路德維希 · 維根斯坦：外表】27, 217, 321, 431, 434, 552, 558; as architect【當建築師】235-8; autobiography, plans to write【計畫寫自傳】281-2, 311-12, 316, 317; and the birds in Ireland【他在愛爾蘭賞鳥】527; character【性格】3-4, 12-13, 14-15, 73, 79-80, 278, 459, 498; childhood【童年】12-13; compiles dictionary for schools【替小學編字典】225-8; confession【懺悔】367-72; death and burial【死亡與葬禮】579-80; death of mother【其母親之死】235; designs aircraft engine【設計飛機引擎】33-4; doctor, considers training as a【考慮受訓成為醫師】335, 356, 357; donation to Austrian artists【資助奧地利藝術家們】106-10; dreams【他的夢】199-200, 276, 279-80, 436-7, 584-5; dress【他的衣著】265-6, 275, 431; education【他受的教育】14-16, 27; and humour【他與幽默】268-7, 529-30, 531, 532-3; under hypnosis【他接受催眠】77; ill- health【他患病】153, 522, 539, 540, 51, 565-6, 575; Jewish background and attitude to Jewishness【他的猶太背景以及對猶太性的態度】4-6, 7-8, 239, 279-80, 313-17; last photographs of【他最後的照片】566-7; and Marxism【他與馬克思主義】248, 343, 486-7; as monastery gardener【當修道院的園丁】191, 234-5; and music【他與音樂】13-14, 78, 213, 240-1; and politics【他與政治】17-18, 343, 480; as prisoner-of-war【淪為戰俘】134, 158-61, 166; and religion【他與宗教】115-16, 121-3, 185-8, 210-11, 490-1, 579-80; reviews Coffey's *Science of Logic*【他評論科菲的《邏輯科學》】74-5; and sexuality【他與性慾】117, 126, 138, 369, 376-7, 387, 401-2, 453-4, 581-6; suicidal thoughts【自殺的念頭】115, 171-2, 186-8; trains as teacher【受訓成為老師】172-3, 188-9; war service and experiences 【戰時服役及其經歷】(1914-18) 112-66; wars, attitude to【對戰爭的態度】111-12, 470; on women【談論女人】72-3, 498 LECTURES BY L. W. 【L.W. 的講座】on aesthetics【論美學】403-7; on ethics【論道德】277-8, 282-3; on philosophy【論哲

422-3, 577
Strigl, Pepi, 16
Swansea: L. W. visits【斯旺西：L. W. 前往此處】448-9, 458-70

Tagore, Rabindranath【泰戈爾】243; *The King of the Dark Chamber*【《暗室的國王》】408-10, 412
Taylor, A. J. P.【泰勒（史學家）】111
Taylor, Janes【詹姆士·泰勒】402
Tesar, Ludwig Erik【路德維希·艾利克·特薩】108
theory: L. W.'s abandonment of【理論：L.W. 揚棄理論】304-8
Theory of Types【類型論】32, 70-1, 92, 134, 156, 165, 219
Thomson, George【喬治·湯姆森】256, 343, 347; L. W.'s letter to mother-in-law of【L. W. 寫給喬治·湯姆森岳母的信】412-13
Tolstoy, Leo【托爾斯泰】579-80; *Anna Karenina*【《安娜·卡列尼那》】342; *Gospel in Brief*【《福音書摘要》】115-16, 117, 132, 136, 213; *What is Art?*【《藝術是什麼？》】569
Tractatus-Logico-Philosophicus【《邏輯哲學論》】38, 62, 63, 137, 149, 150, 153, 154-7, 158, 160-6, 190-1, 224; first version of【初版】133-4; publication of【出版】173-80, 183-4; Ramsey's review of【拉姆齊對它的看法】215-16, 273-4
Trakl, Georg【葛奧格·特拉克爾】108, 110, 119, 120, 126
Trattenbach: L. W. as teacher in【特拉騰巴赫：L. W. 在此教書】193-202, 208-9
Trevelyan, Charles【查爾斯·特維廉】349
Trevelyan, George【喬治·特維廉】111
Truscott, Priscilla【普莉西拉·特魯斯考特】359
Turing, Alan【艾倫·圖靈】417, 418-22

United States: L. W. visits Malcolm in Ithaca【美國：L.W. 至綺色佳拜訪馬爾康姆】552-9
Urmson, J. O.【厄姆森】496

Verification: L. W.'s Principle of【檢證：維根斯坦檢證原則】286-8, 296
Vienna: Gretl's house on Kundmanngasse【維也納：葛蕾塔在庫德曼街的房子】235-8, 240; L. W. visits, at time of Hermine's death【赫爾敏過世時 L. W. 前往】559-60, 562-4; L. W.'s Christmas visits to【L. W. 在聖誕時前往】123-4, 235, 281, 386-7; *see also* Austria【亦見「奧地利」項】
Vienna Circle of Logical Positivists【邏輯實證論維也納學圈】213, 242-4, 250, 283-4, 288, 292

Wagner, Hermann【赫曼·華格納】109
Waismann, Friedrich【弗里德里希·魏斯曼】243, 287, 288, 295, 413; L. W.'s correspondence with【L. W. 與之通信】357-8; L. W. dictates list of 'Theses' to【L. W. 向他口述「論題」】296-7; L. W.'s plans to write book with【L. W. 計畫與他一起寫書】282, 283-4, 358
Walter, Bruno【布魯諾·華爾特】8
Ward, James【詹姆斯·沃德】537
Warnock, Mary【瑪莉·沃諾克】496
Waterfield, Dr R. L.【醫師沃特菲德】432, 444
Watson, Alister【艾利斯特·華森】256, 422
Weierstrass, Karl【魏爾斯特拉斯】439, 440
Weininger, Otto【奧圖·魏寧格】90, 97, 142, 376-7, 379; *The Four Last Things*【《最後四件事》】

W. 寫信給他】346, 347; and the Vienna Circle【他與維也納學圈】213, 282, 283, 284, 286
Schlipp, P. A.【希利普】473
Schoenberg, Arnold【荀白克】9, 78
School Reform Movement【學校改革運動】188, 194-5, 225
Schopenhauer, Artur【叔本華】18-19, 137, 142, 428; *The World As Will and Representation*【《意志與表象的世界》】137, 143-4, 366
Schuster, Arthur【亞瑟·舒斯特】28
science: L. W. on philosophy and【科學：L. W. 論哲學與科學】298-301; L. W.'s antagonism to【L. W. 對其之反抗】416, 484-6; and L. W.'s lectures on aesthetics【L. W. 的美學講座與科學】404-5
SCR (Society for Cultural Relations with the Soviet Union)【英蘇文化關係協會】349-50
Seyss-Inquart, Dr Arthur【阿圖爾·賽斯—因夸特博士】389, 390, 391
Shakespeare, William: L. W.'s remarks on【莎士比亞：L.W. 評論之】568-9
Shove, Gerald【傑洛德·夏夫】67
Sjögren, Arvid【艾爾維·索格倫】181, 182, 193, 239, 240, 398; L. W. travels to Norway with【L. W. 與他去挪威旅行】202
Sjögren, Talle【塔勒 · 索格倫】239, 240, 334, 339
Sjögren family in Vienna【維也納的索格倫家】180-1
Skinner, Francis【史金納 · 法蘭西斯】401, 424; death【史金納之死】427-8; effect of death on L. W.【史金納之死對 L.W. 的影響】433, 434; and Fouracre【他與弗拉克】443-4; L. W. plans to go to Russia with【L.W. 計畫與他去俄國】340, 343-4, 347; L. W.'s confession to【L.W. 向他懺悔】367, 368, 372-3; L. W.'s guilt over【L.W. 對他的罪惡感】426, 534; L. W.'s letters to【L.W. 給他的信】340-2; L. W.'s relationship with【L.W. 與他的關係】331-4, 358-60, 376-8, 401-2, 425-6; letters to L. W.【他給 L.W. 的信】332-3, 338-9, 361-2, 367-8, 373, 375, 377-9, 378, 379, 382-3, 425; work as factory mechanic【在工廠工作】359-60, 361-2, 425, 428; works on farm【在農場工作】344
Sloan, Pat【派特·史隆】349, 351
Smythies, Yorick【約里克·史邁瑟斯】402-3, 423, 425, 454, 555, 567; conversion to Catholicism【皈依天主教】463-4, 572, 573; L. W. reads *The King of the Dark Chamber* with【與 L. W. 讀《暗室的國王》】408-10; and L. W.'s death【他與 L. W. 之死】579, 580
Socrates【蘇格拉底】263, 337-8
Soviet Union, *see* Russia【蘇聯：見「俄國」項】
Spengler, Oswald【史賓格勒】19-20; *Decline of the West*【《西方的沒落》】299, 302-3, 315-16
Spinoza, B.【史賓諾莎】143, 206
Sraffa, Piero【皮耶羅 ·斯拉法】260-1, 274, 343, 347, 354, 391, 487; L. W.'s correspondence with【L. W.3 與他通信】92-4; Skinner's meeting with【史金納與他會面】373
Stalin, Joseph【史達林】353, 354
Stangel, Georg【葛奧格·斯當格爾】370-1
Stonborough, Jerome【傑若米·史東巴羅】89, 90, 220
Stonborough, Thomas【湯馬斯·史東巴羅】218, 220, 238, 239
Stout, G. F.【斯托特】288
Strachey, James【詹姆斯 · 斯特雷奇】48, 67, 68
Strachey, Lytton【立頓 · 斯特雷奇】48, 66, 67-8, 69
Straight, Michael【麥可·史崔特】348
'Strayed Poet, The' (Richards)【〈走失的詩人〉(理查茲)】290-1
Street & Smith: *Detective Story Magazine*【史崔特—史密斯出版社：《偵探故事雜誌》】355.

translation of *Philosophical Investigations*【他翻譯《哲學研究》】414
Richards, A. 1.【理查茲】214, 290, 291
Richards, Ben【班恩・理查茲】491-2, 343, 550, 568; and L. W.'s death【他與 L.W. 之死】579; L. W. 's love for【L.W. 對他的愛】503-6; visits L. W. in Ireland【他到愛爾蘭拜訪 L.W.】526-7, 538, 540; visits Norway with L. W.【他與 L.W. 前往挪威】574
Riegler, August【奧古斯特・里格勒】232
Rilke, Rainer Maria【萊納・瑪利亞・里爾克】108, 110
Rousseau, Jean-Jacques【盧梭】313
Russell, Bertrand: *The Analysis of Mind*【羅素:《心的分析》】159, 214, 291; and the atomic proposition【他與原子命題】330-1; *Autobiography*【《自傳》】282; in China【他在中國】193, 200-2, 209; on Christianity【他論基督教】114, 248; *The Conquest of Happiness*【《幸福之路》】294; correspondence with L. W.【他與 L. W. 通信】129-30, 133-4, 209, 214; examines L. W. for Ph D【他替 L.W. 口試博士學位】271-2; first meeting with L. W.【他與 L. W. 初次見面】38-9; *History of Western Philosophy*【《西方哲學史》】471; *Human Knowledge: Its Scope and Limits*【《人類的知識:其範圍與限度》】472; *Introduction to Mathematical Philosophy*【《數理哲學導論》】159, 161; and L. W. as student at Cambridge【L. W. 在劍橋當他的學生】36-47, 51-6; L. W. visits, in Cornwall【L.W. 至康沃爾拜訪他】292-3; on L.W,'s character【他評論 L.W. 的性格】79-80; on L. W.'s disciples【他談 L.W. 的弟子們】472-3; on L. W.'s later work【他談 L.W. 的後期工作】472; on L. W.'s theories【他談 L.W. 的理論】545-6; and L. W.'s *Tractatus*【L. W. 的《邏輯哲學論》與他】149, 133, 160-2, 164-6, 173-4, 183-4, 203-8; L. W.'s views on later work【L. W. 談他的後期工作】471-2; *Marriage and Morals*【《婚姻與道德》】294; marriage to Dora Black【與朵拉・布雷克的婚姻】202-3; 'Mathematics and the Metaphysicians'【〈數學和形上學家〉】438-9; meets L. W. at Innsbruck【在因斯布魯克與 L.W. 會面】209-12; at the Moral Science Club meetings【在道德科學社聚會上】494, 495; *Perplexities of John Forstice*【《約翰・弗斯提仕的迷惘》】54, 55; *Principia Mathematica*【《數學原理》】31, 36, 38, 42, 46, 76, 83, 159, 216-17, 245, 423; *The Principles of Mathematics*【《數學的原則》】30-1, 33; *Principles of Social Reconstruction*【《社會改造原理》】159; *Prisons*【《牢獄》】37, 54, 62; *The Problems of Philosophy*【《哲學問題》】37, 45, 54; reports on L. W.'s work【對 L.W. 工作的報告】293-4; *Roads to Freedom*【《通往自由之路》】159; on Soviet Marxism【論蘇聯馬克思主義】248; *The Practice and Theory of Bolshevism*【《布爾什維克的實踐與理論》】353; Theory of Types【類型論】32, 70-1; visits L. W. at The Hague【去海牙拜訪 L. W.】181-3; *What I Believe*【《我的信仰》】294
Russia: and the First World War【俄國:與第一次世界大戰】151-2; L. W. plans to work as manual labourer in【L.W. 計畫去俄國當體力勞動者】340, 342-4, 346, 347-54; L. W.'s impressions of Soviet Russia【L. W. 對蘇聯的印象】353-4
Rylands, George【喬治・瑞蘭斯】256
Ryle, Anthony【安東尼・賴爾】434-5
Ryle, Gilbert【吉爾伯特・賴爾】275, 431, 436, 482, 495-6
Ryle, John【約翰・賴爾】425, 431-2, 434-6, 444

Sacks, Dr George【喬治・薩克斯醫師】351
Sayers, Dorothy【桃樂絲・榭爾絲】528
Scheu, Robert【羅伯特・肖爾】17
Schiele, Egon【席勒(畫家)】8, 9
Schiller, F. von【席勒(德國文學家)】511, 512, 522
Schlick, Moritz: death【石里克:死亡】357-8; L. W. meets【L. W. 見他】241-4; L. W.'s letters to【L.

120, 125, 127, 128, 130, 135; death of【品生特之死】154-5; and Francis Skinner【他和法蘭西斯 · 史金納】332; on L. W. and Russell【他論 L.W. 和羅素】71-2; L. W.'s friendship with【他與 L.W. 的友誼】49- 50, 76-9, 361, 428; L. W.'s holidays with【L.W. 和他度假】56, 57-6I, 84-9; work on logic【他的邏輯工作】128

Pinsent, Ellen【愛倫·品生特夫人】154, 207

Piribauer, Hermine【皮里鮑爾 · 赫爾敏】233, 371

Piribauer, Herr【皮里鮑爾先生】232-3, 371

Plato【柏拉圖】482

Popper, Karl: addresses Moral Science Club【卡爾·波普:在道德科學社演講】494-5; *The Open Society and its Enemies*【《開放社會及其敵人》】482

Postl, Heinrich【海因里希·波斯妥】213

Pötsch, Leopold【利奧波德·波奇】15

Prichard, H. A.【普里查德】496-7

Priestley, R. E. (later Sir Raymond)【普雷斯特利(後為雷蒙德·普雷斯特利爵士)】289

propositions: atomic【命題:原子命題】129, 330-1; common-sense【常識命題】556-8, 569-60; grammatical【語法命題】468-9; and the language-game【命題與語言遊戲】331

psychology, philosophy of【心理學哲學】466-7, 500-1; *see also* Freud, Sigmund【亦見「佛洛伊德」項】

Putre, Josef【約瑟夫 · 普特爾】194, 225

Quine, W. V.【蒯因】418

Ramsey, Frank【法蘭克·拉姆齊】215-24; at Cambridge【在劍橋】256, 258-60; criticism of L. W.'s *Tractatus*【他批評 L.W. 的《邏輯哲學論》】273-4; death【拉姆齊之死】288-9; 'The Foundations of Mathematics'【〈數學基礎〉】244-7, 420; L. W. quarrels with【L. W. 與他爭吵】231; L. W.'s relationship with【L. W. 與他的關係】259-60, 275-6; on *The Meaning of Meaning*【他談論《意義的意義》】214; translation of L. W.'s *Tractatus*【他翻譯 L. W. 的《邏輯哲學論》】205-7; visits L. W, at Puchberg【他去普希貝格鎮拜訪 L. W.】216-17, 221

Ramsey, Lettice【萊迪絲 · 拉姆齊】258, 280, 289

Ravel, M.: *Concerto for the Left Hand*【拉威爾:《左手鋼琴協奏曲》】13

Rebni, Anna【安娜·瑞布尼】93, 318, 374, 380, 574

Redpath, Theodore【希奧多爾·瑞德帕斯】402

Reeve, Basil【貝索·里夫】444-5, 447, 449, 450, 451-2, 454, 455-6, 458

religion: differences between L. W. and Russell【宗教:L. W. 與羅素的差異】210-11; L. W. on【L. W. 論宗教】115-16, 121-2, 490-1; L. W.'s correspondence with Engelmann on【L. W. 與恩格曼通信討論之】185-8; and L. W.'s death【宗教與 L. W. 之死】579-80; L. W.'s lectures on religious belief【L. W. 論宗教信仰的講座】410-12; *see also* Christianity【亦見「基督教」項】

Remarks on the Foundations of Mathematics【《數學基礎評論》】319, 380, 438, 499

Remarks on the Philosophy of Psychology【《心理學哲學評論》】319, 518, 522, 535

Respinger, Marguerite: and Francis Skinner【瑪格麗特·芮斯賓格:與法蘭西斯 · 史金納】332; L. W. invites to Norway【L. W. 邀請她去挪威】318-19; L. W. 's relationship with【L. W. 與她的關係】238-40, 258, 280, 281, 294, 334. 428; marries Talle Sjögren【與塔勒 ·索格倫結婚】339

Rhees, Rush【洛許·里斯】256, 261; L. W. visits in Swansea【L. W. 去斯旺西拜訪他】448-9, 458, 459, 465, 466, 467; L. W.'s friendship with【L. W. 與他的友誼】357; at L. W.'s lectures【他在 L. W. 的講座】402, 405; thinks of joining Communist Party【他考慮加入共產黨】486-7;

Norton, H. T. J.【諾頓】39, 75
Norway: L. W. visits, with Arvid Sjögren【挪威：L. W. 和艾爾維·索格倫一同前往】202; L. W. visits (1936)【L. W. 拜訪（1936）】360, 361, 362-3; L. W. visits (1937)【L. W. 拜訪（1937）】372. 373-84; L. W. visits (1950)【L. W.拜訪(1950)】574; L. W.'s holiday with Pinsent【L. W.與品生特的假期】84-9; L. W.'s life in【L. W. 在此生活】93-4; L. W.'s plan to live alone in【L. W. 計畫在此獨處】89-90, 91; letters to L. W. from, during First World War【一戰期間由此處寄給 L. W. 的信】125
Notes on Logic【《邏輯筆錄》】92-3, 161

Oberkofler, Josef【約瑟夫·歐柏寇夫勒】109
Ogden, C. K.【奥格登】38, 203, 205, 206-7, 209, 212, 215, 216, 224, 276; *The Meaning of Meaning*【《意義的意義》】214, 290, 291
On Certainty (Wittgenstein)【《論確定性》（維根斯坦）】536, 558, 563, 569-70, 571, 578-9
Origen【奧利振】540, 541
Osmond, Humphrey【亨佛瑞·奧斯蒙】432, 435-6
Ostwald, Wilhelm【威廉·奧斯瓦德】203, 204-5, 206
Otterthal: L. W. returns to【奧特塔鎮：L. W. 重回懺悔】370-1
Oxford University: invites L. W. to lecture【牛津大學：邀 L. W. 進行講座】564; L. W. addresses philosophers at【L. W. 在此對哲學家演講】496-7

Partridge, Frances【法蘭西絲·派特里齊】256, 258, 265; on Ramsey's death【談論拉姆齊之死】288-9
Partridge, Ralph【拉爾夫·派特里齊】258
Pascal, Fania【法尼婭·帕斯卡】258, 262, 264, 265, 333, 339; on L. W.'s character【她談論 L. W. 的性格】459; L. W.'s confession to【L. W. 向她懺悔】367, 368-70; and L. W.'s visit to Russia【L. W. 的俄國之行與她】342, 343, 352, 354; lectures on 'Modern Europe'【她論「現代歐洲」的講座】378-9; on Skinner【她談論史金納】360, 444
Pascal, Roy【羅伊 · 帕斯卡】342
Pattisson, Gilbert: and L. W.'s application for British citizenship【吉爾伯特 · 帕特森：L.W. 申請英國國籍與他】395, 396; L. W.'s correspondence with【L.W. 與他通信】294-5, 317, 352, 363, 399, 493; L. W.'s holiday in France with【L.W. 在法國的假期與他】360; L. W.'s relationship with【他與 L.W. 的關係】265-7, 391; and L. W.'s visit to Russia【L.W. 前往俄國與他】349, 3 50, 352, 353; lends money to Drury【他借德魯利錢】335; visits L. W. in Norway【他到挪威拜訪 L.W.】318
Paul, St, doctrine of【聖保羅的學說】541-2
Perry, Ralph【拉夫·佩里】134
Petavel, J. E.【裴塔弗爾】28, 29
Philosophical Grammar【《哲學語法》】319, 339, 340, 416
Philosophical Investigations【《哲學研究》】292, 319, 337, 363-5, 373, 413-14, 438, 451, 468; language-games in【其中的語言遊戲】364-5; L. W. discusses with Malcolm【L. W. 與馬爾康姆討論之】478, 503, 555-6; L. W. plans to publish【L. W. 計畫出版此書】457. 465-6, 478-9; and mathematics【此書和數學】467; and Ramsey【此書和拉姆齊】259; and Sraffa【此書和斯拉法】260; structure of【此書的結構】469-70
Philosophical Remarks (Wittgenstein)【《哲學評論》（維根斯坦）】292, 304, 319, 332
Pink, Barry【貝利·平克】567-8
Pinsent, David【大衛·品生特】41, 115, 145; correspondence with L. W.【他與 L.W. 通信】105.

mathematics: L. W. as schoolteacher of【數學：L. W. 擔任該科小學老師】193-6; pictures in【數學中的圖象】440-2; proofs【數學證明】440-2
mathematics, philosophy of: L. W. on【數學哲學：L. W. 論之】306-7; L. W.'s lectures on【L. W. 的數學哲學講座】328-30, 415-22
McCullough, Robert【羅伯特・麥卡洛夫】522
Mein Kampf (Hitler)【《我的奮鬥》（希特勒）】15, 280, 313-14, 385, 399
Mendelssohn, Felix【孟德爾頌】5-6, 313
Mind (journal)【《心靈》（期刊）】215, 355, 487
miracles: L. W. on【奇蹟：L. W. 論之】464
Miranda, Carmen【卡門・米蘭達】423
Moffat, Mrs (landlady)【莫法特夫人（朗藍灣）】449, 450
Molière: *Malade imaginaire*【莫里哀：《無病呻吟》】148
Moore, Dorothy【摩爾夫人】473, 474
Moore, G. E.: and Ambrose's 'Finitism in Mathematics'【摩爾：他與安布羅斯的〈數學裡的有限主義〉】346; and the Apostles【他與使徒】67, 68, 69; childlike innocence of【他孩童般的天真】4; 'Defence of Common Sense'【〈為常識辯護〉】556, 563, 564, 578; examines L. W. for Ph D【他替 L.W. 口試博士學位】271-2; influence on Bouwsma【他影響了鮑斯馬】554; L. W. attacks 'common-sense propositions' of【L. W. 攻擊他的「常識命題」】556-8, 569-60; L. W.'s confession to【L. W. 向他懺悔】367, 368; L. W.'s correspondence with【L. W. 與他通信】363; L. W.'s discussions with【L. W. 與他討論】473-4; at L. W.'s lectures【他在 L. W. 的講座上】289-90; L. W. 's opinion of【L. W. 對他的觀點】262, 473; and L. W.'s *Tractatus*【L. W. 的《邏輯哲學論》與他】206; lectures on psychology【心理學講座】63; L. W.'s friendship with【L. W. 與他的友誼】42-3; on scepticism【論懷疑論】556-8; visits L. W. in Norway【他至挪威拜訪 L. W.】101-4, 129-30, 161-2, 216
Moore's Paradox【摩爾悖論】544-7, 563
Moral Science Club, Cambridge【道德科學社，劍橋】69, 71, 213, 262, 263, 287, 432; Popper's address to【波普在此的演講】494-5; Skinner's report of a meeting【史金納對一次聚會的記述】378
Morgan, Revd Wynford【溫福德・摩根牧師】463, 464, 465
Morrell, Ottoline【莫瑞爾 ・ 奧特琳】63, 64, 67, 68, 71, 72, 75, 76, 82, 83, 159, 211; Russell's affair with【羅素與她的戀情】36-8; Russell's letters to【羅素給她的信】39, 41, 42, 44. 46, 47, 48, 53-4. 54-5, 182-3
Mortimer family (Connemara)【莫帝默一家（康尼馬拉）】525
Mulkerrins, Tommy【湯米・穆克林斯】525-6, 527, 528, 534, 535
Murdoch, Iris【艾瑞斯 ・ 梅鐸】498
Musil, Robert【羅伯特・穆齊爾】10
Myers, C. S.【邁爾斯】50

Nähe, Moritz【莫里茲・勒厄】193
Nelson, John【約翰・尼爾森】554-4, 558
Neugebauer, Hugo【雨果・諾伊格鮑爾】109
Neurath, Otto【紐拉特】324
Neville, E. H.【內維爾】39
Newcastle: L. W. works for Clinical Research Unit in【紐卡斯爾：L. W. 在臨床研究部工作時】447-57
Nietzsche, Friedrich【尼采】144; *The Anti-Christ*【反基督】121-3

Kokoschka, Oskar【科克西卡】8, 9, 17, 108
Köllner, Rupert【魯佩特·柯爾納】196
Kraft Circle【克拉夫特學派】562-3
Kranewitter, Franz【法蘭茲·克朗維特】108
Kraus, Karl【卡爾·克勞斯】9, 16, 17, 19, 20, 106; attitude to Jews【他對猶太人的態度】315-16; and Engelmann【他與恩格曼】147
Kreisel, Georg【格奧爾格·克萊塞爾】498-9
Külpe, O.【庫爾佩】189
Kundt, Wilhelm【威廉·昆特】194, 233
Kupelweiser, Paul【保羅·庫柏威瑟】7

Labor, Joseph【約瑟夫·拉博】8, 78, 124, 213
Lamb, Horace【賀拉斯·蘭姆】30, 33
Landsborough Thomson, Dr A.【蘭茲波洛·湯姆森醫師】456
language: picture theory of【語言:圖像論】117-18, 128-9, 364-5
language-games【語言遊戲】330-1; in L. W.'s *Blue Book*【在L.W.的《藍皮書》中提及】337-8; in L. W.'s *Brown Book*【在 L.W. 的《棕皮書》中提及】344-6; in *Philosophical Investigations*【在《哲學研究》中提及】364-5
Lasker-Schüler, Else【艾爾莎·斯拉克一舒勒】108
Lawrence, D. H.【勞倫斯】159
Leavis, F. R.【里維斯】42, 272, 278, 279, 569
Lee, Desmond【戴斯蒙·李】263, 312
Leibniz, G. W.【萊布尼茲】472-3
Lewy, Casimir【喀什米·路易】402
Littlewood, J. E.【李特爾伍德】30
Livy【李維】539. 540
Logik, Sprache, Philosophie【《邏輯、語言與哲學》】283-4, 287, 303-4, 319-21, 340
Loos, Adolf【阿道夫·魯斯】16-17, 56, 147, 157, 172; architecture of【他的建築】9, 10, 106; L. W. donates money to【L. W. 捐錢給他】108, 110
Lopokova, Lydia (Keynes)【莉蒂亞·洛普科娃(凱因斯夫人)】251, 255, 256

Mabbott, John【約翰·馬伯特】275
Macaulay, Thomas Babbington, 1st Baron【麥考利(麥考利一等男爵)】539
MacCarthy, Desmond【戴斯蒙德·麥卡錫】104
Maier, Moses (L.W.'s great-grandfather)【摩西·邁爾(L.W. 的曾祖父)】4, 398
Maisky, Ivan【伊凡·麥斯基】349
Malcolm, Norman【諾曼·馬爾康姆】51, 432, 461, 464; L. W. discusses *Philosophical Investigations* with【L. W. 與他討論《哲學研究》】503, 555-6; L. W. visits in U.S.【L. W. 至美國拜訪他】551, 552-9; L. W.'s friendship with【L. W.與他的友誼】422-3, 424, 425. 474-6; L. W.'s letters to【L. W. 寫信給他】434, 458, 459. 522, 523, 527-8, 576
Manchester: L. W. in【曼徹斯特:L. W. 居留】28-35, 230, 231
Mann, Mrs (landlady)【曼恩夫人(朗藍灣)】459, 463
Marx, Karl【馬克思】482
Marxism: Keynes on【馬克思主義:凱因斯論之】247-8; L. W.'s views on【L. W. 對其之觀點】248, 343, 486-7
Masterman, Margaret【瑪格莉特·麥斯特曼】336

farm with Skinner【他與史金納在農場工作】344
Hutton, Betty【貝蒂・哈頓】423, 542

Iceland, L. W.'s holiday in【冰島，L. W. 度假處】49, 56-61
idealism: in Schopenhauer【觀念論：叔本華的思想】18-19
Ireland, L. W. in: at Red Cross, County Wicklow【愛爾蘭，L. W. 居留地：於威克洛郡的瑞德克羅斯】520-4; at Rosro, Connemara【於康尼馬拉的羅斯洛】524-8, 534-5; at Ross's Hotel in Dublin【都柏林的羅斯旅館】520, 535-43; visits Drury in Dublin【拜訪在都柏林的德魯利】387-92, 517
Izzard, S. F.【伊札德】433

Jackson, A. C.【傑克森】 502
James, William【威廉・詹姆斯】51, 122; *Principles of Psychology*【《心理學原理》】477-8, 478; *Varieties of Religious Experience*【《宗教經驗之種種》】112
Janovskaya, Sophia【索菲亞・亞諾夫斯卡婭】351, 352, 353-4
Jeans, Sir James Hopwood: *The Mysterious Universe*【金斯：《神秘的宇宙》】404, 416
Joachim, Joseph【約瑟夫・姚阿幸】5-6
Johnson, Samuel【約翰生博士】310
Johnson, W. E.【詹森】42, 115, 209, 215, 231, 272; L. W.'s relationship with【他與 L. W. 的關係】262; and the *Tractatus*【他與《邏輯哲學論》】211-13
Jolles family in Berlin【柏林的約勒斯一家】27, 115, 123, 126-7, 131, 132, 154, 170
Jourdain, Philip E. B.【菲利普・約丹】33, 76, 92

Kafka, Franz【卡夫卡】498
Kant, Immanuel【康德】18, 25, 31, 286, 322, 329; *Critique of Pure Reason*【《純粹理性批判》】158
Keller, Gottfried【戈特弗里德・凱勒】27; *Hadlaub*【《哈德勞布》】461
Kerensky, Alexander【亞歷山大・克倫斯基】151
Keynes, John Maynard【凱因斯】48, 66, 67, 68, 161, 214; correspondence with L. W., during First World War【一戰期間與 L.W. 通信】115, 124, 125; and L. W.'s application for British citizenship【幫忙 L.W. 申請英國國籍】394-6; and L. W. 's election as professor【幫忙 L.W. 被選為教授】414-15; L. W.'s relationship with【L.W. 與他的關係】261-2, 268-9, 391; and L. W.'s return to Cambridge【L.W. 回到劍橋與他】217, 218, 221-3; and L. W.'s visit to Russia【L.W. 的俄國之行與他】348-9, 330; lends money to Drury【他借錢給德魯利】335; on Russia【他論俄國】354; *A Short View of Russia*【《俄國一瞥》】247, 348; on Soviet Marxism【他論蘇聯馬克思主義】247-8
Kierkegaard, S.【齊克果】109, 283, 310, 463, 490
King of the Dark Chamber, The (Tagore)【《暗室的國王》（泰戈爾）】408-10, 412
Kingston family (County Wicklow)【金斯頓家（威克洛郡）】520, 522, 523, 524
Kirk, Keith【凱斯・柯爾克】426-7, 428, 433, 442-3, 585-6
Klimt, Gustav【克林姆】8-9, 158
Klingenberg, Hans【漢斯・克林恩柏格】93
Klopstock, Friedrich【克洛普斯托克】407
Koder, Rudolf【魯道夫・寇德】213, 560
Koderhold, Emmerich【恩默里齊・柯特霍德】208
Köhler, Wolfgang: *Gestalt Psychology*【沃爾夫岡・柯勒：《完形心理學》】508-9, 512-15

Gornstein, Tatiana【塔吉亞娜·高恩斯坦】351
Gramsci, Antonio【葛蘭西】260
Grant, Dr (of Medical Research Council's Clinical Research Unit)【格蘭特醫師(醫學研究委員會臨床研究部)】445-8, 449, 450-3, 454, 455-6, 457, 458
Grillparzer, Franz【法蘭茲·葛里帕策】5
Groag, Heinrich ('Heini')【海里希·葛羅格】147
Gruber, Karl【卡爾·葛魯柏】201-2, 208-9
Gürth, Oberleutnant【古爾特中尉】121, 123, 124, 126
Guy's Hospital: L. W. works at, during Second World War【蓋斯醫院:二戰期間 L. W. 在此工作】432-6, 438, 439, 442, 443-7

Haecker, Theodor【提奧多·黑克爾】108, 109
Hahn, Hans【漢斯·哈恩】213
'Haidbauer Casc'【海德鮑爾事件】232-3
Hammett, Dashiell【達許·漢密特】423, 529
Hänsel, Hermann【赫爾曼·亨澤爾】379
Hänsel, Ludwig【路德維希·亨澤爾】199, 224, 379; and L. W. as teacher【他和 L. W. 同為老師】188, 189; L. W. meets, in prisoner-of-war camp【L. W. 在戰俘營中遇見他】158; L. W.'s letters to【L. W. 寄信給他】193, 202, 209; visits L. W. at Trattenbach【他到特拉騰巴赫拜訪 L. W.】193, 197, 208
Hardy, G. H.【哈代】221, 304, 416; Mathematical Proof【〈數學證明〉】329-30; *Pure Mathematics*【《純數學》】328
Hauer, Karl【卡爾·豪爾】108
Hayden-Guest, David【大衛·海登—蓋斯特】348, 349
Hayek, Friedrich von【海耶克】518
Hebel, Johann Peter【約翰·彼得·赫博】238-9
Hegel, G. W. F.【黑格爾】322, 482, 536-7
Heidegger, Martin【海德格】283, 310
Heinrich, Karl【卡爾·海因里希】109
'Heretics, The': L. W.'s lecture to【異教徒:L.W. 在聚會中演講】276-8
Herrald, Dr (Medical Rescarch Council)【哈洛德醫師(醫學研究委員會)】447-8
Hertz, Heinrich: *Principles of Mechanics*【赫茲:《力學原理》】26, 446
Hijab, W. A.【希賈布】497-8
Hilbert, David【大衛・希爾伯特】307, 308, 326, 416
history: in Spengler's *Decline of the West*【歷史:史賓格勒《西方的沒落》中所述】131, 132, 154, 170
Hitler, Adolf【希特勒】10, 15, 23, 316, 385, 424; and the Anschluss【希特勒與「合併」】389-90, 391, 392
Hodges, Andrew【安德魯·霍吉斯】422
Holmes, Sherlock【福爾摩斯】423
Howard, Sir Ebenezer【艾本尼澤·霍華德爵士】334
Hume, David【大衛・休謨】322
Husserl, Edmund【胡塞爾】286
Hutt, Rowland【羅蘭德·赫特】343; L. W.'s advice to【L. W. 向他建議】459-60, 461-3; L. W.'s confession to【L. W. 向他懺悔】368, 369, 370; L. W.'s correspondence with【L. W. 與他通信】427, 433-4, 459-63, 470, 476, 480; L. W.'s influence on【L. W. 對他的影響】403; works on

230, 231
Ehrenstein, Albert【艾伯特·埃倫斯坦】109
Emerson, Ralph Waldo【愛默生】121
Emmett, Dorothy【桃樂西·艾米特】323
Engelmann, Paul【保羅·恩格曼】56, 205, 211; becomes a Zionist【成為猶太復國主義者】228-9; correspondence with L. W.【他與 L.W. 通信】151, 152-3, 172, 181, 184-6, 193, 198-9, 228, 230-1; as L. W.'s architectural partner【他成為 L. W. 的建築夥伴】235-6; L. W. 's confession to【L. W. 向他懺悔】367, 368; L. W.'s friendship with【L. W. 與他的友誼】147-50, 186, 199; L. W.'s letters to【L. W. 寄給他的信】193, 198-9; and L. W.'s *Tractatus*【他與 L. W. 的《邏輯哲學論》】162-3; and Marguerite Respinger【他與瑪格麗特·芮斯賓格】239
Esterle, Max von【馬克思·馮艾斯特勒】109
ethics: L. W. lectures on【倫理學：L. W. 的倫理學講座】277-8, 282-3

Fackel, Die (journal)【《火炬》(刊物)】16-17, 19, 106
Feigl, Herbert【赫伯特·費格爾】243
Feyerabend, Paul【費爾阿本德】562-3
Ficker, Ludwig von【馮費克】119, 126; L. W.'s correspondence with【L. W. 與他通信】131-2, 183; L. W. donates money to【L. W. 捐贈予他】106-8, 109, 110
Figdor, Fanny, *see* Wittgenstein, Fanny【芬妮·費格多，參見芬妮 · 維根斯坦】
Fletcher, W. M.【弗萊徹】103
Fouracre, Roy【羅伊·弗拉克】443-4, 447, 454, 569; L. W.'s correspondence with【L.W. 與他通信】493-4, 553, 577
Frazer, Sir James: *The Golden Bough*【弗雷澤爵士：《金枝》】310-11
Frege, Gottlob: 'The Thought'【弗雷格：〈思想〉】189-90; conceptual realism【觀念實在論】19; contradictions in logic【邏輯中的矛盾】306-7; correspondence with L. W., during First World War【一戰期間與 L.W. 通信】115, 123, 140, 144-5. 147, 151, 152, 153-4; death【去世】190; *Grundgesetze der Arithmetik*【算術基本法則】31-2, 33, 163, 174; and L. W.'s *Tractatus*【他與 L.W. 的《邏輯哲學論》】162-4. 165, 174-6, 190; and mathematics【他與數學】328; 'On Sense and Reference'【〈論意義與指涉〉】553
Freud, Sigmund【佛洛伊德】9, 10, 16; and dreams【他與夢】356, 405-6, 448-9; *The Interpretation of Dreams*【《夢的解析》】356, 40s-6; *Jokes and their Relation to the Unconscious*【《笑話及其與無意識的關係》】406-7; L. W.'s lectures on【L. W. 討論他的講座】403, 405-7; L. W. influenced by【L. W. 受他影響】356-7, 437-8
Fuchs, Oskar【奧斯卡·福克斯】208

Gardner, Erle Stanley【厄爾·史丹利·賈德納】423
Gasking, D. A. T.【加斯金】502
Geach, Peter【彼得·基奇】577
Gilpatrick, Chadbourne【查德邦·吉爾派屈克】565, 566
Glöckel, Otto【奧托·格洛克爾】188, 189, 196, 225
Gödel, Kurt【哥德爾】295, 499
Gocthe, J. W. von: *Die Metamorpliose der Planze*【歌德:《植物的變態》】303-4, 509-12; *Faust*【《浮士德》】306, 579; theory of colour【顏色理論】 561-2, 563, 564, 566
Gollancz, Victor【維克多 · 格蘭茨】480-2
Goodrich, Frank and Gillian【古德里奇夫婦，法蘭克和吉莉安】567
Goodstein, Louis【路易斯·古德斯坦】336, 359

Chomsky, Noam【諾姆 · 杭士基】301
Christianity: L. W. and Catholicism【基督教:L. W. 與天主教】571-4, 579-80; L. W. on【L. W. 論基督教】50-1, 116, 376, 383-4, 463-4, 540-2, 543; Nietzsche's attack on【尼采攻擊基督教】121-3; and Soviet Marxism【基督教與蘇聯馬克思主義】247-8; *see also* religion【亦參見「宗教」條】
Christmas Carol, A (Dickens)【《聖誕頌歌》(狄更斯)】569
Clement family in Swansea【斯旺西的克雷門特一家】464-5
Coffey, P.: *The Science of Logic*【彼得·科菲:《邏輯科學》】74-5
Collingwood, R. G.【柯林伍德】414
colour: L. W.'s remarks on【顏色:L. W. 評論顏色】561-2, 563, 564, 566, 568
Conrad, Father【康拉德神父】573-4, 575, 579
Cornford, John【約翰·寇恩福德】348
Cornforth, Maurice【莫理斯·孔弗斯】348
Coxeter, H. M. S.【哈羅德·考克塞特】336

Dallago, Carl【卡爾·達拉戈】108, 109
Daly, Carroll John【卡羅爾·約翰·戴利】423
Darwin, Charles【達爾文】537
Däubler, Theodor【提奧多·多布勒】108
Davis, Norbert【諾伯特·戴維斯】423; *Rendezvous with Fear*【《與恐懼有約》】528-9
Dedekind, Richard【戴德金】439, 440
Descartes, René【笛卡兒】322
Dickens, Charles: *A Christmas Carol*【狄更斯:《聖誕頌歌》】569; *David Copperfield*【《塊肉餘生錄》】52
Dobb, Maurice【莫理斯·多布】272, 343, 347, 348
Doney, Wills【威利斯·唐尼】553
Dostoevsky, F., M.【杜斯妥也夫斯基】342, 554; *The Brothers Karamazov*【《卡拉馬助夫兄弟們》】107, 136, 549
Draegni, Halvard【哈瓦德 · 德拉格尼】93, 125
dreams: Freud's work on【夢:佛洛伊德論夢】356, 405-6, 448-9; of L. W.【L. W. 之夢】199-200, 276, 279-80, 436-7, 584-5
Drobil, Michael【米埃爾·德羅比爾】189, 240; L. W. meets, in prisoner-of-war camp【L.W. 在戰俘營中與德羅比爾相識】158; visits L. W. at Trattenbach【德羅比爾拜訪在特拉騰巴赫的L.W.】193
Drury, Maurice【莫理斯·德魯利】6, 343; *The Danger of Words*【《詞語的危險》】264, 403; as disciple of L. W.【L. W. 之門徒】263-5; L. W. explains philosophical method to【L. W. 為他解釋哲學方法】297, 298, 299; and L. W. in Dublin【他與 L. W. 在都柏林】387-92, 517, 536-8, 539, 540, 542-3; L. W. visits, in Wales【L. W. 至威爾斯拜訪他】424; L. W.'s advice to【L. W. 向他建議】334-5, 460-1; L. W. 's confession to【L. W. 向他懺悔】367, 377; and L. W.'s death【他與 L. W. 之死】579-80; L. W.'s relationship with【L. W. 與他的關係】391; visits L. W. in Newcastle【他到紐斯卡爾拜訪 L. W.】453-4
Drury, Miles【德魯利的兄長邁爾斯】524-5, 526
Dublin, *see* Ireland【都柏林,參見「愛爾蘭」項】

Eastman, Max【麥克斯·伊斯特曼】486
Eccles, William【威廉·埃克萊斯】29, 34, 56, 229-30, 415; L. W. visits【L. W. 拜訪他】105-6,

Berlin: L. W. in, as mechanical engineering student【柏林：L. W. 為機械工程學生】27
Berlin, Isaiah【以撒・柏林】496
Bevan, Dr Edward【愛德華・貝文醫師】559, 560-1, 574-5, 576, 579
Bevan, Mrs Joan【貝文夫人，瓊】576-7, 579
Bieler, Dr Max【馬克斯・比勒醫師】132-3, 135-6
Black, Dora (Russell)【朵拉・布雷克（羅素）】182, 200, 210, 293; marriage to Bertrand Russell【與羅素結婚】202-3
Black, Max【麥克斯・布雷克】553, 558
Blake, William【威廉・布雷克】540, 569
Bliss, Frank【法蘭克・布里斯】67, 112, 124
Bloomsbury group【布盧姆茨伯里藝文圈】256-7, 272
Blue Book (Wittgenstein)【《藍皮書》（維根斯坦）】336-8, 339, 352, 359, 404, 554
Blunt, Anthony【安東尼・布倫特】256, 257, 348
Bolstad, Arne【艾恩納・伯斯塔德】93, 125, 575
Boltzmann, Ludwig【波茲曼】26
Bosch, H.: *Temptations of St Anthony*【波希：《聖安東尼的誘惑》】451
Bose, S. K.【伯斯】263
Bouwsma, Oets【奧伊茲・鮑斯馬】553, 554-5
Brahms, Johannes【布拉姆斯】6, 8, 13, 61, 213, 443
Braithwaite, Richard【查德・布雷斯衛特】213, 256, 258, 289, 335, 378, 402, 413, 476
Braumüller, Wilhelm【威廉・布勞穆勒】173-4, 175
Brenner, Anna【安娜・布倫納】195-6
Brener, Der (journal)【《火爐》（刊物）】106, 108, 109
Britton, Karl【卡爾・布里頓】323, 484, 485, 487-8, 533
Broad, C. D.【布洛德】39, 43, 75, 263, 321-2, 415, 494
Brooke, Rupert【魯珀特・布魯克】112
Brouwer, L. E. J.【布勞威爾】245, 246-7, 249-51, 293, 329, 420
Brown, Stuart【史都華・布朗】552-3
Brown Book (Wittgenstein)【《棕皮書》（維根斯坦）】337, 344-6, 355, 359, 363, 364, 365
Browning, Hilda【希爾妲・布朗寧】350
Burnaby, Dr【柏納比博士】427
Butler, Joseph (Bishop)【巴特勒主教】451
Butler, Sir James【巴特勒爵士】270
Buxbaum, Eduard【愛德華・布克斯鮑】227-8
Bywaters, Dr E. G.【拜沃特斯醫師】456-7, 458

Cambridge: L. W. as student at【劍橋：L. W. 為學生】36, 38-56, 62-84; Ph D awarded【獲得博士學位】211-12; becomes professor of philosophy【成為哲學教授】414-15; resigns professorship【辭去教授職】507, 518; returns to【回到劍橋】(1929) 255-72; (1939), 401-22; (1944), 471-88; stays with von Wright in【住在馮・賴特家中】543-4, 551, 564, 566-7
Cambridge University Studies【《劍橋大學研究》】335
Cantor, Georg【康托】328, 403, 415, 416, 417, 439, 440, 468
Carnap, Rudolf【魯道夫・卡納普】413; and Schlick's Circle【和石里克的學圈】243, 244, 250
Chamberlain, Neville【張伯倫】399
Chandler, Raymond【雷蒙・錢德勒】423, 529
China: Bertrand Russell in【中國：羅素在中國】193, 200-1

索引

索引中提及維根斯坦時，一律簡寫為 L. W.。

〔編按：以下所列頁數為原文頁數，請參照每頁底緣所附之原文頁數；【】中為本書所使用的譯文。〕

aesthetics: L. W.'s lectures on【美學：L. W. 的美學講座】403-7
Ambrose, Alice【艾麗絲·安布羅斯】336, 344, 346, 413, 554
Andrews, Helen【海倫·安德魯斯】449-50
Anscombe, Elizabeth【伊莉莎白·安斯康姆】497-8, 538, 544, 562, 577, 583; L. W. and Catholicism【L. W. 和天主教】572, 573-4; L. W. stays with, in Oxford【L. W. 寄住她牛津的家】551, 567; and L. W.'s death【L. W. 之死】579, 580
Anzengruber, Ludwig【路德維希·安曾魯伯】51
Apostles (The Cambridge Conversazione Society)【使徒（劍橋交流社團）】47-9, 66-9, 255-6, 258, 268, 348
Aristotle【亞里斯多德】74, 496
aspect-seeing: L. W. discusses【面相觀看：L. W. 的討論】531-3, 544
atomic bomb: L. W.'s views on【原子彈：L. W. 的看法】484-5
Augustine, St【聖奧古斯丁】283, 344, 346, 454, 478; *Confessions*【《懺悔錄》】282, 283, 364, 366
Austria: after the First World War【奧地利：一戰之後】169-70; effects of *Anschluss* on Wittgenstein family【「合併」對維根斯坦家的影響】385-6, 389-400; Empire【奧地利帝國】9-11; *see also* Vienna【亦參見「維也納」條】
Ayer, A. J.【艾耶爾】288, 356-7, 543; *Language, Truth and Logic*【《語言、真理與邏輯》】287

Bachtin, Nicholas【尼可拉·巴赫金】343, 347, 457
Bamber, Jim【吉姆·班伯】34
Barry, Griffin【葛里芬·巴里】293
Bartley, W. W.: Wittgenstein【巴特利：維根斯坦】581-6
Barth, Karl【卡爾·巴特】573
Beethoven, Ludwig van【貝多芬】45, 61, 86, 89
Békássy, Ferenc【弗倫克·貝克什】67, 68, 112, 124
Bell, Clive【克里夫·貝爾】257
Bell, Julian【朱利安·貝爾】256, 257-8
Berger, Georg【葛奧格·貝爾格】191-2, 196
Berkeley, George【貝克萊】472-3

Beyond

05

世界的啟迪

天才的責任：維根斯坦傳（下）

LUDWIG WITTGENSTEIN : THE DUTY OF GENIUS

作者	雷伊 · 孟克（Ray Monk）
譯者	賴盈滿
執行長	陳蕙慧
總編輯	張惠菁
責任編輯	盛浩偉
行銷總監	陳雅雯
行銷企劃	尹子麟、余一霞
封面設計	賴佳韋
內頁排版	宸遠彩藝

特別感謝 Luc Li 協助處理圖片聯絡事宜、湯嘉誠協助打字。感謝 Michael Nedo 與 Marc Rebel 授權圖片。

社長	郭重興
發行人兼出版總監	曾大福
出版	衛城出版／遠足文化事業股份有限公司
發行	遠足文化事業股份有限公司
地址	23141 新北市新店區民權路 108-2 號九樓
電話	02-22181417
傳真	02-22180727
法律顧問	華洋法律事務所 蘇文生律師
印刷	呈靖彩藝有限公司
平裝本初版一刷	2020 年 8 月
平裝本初版三刷	2022 年 4 月

Printed in Taiwan

定價	1000 元（上下冊不分售）

ACRO POLIS 衛城出版

Email acropolismde@gmail.com

Facebook www.facebook.com/acrolispublish

國家圖書館出版品預行編目(CIP)資料

天才的責任 : 維根斯坦傳 / 雷伊.孟克(Ray Monk)著 ; 賴盈滿譯. – 初版. – 新北市 : 衛城出版 : 遠足文化發行, 2020.08
面；公分. –（Beyond 05）

譯自：ludwig wittgenstein : the duty of genius

ISBN 978-986-98890-7-0（平裝）

1. 維根斯坦(Wittgenstein, Ludwig, 1889-1951)
2. 哲學家
3.傳記

144.79 109007342

● 親愛的讀者你好，非常感謝你購買衛城出版品。
我們非常需要你的意見，請於回函中告訴我們你對此書的意見，
我們會針對你的意見加強改進。

若不方便郵寄回函，歡迎傳真回函給我們。傳真電話—— 02-2218-0727

或上網搜尋「衛城出版 FACEBOOK」
http://www.facebook.com/acropolispublish

● 讀者資料

你的性別是　□ 男性　□ 女性　□ 其他

你的職業是 ____________________　你的最高學歷是 ____________________

年齡　□ 20 歲以下　□ 21-30 歲　□ 31-40 歲　□ 41-50 歲　□ 51-60 歲　□ 61 歲以上

若你願意留下 e-mail，我們將優先寄送____________________衛城出版相關活動訊息與優惠活動

● 購書資料

● 請問你是從哪裡得知本書出版訊息？（可複選）
□ 實體書店　□ 網路書店　□ 報紙　□ 電視　□ 網路　□ 廣播　□ 雜誌　□ 朋友介紹
□ 參加講座活動　□ 其他 ________

● 是在哪裡購買的呢？（單選）
□ 實體連鎖書店　□ 網路書店　□ 獨立書店　□ 傳統書店　□ 團購　□ 其他 ________

● 讓你燃起購買慾的主要原因是？（可複選）
□ 對此類主題感興趣　□ 參加講座後，覺得好像不賴
□ 覺得書籍設計好美，看起來好有質感！　□ 價格優惠吸引我
□ 議題好熱，好像很多人都在看，我也想知道裡面在寫什麼　□ 其實我沒有買書啦！這是送（借）的
□ 其他 ________

● 如果你覺得這本書還不錯，那它的優點是？（可複選）
□ 內容主題具參考價值　□ 文筆流暢　□ 書籍整體設計優美　□ 價格實在　□ 其他 ________

● 如果你覺得這本書讓你好失望，請務必告訴我們它的缺點（可複選）
□ 內容與想像中不符　□ 文筆不流暢　□ 印刷品質差　□ 版面設計影響閱讀　□ 價格偏高　□ 其他 ________

● 大都經由哪些管道得到書籍出版訊息？（可複選）
□ 實體書店　□ 網路書店　□ 報紙　□ 電視　□ 網路　□ 廣播　□ 親友介紹　□ 圖書館　□ 其他 ________

● 習慣購書的地方是？（可複選）
□ 實體連鎖書店　□ 網路書店　□ 獨立書店　□ 傳統書店　□ 學校團購　□ 其他 ________

● 如果你發現書中錯字或是內文有任何需要改進之處，請不吝給我們指教，我們將於再版時更正錯誤

請沿虛線剪下

廣	告	回	信
臺灣北區郵政管理局登記證			
第 1 4 4 3 7 號			

請直接投郵•郵資由本公司支付

23141
新北市新店區民權路108-2號9樓

衛城出版 收

● 請沿虛線對折裝訂後寄回，謝謝！

ACRO POLIS 衛城出版

Beyond

05

世界的啟迪